CB136607

DIREITO FINANCEIRO E POLÍTICAS PÚBLICAS

José Marcos Domingues
Organizador

DIREITO FINANCEIRO E POLÍTICAS PÚBLICAS

COLABORADORES

Alexandre Maciel Simões
Alexandre Magno Mendes da Silveira
André Castro Carvalho
Artur Alves Pinho Vieira
Carlo Artur Basilico
Fernando Fernandes de Assis Araújo
Germán Orón Moratal
José Marcos Domingues
José Mauricio Conti
Karina Brandão Alves de Castro
Marcus Abraham
Maria Helena Couto Fortes

Prefácio do
Professor Diogo de Figueiredo Moreira Neto

GZ EDITORA
Rio de Janeiro
2015

1ª edição – 2015

© *Copyright*
Alexandre Maciel Simões • Alexandre Magno Mendes da Silveira • André Castro Carvalho • Artur Alves Pinho Vieira • Carlo Artur Basilico • Fernando Fernandes de Assis Araújo • Germán Orón Moratal • José Marcos Domingues • José Mauricio Conti • Karina Brandão Alves de Castro • Marcus Abraham • Maria Helena Couto Fortes

CIP – Brasil. Catalogação-na-fonte.
Sindicato Nacional dos Editores de Livros, RJ.

D635

Direito financeiro e políticas públicas / organizador José Marcos Domingues. - 1ª ed. - Rio de Janeiro: LMJ Mundo Jurídico, 2015.
300 p.; 24 cm.

Inclui bibliografia
ISBN 978-85-62027-64-2

1. Finanças públicas - Brasil. 2. Direito financeiro - Brasil. I. Domingues, José Marcos. II. Título.

15-19901

CDU: 336.13(81)

O titular cuja obra seja fraudulentamente reproduzida, divulgada ou de qualquer forma utilizada poderá requerer a apreensão dos exemplares reproduzidos ou a suspensão da divulgação, sem prejuízo da indenização cabível (art. 102 da Lei nº 9.610, de 19.02.1998).

Quem vender, expuser à venda, ocultar, adquirir, distribuir, tiver em depósito ou utilizar obra ou fonograma reproduzidos com fraude, com a finalidade de vender, obter ganho, vantagem, proveito, lucro direto ou indireto, para si ou para outrem, será solidariamente responsável com o contrafator, nos termos dos artigos precedentes, respondendo como contrafatores o importador e o distribuidor em caso de reprodução no exterior (art. 104 da Lei nº 9.610/98).

As reclamações devem ser feitas até noventa dias a partir da compra e venda com nota fiscal (interpretação do art. 26 da Lei nº 8.078, de 11.09.1990).

Reservados os direitos de propriedade desta edição pela
EDITORA GZ

Av. Erasmo Braga, 299 - sala 202
CEP: 20020-000 – Rio de Janeiro – RJ
Tels.: (0XX21) 2240-1406 / 2240-1416 – Fax: (0XX21) 2240-1511
contato@editoragz.com.br
www.editoragz.com.br

Impresso no Brasil
Printed in Brazil

OS COLABORADORES

ALEXANDRE MACIEL SIMÕES – Mestre em Direito pela Universidade Católica de Petrópolis; Professor de Direito Constitucional e de Responsabilidade Civil nas Relações de Consumo na Universidade Cândido Mendes – Campus Nova Friburgo. Advogado

ALEXANDRE MAGNO MENDES DA SILVEIRA – Mestrando em Direito na Universidade Católica de Petrópolis; Diretor Administrativo e Financeiro do Hospital Universitário da Universidade Federal de Juiz de Fora. (bolsista do PROQUALI/UFJF). Advogado.

ANDRÉ CASTRO CARVALHO – Mestre e Doutor em Direito Econômico, Financeiro e Tributário pela Universidade de São Paulo. Advogado.

ARTUR ALVES PINHO VIEIRA – Mestrando em Direito na Universidade Católica de Petrópolis (bolsista CAPES-PROSUP). Advogado.

CARLO ARTUR BASILICO – Mestre em Direito pela Universidade Católica de Petrópolis. Juiz de Direito do Tribunal de Justiça do Estado do Rio de Janeiro.

FERNANDO FERNANDES DE ASSIS ARAÚJO – Mestrando em Direito na Universidade Católica de Petrópolis, Especialista em Direito Constitucional pela UNESA, Especialista em Ciência Política e em Processo Justiça e Cidadania pela Universidade Católica de Petrópolis, Advogado.

GERMÁN ORÓN MORATAL – Catedrático de Direito Financeiro e Tributário da Universitat Jaume I de Castelló, Espanha.

JOSÉ MARCOS DOMINGUES – Professor Titular de Direito Financeiro da Universidade do Estado do Rio de Janeiro (UERJ). Professor Adjunto da Universidade Católica de Petrópolis (UCP).

JOSÉ MAURICIO CONTI – Professor Associado III de Direito Financeiro da Universidade de São Paulo; Doutor e Livre Docente em Direito Financeiro pela USP. Juiz de Direito do Tribunal de Justiça do Estado de São Paulo.

KARINA BRANDÃO ALVES DE CASTRO – Mestranda em Direito na Universidade Católica de Petrópolis; Analista Superior do Ministério Público Federal.

MARCUS ABRAHAM – Doutor em Direito Público pela Universidade do Estado do Rio de Janeiro. Professor Adjunto de Direito Financeiro da UERJ. Desembargador Federal do Tribunal Regional Federal, 2ª Região. Diretor da Escola da Magistratura Federal do Rio de Janeiro – EMARF.

MARIA HELENA COUTO FORTES – Mestre em Direito pela Universidade Católica de Petrópolis. Especialista em Processo Civil. Advogada.

APRESENTAÇÃO

Este livro é produto de pesquisas por mim coordenadas no Programa de Pós-graduação em Direito da Universidade Católica de Petrópolis, entre 2012 e 2014. Participaram do projeto Mestrandos, alguns hoje já Mestres, integrantes do Programa.

Alexandre Magno Mendes da Silveira, Artur Alves Pinho Vieira e Karina Brandão Alves de Castro foram queridos Orientandos; Alexandre Maciel Simões, Carlo Artur Basilico, Fernando Fernandes de Assis Araújo e Maria Helena Couto Fortes, alunos especiais. Todos revelaram excepcional interesse pelo Direito Financeiro, redistributivo e generoso, irrigador de justiça (e do acesso à Justiça) na linha da efetivação da Justiça e dos Direitos Humanos.

Anterior iniciativa semelhante resultou na publicação do Direito Tributário e Políticas Públicas (São Paulo: MP Editora, 2008), que reuniu trabalhos de meus alunos da Universidade do Estado do Rio de Janeiro.

Em ambos os projetos participei com uma colaboração no sentido de apontar e analisar caminhos na construção de um Direito mais justo e comprometido com a qualidade do ambiente democrático que o provo brasileiro merece. Seja empresário ou empregado, seja bem sucedido ou menos favorecido, o brasileiro sofre as consequências do distanciamento do Estado e do autoritarismo político que inibem a cidadania e desacreditam as instituições; nessas circunstâncias, o Direito Financeiro tem sido manipulado como se não devesse cumprir sua finalidade precípua, que é ordenar juridicamente o financiamento da atividade estatal destinada a promover o Bem Comum, em favor da sociedade. Tributação injusta e gasto público não equitativo são os males maiores de uma atividade financeira que se faz de fim de si mesma, frustrando os melhores sonhos da maioria ávida pela fruição dos direitos sociais, porque os aprisiona na dependência de verbas que nunca chegam, porque o orçamento tem submetido a si os direitos fundamentais ao invés de se subordinar superiormente a eles, por eles e para eles.

No diálogo que à doutrina cabe constantemente empreender, foram convidados à interação dois expoentes de uma geração de jusfinancistas pátrios Marcus Abraham e José Mauricio Conti (este em colaboração com André Castro Carvalho), diletos companheiros que, do Rio de Janeiro e de São Paulo, oferecem ao Brasil o melhor de si para a renovação dos estudos do Direito Financeiro.

Daí porque a importância da homenagem que se presta ao renomado jurista espanhol, Catedrático Germán Orón Moratal, que em sua obra luta o bom combate em favor da seriedade orçamentária, do respeito à juridicidade do gasto público, da conformação do orçamento como instrumento de realização dos direitos sociais que abrem caminho à posse e gozo da dignidade humana.

A adesão dessas ilustres personalidades ao presente projeto editorial honra e engrandece o esforço de um grupo de jovens Mestres e Mestrandos assistidos por seu Coordenador, irmanados na missão de difundir e fazer operar o Direito Financeiro como meio eficaz de consolidação da paz social.

De fato, o Poder Financeiro é expressão do Poder Político entregue pela sociedade ao Estado para gerir as Finanças Públicas com as prerrogativas e as responsabilidades inerentes a esse múnus de raiz redistributiva. Não obstante, deve-se esclarecer que não haverá verdadeira democracia política onde não existir democracia financeira. É que, no atual estágio civilizatório, o Estado age através dos serviços públicos financiados pela receita pública transformada em gasto público. O estudo da partilha constitucional de tarefas e rendas públicas, a análise dos limites financeiros impostos pela Constituição e pelas leis aos poderes constituídos, conformados pelos direitos individuais, pelos direitos sociais e pelos direitos difusos do Povo, e de como se preconiza a fruição concreta desses direitos, tudo isso dará a medida da saúde democrática do Estado.

Assim, as normas sobre a confecção do orçamento; o teor do pacto federativo no seu equilíbrio entre competências administrativas e competências tributárias, ao lado da repartição vertical das receitas públicas, máxime em ambiente sócio-econômico heterogêneo; a análise do grau de justiça tributária e de equidade na distribuição do gasto público – é nesse feixe de dados que se vai perscrutar da centralização ou da desconcentração do Poder e de sua maior ou menor proximidade com o Povo dele titular e dele necessitado para a promoção do Bem Comum, que se demanda construir com liberdade, igualdade e respeito à dignidade humana. Em tal contexto, impende enaltecer o alto papel que o Judiciário pode exercer no controle jurídico do orçamento e na solução de controvérsias que, em última análise, opõem um conservadorismo repressor a anseios renovados por liberdade, justiça e solidariedade, como está na Constituição brasileira.

Na publicação dos estudos que se seguem reitera-se o compromisso das instituições universitárias com o processo cultural de criação do saber, mercê do labor de seus Discentes, aos quais se juntam ensaios de acadêmicos mais experientes irmanados no fomento ao espírito crítico, razão maior de ser do ensino superior.

Agradeço ao querido amigo e eminente professor, Doutor Diogo de Figueiredo Moreira Neto, cuja obra sempre vanguardeira e instigante é de referência obrigatória na Doutrina, o qual gentilmente acedeu em prefaciar esta obra, fazendo-o com esmero e profundidade, motivo de regozijo e prazer intelectual para todos, autores e leitores.

José Marcos Domingues
Professor Titular de Direito Financeiro da Universidade
do Estado do Rio de Janeiro (UERJ). Professor Adjunto da Universidade
Católica de Petrópolis (UCP)

PREFÁCIO

JOSÉ MARCOS DOMINGUES, excelente amigo e colega Procurador do Estado, destacado jusfinancista e justributarista, com extensa e ilustre folha de serviços ao Direito e ao ensino, que ainda mais se alonga e se exorna com esta obra – *Direito Financeiro e Políticas Públicas* – muito me alegra e distingue com o convite para prefaciar a sua nova coletânea, que, vindo à luz seis anos depois de haver ele publicado um pioneiro estudo das políticas públicas sob a perspectiva do Direito Tributário, completa agora o ciclo de sua especialidade, em que o apaixonante tema de fundo, o da *juridicização das políticas públicas*, ganha ainda maior amplitude, orientado sempre na linha, por ele ardorosamente defendida, da plena realização da *democracia financeira*.

Quero crer que, entre tantos ilustres colegas de sua especialidade, JOSÉ MARCOS me haja feito esse convite, além da velha amizade, muito em razão desse tema que elegemos em comum de longa data: como norte de um pensamento juspolítico sadiamente ambicioso, que consiste em professar um Direito profundamente ancorado não apenas em um conceito formal de democracia – tantas vezes ilusório, quando não iludentemente manejado para mascarar oligarquias e autocracias – mas em seu conceito material, fundado em *valores*.

Com efeito, uma afirmação do Direito como *limite de valor posto ao poder* é conquista relativamente recente na História, talvez por isso ainda não suficientemente difundida; este conceito só foi possível se desenvolver com a superação da ancestral concepção mágica e religiosa que dele se manteve por milênios; mas só assim, elevou-se, a sociedade, de mero *objeto* à condição atual de *co-protagonista* do poder.

Lembrei, certa feita, que um dos primeiros sinais desse histórico avanço, impondo limites ao poder absoluto, foi uma antiga diferenciação medieval, ocorrida no direito sucessório regaliano, entre as *leis do rei* – que eram disponíveis por mera expressão de sua vontade soberana – e as *leis do reino* – aquelas que seriam por ele indisponíveis (como as sucessórias) – já evidenciando uma primeira ruptura da duradoura afirmação axiomática absolutista sintetizada no brocardo *princeps legis soluto*.

Em nossos dias, a *constitucionalização da política* viria, afinal, a definir os limites do poder do Estado e, em consequência, a competência das autoridades legalmente investidas para exercê-lo, sendo que o último passo dessa evolução é este, que hoje se assiste, da transformação de algumas funções simples e fixas – que eram antes estritamente burocratizadas à feição tradicional, em que a lei define o quê e o quando fazer para cumprimento da administração pública – em funções complexas e móveis, já moderadamente desburocratizadas, dialógicas e consensuais, em que a lei define quais os *instrumentos* e, finalisticamente, *quais os resultados a serem obtidos*, de modo que o espírito do Direito Público Pós-Moderno, não mais se rege pelo arbítrio de governantes e, tampouco, se centra em atos e processos definidos para governar, mas em *objetivos concretos de interesse público constitucionalmente definidos*.

Assim é que, a *democracia*, que JOSÉ MARCOS e, no mesmo sentido, o tenho sustentado e sempre reafirmamos em nossos escritos, custou tanto chegar a nossos dias com este aperfeiçoamento, senão vencido um longo processo histórico, que partiu da laicização do poder para abalar os alicerces tradicionais e religiosos, sustentáculos das então onipresentes monarquias absolutas, abrindo espaço para a afirmação paulatina de *direitos*, a princípio, restrita a certos segmentos sociais diferenciados, tais como e desde logo despontaram, a nobreza, o clero e a burguesia, para se ir estendendo à toda sociedade.

Recorde-se que como um último assédio ao milenar baluarte do arbítrio, encastelado no *ramo executivo* do poder do Estado, os remanescentes das antigas prerrogativas regalianas do *jus imperii* só viriam a ceder, afinal, a controles externos, especialmente os de *juridicidade*, depois de uma longa saga, apropriadamente denominada e descrita por EDUARDO GARCÍA DE ENTERRÍA como "*A luta contra as imunidades do poder*".[1]

Destacadamente, essa luta, que cada País deveria travar em seu tempo e meios próprios, afinal se concentrou em três campos de batalha, assim apresentados pela genialidade desse grande Mestre: 1º – a imunidade dos poderes *discricionários*, 2º – a imunidade dos poderes de *governo* e 3º – a imunidade dos poderes *normativos* do executivo, decorrentes da função regulamentar e das várias formas de exercício de funções legislativas delegadas.

Não obstante, remarque-se incidentalmente, como tanto a formulação de *políticas públicas* como a sua execução se concentraram maciçamente nas funções administrativas próprias desse mesmo complexo funcional, o executivo, e, até certo ponto, com ele se confundindo, se explica a teimosa sobrevida do que nele restou daquele velho mito da *imunidade*.

Assim, nas *políticas públicas*, que hoje conformam uma *unidade juspolítica conceptual*, antes se prestigiava apenas e fortemente o *conteúdo político*, em detrimento do *jurídico*. De início, afastando-se a possibilidade de um *controle judicial* e, já mais recentemente, aceitando-o, mas opondo-lhe reservas e resistências, como, por exemplo, a reiterada invocação do pretexto sobrevivente de resguardar-se uma mítica *independência absoluta* de funções para cada um dos "três Poderes do Estado" e, ainda, como nota de reforço, um outro pretexto mitificado: o da *suficiência do controle democrático exercido pela representação política*, a razão pela qual seria, portanto, dispensável e até impensável um controle jurisdicional.

A categorização jurídica contemporânea das políticas públicas sobreveio com a rápida e, para muitos, estonteante mutação de *paradigmas juspolíticos* ocorrida a partir do Segundo Pós-Guerra, a começar com o da própria *democracia* e o dos *direitos fundamentais*.

Quanto à *democracia*, a sua tradicional concepção formal, censitária, arrimada apenas no sufrágio eleitoral, não havia impedido que as mais belicosas e sinistras ditaduras a usassem para arrebatar o poder através do voto. Desse modo, o tradicional *conceito formal de democracia* – entendida como o produto da expressão da vontade de um eleitorado, não importa como se o definisse em termos de sua composição – foi abalado pelas trágicas experiências políticas do século XX, culminando com a sua total *negação* pela avalanche das então novas e salvadoras ideologias totalitárias e radicais, que se propagaram e acabaram provocando as hecatombes de três guerras mundiais.

Auspiciosamente, o retorno do ideal democrático com a sua revalorização, coincidentes com o fracasso e a decadência daqueles regimes ideologizados, o enriqueceria sobremodo com a providencial achega de um *conceito material de democracia*, definido por uma carga própria de *valores* a ela essenciais, cuja observância deveria ser exigida de quaisquer governantes, mesmo e com mais razão, dos representantes do povo.

Assim, hoje, após um percurso acidentado e tormentoso, em que prevaleceram postulados autocráticos, que infelizmente ainda sobrevivem, plenamente se reconhece, como seus pontos essenciais, quatro poderosos argumentos: (1) que a simples vontade de uma eventual maioria não ilide os direitos das minorias (o *argumento contramajoritário*); (2) que a presunção de legitimidade originária, que deriva tão somente da forma de investidura, cede ante a evidência de ilegitimidade no desempenho e na destinação do poder (o *argumento legitimatório*); (3) que a submissão da vontade democraticamente recolhida se subordina à Constituição (o *argumento constitucional*) e, ainda, (4) que a mera *representação* do cidadão nos legislativos e executivos não exprime suficientemente a vontade do povo, não tanto quanto, em acréscimo, poderão resultar de outras manifestações da cidadania no desempenho da *participação* direta ou semidireta, em processos decisórios (o *argumento da ação comunicativa*).

Em suma, pode-se afirmar que os modelos de democracia existentes até o final da Segunda Guerra Mundial, com poucas exceções, estavam voltados à obtenção de *consensos apenas formais* – eleitorais e representativos – enquanto que os modelos que vieram posteriormente a ser desenvolvidos, a partir do conceito material de democracia, passaram a prestigiar os *consensos substantivos,* dest'arte, procedimental e participativamente obtidos.

---

1 Madrid, Ed. Thomson-Civitas, 1ª ed. 1974, 2ª ed. 1979, 3ª ed. 1983 e reimpressões em 1989, 1995 e 2004.

Essa evolução tornou evidente que um conceito contemporâneo de *políticas públicas* não mais poderia permanecer atrelado à vontade arbitrária de detentores autocráticos de um poder imperial, como havia prevalecido ao longo da Modernidade, mas deveria estar submetido a esse duplo conceito – o formal e o material – próprio da democracia contemporânea.

Eis porque, em consequência, impôs-se uma revisão da *extensão dos controles* sobre a governança pública, que passasse a privilegiar a *democracia* em sua plena expressão Pós-Moderna: tanto como método de seleção de governantes, como sistema de valores indisponíveis. Porém, essa conquista também muito deve ao desenvolvimento conceitual paralelo da teoria dos *direitos fundamentais*, como a seguir se alude.

Na pena de ANTONIO-ENRIQUE PEREZ LUÑO, em seu já clássico "*Os Direitos Fundamentais*",[2] vem assentado que "*o constitucionalismo atual não seria o que é sem os direitos fundamentais*", auspiciosamente postos ao lado das normas que consagram a forma de Estado e estabelecem o sistema econômico.

A importantíssima função da constitucionalização formal desses direitos fundamentais é dúplice: sob o ângulo substantivo, vem a ser a de afirmar justamente os *valores básicos* de uma sociedade e, sob o ângulo adjetivo, a de estabelecer o *marco regulatório* de proteção dos direitos subjetivos deles decorrentes.

Em razão dessa importância e da indisputada centralidade constitucional dos direitos fundamentais, pois que espelha atributo inerente à pessoa humana e à sua indissociável *dignidade,*[3] decorre a contrapartida – e consequência lógica da inquestionável prelazia material e formal desses valores – a da afirmação da *instrumentalidade do Estado* (e, *a fortiori*, a de seu direito legislado) para que se afirme, tutele, promova e realize esses valores.

Tal cometimento constitucional de *funções*, por mais importantes que sejam elas, não faz do Estado um ser metafísico, um depositário de poderes de *supremacia* sobre os cidadãos, senão que, por ser um *instrumento democrático da sociedade*, está a seu serviço, gozando não mais que das prerrogativas constitucionais necessárias e suficientes para bem desempenhá-las.

Portanto, do mesmo modo que se afirmou quanto à incidência do *paradigma democrático*, tem-se, agora, que o conceito contemporâneo de *políticas públicas* tampouco há de ser o mesmo que prevaleceu ao longo de toda a Modernidade, impondo-se, ao revés, dele forjar-se uma contemporânea expressão jus-política que prioritariamente privilegie os *direitos fundamentais,* em sua máxima extensão, como hoje universalmente se admite.

Com esses dois poderosos impulsos – a *democracia* e os *direitos fundamentais* – as Constituições passaram também por uma mutação, transcendendo de um texto declarativo, voltado à disposição organizativa do Estado, para tornarem-se o estatuto fundamental das relações entre a sociedade e o Estado. Estava deflagrado um processo de *plenificação da normatividade constitucional*, como o denominaria, ainda em 1991, EDUARDO GARCÍA DE ENTERRÍA, em seu consagrado "*La Constitución como norma y el tribunal constitucional",*[4] observando que, destarte, o Direito Constitucional com ele *readquiria toda sua expressão jurídica*, de tal modo que, ao retornar a seu devido lugar, ao centro do Direito Público, na feliz expressão do Mestre – "*se rejuridicizava*".

Com efeito, deixando de ser um Direito meramente *institucional*, como uma expressão predominantemente Política, bem como, abandonando uma situação ambivalente, em que atuava como "*um catálogo de receitas políticas vagamente obrigatório*", o Direito Constitucional se transformava para ser um guia seguro das relações entre as pessoas e o Estado.

Portanto, como Estado e o seu Direito se subordinam à *Constituição* – entendida como *estatuto do poder estatal dotado de máxima normatividade que confere efetividade a seus comandos* – é extreme de dúvidas que toda ação estatal, seja de que poder, órgão, ou agente provenha, há de sempre estar por ela balizada e, inafastavelmente, vinculada à sua realização.

---

2 Madri, Ed. Tecnos, 1ª edição em 1984, 8ª edição em 2004 e reimpressão em 2005.

3 Constituição da República Federativa do Brasil, Art. 1º, III.

4 Madri. Ed. Civitas, 1991.

Em razão dessa plena constitucionalização das ações estatais, sem deixar espaço para o exercício de voluntarismo político de qualquer natureza fora de seus comandos, MARIA PAULA DALLARI BUCCI, meritória pioneira brasileira na matéria, em seu "*Direito Administrativo e Políticas Públicas*",[5] assim sintetiza a importância do estudo jus administrativo dessa nova categoria: "*Cuida-se, portanto, de buscar uma formulação jurídica mais adequada para impor ao Estado, na gestão dos negócios internos, a efetivação das disposições constitucionais*", tendo-se em vista – e aqui a autora oportunamente recorda o conceito já clássico da lavra de EDUARDO GARCÍA DE ENTERRÍA e de TOMÁS-RAMÓN FERNÁNDEZ, de que *o Direito Administrativo é o Direito Público interno por excelência.*

Como se observa, há uma forte coincidência no sentido de reconhecer que, em mais de duzentos anos, o Direito Administrativo evoluiu, partindo de uma concepção original apenas *liberal*, preponderantemente dirigida ao balizamento da atuação do Estado-Administrador, para sua atual concepção *sócio-liberal* e constitucionalmente referida, como um *sistema de garantias dos direitos fundamentais dos administrados*.

Mas, na essência do controle, ocorria também uma importante mutação: a lógica original do controle sobre a ação administrativa, a partir do clássico modelo francês, havia sido a manutenção da *legalidade objetiva*, ou seja, mesmo que provocado pelo particular, a finalidade era sempre o *controle objetivo*, ou seja, a observância da *lei*.[6]

A mudança de paradigmas transformou a natureza desse controle, de objetivo a subjetivo, ou seja, quanto à sua ação, "*deixou de se conceber como um instrumento em defesa de uma legalidade benevolamente confiada aos cidadãos*" para se tornar um direito processualmente garantido ao cidadão para "*pedir justiça ao juiz para a proteção de um direito material concreto*",[7] portanto, um controle destinado a tutelar os *direitos subjetivos* dos administrados.

E, como marco êneo dessa inovadora ampliação do conceito subjetivo, registrou-se no art. 19.4 da Lei Fundamental de Bonn, a seguinte dicção: "*Toda pessoa cujos direitos sejam vulnerados pelos poderes públicos tem direito a obter a tutela efetiva dos juízes e tribunais*".

Favorecia também o desenvolvimento da judicialização das políticas públicas, no campo dogmático, o fato de que o enfoque tradicional de *controle* também se alteraria, expandindo-se do exame de legalidade do *ato administrativo*, escandido elemento por elemento, para encompassar todo o complexo de atos que conformam o *processo administrativo*, ganhando, com isso, uma dimensão finalística.

Mas a mudança de paradigmas prosseguiu e atualmente se encontra em vias de superar essas marcas a partir de uma mais recente categorização jurídica das *políticas públicas* como um *complexo processual político-administrativo*, que, partindo de sua *formulação*, passa pelas atividades de *planejamento*, de *orçamentação* e chega à etapa da *execução* com atividades cometidas à Administração Pública, até a entrega de seu objeto: o *resultado* pretendido.

Com a definição desse *complexo sequencial de processos encadeados*, as suas fases políticas, administrativas e híbridas se tornam perfeitamente nítidas, sem perda da unidade do conjunto, de modo a tornar possível a incidência precisa de *controles adequados* sobre cada uma delas, sem que importe, em substância, de qual ramo do poder estatal possa provir qualquer forma de ameaça ou de violação de direito subjetivo.

Ainda no campo das mudanças paradigmáticas, destinadas a dar sustentação aos novos caminhos do controle, o enfoque ainda se deslocaria do *controle da vontade* ao *controle do resultado*, ou em outros termos: do exame da *manifestação da vontade administrativa*, centrado apenas na preocupação de confrontá-la com padrões de *legalidade*, para acrescer o exame da *efetividade da vontade administrativa*,

---

5 São Paulo, Saraiva, 1ª ed. 2002 e 2ª ed. 2006 (citação na p. 37).

6 A respeito, a mais recente obra de EDUARDO GARCÍA DE ENTERRÍA, ***Las Transformaciones de la Justicia Administrativa,*** Madri Thomson – Civitas, 2007, originalmente exposto no Rio de Janeiro, em 3 de outubro de 2006, como conferência inaugural do Congresso Internacional de Direito Administrativo organizado pela Procuradoria Geral do Município de Rio de Janeiro.

7 Expressões recolhidas da obra supracitada, a pp. 132 e 133.

voltado também ao exame do *resultado da ação administrativa*, portanto, aferindo sua *legitimidade*, com o *efetivo atendimento* dos cometimentos e condicionamentos constitucionais que regem a ação do Estado.

Por isso, o *controle de resultado* se afigura muito mais abrangente que qualquer dos demais modelos antes praticados, pois, além da aplicação dos controles tradicionais, que recaem sobre a legalidade da *manifestação* da vontade administrativa, envolve a consideração de novos *parâmetros valorativos*, até então inaplicáveis sob o positivismo jurídico de plantão, como os de *legitimidade*, de *moralidade* e de *eficiência*, extensível, inclusive, no que toca ao atendimento de normas técnicas, que se tornaram tão relevantes no atual estádio da civilização.

Desenha-se, em síntese, uma progressão segura na caracterização jurídica do agir da Administração – com a consequente *judicialização das políticas públicas* – partindo da *validade* à *eficácia*; desta, à *efetividade* e, dela, à *eficiência* – sendo este o derradeiro teste de juridicidade no tocante à aferição do concreto *resultado de interesse público*, de modo a realizar-se a *boa administração*, alçada, no Brasil, a parâmetro constitucional.[8]

Como exposto, uma vez definido este *complexo sequencial de processos encadeados*, as suas fases políticas, administrativas e híbridas se tornam perfeitamente nítidas e, com isso, a identificação de momentos em que as decisões financeiras devem necessariamente ocorrer, sob o balizamento constitucional e legal aplicável.

São momentos da verdade, posto que não há espaço nem para subsistirem sonhos irrealizáveis, nem para escamotear a realidade financeira do conhecimento público, pois, afinal, "*não haverá verdadeira democracia política onde não existir democracia financeira*", como adverte JOSÉ MARCOS em sua *Apresentação* desta coletânea, o que implica em obedecer a uma inafastável vinculação constitucional: de um lado, às partilhas federativas aplicáveis e aos limites impostos aos órgãos e agentes públicos e, de outro lado, às suas destinações necessárias.

Passa a ser, então, o *orçamento*, a peça chave deste procedimento, viabilizando financeiramente as escolhas políticas estampadas no *planejamento*; por isso mesmo, não mais uma lei formal, como se o tinha antes de 1988, mas um diploma misto, material e formal, que gera direitos e obrigações e se submete ao pleno *controle de juridicidade*, que, indo além do controle técnico dos órgãos de contas, demanda a intervenção do Judiciário para defini-la em sua plenitude.

No sentido amplo, as políticas públicas constituem meios de efetivação de direitos por prestações estatais, mas a doutrina vem distinguindo, acertadamente, as *políticas* públicas constit*ucionais*, cuja definição específica as faz necessárias, das *políticas públicas governamentais*, que são as definidas contingencialmente pelo Executivo, que, desde logo abrem um imenso e polêmico campo de questionamentos jurídicos sobre as possibilidades e os limites da discricionariedade governamental, de vez que os recursos são os mesmos e finitos...

O leitor encontrará nesta coletânea as indagações e respostas as mais diversas na caleidoscópica visão dos doutrinadores que nela expuseram seu pensamento especializado, como no caso do financiamento das necessidades fundamentais sob a perspectiva do Direito espanhol (de GERMÁN ORÓN MORATAL); da intrigante perspectiva dos direitos humanos (do próprio organizador, JOSÉ MARCOS DOMINGUES); da possibilidade de tutela judicial do orçamento a partir do controle de convencionalidade, conforme a previsão do Protocolo adicional à Convenção Americana sobre Direitos Humanos em matéria de Direitos Econômicos, Sociais e Culturais (de ALEXANDRE MACIEL SIMÕES); do controle de juridicidade nos frequentes casos de políticas públicas referidas ao direito à saúde (de ALEXANDRE MAGNO MENDES DA SILVEIRA); da função material do orçamento como instituto concretizador dos direitos fundamentais sociais (de ARTUR ALVES PINHO VIEIRA); das questões conceituais e de efetividade que envolvem os direitos sociais, como direitos humanos individuais (de CARLO ARTUR BASILICO); das etapas de surgimento e reconhecimento dos direitos fundamentais, de sua essência e de sua forma de efetivação (de FERNANDO FERNANDES DE ASSIS ARAÚJO); do direito à moradia sob o prisma do Direito

8 Art. 37, *caput*, da Constituição da República Federativa do Brasil.

Financeiro (de JOSÉ MAURICIO CONTI e ANDRÉ CASTRO CARVALHO); da subordinação das leis orçamentárias aos direitos fundamentais, dado o cunho prestacional destes, entendido, assim, o orçamento, como instrumento do planejamento (de KARINA BRANDÃO ALVES DE CASTRO); da implementação das políticas públicas diante das dificuldades práticas inerentes ao federalismo brasileiro (de MARCUS ABRAHAM) e da inafastabilidade da efetivação dos direitos sociais fundamentais, sob uma visão reflexiva sobre a justiça social, políticas públicas e orçamento, a partir do controle judicial (de MARIA HELENA COUTO FORTES).

Como se observa da alentada resenha acima, esta coletânea vem de suprir várias lacunas doutrinárias e responder a questões jus financeiras, cuja relevância só tende a crescer e, observe-se, com a mesma intensidade com que, paralelamente, também se estão ampliando os questionamentos constitucionais e administrativos em matéria de políticas públicas, tal como recentemente demonstrado na monografia de FELIPE DE MELO FONTE,[9] elaborada com a proposta de subsidiar elementos de fundamentação do controle jurisdicional, o que se torna cada vez mais imperioso em se tratando de um Estado Democrático de Direito, aliás, tocando um aspecto temático que se reitera em vários dos ensaios desta obra.

Reservei para encerrar, primeiro e necessariamente, deixar meus cumprimentos amigáveis aos ilustres autores, muitos dos quais passei a conhecer na leitura de seus trabalhos e, para concluir, talvez desnecessariamente, encarecer a necessidade de se buscar, sempre mais, uma visão integrada dos fenômenos sociais, políticos e econômicos através de *estudos interdisciplinares*, como se encontra no bom exemplo dos trabalhos aqui coligidos e na rica temática deste ano do *VII Congresso de Direito Administrativo do Estado do Rio de Janeiro*, promovido pelo *Instituto de Direito Administrativo do Estado do Rio de Janeiro – IDAERJ*.

Tais conhecimentos haverão de ser cada vez mais necessários aos operadores do Direito, tanto para sua plena realização profissional, em nível individual, como para o progressivo aprimoramento institucional, em nível nacional, internacional e – acrescente-se, neste diapasão – transnacional, pois, afinal, o Direito é o cimento de toda civilização.

Diogo de Figueiredo Moreira Neto
Teresópolis, primavera de 2014.

9 FONTE, Felipe de Melo. ***Políticas Públicas e Direitos Fundamentais.*** São Paulo: Saraiva, 2013.

ÍNDICE SISTEMÁTICO

DERECHO FINANCIERO Y FINANCIACIÓN DE NECESIDADES FUNDAMENTALES: PERSPECTIVA ESPAÑOLA

Germán Orón Moratal

RESUMEN: El Derecho Financiero ha de ser por esencia redistributivo, y una acción necesaria es la del respeto y promoción de aquellos derechos indispensables para la dignidad del ser humano, aunque conlleven costes económicos que requieren que el legislador apruebe las correspondientes consignaciones presupuestarias y el ejecutivo las emplee en los fines aprobados. Dado el carácter internacional de las obligaciones asumidas, su cumplimiento debe prevalecer frente a otras prioridades establecidas con carácter de derecho interno, como sería la de la amortización de la deuda pública. Los poderes públicos y fuerzas políticas deben cumplir los principios de justicia material y formal, más que cumplir un pacto tácito de que las normas se respetan, pues además de no cuestionarse el indebido uso del Decreto-ley o inexplicables modificaciones presupuestarias, en más ocasiones de las deseadas los poderes públicos estatal y autonómicos acuden a los Tribunales más para cuestionar la titularidad de competencias sobre la materia, que para garantizar el cumplimiento de los derechos sociales constitucional e internacionalmente reconocidos.

Fragmento de *Pluto*, de Aristófanes (450 a.C.-388 a. C)
LA POBREZA. Fíjate en lo que ocurre con los oradores; mientras son pobres, son justos con la ciudad y el pueblo; pero en cuanto se enriquecen a costa del Estado, se vuelven injustos, venden a la multitud y conspiran contra el Gobierno democrático.
CREMILO. Aunque de naturaleza maldiciente, lo que ahora dices es cierto; pero no te ensoberbezcas por eso, que te has de arrepentir del temerario arrojo con que pretendes persuadirnos de que la pobreza es mejor que la riqueza.

1. INTRODUCCIÓN

En el imprescindible libro *Introducción al estudio del Derecho Financiero,* de RODRÍGUEZ BEREIJO, y refiriéndose a la situación temporal en que se redactó y publicó, 1975/1976, decía en su prólogo, entre otras cosas, lo siguiente:

> "El Derecho Financiero es, en gran medida, un Derecho para los ricos, los capitalistas, y muchos de sus principios y normas están pensados y dictados para proteger los intereses de la clase social de los propietarios. Un reflejo inequívoco de ello me parece el abandono en que ha permanecido dentro de la doctrina jurídico-financiera, el Derecho de los gastos públicos. Cuando se le ha tenido en consideración ha sido, precisamente, en cuanto sistema de cautelas y garantías jurídicas del dinero de los burgueses, como un freno a la tendencia del Estado al "despilfarro" de los caudales públicos; esto es, en cuanto estricto Derecho Presupuestario. Pero todo planteamiento del derecho de los gastos públicos más allá de esto, es decir, como ordenamiento jurídico dirigido a la realización, en este importante sector de la actividad financiera, de un interés colectivo, de una justicia de todos y, sobre todo, como ordenamiento que permita garantizar eficazmente el disfrute o goce por la comunidad social de unos bienes y servicios públicos que ella, en cuanto tal demanda; todo esto, digo, ha brillado, hasta el momento, por su ausencia en el Derecho Financiero.
>
> >>Cabría decir, pues, que si el Derecho Tributario debe ser un derecho contra los ricos, el Derecho de los gastos públicos debe ser un derecho a favor de los pobres, es decir, de los no propietarios. Lo que equivale a decir que el Derecho Financiero debe concebirse como un *derecho redistributivo*, esto es, un derecho de y para la colectividad, dentro de un orden social más igualitario y más justo.
>
> ...
>
> >>Función redistributiva que, en términos de Derecho, significa la realización de la justicia financiera: esto es, tanto en el ingreso como en el gasto. Y esto es todavía más importante en la Hacienda Pública de una sociedad dividida en clases antagonistas, en la que coexisten propietarios y no propietarios; por cuanto para estos últimos la consecución de unas condiciones materiales de vida, la satisfacción de necesidades, el acceso al disfrute de determinados bienes que por su configuración y trascendencia tienen (o debieran tener) el carácter de colectivos, de bienes públicos: educación, sanidad, seguridad social, vivienda, medio ambiente..., eso que ha dado en llamarse 'calidad de vida' y que constituye una condición indispensable para su existencia como hombre...(que)... hace indispensable la acción compensatoria del Estado, redistributiva de bienes y rentas, a través de un programa justo de ingresos, pero, sobre todo, de gastos públicos".

Esta ejemplar descripción de la conexión entre los ingresos y los gastos públicos, y por tanto de la unidad del fenómeno jurídico-financiero, referida a la realidad de 1975/1976, podemos decir que se vio alterada con posterioridad, incluso en la atención por parte de la doctrina al Derecho de los gastos públicos, y ello fundamentalmente por la alteración del marco jurídico y la nuevas aspiraciones sociales cristalizadas en la Constitución española de 1978 y el advenimiento del Estado democrático. Un advenimiento tardío, "cuyo acceso, dice PORRAS NADALES, a unos modelos constitucionales normalizados se produjo precisamente durante un periodo en que el prestigio histórico del Estado social europeo parecía haber llegado a su máximo apogeo. Hablamos de prestigio, ciertamente, porque la década de los setenta marca también el comienzo de las primeras fenomenologías de la crisis del Estado social, cuyo eco llegará a los países del sur, lógicamente, de una forma mucho más atrasada. Desde la perspectiva, insistimos, norte/sur, el acceso a la democracia en la década de los setenta del pasado siglo se entendía como un paralelo acceso al bienestar social, según una elemental identificación entre democracias europeas y Estado de bienestar: lo que sugiere la aparición de una especie de espejismo colectivo que va a condicionar una inexorable visión idílica de la nueva realidad".[1]

La actividad financiera exige que deba realizarse conforme a un conjunto de normas, que constituyen el Derecho Financiero, y entre ellas encuentra un lugar prominente la Constitución española de 1978, cuyo articulado recoge y se hace eco, aunque en distinta medida, de la realidad expresada por RODRÍGUEZ BEREIJO, y que en ese momento supuso un revulsivo en la sociedad española, y cómo no, también en la doctrina jurídico-financiera. Se abría una nueva posibilidad de acceder a una distinta calidad de vida, pero también se estaba gestando una reforma fiscal que supuso que se pasara a contribuir al sostenimiento del gasto público en unos términos hasta entonces desconocidos, y la conexión ingreso-gasto público y la unitariedad del fenómeno financiero pasaba a tener un contenido material y no meramente formal, tal y como tempranamente señaló MARTIN QUERALT.[2]

Que España sea un Estado social y democrático de Derecho, con la diversidad de principios y derechos constitucionalmente reconocidos, singularmente los principios de justicia financiera del art. 31, el objetivo de la igualdad real y efectiva del art. 9, los derechos a la educación y a la tutela judicial efectiva entre los derechos fundamentales, y los incluidos entre los principios rectores de la política social y económica, es jurídicamente relevante, y por ende debe serlo también desde el punto de vista económico. Junto a este reconocimiento constitucional, no son menos importantes los principios formales, y las exigencias constitucionales de que en muchos de los casos sea la Ley, la que debe regular el ejercicio y el cumplimiento de los derechos y deberes, incluidas las limitaciones a la Ley de Presupuestos Generales del Estado derivadas del art. 134 CE.

Asimismo, el art. 10.2 CE dispone que "Las normas relativas a los derechos fundamentales y a las libertades que la Constitución reconoce se interpretarán de confor-

1 PORRAS NADALES, A.J., "Crisis económica y eficacia de los derechos sociales", en *Cuestiones claves en el desarrollo del Estatuto de Autonomía de Andalucía,* (SÁNCHEZ PINO y PÉREZ GUERRERO, directores), Universidad de Huelva, 2013, p. 31.

2 MARTÍN QUERALT, J.B., "La Constitución Española y el Derecho financiero", *Hacienda Pública Española*, Nº. 63, 1980, pp. 101 y 107-108. Una obra colectiva que merece ser recordada en este punto es *Hacienda y Constitución,* IEF, Madrid, 1979, en la que la mejor doctrina del momento se ocupa de la trascendencia de la Constitución para la actividad financiera y el Derecho Financiero, tanto en la vertiente del ingreso como del gasto público.

midad con la Declaración Universal de Derechos Humanos y los Tratados y acuerdos internacionales sobre las mismas materias ratificados por España". Y los artículos 22, 25 y 26 de la citada Declaración Universal son un claro ejemplo de obligaciones que incumben a los poderes públicos en el ámbito de los derechos económicos, sociales y culturales, indispensables a la dignidad del ser humano.[3]

El reconocimiento de derechos puede suponer para los poderes públicos distintos tipos de actuaciones, como las de respeto y protección, pero también las de su satisfacción y promoción, que en ocasiones requieren el uso de recursos financieros -que en esencia son limitados-, en relación obvia con las circunstancias socio-económicas de cada país. Ahora bien, es jurisprudencia consolidada del Tribunal Europeo de Derechos Humanos, que los derechos que la Convención garantiza no son derechos teóricos o ilusorios, sino derechos que son prácticos y efectivos, lo que supone que los Estados asumen obligaciones positivas para realizar o satisfacer el derecho.[4]

Ontológicamente tiene razón REVENGA SÁNCHEZ, cuando afirma que "La divisoria entre derechos que cuestan dinero y derechos que salen gratis es hoy tan inconsistente como puede serlo la disquisición *berliniana* entre libertades negativas y positivas",[5]

---

3 Dichos artículos, disponen: **Artículo 22.**Toda persona, como miembro de la sociedad, tiene derecho a la seguridad social, y a obtener, mediante el esfuerzo nacional y la cooperación internacional, habida cuenta de la organización y los recursos de cada Estado, la satisfacción de los derechos económicos, sociales y culturales, indispensables a su dignidad y al libre desarrollo de su personalidad.
Artículo 25 1. Toda persona tiene derecho a un nivel de vida adecuado que le asegure, así como a su familia, la salud y el bienestar, y en especial la alimentación, el vestido, la vivienda, la asistencia médica y los servicios sociales necesarios; tiene asimismo derecho a los seguros en caso de desempleo, enfermedad, invalidez, viudez, vejez u otros casos de pérdida de sus medios de subsistencia por circunstancias independientes de su voluntad.
2. La maternidad y la infancia tienen derecho a cuidados y asistencia especiales. Todos los niños, nacidos de matrimonio o fuera de matrimonio, tienen derecho a igual protección social.
Artículo 26 1. Toda persona tiene derecho a la educación. La educación debe ser gratuita, al menos en lo concerniente a la instrucción elemental y fundamental. La instrucción elemental será obligatoria. La instrucción técnica y profesional habrá de ser generalizada; el acceso a los estudios superiores será igual para todos, en función de los méritos respectivos.

4 Vid. AÑÓN ROIG, Mª. J., "Derechos humanos y obligaciones positives", p. 59, en *La eficacia de los derechos sociales*, (BERNUZ BENÉITEZ y CALVO GARCÍA, editores) HURI-AGE, Tirant lo Blanch, Valencia, 2014. Un incumplimiento de esas obligaciones se ha puesto de manifiesto la ONU en relación con España en la resolución del Comité para la eliminación de la discriminación contra la mujer, de 16 de julio de 2014, comunicación 47/2012 (CEDAW/C/58/D/47/2012) relativa a cuestiones de violencia de género, donde entiende que a pesar de existir una legislación y voluntad política, el Estado debe contar con el apoyo de agentes estatales que respeten las obligaciones de diligencia debida; estas obligaciones incluyen la "de investigar la existencia de fallos, negligencias u omisiones por parte de los poderes públicos que puedan haber ocasionado una situación de desprotección de las víctimas. El Comité considera que, en el presente caso, esta obligación no se cumplió", resolviendo que el Estado debe otorgar una reparación adecuada y una indemnización integral y proporcional a la gravedad de la conculcación de sus derechos.

5 REVENGA SÁNCHEZ, M., "Sobre los derechos sociales y su inconsistente estatuto constitucional", p. 82, en *La eficacia de los derechos sociales*, cit.

pues el derecho por serlo y estar reconocido no debe ser distinto de otro, pero no es menos cierto que el derecho a la educación, a la sanidad, al acceso a la justicia, en un régimen de libertad, son irrelevantes para quien por sus propios medios económicos puede disfrutar de esos bienes, mientras que alcanzan su verdadero significado para aquellos que careciendo de recursos, necesitan que otros los aporten para que se puedan materializar. Como el mismo autor citado reconoce, "Mientras ciertos derechos parecen cada vez más sólidos y dotados de más garantías y cauces de protección multi-nivel, otros derechos llevan una vida azarosa, y al socaire de disponibilidades presupuestarias cada vez más escasas".[6]

La señalada aportación deben canalizarla los poderes públicos, detrayendo riqueza de aquellos que la detentan, pues no es otro el significado del deber de contribuir, para atender las necesidades públicas, y deben hacerlo en los términos jurídicamente viables, exigiendo que se contribuya conforme a la capacidad económica, y asignando equitativamente los recursos a través del gasto público. Ciertamente, la finalidad redistributiva del Derecho Financiero es reconducible tanto a la acción de los ingresos, como a la de los gastos, pero como pone de relieve CAYÓN GALIARDO, "en las últimas décadas se observa una tendencia en los países de la OCDE consistente en trasladar la responsabilidad de la función redistributiva asignada a la Hacienda Pública a la vertiente del gasto público de forma que sea este quien atienda las necesidades sociales procurando la igualdad material de todos los ciudadanos".[7]

Esta tendencia, quizá encuentre su explicación en la difícil justificación que puede tener la existencia de diferentes tipos de gravamen en la imposición de rentas según su origen (más ventajoso por no ser progresivo para las del ahorro y determinadas ganancias patrimoniales), en la superior carga fiscal efectiva sobre las rentas de trabajo frente a las empresariales, la supresión del impuesto sobre el patrimonio, e incluso la inexistencia de gravámenes por la adquisición de títulos valores. Si esta realidad cuestiona la propia del principio de capacidad económica en la contribución al sostenimiento del gasto púbico, y se asigna la función redistributiva a la vertiente del gasto, no hay más que pensar en determinados gastos e inversiones insostenibles (determinados aeropuertos, autopistas y algunas líneas de alta velocidad ferroviaria en España, o estadios en Brasil para el reciente Mundial del fútbol, por poner ejemplos próximos), o en los sumideros y comisiones de la corrupción, no generalizada, pero sí relevante, para concluir que también por este lado hay serios obstáculos para la materialización de la pretendida redistribución.

Y en este tiempo de crisis económica, en que se está minorando el techo prestacional que se había alcanzado en años anteriores, a mi juicio tiene especial importancia

6 REVENGA SÁNCHEZ, cit., p. 84. Como dice CALVO GARCÍA, M., "Crisis económica y efectividad de los derechos sociales", en la misma obra de la que editor, "El condicionamiento a la disponibilidad de recursos puede dar a lugar a que se cuestione la existencia de derechos cuando no existen las condiciones y los recursos para su implementación", p. 97.

7 CAYÓN GALIARDO, A., "La reforma fiscal para la crisis: sus formas y su contenido", p. 119, en *Fiscalidad en tiempos de crisis*, (MÁLVAREZ PASCUAL y RAMÍREZ GÓMEZ, directores), Aranzadi, 2014.

para el gasto público, pero no únicamente, una declaración del Tribunal Constitucional portugués, realizada precisamente con ocasión del enjuiciamiento de leyes de presupuestos que habían introducido una serie de recortes en los gastos sociales como consecuencia del "rescate" comunitario europeo, Fondo Monetario Internacional y Banco Central Europeo, sentencias en las que declaró la inconstitucionalidad de algunas reducciones retributivas para empleados públicos y jubilados,[8] pues para el Tribunal, "cuanto mayor es el grado de sacrificio impuesto a los ciudadanos para la satisfacción de los intereses públicos, mayores deben ser las exigencias de equidad y justicia en el reparto de tales sacrificios, de forma que tales criterios se contravienen cuando tal reparto es excesivamente diferenciado".

Teniendo en cuenta lo anteriormente apuntado, centraremos nuestra exposición en la existencia o no de vinculación jurídica para la atención y satisfacción de derechos sociales, de los criterios materiales de justicia para la distribución del coste de los servicios que en su caso se presten, y por último, las exigencias formales de rango normativo para establecer las condiciones de la actividad prestacional, singularmente cuando se pretende la cofinanciación para la prestación del servicio.

2. VINCULACIÓN PARA ATENDER GASTOS RELACIONADOS CON DERECHOS SOCIALES

De los tratados internacionales de derechos humanos deriva, para los Estados miembros de las Naciones Unidas, la obligación básica de adoptar medidas apropiadas con miras a lograr la plena efectividad de los derechos económicos, sociales y culturales hasta **el máximo de los recursos de que se disponga,** lo que significa que: 1) la efectividad de tales derechos puede verse obstaculizada por la falta de recursos, y 2) que puede lograrse únicamente a lo largo de cierto período de tiempo.[9] En esa línea, las Directrices de Maastricht sobre Violaciones a los Derechos Económicos, Sociales y Culturales (Anexo 5), se indica que la escasez de recursos no libera a los Estados del cumplimiento de ciertas obligaciones mínimas en relación con el ejercicio de los derechos económicos, sociales y culturales.[10]

---

8 Son las sentencias 353/2012, de 5 de julio de 2012 y 187/2013, 5 de abril de 2013, que pueden consultarse en http://www.tribunalconstitucional.pt/tc/acordaos/20130187.html y http://www.tribunalconstitucional.pt/tc/acordaos/20120353.html. Sobre ellas vid. GUILLEM CARRAU, J. " El Constitucional Portugués ante las medidas de ajuste: La Sentencia de 5 de abril de 2013", *Cuadernos Manuel Giménez Abad,* **nº 5, 2013, accesible desde** http://dialnet.unirioja.es/servlet/articulo?codigo=4347678 ; y VILLALBA LAVA, M., "Comentario a la STC portugués 353/2012 de 5 de julio, que declara inconstitucional, la supresión de las pagas extraordinarias de vacaciones y navidad de los empleados públicos y jubilados durante los años 2012, 2013 y 2014". Diario La Ley, Nº 7907, 2012, quien hace también un análisis de los numerosos votos particulares.

9 Los distintos tratados pueden verse en los enlaces de la web accesible el 5 de agosto de 2014 http://www.ohchr.org/SP/ProfessionalInterest/Pages/InternationalLaw.aspx

10 En concreto, en el apartado 10 se señala: "*Recursos disponibles*

Por tanto, desde el punto de vista del Derecho Internacional, al que invoca el art. 10 de la CE, no parece que pueda concluirse que en España se produzca vulneración de sus disposiciones, en la medida que sí hay normas y créditos presupuestarios para atender los derechos sociales, sin perjuicio de que pudiera discreparse de su relevancia o montante, sin perjuicio de que pueda existir algún caso concreto en que sí llegue a producirse alguna desatención. Las consideraciones que aquí hacemos lo son tanto en relación con la necesidad de dotar determinados créditos presupuestarios, como la necesidad de gastar las cantidades consignadas para satisfacer las obligaciones que puedan surgir de presupuestos de hecho relacionados con la protección, promoción o satisfacción de derechos sociales. Por ello, el hipotético destinatario de la vinculación lo será, bien el legislador, en relación con la consignación presupuestaria o autorización del empleo de recursos públicos, bien el ejecutivo, para la asignación de recursos autorizados y en relación con el deber de gastar lo consignado.[11]

En efecto, el planteamiento desde el punto de vista constitucional no siempre es coincidente con el realizado por las leyes que pueden desarrollar sus previsiones en relación con el alcance, promoción y satisfacción de los derechos, que a su vez pueden tener una segunda delimitación con la consignación presupuestaria disponible. Sin que los resultados de las previsiones legales sean antagónicos con las previsiones constitucionales o sus objetivos -que una vez más hay que insistir en que no se pueden conseguir inmediatamente, en muchas ocasiones por la limitación de recursos-, sí puede haber casos en los que la diferencia es considerable, como ha puesto de relieve DOMINGUES DE OLIVEIRA.[12] Resulta clarificadora la enunciación y exposición de esta problemática que realiza H. CORTI en relación con el Derecho argentino, y que hace en los siguientes términos:

> "La Constitución postula derechos. A su respecto, el legislador debe reglamentarlo y, a fin de lograr su efectividad, el Estado debe organizarse y realizar actividades, entre ellas la actividad financiera. Esta última es un medio para asegurar el ejercicio de los derechos, adecuadamente reglamentados.

---

10 En muchos casos, las obligaciones antedichas pueden ser cumplidas por la mayoría de los Estados con relativa facilidad y sin repercusiones importantes sobre sus recursos. Ahora bien, en otros casos, la plena efectividad de los derechos dependerá de la posibilidad de disponer de los recursos materiales y financieros adecuados. Esto sentado, según se enuncia en los Principios de Limburgo 25 a 28 y como lo ha confirmado la jurisprudencia que establece el Comité de Derechos Económicos, Sociales y Culturales, la escasez de recursos no libera a los Estados del cumplimiento de ciertas obligaciones mínimas en relación con el ejercicio de los derechos económicos, sociales y culturales".

11 Sobre la eficacia que el principio de justicia en el gasto público puede tener en estos distintos momentos de la actividad financiera, me remito a las consideraciones realizadas en ORON MORATAL, G., *la configuración constitucional del gasto público,* Tecnos, Madrid, 1995, pp. 34-51

12 Recientemente en DOMINGUES DE OLIVEIRA, J.M., "Tributación, presupuesto y políticas públicas en Brasil" en *Crónica Tributaria*, nº 143, 2012, y anteriormente en "El desvío de finalidad de las contribuciones y su control tributario y presupuestario en el derecho brasileño", *RDF, Revista Derecho Fiscal*, Buenos Aires, Argentina, nº 4, 2008.

La realización de la actividad financiera supone derechos ya postulados (por la Constitución) y reglamentados (por la ley), allí actúa como medio, y en dicha tarea, no debe alterar el ejercicio de los derechos. En este esquema se predica una inequívoca dependencia de la Ley de Presupuesto a los derechos fundamentales: la decisión presupuestaria se debe acomodar a las exigencias que plantean los derechos. Hay una preeminencia conceptual y axiológica de los derechos constitucionales sobre la decisión legal presupuestaria, que actúa como una *técnica servicial*, predispuesta para la realización de la Constitución. Ciertamente, la Ley de Presupuesto, en cuanto ley, puede condicionar el ejercicio de los derechos, pero sólo de forma razonable, esto es: sin alterar su ejercicio.

>>En el esquema conceptual subyacente a la LSP (Ley de solidaridad previsional), la concepción parece ser otra. El contenido mismo del derecho fundamental, así como su grado de ejercicio se supedita a la decisión presupuestaria. Hay una aparente inversión lógico-conceptual, de modo que lo primero es la decisión presupuestaria (qué gastos se autorizan a partir de cierto cálculo de recursos), a cuyo resultado variable se subordinan las características del derecho fundamental. El Estado garantiza los derechos fundamentales pero sólo hasta el nivel que la decisión presupuestaria lo permita".[13]

Entrando ya en lo que constituye Derecho interno español, debe tenerse en cuenta que la distribución competencial entre el Estado y las Comunidades Autónomas, implica a distintos poderes públicos en la tarea de cumplir y atender la realidad de los derechos reconocidos, lo que puede comportar traslación de responsabilidades entre Administraciones no siempre comprensibles por el ciudadano.

Ciertamente, el nivel de protección e incluso de accionabilidad de estos derechos es distinto, pues entre los tradicionalmente calificados como sociales, el de educación (competencia también autonómica) se incluye entre los fundamentales, mientras que la sanidad (competencia también autonómica), vivienda, pensiones (competencia estatal), se incluyen entre los principios rectores de la política social. No es este el lugar para entrar a analizar las diferencias que ello conlleva, pero es indiscutible que todo el texto constitucional tiene rango normativo, y que debe ser respetado y promovido por la legislación.

La actividad financiera no es exclusivamente jurídica, es esencialmente política, y el poder legislativo y el ejecutivo toman decisiones políticas, jurídicamente delimitadas, incluso en las decisiones de gasto público. Como he señalado con anterioridad en otro lugar, "los poderes públicos deben tender a la consecución de unos fines públicos, los considerados por la Constitución como tales, implicando pues una vinculación cualitativa en la asignación de recursos, que excepcionalmente también lo será cuantitativa.

13 CORTI, H. G., *Derecho constitucional presupuestario,* Lexis Nexis, Buenos Aires, 2007, pp. 766-767.

>> Esta vinculación no tiene más que un sentido jurídico, dado el carácter de la Constitución como norma suprema y de inmediata aplicación, que convierte en necesarias ciertas decisiones de gastos".[14]

En este punto, nos ocuparemos de dos supuestos que guardan una relación directa con la necesidad de atender la satisfacción de los derechos sociales internacionalmente reconocidos. En un caso por el problema de la priorización de un gasto, frente a otros; el otro supuesto, por la necesaria satisfacción progresiva de los servicios públicos fundamentales.

Una de las consecuencias más trascedente desde el punto de vista jurídico de la crisis financiera y económica puesta de relieve en 2008, fue la modificación en el verano de 2011 del art. 135 de la CE, por un procedimiento verdaderamente rápido, en el que además de constitucionalizar el principio de estabilidad presupuestaria, se quiso reforzar las garantías del pago de la deuda pública. Si hasta ese momento se disponía que "Los créditos para satisfacer el pago de intereses y capital de la Deuda Pública del estado se entenderán siempre incluidos en el estado de gastos de presupuestos y no podrán ser objeto de enmienda o modificación, mientras se ajusten a las condiciones de la ley de emisión", la redacción vigente cambia así: "Los créditos para satisfacer los intereses y el capital de la deuda pública de las Administraciones se entenderán siempre incluidos en el estado de gastos de sus presupuestos *y su pago gozará de prioridad absoluta*. Estos créditos no podrán ser objeto de enmienda o modificación, mientras se ajusten a las condiciones de la ley de emisión".

La inclusión de la priorización del pago de la deuda, conllevaría en caso de insuficiencias de recursos, la postergación de otras obligaciones económicas que pudieran existir. Y es en este punto donde se presenta un interesante ejercicio, no meramente teórico, a la vista de diversas experiencias habidas en más de un Estado miembro de la Unión Europea, y a las que no ha sido ajeno también España. Y ello se evidencia con especial intensidad, cuando en momentos como los presentes se produce una regresión o recorte en la acción prestacional de los poderes públicos.

Esta priorización presenta un doble problema, en la medida que la devolución del capital tomado a préstamo puede comportar que otras necesidades no se atiendan, pero además que los gastos que se cubrieron con el capital tomado a préstamo se destinara a cubrir gastos, sin duda públicos por el sujeto que los realiza, pero prescindibles, por ineficientes, ineficaces o incluso injustos.

Es improbable que estas situaciones límite de conflicto y prelación de pagos se den, pero no imposible, y de ahí la previsión constitucional, formulada, sin duda, pensando en su pretendida eficacia frente a los mercados e hipotéticos prestamistas. Lo que no es tan improbable es la obligación de reducir el nivel de deuda en caso de que

14 ORON MORATAL, G., *la configuración constitucional del gasto público,* cit. pp. 62-63. En el cap. 3 de la obra se lleva a cabo un estudio de algunos supuestos constitucionalmente previstos que comportan una vinculación de gastar.

haya superávit, o incluso en caso de que se obtengan más ingresos de los previstos. En efecto, la regulación interna del principio de estabilidad presupuestaria y sostenibilidad financiera con la aprobación de la Ley Orgánica 2/2012, de 27 de abril, además del límite cuantitativo de gasto que supone la propia exigencia del principio de estabilidad presupuestaria, pues los gastos no deben exceder de los ingresos en cuantía que suponga incurrir en déficit superior al autorizado, puede suponer también un límite a la hora de poder aplicar determinados ingresos a cubrir ciertos gastos.

Así, la ley prevé en su art. 32 que si la liquidación presupuestaria arroja superávit, este se destinará, en el caso del Estado, Comunidades Autónomas, y Corporaciones Locales, a reducir el endeudamiento neto, lo cual supone un condicionante genérico y que puede afectar, en principio, a cualquier tipo de ingreso, y sea cual sea el origen, deberá procederse a reducir el endeudamiento. Pero además, hay otra previsión más concreta al regular la regla de gasto, que puede afectar a determinados ingresos, e incluso con carácter previo al resultado de la liquidación presupuestaria, a todos los ingresos que superen las cantidades previstas. Conforme al art. 12.5 de la citada Ley Orgánica, "Los ingresos que se obtengan por encima de lo previsto se destinarán íntegramente a reducir el nivel de deuda pública". Esto puede significar, por ejemplo, que la modificación presupuestaria de "generaciones de crédito" (art. 53 de la Ley 47/2003, de 26 de noviembre, General Presupuestaria) quede afectada a la finalidad citada, debiendo amortizar deuda pública si se dan los supuestos que la producen. Entre los supuestos que pueden dar lugar a las generaciones de crédito está la de ingresos superiores a los contemplados en el presupuesto inicial, por lo que una mayor recaudación tributaria respecto de la prevista parece que debiera tener ese destino. Sin duda, esta previsión comporta un condicionante a la posibilidad de decidir el destino de los recursos que a cada Administración corresponden.

Un porcentaje elevado de la deuda pública contraída por España en los últimos años ha ido dirigida a financiar los costes del rescate de entidades financieras en situación de crisis, siendo discutible si con ello se ha querido *salvar* a las entidades y directivos bien retribuidos, o a sus depositantes -que no sus socios, cuando sus títulos valores representativos de la participación en el capital se ha visto consecuentemente reducido-. Pero también es cierto que se ha tenido que acudir a la deuda pública, aunque en mucha menor cuantía, para financiar el pago a empresas que han prestado servicios públicos, siendo un claro ejemplo el plan de pagos a proveedores para Entidades Locales y Comunidades Autónomas, que han obtenido préstamos del Estado para poder pagar, entre otras obligaciones pendientes, gastos farmacéuticos, servicios sociales de residencias para mayores y dependientes, etc.

Ante posibles, o hipotéticos conflictos futuros, es conveniente hacer alguna reflexión estrictamente jurídica. El carácter prioritario del pago está establecido en la Constitución, pero no es esta la única norma, ni necesariamente la de superior rango en cualquier caso. Como señala A. CORTINA,

> "En un Estado social y democrático de derecho, como es el caso de España, es prioritario proteger los derechos básicos de las gentes, sean ciudadanos de pleno derecho o inmigrantes, porque en eso se juega su legitimidad",[15]

y esta protección, no sólo deriva de la Constitución, también de Tratados que reconocen derechos, tanto los denominados como de primera generación, como los de segunda generación, entre los que se ubicarían los derechos sociales, y en caso de no llevarse a cabo acciones dirigidas a su protección o satisfacción, no sin ciertos problemas formales -pues deben agotarse las vías de reclamación administrativa y judicial internas, lo que es especialmente complejo cuando se trata de cuestionar la inactividad de los poderes públicos, además de costoso económicamente, tanto por la asistencia como por las actuales tasas judiciales, salvo que se tenga derecho al servicio de justicia gratuita- hay instancias internacionales, fundamentalmente a través de la ONU, que pueden *condenar* al Estado que no cumple las obligaciones que derivan de las declaraciones de derechos y compromisos internacionalmente asumidos.

En cuanto a la progresiva satisfacción de derechos y servicios fundamentales, identificable con las cláusulas de realización progresiva que constan en diversos Tratados internacionales, pueden utilizarse indicadores de la relación existente entre el gasto público y el producto interior bruto anual, pero estos indicadores no pueden tener efectos jurídicos, esencialmente por los problemas que conlleva la cuantificación de este último para que pueda producir efectos sancionadores, dada la indeterminación de algunos de sus componentes[16], y serán casos concretos los que podrán evidenciar incumplimientos por parte de los poderes públicos. Es más, como puede contrastarse con la realidad de distintos Estados miembros de la Unión Europea, los problemas de insuficiencias presupuestarias pueden encontrarse en decisiones de gastos inapropiadas o en la deficiente gestión, pues no necesariamente un mayor nivel en la prestación de servicios debe conllevar déficit presupuestario, como ha puesto de relieve LÓPEZ DÍAZ.[17]

---

15 CORTINA, A. "Justicia social o federalismo", *El País,* 5 de agosto de 2014.

16 De ello me he ocupado en relación con las dificultades para sancionar a Estados miembros de la UE, en "Poder Financiero, Constitución y Unión Europea", en *La recepción del derecho de la Unión Europea en España. Derechos, mercado único y armonización fiscal en Europa*, Coord. D. ORDÓÑEZ SOLÍS, La ley, Madrid, 2013, especialmente pp. 472-474.

17 LÓPEZ DÍAZ, A., "Crisis económica y desajuste de las cuentas públicas: la necesidad de un mayor espacio fiscal", en *Fiscalidad en tiempos de crisis*, (MÁLVAREZ PASCUAL y RAMÍREZ GÓMEZ, directores), Aranzadi, 2014, "carece de fundamento considerar sin más esta crisis como la crisis del estado del bienestar. Basta traer a colación que aquellos países con mayor nivel de bienestar, que todos conocemos e identificamos fácilmente, Dinamarca, Finlandia, Suecia, en general los países nórdicos, son los menos afectados por la crisis que estamos atravesando. Suecia no entró nunca en una situación de déficit excesivo, Finlandia entró y lo corrigió casi inmediatamente, y algo similar ocurre en Dinamarca. A pesar de presentar altas ratios de gasto público, y elevados estándares de bienestar, presentan niveles de deuda que están por debajo del 40%, y niveles de déficit inferiores al 2,5% del PIB, muy lejos del resto de los países de la Unión Europea, especialmente del arco mediterráneo. No cabe, por tanto, asimilar estado de bienestar y crisis de las cuentas públicas. Si nos

Sin embargo, a efectos internos sí hay mecanismos jurídicamente válidos para poder constatar si hay o no regresiones, y en caso de haberlas, reputarlas inconstitucionales. El art. 158. 1 de la CE se refiere a la garantía de un nivel mínimo en la prestación de servicios públicos, al disponer que "1. En los Presupuestos Generales del Estado podrá establecerse una asignación a las Comunidades Autónomas en función del volumen de los servicios y actividades estatales que hayan asumido y de la garantía de un nivel mínimo en la prestación de los servicios públicos fundamentales en todo el territorio español". Cuál sea ese nivel mínimo, obviamente, es el que no se fija en el texto constitucional, pero sí incumbe, al Estado, y a las Comunidades Autónomas, aunque lo más criticable es que no se establezcan criterios para identificar esos servicios públicos fundamentales, algo que se lleva a cabo en la Ley Orgánica de Financiación de las Comunidades Autónomas (LOFCA), del que no sólo derivan cuáles son esos servicios fundamentales, sino también el nivel de prestación. En concreto el art. 15.1 de la LOFCA, dispone que:

> "El Estado garantizará en todo el territorio español el nivel mínimo de los servicios públicos fundamentales de su competencia.
> A efectos de este artículo se considerarán servicios públicos fundamentales la educación, la sanidad y los servicios sociales esenciales.
> Se considerará que no se llega a cubrir el nivel de prestación de los servicios públicos al que hace referencia este apartado, cuando su cobertura se desvíe del nivel medio de los mismos en el territorio nacional".

A tales efectos se crea el Fondo de Garantía de Servicios Públicos Fundamentales, siendo especialmente relevante que el nivel mínimo se fije en la media nacional. De este modo, y como con acierto ha señalado LOZANO SERRANO, el art. 158.1 "no es sólo un precepto financiero sino un mandato para la efectividad de derechos prestacionales básicos del ciudadano, integrantes de los llamados derechos humanos de segunda generación".[18]

Al fijarse por la LOFCA el nivel mínimo en la media nacional, magnitud concreta y determinable numéricamente, concluye también LOZANO SERRANO, a quien seguimos en este punto,[19] que

centramos específicamente en la realidad española, habría que añadir al argumento ya formulado que los servicios esenciales que identificamos con estado de bienestar, sanidad, educación y servicios sociales, no presentan en España unos costes especialmente altos. Así en 2008, año de inicio de la crisis, el gasto en protección social por habitante, se situaba en España por debajo de la media de la Unión Europea (alrededor de 8.000 euros) o de la Eurozona (cerca de 7.000 euros), rondando los 6.000 euros por habitante y año".

18 LOZANO SERRANO, C., "Art. 158.1 CE: Límites al recorte y copago de Servicios fundamentales", en *Fiscalidad en tiempos de crisis*, (MÁLVAREZ PASCUAL y RAMÍREZ GÓMEZ, directores), cit., p. 185.

19 Ob. Cit. pp. 188 a 191

> "no cabe igualar los territorios con el recorte o la disminución de la cobertura del servicio en los mejor dotados haciendo caer la media, pues vaciaría de contenido la previsión directa por la Constitución de unas asignaciones niveladoras en los presupuestos el Estado. Por ello, la única forma cabal de entender el mandato es que impone un proceso de nivelación al alza, de modo que las asignaciones estatales se destinen a los territorios peor dotados hasta igualar en ellos la cobertura del servicio con la media nacional, en un proceso constante de nivelación. Por eso, el art. 15 LOFCA siempre ha contemplado estas asignaciones como recursos permanentes, en favor de unos u otros territorios, sin que el Estado pueda suprimirlas e igualar a la baja.
> >> Tampoco cabe... cumplir el mandato con decisiones estatales de recorte o disminución de nivel del servicio en todo el territorio español, que harían caer también la media, logrando la igualación bajándola a los niveles de los territorios peor dotados. Si así fuera, el fraude constitucional podría llegar hasta la supresión total del servicio, lo que mantendría la misma media en todas las Comunidades, igual a cero".

Obviamente, todos aquellos servicios que caen fuera de la educación, sanidad y servicios sociales, no pueden ser objeto de la misma valoración que ellos, y muestra de esa realidad es la supresión de televisiones públicas, como en la Comunidad valenciana, la reducción de plantillas en todo el sector público, y también el establecimiento de tasas para poder acceder a la justicia, salvo en los supuestos de exención del tributo, y otros "copagos" en el acceso a determinadas prestaciones sociales.[20]

Otro modo de reducir el nivel de prestación del servicio, también rechazable con argumentos de LOZANO SERRANO, es la elevación de aportaciones por el usuario,

> "pues el nivel de prestación o cobertura viene definido por ambos aspectos, la prestación misma y su coste para el usuario... Disminuir la aportación financiera general a un servicio para reasignar esa parte del coste a los usuarios con nuevas tasas o aportaciones reduce -si no hay medidas correctoras- su nivel de cobertura, contra la garantía constitucional de un nivel mínimo de prestación".
> >> Esta conclusión choca con el tradicional reconocimiento al legislador presupuestario de su poder para fijar el volumen y el destino de los gastos públicos; más exactamente, con la concepción del poder financiero como ilimitado en materia tributaria y presupuestaria. Es obvio que tal concepción, arraigada en la noción de soberanía y del estado liberal de Derecho, ha

20 FERNÁNDEZ MARUGÁN, F., "La desigualdad arrecia", en *El País*, *Negocios,* de 27 de julio de 2014, señala que "Lamentablemente, a pesar de que la crisis ha castigado a muchos con contundencia, el debate de las preferencias políticas y de la ordenación que hay que establecer en ellas para salir de este laberinto se encuentra mal planteado y peor resuelto".

> debido amoldarse a unas normas constitucionales vinculantes para la ley, así como al proceso de construcción europea, con reglas, recomendaciones e informes de las instituciones europeas previos y posteriores a las decisiones de los parlamentos nacionales".[21]

De todo ello, podemos cerrar este primer apartado, constatando que sí hay obligaciones a cargo de los poderes públicos de atender, promover y satisfacer aquellos derechos y servicios vinculados a ellos, singularmente los relacionados con la educación, sanidad y servicios sociales, que encuentran un mayor nivel de garantía en el bloque de constitucionalidad, y los restantes, también protegidos con el mismo, pueden encontrar un complemento en su protección por la vía de los Tratados y la Declaración Universal de Derechos Humanos, cuya atención ha de ser tan principal como el pago de la deuda, único supuesto que en el texto constitucional se ve priorizado, pero que como se ha señalado no es una obligación asumida internacionalmente, a diferencia de la protección de los derechos básicos y fundamentales.

Como ejemplo en el ámbito sanitario, que entra dentro de los derechos sociales, puede citarse el conflicto que en la Comunidad de Castilla-La Mancha se produjo con ocasión de la supresión del servicio de atención médica las 24 horas que existía en determinadas localidades, y que tras un rápido pero intenso recorrido judicial, acabó la propia Administración autonómica derogando la Orden causante del conflicto, pues el Tribunal Superior de Justicia resolvió mantener la prestación del servicio sanitario de urgencias de la Zona Básica de Tembleque en los términos preexistentes a la entrada en vigor de la indicada disposición administrativa. La Orden de 20 de noviembre de 2012 se publicó el 14 de enero de 2013, el 15 se interpuso el recurso contencioso, solicitando la suspensión cautelar de la misma, a lo que se accedió por auto del TSJ de 17 de enero, y tras el recurso interpuesto por la Comunidad Autónoma, se dicta un nuevo auto el 29 de enero (ponente Sr. Domingo Zaballos, en expediente Medidas cautelares núm. 13/2013), en Sala conformada por siete magistrados, en el que se acuerda levantar la suspensión parcial, pero no la relativa al Ayuntamiento recurrente. El auto ponía de relieve la existencia de diversas insuficiencias formales en el procedimiento de aprobación de la Orden, aunque eran irrelevantes para la decisión de la medida cautelar de suspensión, pero que podían servir de *aviso a navegantes* sobre la resolución final, y en las consideraciones que realiza en el auto, por lo que aquí interesa, tiene relevancia el Fundamento jurídico séptimo, que a pesar de su extensión, reproducimos:

> "Llegados a este punto, es de significar que la reestructuración de los servicios de urgencias en los términos antedichos -siempre sin prejuzgar el fondo

21 Sobre esos efectos en el poder financiero, tanto en la vertiente del ingreso como del gasto, nos permitimos remitir al lector, además del ya citado "Poder Financiero, Constitución y Unión Europea", en *La recepción del derecho de la Unión Europea en España*, también a nuestro opúsculo *La Hacienda estatal ante la Unión Europea: supuestos de devaluación del Derecho*. Universitat Jaume I. Castellón de la Plana. 2010, accesible en http://repositori.uji.es/xmlui/handle/10234/20816

de la cuestión litigiosa- no se presenta prima facie arbitraria o caprichosa, todo lo contrario, atendiendo al mandato constitucional de estabilidad presupuestaria y que ningún poder público responsable puede dar la espalda conforme a dicha previsión de la Norma Fundamental y a su complemento en la Ley Orgánica de Estabilidad Presupuestaria de 2012 (y demás normativa, estatal sobre todo).

Es indudable el juego del interés general tutelado por la Comunidad Autónoma persiguiendo la racionalización del gasto público sanitario con el norte en lograr así la sostenibilidad del sistema. No será este Tribunal institución que niegue tan recto propósito, por lo demás impuesto desde la cúspide de nuestro sistema normativo. Ello no obstante, el juicio que corresponde a la Sala valorando circunstanciadamente todos los intereses en conflicto -como manda el nº 1 del artículo 130 de la Ley Jurisdiccional- no conduce a entender que haya de denegarse la medida cautelar (en este caso alzarse la suspensión de la Orden en lo tocante a la ZBS de Ocaña/Tembleque), porque de ello no se sigue "perturbación grave de los intereses generales"- según prevé el nº 2 del mismo precepto o, al menos, no se acredita por la Junta de Comunidades de Castilla-La Mancha. Así, atendiendo al impacto confesado en el informe referido del SESCAM -ahorro de 5'1 millones de euros de la medida en el conjunto de los 21 PACs afectados- tomado en consideración el tiempo que puede llevar la tramitación de un recurso contencioso-administrativo que la Ley impone debe hacerse con preferencia- artículo 66 de la LJCA-, y ello así por cuanto resulta concluyente para la Sala que, de no suspenderse la Orden -siempre en el ámbito territorial a que se circunscribe nuestra decisión- no quedaría salvaguardado el efecto útil de una hipotética sentencia estimatoria del recurso presentado por el Ayuntamiento de Tembleque. Y es que concurre el denominado "periculum in mora" tomando en consideración que la justificación aportada por la Junta de Comunidades de Castilla-La Mancha se nos presenta insuficiente para explicar por qué se altera una situación preexistente que, en apariencia funcionaba a satisfacción del recurrente, de ahí que el Ayuntamiento pretenda que continúe, mediante la adopción de una norma por motivos significadamente económicos, que sin embargo crea una zona de incertidumbre incompatible con la actividad prestacional sanitaria que compete a la Administración Autonómica por mandato constitucional y estatutario, en lo relativo al servicio de urgencias en toda su extensión horaria.

Por si ello fuera poco, la inmediación, la atención inmediata, la continuidad en el servicio de las que hablan las diferentes normas de referencia, Ley castellano- manchega 8/2000, artículo 51, Real Decreto 1030/06, de 15 de Septiembre, Anexo IV, apartados 1 y 2.2, se puede ver notablemente comprometida si el eslabón actualmente existente, el del centro de salud, desaparece durante unas horas al día, para verse sustituido por no se sabe bien qué. Repárese en que la Orden explicita una distribución territorial, mas no aclara

> mucho más. Ese primer diagnóstico que actualmente puede prestarse por los centros existentes se desvanece si depende de una llamada telefónica al 112 o de una ambulancia que puede estar en uno u otro sitio, vehículo que puede estar más o menos dotado, o de un helicóptero que se va a ignorar dónde se encuentra o, en todos los casos y por resumir, la decisión sobre el diagnóstico y tratamiento del enfermo urgente se aleja, aparentemente, de la situación física del mismo.
>
> La estabilidad de un soporte físico como un centro de salud queda modificado en unos términos que, no para el fondo del asunto que ya se verá más adelante en el debate procesal y habrá de resolverse mediante Sentencia, sino para el enjuiciamiento prima facie inherente a esta pieza, implica una inseguridad en los ciudadanos para la materia más sensible sobre las que actúa la Administración que, en la necesaria ponderación de intereses a la que obliga nuestra ley, inclina la balanza del lado de mantener la actual situación. No estamos obligando a abrir un nuevo centro de salud u otro tipo de dependencia sanitaria, estamos diciendo que, provisionalmente, no procede cerrar el abierto, siquiera sea de noche, o concretamente de las 20 horas de un día a las 8 horas del siguiente-.
>
> Todo ello no tenía que probarlo al detalle la parte actora, que cumple con denunciar la situación que se genera y con poner de manifiesto la regulación que se pretende. La facilidad probatoria, art. 217.7 LEC, es un criterio a tener en cuenta, aunque indiciariamente en toda medida cautelar sea el solicitante de la misma a quien le corresponde probarlo; reléase el tenor del Auto emplazando a la Junta de Comunidades de Castilla-La Mancha para que acompañara a sus alegaciones documentos "o cualquier otro medio adecuado y pertinente..." ilustrando a la Sala con carácter previo a la adopción de la decisión de cierre de la pieza cautelar".

En el FJ siguiente, hace una detallada relación de peligros que pueden darse si no se suspende la Orden recurrida, justificando también así la resolución judicial. En el único voto particular formulado por el Magistrado Sr. Borrego López, entre otras argumentaciones, se indica que se trata de "una disposición general, estructural, organizativa y de criterios generales; que opta, en el marco de sus competencias, por el ejercicio de una potestad organizativa; en este caso, de la Administración sanitaria, estableciendo su propio modelo (decisión política, de alcance esencialmente metajurídico); articulando desde la naturaleza del servicio, los criterios legales que aseguren la prestación del servicio; de manera abstracta y general; según principios legales".

Aquí se refleja la problemática del carácter político de las decisiones de gasto, para realizarlo, o no realizarlo como en este caso, algo que tampoco se le escapó a la mayoría del Tribunal, pues claramente expresaron que no obligaban a abrir un nuevo centro de salud u otro tipo de dependencia sanitaria, sino que, provisionalmente, no procede cerrar el abierto, lo que podemos entroncar con el mantenimiento del servicio, de la media, y la cláusula de progresividad y no retroceso en la prestación de servicios básicos. Sentencia sobre el fondo no habrá seguramente, pues la Orden de 25 de marzo de 2013, derogó la de 2012, si bien aprovechando su preámbulo para incidir en la corrección formal de la Orden inicial, y el correcto uso de sus competencias, así como la bondad de sus objetivos, e indicando que "los pronunciamientos que sobre dicha Orden se han realizado por parte del Tribunal Superior de Justicia de Castilla-La Mancha hacen prácticamente imposible la consecución y objetivos de mejora que se pretendían obtener con la misma, objetivos que como es sabido están encomendados por el ordenamiento jurídico. Pero es que además a la vista de la constatación del escaso uso de estos recursos se obstaculiza el logro de una sanidad más eficiente, eficaz, útil, rápida, moderna, racional y efectiva".

En otras ocasiones, pronunciamientos judiciales también han incidido en normas dictadas para reducir costes, o supresión de servicios, y en aquellos casos en que se han declarados contrarios al ordenamiento lo ha sido por cuestiones formales, no con base en criterios materiales de justicia del gasto. Así, por ejemplo, el TSJ de La Rioja, en Sentencia núm. 347/2012 de 21 de noviembre, declaró nulo el Acuerdo del Consejo de Gobierno de la Rioja de 29 de diciembre de 2011 por el que adoptó medidas de planificación en materia de recursos humanos para los años 2012 y 2013, por no haber habido trámite de negociación con los sindicatos.

También son cuestiones de justicia formal las que giran en torno a la supresión en España de la paga extraordinaria de navidad en 2012, pues son muchísimas las sentencias dictadas, declarando la improcedencia de la supresión, al menos sobre la parte ya devengada, lo que reconduce el problema a una cuestión de eficacia retroactiva de la norma, habiendo planteado el Tribunal Supremo una cuestión de inconstitucionalidad en Auto de 2 abril 2014, del recurso 63/2013; también la Audiencia Nacional por auto núm. 16/2013 de 1 de marzo, en el procedimiento núm. 322/2012, habiendo señalado expresamente este Tribunal en Sentencia núm. 79/2013, de 22 de abril, que no se puede apreciar en este caso un trato desigual no justificado entre los empleados públicos y el resto de la sociedad, ni por trato desigual dentro del colectivo de empleados públicos, y no suponer una expropiación legislativa de derechos. Entre los Tribunales Superiores de Justicia hay resoluciones de todo tipo, que plantean la cuestión, que no lo hacen (incluso alguna no ha sido admitida a trámite por deficiencias formales, por ejemplo la del TSJ de Asturias, inadmitida por Auto del TC núm. 136/2014, de 8 de mayo), o han estimado el recurso por afectar a personal laboral y ordenado el pago de la parte de la paga devengada.

3. CRITERIOS MATERIALES DE JUSTICIA PARA LA DISTRIBUCIÓN DEL COSTE DE LOS SERVICIOS QUE EN SU CASO SE PRESTEN

Acabadas de señalar las dificultades para que los Tribunales utilicen criterios materiales de justicia para resolver en temas de los que nos están ocupando, tampoco vamos en este el lugar a valorar la imprescindible necesidad de los principios de justicia a la hora de contribuir al sostenimiento del gasto público, y la necesaria asignación equitativa de los recursos, pero sí queremos poner de relieve algunas circunstancias que pueden incidir negativamente en la finalidad redistributiva del Derecho Financiero y que, por ende, pueden dificultar el acceso a los derechos básicos a los menos favorecidos.

Una de las primeras circunstancias a señalar guarda relación con el nivel de ingresos y el peso cada vez mayor que en los mismos tienen los impuestos indirectos. Aunque los tipos impositivos en España no son bajos, tampoco son de los más altos, salvo en el caso del IRPF, con el agravante de que son las rentas del trabajo las mayormente gravadas. El fraude fiscal y la economía sumergida (que sólo parcialmente coincide con el fraude) son dos grandes lacras que pesan sobre el sistema económico y fiscal español, además de la existencia de un importante gasto fiscal como consecuencia de los beneficios fiscales, y que en 2014 están estimados en más 38.360 millones de euros, y como señala LÓPEZ DÍAZ, "además de la importancia indudable de su cuantía debe preocuparnos también el hecho de que no se disponga de una liquidación del presupuesto de beneficios fiscales, donde se diera cuenta de la cuantía que cada uno representa, así como de los objetivos conseguidos con dicha medida".[22]

Otra de las circunstancias a señalar es la, a nuestro juicio, desafortunada interpretación que el Tribunal Constitucional ha realizado en relación con las exigencias del principio de capacidad económica, esto es, el principio rector y medida para la contribución al sostenimiento del gasto. En el auto 71/2008, de 28 de febrero, del Tribunal Constitucional, parte de que el principio de igualdad no consagra "un derecho a la desigualdad de trato, ni ampara la falta de distinción entre supuestos desiguales, por lo que no existe ningún derecho subjetivo al trato normativo desigual", lo cual permitiría que diversos hechos imponibles se graven en igual grado aun cuando la intensidad de su realización sea evidente y contrastablemente distinta; y a pesar de reconocer que el principio de capacidad económica obliga a que la contribución de solidaridad en que consiste el tributo "sea configurada en cada caso por el legislador según aquella capacidad", esto es, le obliga a modular la carga tributaria de cada contribuyente "en la medida – en función – de la capacidad económica", da una larga cambiada para referir el citado principio al sistema tributario, y concluye que "aun cuando el principio de capacidad económica implica que cualquier tributo debe gravar un presupuesto de hecho revelador de riqueza, la concreta exigencia de que la carga tributaria se module en la medida de dicha capacidad sólo resulta predicable del <sistema tributario> en su conjunto", de manera que puede afirmarse "que sólo cabe exigir que la carga tributaria de cada contribuyente varíe en función de la intensidad en la realización del hecho imponible en aquellos tributos que por su naturaleza y caracteres resulten determinantes en la concreción del deber de contribuir al sostenimiento de los gastos públicos que establece el art. 31.1 CE". La determinación de qué impuestos sean determinantes de esa concreción, y no tanto de las medidas normativas adoptadas -pues esta construcción se realizó para enjuiciar la posibilidad de emplear el Decreto-ley para regular el deber de contribuir-, es algo que no está formulado, y por tanto hoy es algo indeterminado, aun cuando puede ser indicativo que el Impuesto sobre Sucesiones y Donaciones en

22 LÓPEZ DÍAZ, "Crisis económica y desajuste...", cit. p. 36.

la sentencia 189/2005, de 7 de julio, por no estar configurado como un "tributo global sobre la renta o sobre el consumo", y por el tipo de medida introducido, se consideró que no afectaba a la esencia del deber de contribuir.

La determinación de la base imponible sí deberá ser directa -cierta y en su caso con algún margen de aproximación- en los tributos globales sobre la renta y el consumo, pero para el resto, según el criterio del TC expuesto por la mayoría en el citado auto, serían admisibles tanto las cuotas fijas como repartos por capitación por importe legalmente fijado, conclusión ésta última que no nos parece que sea la que corresponda ni la que merezca la evolución que el Derecho Tributario, como ciencia y como rama del ordenamiento, ha tenido durante el siglo XX y lo que llevamos del XXI, ni la misma justicia tributaria.

La apreciación de la capacidad económica como una cualidad objetiva del presupuesto de hecho del tributo o como cualidad subjetiva del obligado al pago del tributo que no se adecúe en la cuantificación de la obligación tributaria, puede ser transcendente a la hora de admitir una mayor o menor flexibilidad en la aceptación de tributos de cuota no muy elevada, por la dificultad de cuestionar la relación entre la carga tributaria y la propia capacidad contributiva, lo que se evidencia singularmente en las tasas (pues según su hecho imponible se cuantifican en relación con el coste del servicio y sin que pueda exceder de éste, y sin atender a la capacidad económica del contribuyente, o tomando como referencia el valor de mercado correspondiente o el de la utilidad derivada de la utilización del dominio público).

Y es en este punto relacionado con las tasas, y con otro tipo de prestaciones conmutativas que se vienen estableciendo en relación con varios servicios públicos con el objetivo de *copago*, donde no atender a la capacidad económica puede conllevar vulneraciones relacionadas con los derechos sociales reconocidos. El TC, en la sentencia 71/2014, de 6 mayo, relativa a diversas tasas introducidas por la Comunidad de Cataluña, ha incidido más si cabe en la desconexión del principio de capacidad económica respecto de las tasas. Tras dejar constancia de que "las tasas se basan en el principio de equivalencia, sin perjuicio de que no puedan desconocer la capacidad económica, de manera que su hecho imponible encierra un sinalagma", se centra en la concurrencia de la existencia de competencia sobre la materia como canon de constitucionalidad,[23] concluyendo que la tasa por la expedición de recetas no recae so-

23 Así razona, "el canon de constitucionalidad para enjuiciar si una tasa autonómica respeta o no el ámbito competencial se encuentra así principalmente en el art. 7 LOFCA, en conexión con el reparto competencial de la materia sobre la que la tasa incide, y sin perjuicio del resto de límites constitucionales que resultan de aplicación, entre ellos el art. 6.2 LOFCA, a cuyo tenor "[l]os tributos que establezcan las Comunidades Autónomas no podrán recaer sobre hechos imponibles gravados por el Estado", y que establece un límite al poder tributario autonómico debe interpretarse conjuntamente y de forma coherente con el contenido en el art. 7 de la misma ley, pues ambos forman parte del mismo sistema de límites al poder tributario autonómico. En consecuencia, lo determinante en el caso de las tasas, de acuerdo con nuestra reiterada doctrina acerca de su vinculación a la competencia material, es que efectivamente respeten dicho ámbito competencial. Cumplida esta condición esencial, resultará entonces respetado también el límite contenido en el artículo 6 LOFCA, pues el hecho imponible de las tasas se refiere precisamente a dicha competencia material, siendo así que los límites contenidos en los arts. 6.2 y 7 de la LOFCA son dos caras de la misma moneda"

bre una prestación nueva, sino directamente sobre todas las prestaciones contempladas en la cartera común suplementaria (art. 8 ter LSNS), cuya financiación está regulada, en los términos... que limitan la aportación del usuario a los casos allí previstos. No resulta por tanto compatible con este régimen básico el establecimiento de una tasa como la controvertida, al hacer más gravoso para el ciudadano la adquisición de sus medicamentos con receta en la Comunidad Autónoma de Cataluña". Criterios que reitera en la sentencia 85/2014, de 29 de mayo, relativa a la tasa por los mismos servicios establecidos por la Comunidad de Madrid.

Ciertamente, las tasas no pueden desconocer la capacidad económica, pero hay casos en que debe ser imprescindible su presencia a pesar de que el hecho imponible no pueda ser reflejo de la misma, y no puede presumirse como cualidad subjetiva. Nos referimos a los servicios relacionados al acceso a los servicios básicos, que no constituye ningún problema para el contribuyente con capacidad económica, pero sí para los menos favorecidos. La participación económica por los usuarios de los servicios fundamentales, aunque en momentos anteriores no hubiera existido, no pensamos que necesariamente contradiga o vulnere derechos si ello se hace teniendo en cuenta la capacidad económica, pero no exclusivamente otras circunstancias ajenas a ella. El Real Decreto ley 16/2012, de 20 de abril, de medidas urgentes para garantizar la sostenibilidad del Sistema Nacional de Salud y mejorar la calidad y seguridad de sus prestaciones, y sobre el que se han interpuesto varios recursos de inconstitucionalidad pendientes aún de resolver, introdujo la participación económica en distinto grado a los pensionista según el importe de su pensión, contemplando también ciertas exenciones para determinados colectivos.[24]

Sin embargo, el régimen general de las tasas, que tendrán en cuenta la capacidad económica de las personas que deban satisfacerlas "cuando lo permitan las características del tributo" (art. 8 de la Ley 8/1989, de 13 de abril, de tasas y precios públicos), no contempla otros beneficios fiscales más que para entes públicos o derivados de acuerdos internacionales, sin perjuicio de que se pueda derivar de la relevancia de la capacidad económica.

Entiendo que cualquier aportación por los particulares en la financiación de servicios básicos y fundamentales sólo debiera poder darse si el usuario no reúne los requisitos, por ejemplo, para acceder a la justicia gratuita, o si excede el límite para estar obligado a tributar en el Impuesto sobre la renta de las personas físicas, pero excedidos estos debiera ser cuantificado atendiendo a la capacidad económica,[25] pero ya hemos

24 Afectados de síndrome tóxico y personas con discapacidad en los supuestos contemplados en su normativa específica; Personas perceptoras de rentas de integración social; Personas perceptoras de pensiones no contributivas; Parados que han perdido el derecho a percibir el subsidio de desempleo en tanto subsista su situación; Personas con tratamientos derivados de accidente de trabajo y enfermedad profesional.

25 Esta participación económica se ha propuesto, por ej., por SANCHEZ PINO y DOMÍNGUEZ ZORRENO, "La crisis económica y los Servicios públicos fundamentales", en *Cuestiones claves en el desarrollo del Estatuto de Autonomía de Andalucía,* (SÁNCHEZ PINO y PÉREZ GUER-

visto que para el TC español eso sólo es determinante en los impuestos representativos de la esencia del deber de contribuir.

Del mismo modo, y ante esta situación de reducción del nivel de servicios, bien por la exigencia de aportaciones económicas por los usuarios, bien por la reducción o supresión de ayudas o financiación pública, adquiere especial relevancia el pronunciamiento ya citado del Tribunal Constitucional portugués de que

> "cuanto mayor es el grado de sacrificio impuesto a los ciudadanos para la satisfacción de los intereses públicos, mayores deben ser las exigencias de equidad y justicia en el reparto de tales sacrificios, de forma que tales criterios se contravienen cuando tal reparto es excesivamente diferenciado".

El trato diferenciado no puede ser arbitrario, debe estar fundado en criterios razonables y razonados de justicia, y en este punto del acceso a servicios públicos fundamentales o soportar un sacrificio para la satisfacción de intereses públicos básicos, tan arbitrario resulta que sólo lo soporte parte de la población atendiendo a circunstancias que nada tienen que ver con la prestación del servicio, como que se les aplique a toda la población el mismo grado de sacrificio, cuando éste no lo va a ser tal para los ciudadanos de mayor capacidad económica.

Un ejemplo relevante a mi juicio en este punto lo constituye la actual regulación de las tasas judiciales en España, pues se trata del acceso a un derecho fundamental como es la tutela judicial, establecidas por la Ley 10/2012, de 20 de noviembre, si bien ha sido modificada con posterioridad, por ejemplo para evitar que la tasa fuese superior al importe de la eventual sanción administrativa recurrida, como podía ocurrir con la redacción inicial. Ciertamente hay supuestos de exención objetivos y subjetivos, en cuyos supuestos no se da el que puede ser un oxímoron, "justicia de pago", pero a partir de ahí se establecen una cuotas fijas, y junto a ellas otras variables, cuyas diferencias ni guardan relación con el coste del servicio, ni atiende a la capacidad económica del sujeto pasivo, y si las tasas judiciales por sí mismas no constituyen una vulneración del acceso a la tutela judicial, la regulación indiscriminada e igualitaria sí puede llegar a serlo.

4. EXIGENCIAS FORMALES DE RANGO NORMATIVO PARA ESTABLECER LAS CONDICIONES DE LA ACTIVIDAD PRESTACIONAL

La Constitución española establece la reserva de ley para establecer tributos y prestaciones patrimoniales (art. 31.3 y 133.1), los presupuestos deben aprobarse por ley y por las Cortes (art. 66.2 y 134), y sólo se pueden realizar gastos de acuerdo con las leyes (art. 133.4).

RERO, directores), Universidad de Huelva, 2013, pág. 161, aunque sostienen que el instrumento financiero tenga carácter lineal, no progresivo, aplicable a todos los usuarios reales, al margen de su capacidad económica.

En definitiva, la actividad financiera no sólo está sometida a la ley, sino que ésta es la que debe regular sus elementos esenciales. Pues bien, si nos centramos en el tiempo transcurrido desde inicio de 2008 hasta inicios de agosto de 2014, se han dictado por el gobierno español 10 Reales Decreto-ley en 2014, 17 en 2013, 29 en 2012, 20 en 2011, 14 en 2010, 14 en 2009 y 10 en 2008. Muchas son pues las circunstancias extraordinarias y de urgente necesidad apreciadas por cada Gobierno en estos siete años para acudir a esta excepcional fuente del derecho, que en ocasiones además dichas disposiciones remiten a futuras normas reglamentarias.

Desde 2013 se ha planteado más de 60 cuestiones de inconstitucionalidad y desde 2011 también más de 60 recursos de inconstitucionalidad, la mayoría de los cuales interpuestos por Comunidades Autónomas y ninguno por la oposición parlamentaria, sobre alguna de las medidas introducidas por algunos de esos Decretos-ley.

Por lo que se refiere a la obtención de financiación, cabe concluir que si estamos ante servicios de los considerados fundamentales (educación, sanidad y servicios sociales), o los que puedan resultar esenciales para la vida privada o social del usuario, las posibles aportaciones que los particulares deban realizar deben ser consideradas prestación patrimonial de carácter público aunque sean percibidas por un particular, de conformidad con la STC 182/1997, de 28 de octubre, y deben establecerse con arreglo a ley. Durante los últimos años se han establecido nuevas o mayores prestaciones "mediante decretos-leyes en el mejor de los casos, pero también por normas reglamentarias o meras resoluciones, sin naturaleza normativa e incapaces en todo caso de satisfacer la reserva de ley", tal como señala LOZANO SERRANO[26], relacionando diversas disposiciones y resoluciones que incurren en esa deficiencia. El Decreto-ley, ya no es que regule prestaciones patrimoniales, es que también se utiliza para reducir el nivel de prestación de servicios.

Esta forma de actuar pone en cuestión el alcance y el ámbito de la reserva de ley y el papel que debe representar el Parlamento, pudiendo llegar a pensarse que en ocasiones más que cumplir y respetar el bloque de constitucionalidad, se respeta el tácito "acuerdo o convención" de que se cumple y respeta. En gran medida, sólo a través de acciones individuales o de algunos colectivos que cuestionan, no sin pocos esfuerzos, la acción de los poderes públicos, se llega a reconocer la existencia de incumplimientos de ese bloque de constitucionalidad por dichos poderes públicos.

En relación con los presupuestos, al margen de los condicionantes comunitarios europeos y de los que me he ocupado en trabajos anteriores,[27] es una circunstancia habitual, por permitirlo la Ley General Presupuestaria española, la existencia de modificaciones presupuestarias llevadas a cabo por el ejecutivo que inciden en la especialidad cualitativa de los presupuestos, destinando recursos inicialmente previstos para un fin por la Ley de presupuestos, a otro fin más o menos alejado de aquél, o bien se adoptan acuerdos de retención de créditos presupuestarios que también inciden en el presupues-

26 LOZANO SERRANO, "Art. 158. 1 CE...", cit. pp. 193.

27 Vid la nota 21 y la bibliografía en esos trabajos citada.

to inicial, en principio para que haya un menor gasto del inicialmente autorizado por el Parlamento.[28] Salvo en cuanto al máximo de gastos, que requerirá su incremento una modificación con rango de ley, las posibilidades de modificación son verdaderamente amplias, y por la vía del Real Decreto-ley, totales.

La legislación de estabilidad presupuestaria aprobada en España en 2001 creó el denominado Fondo de Contingencia de ejecución presupuestaria, sucesor del precedente más limitado Fondo de Acción coyuntural, con la finalidad de que las modificaciones presupuestarias no incidieran en la especialidad cuantitativa del presupuesto y no se incrementaran los gastos respecto de los inicialmente aprobados, debiéndose atender los gastos imprevistos con cargo a ese Fondo, ya dotado presupuestariamente con su correspondiente consignación. Pues bien, a pesar de las posteriores normativas introducidas en la Ley General Presupuestaria de 2003, y la vigente de estabilidad presupuestaria, entre los 124 Decretos-ley dictados desde 2008, 10 se han aprobado para conceder créditos extraordinarios o suplementos de crédito, esto es, normas gubernamentales con rango de Ley que aprueban mayores gastos de los incluidos en el Presupuesto anual correspondiente que constitucionalmente deben aprobar las Cortes Generales.

Sin duda, el Fondo de Contingencia ha reducido la necesidad de estas modificaciones presupuestarias, pero cada vez que se acude a ellas por la vía del Real Decreto-ley, se evidencia cada vez el mayor peso del ejecutivo respecto del legislativo en materia presupuestaria, lo que permite reforzar la posición argumental de aquellos que siguen reivindicando el carácter formal y no sustantivo de la ley de presupuestos, quienes pueden encontrar un nuevo asidero en la anteriormente citada sentencia del Tribunal Constitucional portugués de 5 de abril de 2013, pues al enjuiciar la constitucionalidad de la ley de presupuestos por no incluir la totalidad de obligaciones que derivan de la ley y de los contratos como exige el art. 105 de la Constitución portuguesa, se afirma que la ley de presupuestos es adjetiva y se limita a articular la necesaria consignación presupuestaria para que los gastos puedan ser satisfechos como condición de procedimiento y pago de las obligaciones asumidas por el Estado, pero no rige en la definición de esas obligaciones.

Si el carácter adjetivo de la ley de presupuestos se predicara exclusivamente por la razón de que los gastos que autoriza son una consecuencia de decisiones previas tomadas por el legislador, la cuestión no tendría mayor trascendencia, pero es que ni desde este punto de vista es exactamente así, pues en gran medida se trata de autorizar gastos sobre decisiones previamente tomadas por el ejecutivo, donde de nuevo se aprecia su lugar predominante en materia presupuestaria, a pesar de los principios materiales y formales constitucionalmente establecidos.

---

28 Partiendo de que la reserva de ley abarca los momentos de creación, modificación y derogación de la Ley, analizando el régimen presupuestario argentino, CORTI, H.G., *Derecho constitucional presupuestario,* Lexis Nexis, Buenos Aires, 2007, dice que "si el Ejecutivo pudiera modificar libremente lo ya decidido por el Congreso, la intervención de éste sería ficticia, pues la última palabra quedaría en manos del primero, ya que se le asignaría la potestad de decidir qué mantener y qué cambiar de la ley dictada, circunstancia que desvirtuaría el significado político de la reserva legal", pp. 255.

Y para concluir citaré un único ejemplo que afecta ya no a la elaboración, aprobación, o modificación del presupuesto. Se trata de una modalidad de control. El art. 153 de la Constitución española establece a quién del Estado le corresponde el control de la actividad de los órganos de las Comunidades Autónomas, y en su apartado *d)* le atribuye al Tribunal de Cuentas, el control económico y presupuestario. Pues bien, con ocasión de la actual crisis económica y financiera, el Ministerio de Hacienda y Administraciones Públicas y la recientemente creada Autoridad Fiscal Independiente, se han atribuido una serie de competencias sobre el control de la actividad financiera de las Comunidades Autónomas que en mi opinión no respetan el citado art. 153, sin perjuicio de que los sujetos implicados sí acepten que cumplen el "acuerdo" no escrito de que se acata la Constitución, pues aquí se establece un control interadministrativo no admitido constitucionalmente. Esta Autoridad "se adscribe al Ministerio de Hacienda y Administraciones Públicas a través del Ministro de Hacienda y Administraciones Públicas", el Presidente lo nombra el Consejo de Ministros, a propuesta del Ministro de Hacienda y Administraciones Públicas, previa comparecencia de la persona propuesta para el cargo ante la Comisión correspondiente del Congreso de los Diputados, que por acuerdo adoptado por mayoría absoluta, aceptará la propuesta, o por mayoría simple de la Comisión si transcurren más de 15 días sin haber alcanzado la primera mayoría. Como se ve, nada que ver con el Tribunal de Cuentas, y sin modificarse la Constitución en este punto.

5. CONSIDERACIONES FINALES

Hemos podido constatar que sí hay obligaciones a cargo de los poderes públicos de atender, promover y satisfacer aquellos derechos y servicios vinculados a estos, singularmente los relacionados con la educación, sanidad y servicios sociales, que encuentran un mayor nivel de garantía en el bloque de constitucionalidad, y los restantes, también protegidos con el mismo, pueden encontrar un complemento en su protección por la vía de los Tratados y la Declaración Universal de Derechos Humanos, cuya atención ha de ser tan principal como el pago de la deuda, único supuesto que en el texto constitucional se ve priorizado, pero que no es una obligación asumida internacionalmente, a diferencia de la protección de los derechos básicos y fundamentales.

Reconocida o asumidas políticamente esas obligaciones, lo bien cierto es que nos encontramos ante una situación económica y social que está evidenciando una reducción del nivel de servicios vinculados a derechos sociales comparado con los niveles a los que se había llegado, reducción que se presenta en unos casos por la exigencia de aportaciones económicas a los usuarios, bien por la reducción o supresión de ayudas o financiación pública, lo que supone la introducción de unos sacrificios, cuya imposición no debe ser arbitraria ni tampoco homogénea. Si el trato diferenciado no puede ser arbitrario, y debe estar fundado, cuando se trata del acceso a servicios públicos fundamentales o de soportar un sacrificio para la satisfacción de intereses públicos básicos, tan arbitrario resulta que sólo lo soporte parte de la población atendiendo a circunstancias que nada tienen que ver con la prestación del servicio, como que se les aplique a toda la población el mismo grado de sacrificio, cuando éste no lo va a ser tal para los ciudadanos de mayor capacidad económica, y como ejemplo valga apuntar que si las tasas judiciales por sí mismas no constituyen una vulneración del acceso a la tutela judicial, la regulación indiscriminada e igualitaria sí puede llegar a serlo.

Muchas de estas medidas se han regulado por ley, si bien los grupos parlamentarios no es frecuente que acudan al Tribunal Constitucional para cuestionar los recortes en derechos sociales, quizá para evitar la acusación de que así se judicializa la política, y cumplir el pacto tácito de que las normas se cumplen, pero lo que sí es innegable es que el principio de reserva de ley, y la legalidad presupuestaria, son reiteradamente forzados. La regulación y cuantificación de nuevas obligaciones para cofinanciar servicios públicos, como la reducción de financiación pública para cubrir gastos sociales, en demasiadas ocasiones son acometidas por normas de rango legal pero extraordinarias, para amparar formalmente el uso del Real Decreto-ley, o incluso por normas de rango inferior a la ley o amparadas por un principio de legalidad que en materia de ejecución presupuestaria es ciertamente laxo. Sin duda que las leyes debieran establecer unos criterios para facilitar la priorización de gastos y necesidades, dado el carácter limitado de los recursos, y no sólo eso, debiera establecerse un régimen de responsabilidades para casos de despilfarro e incumplimiento de las normas reguladoras de la actividad financiera, para así poder llegar a decir que la afirmación que Aristófanes pone en boca de la Pobreza, y que encabeza este escrito, no es cierta, o se le pone remedio.

El marco jurídico, y no sólo el jurídico financiero, de atención, promoción y satisfacción los derechos sociales, bien puede decirse que permanece en un limbo, del que parece que no hay excesivo interés en sacarlo. Hablar de derechos no puede excluir hablar de deberes, no sólo del poder público, también del sujeto activo del derecho, algo que sin embargo no es frecuente en estos casos, pero sí es cierto que las obligaciones que se predican de los poderes públicos en orden a la satisfacción de ciertos derechos sociales, no se ven acompañadas del establecimiento de un cauce jurídico para la exigencia de su cumplimiento, algo que puede sorprender teniendo en cuenta los niveles alcanzados en la denominada sociedad del bienestar y en un Estado social y de derecho.

No estamos ante intereses meramente individuales, aunque también, pues el interés público está constitucionalmente proclamado, y sin embargo no hay ni siquiera de forma mínimamente aproximada, un esquema semejante al de la obligación de alimentos que el Estado liberal decimonónico reflejó en el Código Civil y que subsiste, y que además tiene reconocimiento internacional,[29] pues el contenido de muchos de los derechos sociales coincide con el concepto de "alimentos" de Derecho privado, "lo que es indispensable para el sustento, habitación, vestido y asistencia médica", comprendiendo también "la educación e instrucción del alimentista mientras sea menor de edad y aun después cuando no haya terminado su formación por causa que no le sea

29 Por ejemplo, el Convenio de La Haya de 23 de noviembre 2007 sobre Cobro internacional de alimentos para los niños y otros miembros de la familia, aprobado por Decisión 2011/432/UE, de 9 de junio, posteriormente modificada.

imputable" (art. 142 CC). La legislación civil también contempla que la cuantía de los alimentos será proporcionada al caudal o medios de quien los da y a las necesidades de quien los recibe, así como que variará según el aumento o disminución que sufran las necesidades del alimentista y la fortuna del que hubiere de satisfacerlos. En cierto modo, como se dice en la Declaración Universal de Derechos Humanos, "habida cuenta de la organización y los recursos de cada Estado", pero con la diferencia de la existencia de unos cauces procesales de reivindicación en los que también se debe proceder a valorar la actitud del alimentista, como evidencia la jurisprudencia existente, y que en ocasiones su comportamiento da lugar a la inexigibilidad frente al alimentante.

Como recuerda la Consulta núm. 3/2005, de 2 diciembre, de la Fiscalía General del Estado, "no cabe duda de que los alimentos legales presentan un peculiar régimen jurídico que los distingue del resto de las obligaciones patrimoniales. El derecho a los alimentos legales no es renunciable, compensable, ni transmisible a terceros (art. 151 CC), no puede ser objeto de transacción (art. 1814 CC), ni están sujetos a colación los gastos derivados del mismo (art. 1041 CC). No se trata, por tanto, de un derecho patrimonial puro sino de un derecho familiar de contenido económico afectado por consideraciones de interés público o social, en tanto que persigue una finalidad más trascendental que el interés puramente individual al proteger un interés superior como es el de la vida del alimentista". Un Estado social y democrático no puede parapetarse tras el pariente legalmente obligado, debe atender, promover y satisfacer los derechos sociales, debe destinar recursos financieros a esas finalidades, y de ello ha quedado buena muestra en las páginas anteriores, pero en el cumplimiento de los deberes que conllevan el reconocimiento de los derechos, no puede quedar al margen la actitud del titular del derecho.

BIBLIOGRAFÍA

AÑÓN ROIG, Mª. J., "Derechos humanos y obligaciones positives", en *La eficacia de los derechos sociales*, (BERNUZ BENÉITEZ y CALVO GARCÍA, editores) HURI-AGE, Tirant lo Blanch, Valencia, 2014.

CALVO GARCÍA, M., "Crisis económica y efectividad de los derechos sociales", en *La eficacia de los derechos sociales*, (BERNUZ BENÉITEZ y CALVO GARCÍA, editores) HURI-AGE, Tirant lo Blanch, Valencia, 2014.

CAYÓN GALIARDO, A., "La reforma fiscal para la crisis: sus formas y su contenido", en *Fiscalidad en tiempos de crisis*, (MÁLVAREZ PASCUAL y RAMÍREZ GÓMEZ, directores), Aranzadi, 2014.

CORTI, H.G., *Derecho constitucional presupuestario,* Lexis Nexis, Buenos Aires, 2007.

CORTINA, A. "Justicia social o federalismo", *El País,* 5 de agosto de 2014.

DOMINGUES DE OLIVEIRA, J.M., "Tributación, presupuesto y políticas públicas en Brasil" en *Crónica Tributaria*, nº 143, 2012.

______. "El desvío de finalidad de las contribuciones y su control tributario y presupuestario en el derecho brasileño", *RDF, Revista Derecho Fiscal*, Buenos Aires, Argentina, nº 4, 2008.

FERNÁNDEZ MARUGÁN, F., "La desigualdad arrecia", en *El País*, *Negocios,* de 27 de julio de 2014.

GUILLEM CARRAU, J. "El Constitucional Portugués ante las medidas de ajuste: La Sentencia de 5 de abril de 2013", *Cuadernos Manuel Giménez Abad,* **nº 5, 2013.**

LÓPEZ DÍAZ, A., "Crisis económica y desajuste de las cuentas públicas: la necesidad de un mayor espacio fiscal", en *Fiscalidad en tiempos de crisis*, (MÁLVAREZ PASCUAL y RAMÍREZ GÓMEZ, directores), Aranzadi, 2014.

LOZANO SERRANO, C., "Art. 158.1 CE: Límites al recorte y copago de Servicios fundamentales", en *Fiscalidad en tiempos de crisis*, (MÁLVAREZ PASCUAL y RAMÍREZ GÓMEZ, directores), Aranzadi, 2014.

MARTÍN QUERALT, J.B., "La Constitución Española y el Derecho financiero", *Hacienda Pública Española*, nº 63, 1980.

ORÓN MORATAL, G., *La configuración constitucional del gasto público,* Tecnos, Madrid, 1995.

______. *La Hacienda estatal ante la Unión Europea: supuestos de devaluación del Derecho*. Universitat Jaume I. Castellón de la Plana. 2010.

______. "Poder Financiero, Constitución y Unión Europea", en *La recepción del derecho de la Unión Europea en España. Derechos, mercado único y armonización fiscal en Europa*, Coord. D. ORDÓÑEZ SOLÍS, La ley, Madrid, 2013.

PORRAS NADALES, A.J., "Crisis económica y eficacia de los derechos sociales", en *Cuestiones claves en el desarrollo del Estatuto de Autonomía de Andalucía,* (SÁNCHEZ PINO y PÉREZ GUERRERO, directores), Universidad de Huelva, 2013

REVENGA SÁNCHEZ, M., "Sobre los derechos sociales y su inconsistente estatuto constitucional", en *La eficacia de los derechos sociales*, (BERNUZ BENÉITEZ y CALVO GARCÍA, editores) HURI-AGE, Tirant lo Blanch, Valencia, 2014.

RODRÍGUEZ BEREIJO, A. *Introducción al estudio del Derecho Financiero,* IEF, Madrid, 1976.

SANCHEZ PINO y DOMÍNGUEZ ZORRENO, "La crisis económica y los Servicios públicos fundamentales", en *Cuestiones claves en el desarrollo del Estatuto de Autonomía de Andalucía,* (SÁNCHEZ PINO y PÉREZ GUERRERO, directores), Universidad de Huelva, 2013.

VILLALBA LAVA, M., "Comentario a la STC portugués 353/2012 de 5 de julio, que declara inconstitucional, la supresión de las pagas extraordinarias de vacaciones y navidad de los empleados públicos y jubilados durante los años 2012, 2013 y 2014". Diario La Ley, Nº 7907, 2012.

VV.AA., *Hacienda y Constitución,* IEF, Madrid, 1979.

A ATIVIDADE FINANCEIRA DO ESTADO E AS POLÍTICAS PÚBLICAS PARA OS DIREITOS HUMANOS

José Marcos Domingues

> Graças a este alargamento do modelo do Estado de direito, consistente na imposição à esfera pública não somente de limites mas também de vínculos, não só de proibições de lesão (ou garantias negativas) mas também de obrigações de prestação (ou garantias positivas), o Estado acresceu e reforçou as suas fontes de legitimação. FERRAJOLI

RESUMO: Após apresentar o conceito e as características da atividade financeira pública, e analisar sua origem e evolução histórico-jurídica, propondo uma releitura dos princípios orçamentários à luz do estágio atual do Estado de Direito, este ensaio aborda a temática dos direitos humanos e das políticas públicas destinadas à sua implementação, seara em que teleologia e garantismo se dão as mãos em defesa da dignidade humana consoante adequada interpretação e aplicação dos ditames constitucionais que justificam e legitimam o controle jurisdicional do orçamento e do gasto público.

1. INTRODUÇÃO

Instituição necessária ao convívio e desenvolvimento humano, o Estado tem por fim a realização prática das aspirações gerais da sociedade, tais como o estabelecimento da ordem interna para a promoção da segurança coletiva (externa e interna), da igualdade e da liberdade individual, o desenvolvimento material, moral e intelectual do povo.

O Estado foi concebido pelo espírito humano para garantir as justas expectativas de seres pensantes dotados de um anseio natural de liberdade e de um anseio racional de igualdade, sem cuja satisfação o primeiro não tem condições de se realizar.

Trata-se da dignidade da pessoa humana, atributo que lhe é inato. Os chamados direitos humanos nada mais são do que reflexo jurídico daquele caráter que clama por respeito e por garantia.

Contemporaneamente, apresenta-se toda uma teorização em torno da constitucionalização dos direitos humanos, mercê de cuja positivação se considerariam fundamentais,[1] como se não fossem bastantes em si, a exigirem sua constituição por obra de uma decisão legislativa. *Fundamentais* em realidade parecem ser os direitos *humanos* em si mesmos, objeto de uma mera *declaração* positiva para clareza, mas por isso mesmo sujeitos à indigência da respectiva decisão política e da linguagem correlata em que é vazada.

Diga-se, então, que o Estado existe para garantir a satisfação dos direitos das pessoas humanas que o criaram; ou seja, o Estado existe para promover os direitos humanos; e, assim, a tributação, o orçamento e o gasto público, servem pragmaticamente ao atendimento dessa meta fundamental.

O Estado recebe atribuições concretas de que se deve desincumbir sempre visando ao Bem Comum, em última análise, ao bem dos indivíduos que o constituíram. Estes, por conseguinte, devem contribuir para os encargos da coletividade por força da solidariedade[2] social que preside o relacionamento interpessoal. Do ponto de vista do Direito Financeiro, trata-se do dever de cada qual de pagar tributos para financiamento dos serviços estatais em prol da comunidade, dever que nasce, por sua vez, conformado pelos direitos individuais.

O Estado age através dos serviços públicos, que devem se orientar por políticas públicas, que são o conjunto de ações estatais dirigidas à consecução de um fim público.

No direito pátrio, anota-se a relevância da vontade estatal[3] no qualificar determinados serviços como públicos, pois deverão atender a necessidades gerais da população também designadas como públicas por decisão das instâncias políticas do Estado. O mesmo se dá no direito estrangeiro, em que se anota que os fins estatais se revelam quer nas Constituições,[4] quer nas legislações em evolução[5] quer ainda no processo de

---

1 Cf., no ponto, SARLET, Ingo W. Curso de Direito Constitucional. 3ª ed., Ed. Revista dos Tribunais. São Paulo, 2014, p. 263. V. nota 78 infra.

2 Proclamada como dever de fraternidade (ao lado da liberdade e da igualdade) pela Revolução Francesa em 1789. A Declaração dos Direitos do Homem e do Cidadão está recebida expressamente pelo preâmbulo da Constituição de 1946. Malgrado a disparidade de interpretações, parece inegável que a fraternidade na visão dos revolucionários jacobinos comportava a missão de "identificar um 'espírito público' ou 'consciência pública' capaz de criar a unidade entre os cidadãos" (BAGGIO, Antonio Maria. "A ideia de fraternidade em duas revoluções: Paris 1789 e Haiti 1791", *in* Baggio A. M. (org), O princípio esquecido/1. A fraternidade na reflexão actual das ciências políticas, Cidade Nova, São Paulo 2008, p. 33. (cf. http://www.ruef.net.br/uploads/biblioteca/9f3d3debe63d3e9ad2fc4a51762a9120.pdf). Essa consciência pública envolvia necessariamente o concurso de todos de forma justa, conforme suas possibilidades, para a manutenção da república (artigo 13).

3 BALEEIRO, Aliomar. Uma Introdução à Ciência das Finanças. 13ª edição, Forense. Rio de Janeiro: 1981, p. 2; MEIRELLES, Hely Lopes. Direito Administrativo Brasileiro. 24ª edição, Malheiros. São Paulo: 1990, pp. 296-298; MOREIRA NETO, Diogo de Figueiredo. Curso de Direito Administrativo. 14ª ed., Forense. Rio de Janeiro: 2006, p. 425.

4 WOLFF, Hans J.; BACHOF, Otto; STOBER, Rolf. Direito Administrativo. (trad. portuguesa da 11ª edição alemã revista, 1999), Fundação Calouste Gulbenkian. Lisboa: 2006, v. 1, pp. 64-65.

5 BOUVIER, Michel; ESCLASSAN, Marie-Christine; LASSALE, Jean-Pierre. Finances Publiques. 11ª ed., LGDJ lextenso éditions. Paris: 2012, pp. 26; 66; 70.

participação cidadã nos governos democráticos,[6] tudo conforme seu desenvolvimento histórico, a influir no conceito e na substância das necessidades públicas.[7]

O serviço público precisa ser financiado por recursos materiais a serem aportados pela Cidadania[8] ao Estado, a quem cabe sua gestão. A legitimação da atividade estatal de administração desses recursos dá-se pela sua conexão com as políticas públicas voltadas ao atendimento dos anseios da sociedade, em última análise, relacionadas à satisfação dos direitos humanos.

2. A ATIVIDADE FINANCEIRA DO ESTADO

Estando imperiosamente presente na vida social como promotor do Bem Comum, o Estado precisa de receita para prover à despesa que financia o custo do serviço público.

A Despesa (ou gasto público) determina que o Estado desenvolva uma intensa atividade destinada a amealhar, gerir e despender os recursos demandados para a obtenção e administração dos bens e do pessoal empregados no serviço público, funções essas que progressivamente têm substituído os processos rudimentares de apossamento e submissão dos vencidos em guerras de conquista, ou mesmo daqueles submetidos à dominação da força bruta no plano interno.

Nesse contexto, a Receita se constitui no conjunto de recursos financeiros (foros, laudêmios, aluguéis, preços, royalties, ao lado do tributo, que é a sua expressão mais sofisticada e exuberante), destinados ao custeio da estrutura estatal e dos serviços públicos para atendimento das necessidades públicas.

O tributo[9] é o instituto criado pelo Homem que permite, num clima de liberdade,[10] racionalizar juridicamente o esforço de cooperação individual em prol da comunidade: ao mesmo tempo em que representa uma contribuição, constitui uma obrigação, permitindo ao seu destinatário exigi-lo daqueles que, por uma razão ou por outra, deixem de prestá-lo ou o façam em desconformidade com a norma vigente.

---

6 BUCHANAN, James M.; FLOWERS, Marilyn R. Introducción a la Ciencia de la Hacienda Pública (trad. espanhola, 5ª ed. norte-americana original, 1980), Editorial de Derecho Financiero, Madrid: 1982, pp. 147-148; 153-154.

7 VILLEGAS, Héctor B. Curso de Finanzas, derecho financiero y tributario. 9ª ed., 2ª impr., Astrea. Buenos Aires: 2009, p. 4. As demandas por direitos sociais (ou de *segunda geração*, isto é, educação e saúde públicas, previdência social, transporte público, etc.) desaguaram em maiores necessidades públicas a serem atendidas pelo Estado através da atividade financeira na vertente da Despesa, tudo concorrendo para a transmutação das Finanças Públicas, de finanças liberais *neutras* para finanças *funcionais*, interventivas e de cunho social.

8 Cidadania fiscal é a denominação dada ao coletivo do povo que paga tributos com que o Estado custeia os serviços públicos prestados à sociedade.

9 Cf. nosso Direito Tributário. Capacidade Contributiva. 2ª ed., Renovar. Rio de Janeiro: 1998, pp. 5-6.

10 "Durante a Idade Média, o tributo era consequência da submissão dos súditos aos senhores feudais, mesmo quando os Estados nacionais se iam consolidando com fins absolutistas" (GARCÍA NOVOA, César. El concepto de tributo. Lima: Tax Editor, 2009, p. 27).

Dada a superação da escravização e da espoliação do vencido,[11] do escambo, cumpre ao Estado a aquisição de bens através do pagamento em dinheiro dos citados recursos materiais (prédios, equipamentos, material de consumo) e humanos (trabalho de seus funcionários e serviços contratados a terceiros). Surge, assim, a chamada *atividade financeira* do Estado, que se consubstancia exatamente na captação de receita, sua gestão e seu dispêndio.[12] A monetização da economia atinge evidentemente o tributo, que passa a ser prestado em dinheiro.[13] A *atividade financeira* é estudada pela Ciência das Finanças[14] e pelo Direito Financeiro; aquela se debruça sobre o fenômeno financeiro com um olhar interdisciplinar da Economia, da Política, da Sociologia e do Direito; este centra-se nos seus aspectos jurídicos.

2.1. Características da Atividade Financeira

Do ponto de vista da Ciência das Finanças, a atividade financeira é a atividade *econômica* do Estado consistente na utilização de meios *escassos* (recursos pecuniários) na busca de *opções* para a satisfação das *infinitas* necessidades *públicas.*[15]

Pública é a própria atividade, em si mesma, pois gere recursos do Povo, em nome deste, tendo como agente o Estado, que serve à Cidadania, na sua dimensão específica de Cidadania Fiscal. Sendo pública, a atividade financeira é dotada do atributo da coercitividade jurídica: em razão de financiar a satisfação do Bem Comum, impõe-se aos seus destinatários, que não se podem furtar à ação estatal exercida em benefício da sociedade. Não se compreende que um serviço público essencial (como justiça, fiscalização, extinção de incêndios) possa deixar de ser custeado e prestado porque alguém entenda que lhe seria lícito recusar o serviço para, então, não aportar ao Estado os recursos correspondentes, como se o serviço público não fora de interesse público.

---

11 Está na História das finanças públicas: "O que no passado se achava legítimo, como decorrência das conquistas da guerra, hoje seria intolerável" (SCHOUERI, Luis Eduardo. Direito Tributário. São Paulo: Saraiva, 2011, p. 119).

12 Vinculados todos, na atualidade, a dotar de efetividade os direitos fundamentais, cuja relação com as finanças públicas não era visível no paradigma clássico das *finanças neutras*. A propósito, cf. CORTI, Horacio G. Derecho Constitucional Presupuestario. 2ª ed. Abeledo Perrot, Buenos Aires: 2011, p. XXXI, XXXV; 1-2.

13 GIULIANI FONROUGE, Carlos M. *Derecho Financiero*. Buenos Aires: 7ª ed., Depalma, 2001, v. I, p. 315.

14 "A *ciência das finanças* tem por objeto o estudo das diversas formas pelas quais o Estado e qualquer outro poder local obtêm riquezas materiais necessárias a sua vida e ao seu funcionamento, assim como o modo por que essas riquezas são utilizadas" (NITTI, Francesco. Princípios da Ciência das Finanças (trad. brasileira), Rio de Janeiro: Atena Ed., 1937, v. 1, p. 21).

15 BALEEIRO, *ibiden*. Essa qualificação varia no tempo e no espaço, amolda-se à ideologia dominante no país e no momento em que se analisa a questão; mas, seguramente, depende de uma decisão política produzida e válida nos termos da ordem jurídica vigente (cf. notas 3 a 7 supra).

Política também é a atividade financeira, não só porque o agente respectivo é o Estado, mas também porque as opções de captação de receitas assim como as de gasto observam razões de conveniência qualificada pelo exercício do Poder (o *poder financeiro*). A incorreção política da atividade financeira pode levar a tredestinação pelos caminhos dos privilégios ou dos desvios de finalidade, patologias que não podem ser olvidadas na temática da insuficiência dos recursos orçamentários.

Ética não pode deixar de ser a atividade financeira, regendo-a a probidade das opções acima, que se querem guiadas pela retidão e pela honestidade. A *transparência* da atividade financeira é hoje uma exigência ética, que se apresenta formalmente na redação das leis orçamentais, na contabilidade pública e nas prestações de contas.[16] O tema da *moralidade fiscal*[17] imbrica ética e política, pois não raro o governante ou o administrador público é tentado a se valer do feixe de poder que transitoriamente detém para proceder desonestamente. Intolerável desvio de comportamento, a imoralidade em geral, a financeira ou fiscal em particular, atrai a censura grave do Direito, não se tolerando a *infidelidade governamental* no dizer de José Celso de Mello,[18] quer do Legislador omisso quer do Administrador relapso, por exemplo, no descumprimento das políticas públicas que necessitam da provisão e gasto dos fundos necessários à sua execução.[19] A atenção ao espírito constitucional em matéria financeira impõe ao governo o cumprimento do princípio de *legitimidade* que conforma a atividade financeira à vontade democrática.

A par de orientar-se, como visto, pelo princípio da moralidade,[20] a atividade financeira é de natureza *técnica*, isto é, deve ter como referência o princípio da eficiência,[21] visando atender o máximo de necessidades com o mínimo de recursos, a exigir *economicidade* no trato da coisa pública (art. 70 da Constituição).

A atividade financeira tem também caráter *sociológico*, pois, inspirada pela solidariedade social, deve priorizar o atendimento das necessidades públicas manifesta-

---

16 PANCRAZI, Laurent. Le príncipe de sincérité budgétaire. Paris: L'Harmattan, 2012, p. 193.

17 A moralidade fiscal extrapola a atividade financeira, norteando a feitura da legislação financeira, os ritos e decisões dos processos tributários, bem assim o proceder da atividade judicante.

18 Cf. Recurso Extraordinário n° 271.286 AgRg, *in* Revista Trimestral de Jurisprudência. Brasília: STF, v. 175, pp. 1212-1213. No mesmo sentido, cf. RE 393175 AgR (http://redir.stf.jus.br/paginadorpub/paginador.jsp?docTP=AC&docID=402582) e RE 271286 AgR (http://redir.stf.jus.br/paginadorpub/paginador.jsp?docTP=AC&docID=335538).

19 "... mediante indevida manipulação de sua atividade financeira e/ou político-administrativa, criar obstáculo artificial que revele o ilegítimo, arbitrário e censurável propósito de fraudar, de frustrar e de inviabilizar o estabelecimento e a preservação, em favor da pessoa e dos cidadãos, de condições materiais mínimas de existência" (cf. decisão monocrática na ADPF nº 45, *in* http://www.stf.jus.br/portal/jurisprudencia/listarJurisprudencia.asp?s1=%28%2845%2ENUME%2E+OU+45%2EDMS%2E%29%28%28CELSO+DE+MELLO%29%2ENORL%2E+OU+%28CELSO+DE+MELLO%29%2ENPRO%2E+OU+%28CELSO+DE+MELLO%29%2EDMS%2E%29%29+NAO+S%2EPRES%2E&base=baseMonocraticas&url=http://tinyurl.com/bl9jp2x).

20 Art. 37 da Constituição Federal.

21 idem.

das ou encontradas nas camadas menos aquinhoadas da população, especialmente em países com alto grau de desigualdade socioeconômica e cultural.[22] Assim, as escolhas financeiras públicas devem atentar à raiz de dignidade humana e exigência de conscientização política de todos os estamentos sociais, sobretudo no que diz respeito à educação e à saúde, cujo acesso é garantido pelos direitos sociais.

A atividade financeira se reveste ainda de *juridicidade*, porquanto exercida com subordinação ao Direito. A legalidade financeira, radical dos princípios da legalidade tributária e da legalidade orçamentária, expõe o ângulo da ordenação jurídica por cuja ótica a atividade financeira é tradicionalmente objeto de estudo do Direito Financeiro[23]. Como toda atividade de fundo econômico, a atividade financeira rege-se naturalmente pelas leis econômicas (leis do *ser*). Mas o que se quer aqui precisar é que a atividade financeira, sendo uma atividade também jurídica, é subordinada às leis do Direito (leis do *dever ser*, que traduzem as conquistas e os anseios de uma dada sociedade). Neste ponto, para lá de se confinar à análise de normas estruturantes ou organizacionais das finanças públicas, o Direito Financeiro abre-se à percepção de que a regência jurídica da atividade financeira, atividade meio, se ilumina pela respectiva finalidade que é o financiamento da promoção do Bem Comum, a satisfação dos direitos humanos correlatos à dignidade da pessoa humana. Se para isso o Estado foi criado, a atividade financeira, expressão especial do agir estatal, deverá sintonizar-se com a proteção dessas prerrogativas fundamentais do homem; assim, os institutos do direito financeiro, como a atividade financeira e o orçamento público, estão a serviço dos direitos humanos, do seu contínuo revelar e progressivo florescer, não o contrário.

2.2. Conceito e inserção jurídica. Poder financeiro e poder tributário

Considerando o exposto, define-se *atividade financeira* como o conjunto organizado de atos praticados pelo Estado para obtenção, gestão e dispêndio dos recursos públicos, pecuniários ou financeiros, atividade essa que é exercida nos termos da Lei, com a finalidade de suprir os meios necessários à satisfação das necessidades públicas, qualificadas superiormente pela atenção especial aos direitos fundamentais da pessoa humana.

---

22 Horacio Corti anota, com propriedade, que "o caráter chave dos direitos sociais está vinculado às características de sociedades como a argentina, baseadas, de forma estrutural, na exclusão social, na correlata concentração da riqueza e, assim, em enormes desigualdades que cabe qualificar de persistentes" (Ley de presupuesto y derechos fundamentales: los fundamentos de um nuevo paradigma jurídico-financiero, *in* Revista Jurídica de Buenos Aires. Buenos Aires: Facultad de Derecho, Universidad de Buenos Aires, 2010, tomo I, p. 642).

23 Direito Financeiro é o ramo do direito público que se ocupa da normatização do fenômeno financeiro, isto é, das Finanças Públicas (receita e despesa públicas, orçamento público e execução orçamentária, gestão financeira e contabilidade pública, e crédito público), tendo por objeto a regulamentação jurídica da atividade financeira do Estado e dos demais entes que desempenham uma função ou missão pública, "em seus diferentes aspectos: órgãos que a exercem, meios pelos quais ela se exterioriza e conteúdo das relações que origina" (cf. GIULIANI FONROUGE, Carlos. M. Derecho Financiero. 7ª ed. Depalma, Buenos Aires: 2001, p. 30).

A atividade financeira integra a função estatal[24] desempenhada pela Administração Pública, a *função administrativa*, exercida em virtude de autorizações[25] ou habilitações legais com a finalidade de, independentemente de provocação, atender o interesse público de forma concreta e imediata. A autoridade aplica a lei *de ofício,*[26] sendo *escravo* dela.[27]

Especialização da atividade administrativa,[28] a atividade financeira é na verdade um conjunto ordenado de atos administrativos atinentes à gestão das finanças públicas praticados com a finalidade de atender o específico interesse público já assinalado; não prescinde do necessário planejamento (art. 174 da Constituição) com base no qual se deve cogitar do orçamento público como grande vetor da Receita e da Despesa, ou seja, da arrecadação e do gasto públicos, materializando em números as políticas públicas constitucionalizadas ou legisladas, assim vocacionadas à promoção do desenvolvimento humano, social e econômico.

Conclui-se este item com uma referência ao Poder Financeiro e ao Poder Tributário ou Poder de Tributar, expressões particulares do Poder Político entregue pela sociedade ao Estado para gerir as Finanças Públicas com as prerrogativas e as responsabilidades

---

24 Cf. XAVIER, Alberto. Do Procedimento Administrativo. São Paulo: Ed. Buchatski, 1976, p. 23. *Função estatal* define-se como "o Poder posto em ação", como ensina o Mestre, através da qual se busca atingir o fim do Estado, que é o de servir à sociedade, promovendo o Bem Comum. Esse *agir estatal* se manifesta sempre por um processo, administrativo, legislativo ou judicial.

25 Exige-se no direito público uma legalidade própria, a *nominatividade*, isto é, a Administração só pode agir quando autorizada em lei, enquanto que o indivíduo nasce livre para agir salvo proibição legal.

26 FAGUNDES, Miguel Seabra. O controle dos atos administrativos pelo Poder Judiciário. 5ª ed. Forense. Rio de Janeiro: 1979, pp. 4-5.

27 "Em direito público, designa, também a palavra *administração* a atividade do que não é senhor absoluto. (...) Estão os negócios públicos vinculados, por essa forma, – não ao arbítrio do Executivo, – mas, à finalidade impessoal, no caso, pública, que este deve procurar realizar." (LIMA, Ruy Cirne. Princípios de Direito Administrativo Brasileiro. 2ª ed., Livraria do Globo. Porto Alegre: 1939, pp. 20-21).

28 Na lição de Zanobini, atribui-se à lei francesa de 18 de fevereiro de 1800 a *certidão de nascimento* do Direito Administrativo, na medida em que "deu à Administração uma organização juridicamente garantida e externamente obrigatória", num sistema de subordinação do Estado como pública administração sob o império do direito e da jurisdição [sistema que foi recebido pela doutrina alemã e italiana como *Estado segundo o Direito* ("Stato secondo il diritto") ou *Estado de Direito* ("Reichtsstaat")], pressupondo, portanto, a aplicação de um direito especial referente à Administração, diverso do direito civil ou do direito comercial (ZANOBINI, Guido. *Corso di Diritto Amministrativo*. Milano: 4ª ed., Giuffrè Ed., 1945, v. I, pp. 39-40). Se assim sucedeu-se no direito de tradição romano-germânica, no direito anglo-saxão, historicamente avesso à distinção entre direito público e direito privado, até fins do século XIX aplicava-se o "common law" às relações jurídico-administrativas, principalmente àquelas de cunho civil ou comercial. Ensina Schwartz que, nos Estados Unidos em especial, entendia-se que o interesse público nada mais era do que o somatório dos interesses individuais; nessas condições, à diferença do francês, o direito administrativo norte-americano seria um sistema de regramento das "relações entre Estado e o cidadão comum", ademais de admitir que os conflitos entre estes deveriam ser decididos por tribunais judiciais (e não pelo Contencioso Administrativo de matriz francesa) – SCHWARTZ, Bernard. *Le Droit Administratif Américain. Notions Générales*. Paris: Libr. Du Recueil Sirey, 1952, p. IX-avant-propos; pp. 5-6.

inerentes a esse múnus. Embora especializações do poder político, deve-se esclarecer que não haverá verdadeira democracia política onde não existir democracia financeira. É que, no atual estágio civilizatório, o Estado age através dos serviços públicos financiados pela receita pública transformada em gasto público. O estudo da partilha constitucional de tarefas e rendas públicas, a análise dos limites financeiros impostos pela Constituição e pelas leis aos poderes constituídos, conformados pelos direitos individuais, pelos direitos sociais e pelos direitos difusos do Povo, e de como se preconiza a fruição concreta desses direitos, tudo isso dará a medida da saúde democrática do Estado.

Assim, as normas sobre a confecção do orçamento (impositivo ou meramente autorizativo) e os limites (se houver) do poder de emenda do Legislativo à proposta do Executivo; o teor do pacto federativo no seu equilíbrio entre competências administrativas e competências tributárias, ao lado da repartição vertical das receitas públicas, máxime em ambiente sócio-econômico heterogêneo; a análise do grau de justiça tributária e de equidade na distribuição do gasto público – é nesse feixe de dados que se vai perscrutar da centralização ou da desconcentração do Poder e de sua maior ou menor proximidade com o Povo dele titular e dele necessitado para a promoção do Bem Comum, que se demanda construir com liberdade, igualdade e respeito à dignidade humana.

3. O ORÇAMENTO COMO INSTRUMENTO CENTRAL DA ATIVIDADE FINANCEIRA

3.1. Origem política

O orçamento público tem origem política, como ferramenta de controle parlamentar sobre o Rei. Contemporaneamente, o orçamento, ou *Lei de Meios*, é o ato legislativo mais importante ordinariamente votado nos Parlamentos democráticos; nele se encontra a concreção das políticas públicas constitucionalizadas ou legisladas, bem como aquelas prometidas à população com base no ordenamento jurídico; no orçamento realiza-se o princípio da distribuição equitativa do gasto público[29] (simétrico ao princípio da capacidade contributiva), em suma, determina-se como se despenderão os recursos que ao Povo se requisitaram suprir ao Erário para a promoção do Bem Comum.

Assim, o orçamento serve à finalidade política de controle da Administração pelo Parlamento, desde a máxima "no taxation without representation" da inglesa Magna Charta e exigência do Bill of Rights de 1689, e depois na Declaração francesa de 1789, até os dias de hoje. É que o direito de autorizar receitas implica no poder de controlar as

29 DOMINGUES, José Marcos. Tributação, orçamento e políticas públicas, *in* Revista Interesse Público. Belo Horizonte: Ed. Fórum, ano XII, 2010, nº 63, p. 147. Direito tributário e direito orçamentário, irmanados no direito financeiro, são vertentes imprescindíveis da ordem juspolítica erigida em nome da proteção dos direitos humanos, sejam individuais ou sociais, em suma, dos direitos fundamentais.

despesas[30] (que não devem ultrapassar aquelas) e o poder de discriminar o patrimônio público daquele do governante. Como título político, o orçamento encerra um sistemático e didático exercício de democracia: requer para a sua aprovação a composição de interesses sociais, frequentemente conflitantes, legitimamente representados; revê anualmente a condução da coisa pública, a aplicação dos fundos públicos consoante adequação da carga tributária ao seu financiamento.

Pelo prisma econômico, o orçamento para lá de mero instrumento de organização das finanças públicas, materializa decisões que ensejam ao Estado o comando da conjuntura, a redistribuição de renda e a execução de política anticíclica, bem como o combate à inflação. O gasto orientado a fomentar a demanda por produção, o volume de recursos destinados ao atendimento dos direitos sociais e o nível de investimento ou endividamento público, ou uma tributação agravada acompanhada de contenção austera de despesas, tudo isso são alternativas financeiras que o orçamento refletirá em suas rubricas, fazendo dele a pedra angular da direção da economia.

3.2. Fundamentação jurídica

A boa técnica orçamentária abrange o planejamento, que tem um aspecto retrospectivo de exame do desempenho passado da economia (seus indicadores e capacidade de produção de receita ao Estado) e outro prospectivo de avaliação das necessidades a serem atendidas pelos serviços públicos no exercício futuro; naturalmente, busca-se atender ao princípio do equilíbrio orçamentário, ultrapassada a visão clássica do equilíbrio meramente financeiro entre receitas e despesas, mas no sentido de equilíbrio moderno e contemporâneo, macroeconômico, que um saudável programa de incentivos à produção e ao consumo pode agregar ao esforço em prol do pleno emprego e do combate à recessão, sem descurar do controle da inflação, que em espiral ascendente pode significar a derrota do planejamento, este determinante para o setor público e indicativo para o setor privado.[31]

A fiscalização e o controle da execução orçamentária fazem-se necessária e prioritariamente pelo Legislativo, em razão da origem política antes aludida, sem prejuízo do labor próprio da Administração decorrente do princípio da legalidade.

Assim é que a Constituição determina um controle externo do Parlamento, com o auxílio de uma Corte de Contas, e um sistema de controle interno de cada Poder (art. 70). A fiscalização de que se trata não se contenta, porém, com o exame de legalidade, mas avança sobre a *legitimidade* e a *economicidade* da execução orçamentária (dispositivo citado). A legitimidade diz com o cumprimento da finalidade da legislação financeira em que se insere o orçamento; a economicidade tem a ver com a *eficiência* das decisões administrativas (art. 39), pois, como já ressaltado, a atividade financeira é a atividade econômica do Estado que gerencia receitas finitas para o atendimento de necessidades infinitas.

---

30 Cf. SANT'ANNA E SILVA, Sebastião. Os princípios orçamentários. Rio de Janeiro: FGV, 1954, p. 35.

31 Artigo 174 da Constituição.

O orçamento é, assim, o ato mediante o qual o Legislativo prevê a receita e fixa a despesa, autorizando ou determinando à Administração Pública, por certo período e em pormenor, a realização do gasto necessário à manutenção das atividades estatais.

Sua natureza jurídica é motivo de controvérsia.

Superada, porém, a velha doutrina do simples caráter formal da lei do orçamento público,[32] vem a se admitir o controle jurisdicional de legitimidade do orçamento, exatamente porque a lei orçamentária traz em cifras ou verbas um feixe de políticas públicas resultado de decisões fundamentais do Estado, traduzindo, pois, normas jurídicas de observância cogente (lei material, portanto). Subjacente à doutrina do orçamento como lei formal está a ideia de que o orçamento apenas traria *autorizações* de gasto (*orçamento autorizativo*) com a finalidade de ressalvar a responsabilidade da Administração quanto ao dispêndio público.

Na medida em que evoluiu o pensamento jurídico em direção ao caráter material da lei orçamentária, cogita-se da *obrigatoriedade* da execução de suas rubricas de despesa (*orçamento impositivo*). O *dever de gastar* certos créditos orçamentários, especialmente os relativos a investimentos (por definição advindos de uma política pública assumida pelo Estado, seja em sua Constituição, seja em suas leis) levou MARTÍN QUERALT e outros[33] a concluírem que a Administração não está apenas autorizada "senão vinculada a gastar em sua totalidade os créditos previstos para esses investimentos". Aliás, aduz ORÓN MORATAL,[34] "se a Constituição supõe para os poderes públicos não só um limite, senão também uma vinculação positiva", então, "impõe um poder/dever, que se manifestará igualmente na vertente dos gastos públicos para implementar as previsões constitucionais".

---

32 Doutrina iniciada na Alemanha do séc. XIX com Paul Laband e já então criticada por autores como Myrbach-Reinfeld e Philippe Zorn (cf., do Autor, O desvio de finalidade das contribuições e o seu controle tributário e orçamentário no direito brasileiro, *in Direito Tributário e Políticas Públicas*, DOMINGUES, J. M. (coord.). São Paulo: MP Editora, 2007, pp. 316-317; 321-332. A propósito, anota TIAGO DUARTE que "a distinção dogmática entre lei em sentido formal e lei em sentido material (...), depois de uma fase de maior euforia, mesmo em sistemas parlamentares, [terá] perdido a sua preponderância na actualidade legislativa e doutrinária" (A Lei por Detrás do Orçamento. Coimbra: Almedina, 2007, p. 298). Daí a pilhéria de que "haveria, assim, que ter muita vontade para se gastar agora tempo em resgatar no baú das recordações quantas teorias em sentido contrário" (MARTÍNEZ LAGO, Miguel Ángel. Ley de Presupuestos e Constitución. Madrid: Trotta, 1998, p. 25). Cf. também MENÉNDEZ MORENO, Alejandro. Derecho Financiero y Tributario. 10ª ed., Lex Nova, Valladolid, 2009, pp. 441-442.

33 Tal argumento encontra respaldo nos preceitos constitucionais "que impõem aos poderes públicos certos objetivos ou fins em sua atuação", créditos orçamentários que adquirem caráter instrumental dos princípios e valores desenhados pela Constituição, abraçando assim a moderna função do orçamento no Estado contemporâneo". MARTÍN QUERALT, LOZANO SERRANO, TEJERIZO LÓPEZ, CASADO OLLERO. *Curso de Derecho Financiero y Tributario*. Madrid: Tecnos, 20ª ed., 2009, pp. 714-715. No mesmo sentido, PLAZAS VEGA, Mauricio (Derecho de la Hacienda Pública y Derecho Tributario. Bogotá: 2006, tomo I, p. 474), para quem, ademais, o "velho dogma" do orçamento-lei formal "já não tem cabimento em um contexto no qual o direito não se esgota nas relações intersubjetivas e na bilateralidade".

34 La Configuración Constitucional del Gasto Público. Madrid: Tecnos, 1995, p. 50.

Neste ponto, não se olvide a lição de GIULIANI FONROUGE,[35] para quem o Executivo "não se pode apartar da sanção legislativa, porque tais rubricas podem corresponder a um plano econômico (...) e em tal caso deve executar-se", sendo certo que, como leciona BIDART CAMPOS,[36] "deve-se ligar o orçamento às políticas públicas que o Estado programa em consonância com o modelo sócio-econômico da Constituição", porque, com CORTI,[37] a "atividade orçamentária é como uma sombra, sempre presente e inevitável, de toda a atividade público-estatal".

No direito pátrio, não por outra razão, RÉGIS FERNANDES DE OLIVEIRA[38] ensina que o orçamento, além de permitir à Administração efetuar a cobrança da Receita Pública (especialmente dos tributos, cuja finalidade, insiste-se, é prover à Despesa[39] e, por ela, implementar as políticas públicas), faz nascer "a obrigação de perseguir as finalidades ou aplicar os recursos naqueles débitos que a previu"(...); "ao lado de ser lei, é o orçamento um plano de governo, mas que deve possuir previsões efetivas de ingressos públicos e previsões reais de despesas, equilibradas com aqueles". Com propriedade, pois, anota MARCUS ABRAHAM[40] que a doutrina mais moderna e a jurisprudência brasileira recente vêm caminhando no sentido de "reconhecer ao orçamento público o seu conteúdo material e conferir a força normativa que lhe é inerente no Estado Democrático de Direito".

De fato, já não basta dizer-se que os recursos públicos (do povo) devem ser consumidos na despesa pública (e não pelo governante), mas é preciso justificar a o uso do dinheiro pelo Estado nas *finalidades* públicas (de interesse do povo legitimamente representado na confecção da Constituição e das leis). Por isso que a principiologia orçamentária orienta-se hodiernamente a exigir a conformação material das rubricas da Lei de Meios às políticas públicas viabilizadoras dos direitos fundamentais; não são estes que devem ser limitados pelo orçamento, mas este é que deve submeter-se à satisfação daqueles.

4. ESCORÇO HISTÓRICO DA ATIVIDADE FINANCEIRA DO ESTADO E DO ORÇAMENTO

Quer nas sociedades mais primitivas, quer na Roma Antiga, ainda que fundamentados numa solidariedade espontânea (prestavam-nos os mais aptos à caça ou à pesca

---

35 Derecho Financiero. Buenos Aires: Depalma, 7ª ed., 2001, v. 1, pp. 179-180.

36 El Orden Socioeconômico en la Constitución. Buenos Aires: Ediar, 1999, pp. 359-363.

37 CORTI, Horacio G. Derecho Constitucional Presupuestario. 2ª ed. AbeledoPerrot, Buenos Aires: 2011, p. 759. Trata-se de parte do direito objetivo, sendo os orçamentos "leis organizativas ou de ação, ou seja, cuja importância para toda a coletividade é indubitável", num "contexto normativo fundamental da ação estatal, que delimita o acontecer da função pública". PLAZAS VEGA, Mauricio. op. loc. cit.

38 Curso de Direito Financeiro. São Paulo: 2ª edição, Ed. Revista dos Tribunais, 2008, pp. 319-320.

39 Trata-se do princípio da destinação pública do tributo, consubstancial à jusfinanceira "correlação entre gasto público e contribuição do indivíduo" que flui da Magna Charta britânica até as Constituições contemporâneas e à qual se aludirá no capítulo 4.1 infra.

40 Curso de Direito Financeiro Brasileiro. Rio de Janeiro: Elsevier, 2010, pp. 222-223.

ou à guerra sob a forma de contribuição *in natura* ou *in laborem*, tendo em consideração a provisão ou a defesa da comunidade, depois em pecúnia na medida de suas possibilidades), os tributos sempre foram dotados de algum nível de coerção, ainda que moral ou social, para adiante assumirem sua feição atual de determinação jurídica estatal.

Na Roma Imperial e em civilizações similares, o tributo de galardão da cidadania passou a marca da opressão, sendo exigido dos povos submetidos ao jugo militar, quer como espoliações, quer como trabalho escravo ou capitações (por cabeça, tributo sobre a existência humana – "tributum capitis", depois "capitatio humana").[41] No Feudalismo medieval o tributo se confundia com prestações de ordem patrimonial, próprias do regime de vassalagem, como as enfiteuses, os dotes, as quotas de produção agropastoril. Nos Tempos Modernos, o tributo adquiriu o color de direitos realengos, como as prestações devidas em função de autorizações ou alvarás régios para atividades, profissões, etc., e as pilhagens dos corsos, convivendo com toda sorte de privilégios em favor da nobreza e do clero, que levaram às revoltas liberais dos séculos XVIII e XIX.[42]

A partir do Liberalismo e consequente democratização do Estado, que então se institui através de uma Declaração de Direitos ou uma Carta Constitucional ou Lei Fundamental, o dever de prestar tributo decorre da Cidadania, estabelecido com base na Igualdade e medido pela riqueza ou capacidade econômica do contribuinte; o tributo é concebido como intervenção estatal na economia privada e conformado por princípios da nova ordem que passa a reger as relações do povo com o Estado.

É importante realçar que a ideia de contenção do *poder soberano* de decretar tributos sempre esteve presente na História. Do adágio interpretativo romano "in dubio contra fiscum", da interpretação restritiva da Idade Média, do "no taxation without representation" da *Magna Charta* bretã de 1215, da declaração das Cortes de Coimbra (1621), das inglesas *Petition of Rights* (1629) e *Bill of Rights* (1689), até diversas revoluções ou revoltas políticas ulteriores, em maior ou menor grau, atribuíveis ao exagero das exigências fiscais que desrespeitavam a dignidade e o sentimento de justiça dos obrigados ao seu pagamento, como a *Boston Tea Party* de 1773 (Independência Norte-Americana), a Inconfidência Mineira brasileira e a Tomada da Bastilha na França (ambas de 1789), sendo que da última adveio a Declaração dos Direitos do Homem e do Cidadão que dispunha no seu artigo 13 que as contribuições indispensáveis à manutenção da Administração Pública seriam "igualmente repartidas entre todos os cidadãos, em razão de suas aptidões" – a tudo seguiu-se a luta cidadã em busca de dignidade humana (e fiscal), hoje traduzida na garantia de recursos para o financiamento das políticas públicas[43] que devem materializar ações estatais concertadas visando ao

41 Sob Diocleciano, o "tributum capitis", "capitatio humana", antes cobrado em certas províncias romanas, se tornou uma instituição geral (cf. BERGER, Adolf. Encyclopedic Dictionary of Roman Law. Philadelphia: The American Philosophical Society, 1953, repr., 1991, v. 43, part 2, p. 380).

42 BALEEIRO, Aliomar. Uma Introdução à Ciência do Direito, *cit.*, pp. 115-116; 128-131.

43 No sentido do texto, cf. a pena mais jovem de POLI, Luciana Costa Poli; HAZAN, Bruno Ferraz. Orçamento Público: desenhando um modelo democrático de planejamento orçamentário (*in* Revista

atendimento das demandas sociais, conquistadas como *direitos de segunda geração* (Bobbio), os *direitos sociais* originariamente positivados na Constituição de Weimar (1919) e na Constituição do México (1917).

Assim como a intervenção do Estado na economia, a ação social do Estado impôs-se como veículo de promoção do bem-estar. Foi necessário empreender-se uma verdadeira revolução financeira para acomodar os desafios que as novas demandas públicas apresentaram. A descentralização dos serviços públicos correspondeu à criação de inúmeras contribuições parafiscais, ensejando o custeio de ação capilarizada de fomento econômico e de seguridade social, por exemplo, o mesmo se dando com a necessidade de fontes de custeio para regulamentação e fiscalização de atividades profissionais de interesse público. O debate entre Morselli e Mérigot a propósito da natureza jurídica das contribuições parafiscais[44] indica bem o imbricamento da questão financeira com a mutação do Estado Liberal em Estado de Bem-Estar.

Por outro lado, a tributação tradicional levada a efeito através dos impostos clássicos passou a receber o influxo de uma igualdade material que tornaria obsoleta a igualdade formal, assim como o orçamento público passaria a ser considerado plena lei material,[45] não mera lei formal. A progressividade tributária, derivada do princípio da capacidade contributiva passou a ser instrumento de realização da igualdade não mais como medida contratualista de maior tributação a quem mais usasse do Estado, mas como vetor institucional ou estrutural de uma carga tributária que realizasse a igualdade relativa de sacrifícios num Estado em busca de recursos que financiassem a igualdade de oportunidade; maior contribuição correspondente a maior força econômica; melhor serviço público em favor da melhor distribuição dos frutos do progresso – tudo a gerar o círculo virtuoso do desenvolvimento econômico-social.

Num tal contexto, a extrafiscalidade tributária corresponderia a outro salto qualitativo[46] de valorização das Finanças Públicas; não mais uma tributação protecionista mer-

de Direito Administrativo. Rio de Janeiro: FGV, mai/ago 2014, v. 266, pp. 187-208, esp. 191, 204). O direito brasileiro constitucionaliza políticas públicas desde a Constituição de 1934 (cf., do Autor, Tributação, orçamento e políticas públicas, *op. cit.,*p. 153.

44 BALEEIRO, Aliomar. Uma Introdução ao Estudo do Direito, *cit.*, p. 267; FERNANDES, Simone L. Contribuições neocorporativas, Belo Horizonte: Del Rey, 2005, pp. 53 e seguintes; cf. tb. nossos O Código Tributário Nacional, a Constituição e as Contribuições Parafiscais, in ORLANDO, Breno L. K. *et al* (orgs.) Cadernos de Debates Tributários. Rio de Janeiro: Lúmen Juris Ed., GDT-Rio, EMARF-2ª Região, NEFIT-UERJ, v. 1, p. 123, e DOMINGUES, José Marcos. Contribuições parafiscais, finalidade e fato gerador. Revista Dialética de Direito Tributário, São Paulo: Dialética, out. 2001, v. 73, p. 55.

45 RODRIGUEZ BEREIJO, Álvaro. El presupuesto del Estado. Introducción al Derecho Presupuestario. Madrid: Tecnos, 1970, pp. 50-51; HESSE, Konrad. Elementos de Direito Constitucional da República Federal da Alemanha. Porto Alegre: Sérgio A. Fabris Editor, 1998, pp. 384-385.

46 A tributação conforme a dignidade da pessoa humana tem-se por satisfeita quando respeita a capacidade contributiva e emprega a extrafiscalidade na promoção dos direitos fundamentais (cf., no ponto, BUFFON, Marciano. Tributação e Dignidade Humana. Porto Alegre: Livraria do Advogado Ed., 2009, p. 146).

cantilista, mas agora de cunho regulatório em favor da promoção de políticas públicas consubstanciais à intervenção estatal na ordem econômica e social. No direito pátrio o fenômeno foi bem percebido por Alfredo Augusto Becker,[47] que entrevia no potencial extrafiscal dos tributos o caminho para a transformação do Estado num novo Ser Social.

Nota-se, portanto, um claro movimento de ultrapassagem de um Estado mínimo absenteísta, que fez florescer o Estado comprometido com a intervenção promotora do bem-estar social, ao qual as Finanças Públicas não estiveram alheias nem negaram suporte.[48] De *finanças neutras* a *finanças funcionais*, esta foi a face financeira do desenvolvimento econômico e social promovido a partir do século XX, cujo modelo tende a se aperfeiçoar malgrado os influxos negativos do neoliberalismo.

> A pretexto de teoricamente reservar ao Estado uma função regulatória na ordem econômica, o neoliberalismo pretende mesmo é um retorno ao capitalismo liberal através da redução da expressão dos direitos sociais e desregulação pragmática da economia cumulada com a inoperância de agências ditas reguladoras, como se viu na crise financeira global iniciada em 2008. Para combate à recessão instaurada, ao Estado pediu-se socorro financeiro com enorme expansão do gasto público. Na perspectiva deste ensaio, a crise serviu de alerta à violência perpetrada contra os direitos sociais, que demandam prestações materiais estatais ordenadas por políticas públicas, especialmente considerando-se a doutrina da proibição de retrocesso.

Nesse movimento pendular, a Constituição brasileira de 1988 determina a alocação de verbas[49] destinadas à satisfação das políticas públicas por ela institucionalizadas.[50] O parágrafo único do art. 148 estabelece a vinculação dos recursos provenientes do empréstimo compulsório "à despesa que fundamentou a sua instituição", destacando-se o "investimento público de caráter urgente e relevante interesse nacional". Lê-se no art. 149 que as contribuições[51] são instrumento de atuação da União nas áreas social,

---

47 BECKER, Alfredo A. Teoria Geral do Direito Tributário. São Paulo: 2ª ed., Saraiva, 1972, p. 533.

48 CORTI, Horacio G. Derechos fundamentales y presupuesto público: una renovada relación en el marco del neoconstitucionalismo periférico, *in* Orçamentos Públicos e Direito Financeiro. CONTI, J. M. e SCAFF, F. F., coords., São Paulo: Ed. Revista dos Tribunais, 2011, pp. 140, 146, *passim*.

49 Estes "vínculos constitucionais à receita pública" atinentes a "conteúdos essenciais", a serem observados pela "legislação de atuação", ensejam claramente o controle jurisdicional de constitucionalidade, quanto à satisfação das políticas públicas constitucionalizadas, que não podem ser desconsideradas pelos poderes constituídos. Cf. FERRAJOLI, Luigi. Garantismo. Uma Discussão sobre Direito e Democracia. Trad. brasileira. Rio de Janeiro: Ed. Lúmen Juris, 2012, p. 63; CORTI, Horacio G. Derecho Constitucional Presupuestario. 2ª ed. Abeledo Perrot, Buenos Aires: 2011, p. XXXVII).

50 DOMINGUES, José Marcos. Tributação, orçamento e políticas públicas. Revista Interesse Público. Belo Horizonte: IP, v. 63, set/out-2010, pp. 153-154.

51 Cf. nossos Contribuições parafiscais, finalidade e fato gerador, *in* Revista Dialética de Direito Tributário, vol. 73, pp. 53-63, São Paulo: Dialética, out. 2001; Contribuições sociais, desvio de finalidade

econômica e profissional, destacando-se as contribuições à seguridade social (art. 195). A Carta dispõe ser a saúde, inserida no conceito de seguridade social, um "direito de todos e dever do Estado, garantido mediante políticas sociais e econômicas" (art. 196) integradas por ações e serviços de saúde (art. 197) organizadas em sistema único de saúde e *financiadas* entre outros meios pelas citadas *contribuições* à seguridade social (arts. 198, § 1º, c/c 195) e por *recursos federativos assegurados* (art. 198, § 2º, c/c os arts. 155 a 159).[52] Quanto à educação, a Constituição prima em declará-la "direito de todos e dever do Estado[53] e da família, será promovida e incentivada com a colaboração da sociedade", garantindo a "gratuidade do ensino público em estabelecimentos oficiais" (inciso IV) e determinando a aplicação pela União de "nunca menos de dezoito, e os Estados, o Distrito Federal e os Municípios vinte e cinco por cento, no mínimo, da receita resultante de impostos" (art. 212); ademais, a "distribuição dos recursos públicos assegurará prioridade ao atendimento das necessidades do ensino obrigatório, no que se refere a universalização, garantia de padrão de qualidade e equidade, nos termos do plano nacional de educação" (§ 3º); os §§ 4º a 6º complementam esses comandos indicando as "contribuições sociais e outros recursos orçamentários" como fontes seguras de financiamento, sobretudo para o ensino fundamental; a lei do plano nacional de educação fixará "meta de aplicação de recursos públicos em educação como proporção do produto interno bruto" (art. 214, VI).

Esta evolução do quadro axiológico-normativo deve ser levada em consideração na interpretação teleológica do conceito de tributo, mais do que nunca um instrumento de financiamento das ações estatais comprometidas com o bem-estar, que assegure a dignidade da pessoa humana, não se podendo furtar o Estado a conceber e implementar

---

e a dita reforma da previdência social brasileira, *in* Revista Dialética de Direito Tributário, vol. 108, p. 129, São Paulo: Dialética, set. 2004; O conteúdo da extrafiscalidade e o papel das Cides. Efeitos decorrentes da não utilização dos recursos arrecadados ou da aplicação em finalidade diversa, *in* Revista Dialética de Direito Tributário, vol. 131, p. 53, São Paulo: Dialética, ago. 2006.

52 O mesmo se diga da *política constitucional para a educação*, com "conteúdos mínimos" respeitadores dos "valores culturais e artísticos, nacionais e regionais" (art. 210), sendo certo que a União empregará no mínimo 18%, e Estados, Distrito Federal e Municípios, 25%, de suas respectivas arrecadações com impostos "na manutenção e desenvolvimento do ensino" (art. 212). Não se olvide, ademais, o dever constitucional "da família, da sociedade e do Estado assegurar à criança e ao adolescente, com absoluta prioridade, o direito à vida, à saúde" etc., certo que "o Estado promoverá programas de assistência integral à saúde da criança e do adolescente" (art. 227 e § 1º), ações de assistência social essas que serão "realizadas com recursos do orçamento da seguridade social" além de outras fontes (§ 7º do art. 227 c/c art. 204). Trata-se, portanto, de determinações constitucionais tutelares dos direitos humanos atinentes à vida com dignidade, ademais consagrados pelos objetivos fundamentais da República, especialmente os de construir uma sociedade livre, justa e solidária (art. 3º, I).

53 Muito antes disso, a primeira Lei de Diretrizes e Bases da Educação Nacional (nº 4.024, de 20/12/1961) já proclamara que "a educação é direito de todos e será dada no lar e na escola" (art. 2º), obrigando-se o Estado a "fornecer recursos indispensáveis" a esse desiderato "quando provada a insuficiência de meios, de modo que sejam asseguradas iguais oportunidades a todos" (art. 3º, II).

políticas públicas conducentes a esse desiderato. A tributação deve responder à contemporânea concepção do Direito Financeiro, que exige uma conexão transparente entre tributação e gasto público, consoante o momento histórico, que já é hoje pós neoliberal em que o Estado deve usar as finanças públicas como instrumento anticíclico do redivivo keynesianismo.

A vertente orçamentária do problema exige uma releitura dos princípios.

4.1. Principiologia orçamentária

A doutrina tradicionalmente[54] divide os princípios orçamentários em *materiais* e *formais*, sendo os primeiros os da *anualidade orçamentária* e do *equilíbrio orçamentário*, os quais dizem respeito à natureza e finalidade do orçamento.

O princípio da anualidade orçamentária decorre da ideia democrática de controle político periódico das finanças públicas, que, aliás, está em simetria com a prestação de contas, a verificação da boa, fiel, legítima, execução do orçamento. O princípio determina que a cada ano se discuta e aprove um novo orçamento (Constituição, art. 165, III); ao mesmo tempo, preconiza-se a auditoria anual das contas públicas (arts. 70 a 75 c/c art. 84, XXIV), pois cabe ao Congresso Nacional julgar as contas do Chefe do Poder Executivo e à Câmara dos Deputados tomar-lhe as contas sempre que não as preste no prazo constitucional (art. 49, IX; art. 51, II).

Contemporaneamente, a anualidade orçamentária imbrica-se com o princípio do *planejamento* "determinante para o setor público e indicativo para o setor privado[55]"; neste contexto insere-se a exigência constitucional da elaboração também de um *plano plurianual*[56] que "estabelecerá, de forma regionalizada, as diretrizes, objetivos e metas da administração pública federal para as despesas de capital e outras delas decorrentes e para as relativas aos programas de duração continuada", o qual tem periodicidade quadrienal, correspondendo às metas do Chefe do Poder Executivo em função do respectivo mandato (art. 35, § 2º, I, do Ato das Disposições Constitucionais Transitórias). Da mesma forma, requer a Carta Magna a edição anual de uma lei de diretrizes orçamentárias (art. 165, II c/c art. 35, § 2º, II do ADCT), que "compreenderá as metas e prioridades da administração pública federal, incluindo as despesas de capital para o exercício financeiro subsequente, orientará a elaboração da lei orçamentária anual, disporá sobre as alterações na legislação tributária e estabelecerá a política de aplicação das agências financeiras oficiais de fomento".

Ora, planejamento é algo juridicamente exigido para que possam ter curso as políticas públicas do Estado, especialmente aquelas que envolvem "programas de duração

---

54 GIULIANI FONROUGE, Carlos. M. Derecho Financiero, *cit.*, pp. 184, 206.

55 Art. 174 da Constituição.

56 Art. 165, I, e § 1º. Na Constituição de 1967/69: "Art. 63. O orçamento plurianual de investimento consignará dotações para a execução dos planos de valorização das regiões menos desenvolvidas do País").

continuada", como soem ser as referentes à saúde, à educação, à previdência social, renda mínima, transportes e infraestrutura de que tanto se ressentem a afirmação da soberania nacional e o desenvolvimento sócio-econômico do País. Nesse sentido, o princípio da anualidade, não apenas condicionante temporal da atividade financeira, se sobressai no cenário orçamentário como uma determinação de cuidado com a coisa pública, em busca de legitimidade, transparência e responsabilidade.

O princípio do equilíbrio orçamentário, na sua perspectiva clássica de equilíbrio *financeiro* (identidade entre receita e despesa), correspondente às *finanças neutras* do "laisser faire, laisser passer", inadmitia o déficit orçamentário (incompatível com um *Estado Polícia*, pretensamente ausente da vida social e econômica); na visão atual, trata-se de equilíbrio *econômico*, sendo o orçamento uma peça de estruturação e controle da economia através do trato das finanças públicas, entendidas estas como *finanças funcionais*, aptas à intervenção[57] do Estado nos campos social econômico, que aceita déficits financeiros[58] em nome da paz social e do equilíbrio macroeconômico, especialmente em quadras de estagnação ou depressão – como nos anos 1930[59] e 2008 e seguintes). Tal princípio se encontra adotado no direito brasileiro por um sistema de normas, a começar da Constituição (art. 166, § 2º, II; art. 166, § 3º, II) e que avança pela lei de normas gerais de direito financeiro (art. 43 e § 1º, I, da Lei 4320/64) e pela denominada lei de responsabilidade fiscal (Lei Complementar 101/2000 (art. 1º, § 1º; art. 21; art. 31 e outros), integrando um pacto pela *estabilidade orçamentária* em favor do perene desenvolvimento nacional.

É nestas circunstâncias que se alude ao princípio do gasto público equitativo. Princípio geral do direito financeiro, a repartição equitativa do gasto público encontra-se expressamente positivada em Constituições contemporâneas, como a Constituição Espanhola: "Art. 31.1 – Todos contribuirão ao custeio dos gastos públicos de acordo com sua capacidade econômica (...) mediante um sistema tributário justo". 31.2 – O gasto público realizará uma dotação equitativa dos recursos públicos e sua programação e execução responderão aos critérios de eficiência e economia"; a Constituição portuguesa (VII revisão constitucional, 2005): "Art. 81º. Incumbe prioritariamente ao Estado no âmbito económico e social: a) Promover o aumento do bem-estar social e

57 Segundo Fernando Rezende, "De uma posição inicial bastante modesta (...) o papel do governo modificou-se substancialmente", sendo certo que "A diversificação dos objetivos da intervenção governamental na atividade econômica, bem como dos instrumentos utilizados, gera possibilidades de conflito e requer um esforço organizado de planejamento e coordenação". Cf. REZENDE, Fernando. Finanças Públicas. 2ª ed. Atlas. São Paulo: 2001 (pp. 17; 42-43).

58 Déficits episódicos e mesmo déficits sistemáticos ("deficit spending"), em que avulta o papel da despesa pública e também do crédito público através da oferta de moeda e da taxa de juros inclusive para controle da inflação (art. 164, § 2º, da Constituição brasileira). Cf. BALEEIRO, Aliomar, Uma Introdução à Ciência das Finanças, *cit.*, pp. 399-404; 453-455.

59 "A grande crise de depressão econômica da década de 1930 deu origem a estudos que vieram justificar a necessidade de o governo intervir na economia para combater a inflação ou o desemprego de mão-de-obra" (REZENDE, *op. cit.*, pp. 17-18).

económico e da qualidade de vida das pessoas, em especial das mais desfavorecidas, no quadro de uma estratégia de desenvolvimento sustentável; (...) "Art. 103º. 1. O sistema fiscal visa a satisfação das necessidades financeiras do Estado e outras entidades públicas e uma repartição justa dos rendimentos e da riqueza".

Da mesma forma, a Constituição argentina dispõe desde sua promulgação em 1853/60 que os "gastos da Nação" serão providos, entre outras fontes, por "contribuições que equitativa e proporcionalmente à população imponha o Congresso" (art. 4º). E, na revisão constitucional de 1994, declarou-se que a distribuição dos recursos nacionais "será equitativa, solidária e dará prioridade a alcançar um grau equivalente de desenvolvimento, qualidade de vida e igualdade de oportunidades em todo território nacional" (art. 75, nº 2). A Constituição italiana (de 1947) determina em seu artigo 53 que "todos estão obrigados a contribuir para os gastos públicos em razão de sua capacidade contributiva", estabelecendo assim uma "clara correlação[60] entre gasto público e contribuição do indivíduo".

A Constituição brasileira agasalha idêntica principiologia em harmônica conjugação do objetivo fundamental de construção de uma sociedade justa e solidária (art. 3º) com a determinação de graduação da carga tributária consoante a capacidade econômica[61] da cidadania (art. 145, § 1º). Ademais, prevê que a Administração Pública obedeça ao princípio da eficiência e da moralidade, entre outros (art. 37).

Significa dizer que a repartição equitativa do gasto público se exprime por uma vertente tributária, relativa à captação de Receita, e outra de natureza orçamentária, atinente à distribuição da Despesa.

Pelo ângulo da tributação, o trato equitativo dos recursos públicos deve obedecer ao princípio fundamental da capacidade contributiva (que em essência igualdade é),[62] quer na sua dimensão de potencial requisitório, quer no seu aspecto distributivo, a justificar a um só tempo o necessário emprego da progressividade e da seletividade fiscais; ademais, a tributação completa sua conformação como processo financeiro justo na medida em que serve a propósitos de desenvolvimento sócio-econômico através da

---

60 MICHELI, Gian Antonio. *Curso de Derecho Tributario*, trad. espanhola. Madrid, Ed. Derecho Financiero, 1975, p. 144; sobre a "necessária coordenação entre ingressos e gastos públicos" (HERRERA MOLINA, Pedro M. Capacidad Económica y Sistema Fiscal. Madrid: Marcial Pons, 1998, p. 110).

61 A par da compreensão do princípio da capacidade contributiva em sentido objetivo ou absoluto (exigência de uma riqueza apta a ser tributada) e subjetivo ou relativo (subordinação de parte dessa riqueza à tributação em face de condições individuais), a doutrina revela um duplo plano de sua expressão: um horizontal, que determina que sujeitos com a mesma riqueza suportem tributação igual; e um vertical, a demandar a tributação progressiva em face de maiores riquezas, com vistas à realização da igualdade relativa (HERRERA MOLINA, Pedro M. Capacidad Económica y Sistema Fiscal. Madrid: Marcial Pons, 1998, pp. 108-109). No mesmo sentido, quanto à compatibilização da capacidade contributiva com a progressividade pelo ângulo da justiça distributiva, cf. SCHOUERI, Luís Eduardo. Normas Tributárias Indutoras e Intervenção Econômica. Rio de Janeiro: Ed. Forense, 2005, p. 297.

62 Cf. no ponto COSTA, Regina Helena. Princípio da Capacidade Contributiva. São Paulo: Malheiros Ed., 1993, p. 39; Curso de Direito Tributário. 4ª ed. Saraiva, São Paulo: 2014, p. 94.

progressividade e da seletividade extrafiscais como instrumentos de implementação de políticas públicas preconizadas constitucionalmente ou acordes com os valores protegidos pela ordem jurídica.

Pelo prisma orçamentário, a citada repartição equitativa do gasto público exige eficiência na gestão dos recursos financeiros arrecadados pelo Estado; desta depende a intensidade da tributação e a qualidade do atendimento às políticas públicas definidas através das dotações orçamentárias. Políticas públicas eficientes podem poupar recursos, determinando a redução da carga tributária ou reduzindo as pressões pelo respectivo aumento.

Equilíbrio orçamentário, portanto, é princípio que hoje vai muito além de uma preocupação aritmética ou projeções financeiras, significando a contenção do poder de tributar em coordenação[63] com a capacidade contributiva da sociedade em busca de um gasto público responsável e saudável na medida em que catalisa, via orçamento, a carga tributária em favor do adequado financiamento de políticas públicas que retornem em serviços públicos de qualidade o sacrifício fiscal em prol do Bem Comum.

Não menos importantes, os chamados princípios orçamentários *formais* têm a ver com a formulação ou apresentação do orçamento, que, já se disse, concretiza as políticas públicas através das quais se dá ação administrativa do Estado.

O *princípio da unidade* determina que a aprovação do orçamento se dê através da edição de uma única lei, para facilitar seu entendimento e devido controle (CF, art. 165 c/c art. 2º da Lei nº 4320). Este princípio se encontra atualizado na Constituição (art. 165, § 5º), que determina que integrem a lei orçamentária anual, além do orçamento fiscal referente aos Poderes da União, "seus fundos, órgãos e entidades da administração direta e indireta, inclusive fundações instituídas e mantidas pelo Poder Público", o "orçamento de investimento das empresas em que a União, direta ou indiretamente, detenha a maioria do capital social com direito a voto", e "o orçamento da seguridade social, abrangendo todas as entidades e órgãos a ela vinculados, da administração direta ou indireta, bem como os fundos e fundações instituídos e mantidos pelo Poder Público". Falar-se-ia, então, de *unicidade* orçamentária, a revelar um novo matiz estrutural da unidade do orçamento.

As disposições acima comandam a apresentação de um projeto e a aprovação de um orçamento condizente com a complexidade das finanças contemporâneas, sintonizada com o princípio da universalidade orçamentária (a seguir), pois não se pode deixar de considerar a conexão do continente com o conteúdo. Como a atividade financeira depende em última análise de um só Erário – ainda que consideradas as vinculações de certos recursos autárquicos e a personalidade própria e autonomia financeira das empresas estatais -, impõe-se que a lei orçamentária do Estado enseje a pesquisa e identificação adequada do campo de atuação das finanças públicas.

---

63 A unicidade do fenômeno financeiro é realçada pela contemporânea doutrina espanhola no sentido da "necessária coordenação entre ingressos e gastos públicos" (HERRERA MOLINA, Pedro M. Capacidad Económica y Sistema Fiscal. Madrid: Marcial Pons, 1998, p. 110).

O *princípio da universalidade* exige que o orçamento abranja a totalidade das finanças públicas, isto é, todos os Poderes, seus fundos, órgãos e entidades vinculadas, inclusive os investimentos das empresas estatais e a seguridade social em toda a sua extensão (Constituição, art. 165, § 5º, I a III, c/c arts. 2º, 3º e 4º da Lei nº 4320/64); de sorte que, tomando-se o orçamento, tem-se acesso à globalidade da vida financeira do Estado. Numa outra vertente, há que se cogitar de uma extensão do conteúdo do princípio em questão, pois se as finanças públicas são *nacionais*, malgrado o caráter federal de alguns Estados como o Brasil, as finanças estaduais e municipais remetem-se, por exemplo, a limites de endividamento estabelecidos pelo Senado da República (art. 52, VI, VII e IX), sobretudo no plano externo, em que a União é chamada a garantir os compromissos assumidos pelos entes locais. A renegociação da dívida pública de Estados e Municípios com a União nas décadas de 1990-2000 exemplifica o particular. Não por coincidência, editou-se a lei de responsabilidade fiscal no ano de 2001, detalhando medidas de eficácia imediata contra desvios nas finanças locais que possam comprometer a saúde financeira da Federação (arts. 21, 23, 31 § 2º, entre outros da Lei Complementar nº 101/2000).

O *princípio da não vinculação da receita*, no direito pátrio vigente[64] restrito aos impostos[65] (CF, art. 167, IV), deriva do princípio contábil da *unidade de caixa*[66] ou *unidade de tesouraria* (art. 56 da Lei nº 4320/64) e tem por fim ensejar à Administração financeira realizar as despesas à medida em que se auferem as receitas, venham de onde provierem, priorizando os gastos mais relevantes ou urgentes em função das circunstâncias, sem as restrições operacionais que as verbas vinculadas ou *carimbadas* a certo tipo de tarefa podem trazer à implementação do orçamento, pois os recursos são escassos e nem sempre disponíveis a tempo de atender todas as necessidades públicas, infinitas por definição.

Esse princípio dá flexibilidade à gestão, mas também dota de preeminência o Administrador face ao Legislador, pois as decisões de gasto revestem-se de poder discricionário. Daí que a própria Constituição traz ou admite vinculações, de modo a garantir a permanência de suas diretrizes ou políticas públicas fundamentais (art. 148, parágrafo único, arts. 157 a 159, e as exceções ao final do art. 167, IV, por exemplo). Outras vinculações de recursos afirmariam a proeminência da vontade legislativa sobre a vontade administrativa, limitadando sua ordinária discricionariedade de gestão. A natureza jurídica do orçamento e o seu caráter autorizativo ou impositivo entram em questão. Percebe-se então claramente a conexão do or-

---

64 Na Constituição de 1967 (art. 65, § 3º) o princípio da não vinculação aplicava-se a todos os tributos. Idem após a Emenda 1/69 (art. 62, § 2º).

65 Sem vedação constitucional, algumas leis tendem a vincular a receita de taxas ao serviço público cuja prestação enseja a sua instituição (por exemplo, taxa judiciária vinculado a um Fundo Judiciário, ou taxa de prevenção e extinção de incêndios vinculada a ao um Fundo de Aparelhamento do Corpo de Bombeiros), ou ainda, as receitas patrimoniais do Estado a variados fins.

66 Cf. Sebastião de Sant'Anna e Silva. Os Princípios Orçamentários, *cit.*, p. 26.

çamento com a separação de Poderes, que se querem independentes e harmônicos (art. 2º da Constituição).[67]

O *princípio da especificação ou especialização da despesa* determina o detalhamento das rubricas ou dotações do gasto público. É que mais importante do que estabelecer um quantum ou limite para os dispêndios é saber como, em quê, as verbas públicas serão consumidas; só assim se positivará um caminho a ser trilhado pelos gestores e consequentemente o respectivo controle o que se coaduna, ademais, com a ideia de *orçamento programa* (Lei nº 4320, art. 2º; arts. 25 e 26), um orçamento que materializa planejamento e compromisso com a seriedade no trato das finanças públicas. Hodiernamente, é necessário aprofundar a extensão deste princípio, em razão de uma fortalecida principiologia de clareza e transparência[68] das finanças públicas a qual se projeta evidentemente sobre o orçamento, cuja justificação aberta importa em participação cidadã de um lado e controle jurídico de outro.

O *princípio da exclusividade*, ao exigir que o orçamento não contenha dispositivo estranho à previsão da receita e à fixação da despesa (art. 165, § 8º), veda as chamadas *caudas orçamentárias*, que marcaram negativamente orçamentos no Brasil e alhures.[69] Aqui pretendeu-se por primeiro afastar-se o problema no bojo do Ato Adicional de 1926.[70] Não obstante, o País tem produzido outro fenômeno, que são as emendas parlamentares *individuais,*[71] que vêm servindo à violação do princípio da exclusividade orçamentária. Mais sofisticadas que as rabiolas da República Velha, não mais nomeiam

67 Os parlamentos das democracias consolidadas aparelham-se para o debate orçamentário em condições de maior igualdade com a Administração. Mas, no caso brasileiro ainda há muito que caminhar nesse terreno, havendo-se votado emenda constitucional garantindo a impositividade de emendas parlamentares *individuais*, a demonstrar casuísmo antidemocrático e déficit republicano [cf. nossos "Brasil precisa de reforma constitucional financeira", *in* Revista Consultor Jurídico (http://www.conjur.com.br/2013-out-02/jose-domingues-brasil-reforma-constitucional-financeira); e "Transporte Público. É necessário orçamento sério e prestação de contas", *in* Revista Consultor Jurídico (http://www.conjur.com.br/2013-jun-21/jose-domingues-necessario-orcamento-serio-prestacao-contas)].

68 Cf., no ponto, Brian Barry: "[...], para serem dignas de respeito, é necessário que leis e políticas governamentais resultem de um processo de "justificações alcançadas abertamente" (*apud* PENNA, Saulo Versiani. A judicialização dos direitos sociais após 25 anos da Constituição Federal brasileira, *in* Lex Humana. Petrópolis: Universidade Católica de Petrópolis, v. 6, n. 1, 2014, pp. 196-218, http://seer.ucp.br/seer/index.php?journal=LexHumana&page=article&op=view&path%5B%5D=554&path%5B%5D=311). A lição é clássica, pois lê-se em Montesquieu: "Se não se distribuírem as rendas ao povo, é necessário fazê-lo ver que essas são bem administradas: mostrá-las significa, de alguma forma, permitir ao povo participar delas" (O Espírito das Leis (trad. brasileira). São Paulo: Martin Claret, 2006, livro quinto, capítulo VIII, p. 66).

69 Na França, as "adjontions budgetaires" foram criticadas por Jèze por configurarem *deselegância parlamentar* (cf. Sebastião de Sant'Anna e Silva. Os Princípios Orçamentários, *cit.*, p. 32).

70 Cf. § 1º introduzido ao artigo 34.

71 Cf. nosso "Emendas de parlamentares ou caudas orçamentárias?", *in Monitor Mercantil*, edição de 7 de maio de 2013 (http://www.monitormercantil.com.br/index.php?pagina=Noticias&Noticia=132723).

servidores ou criam cartórios, nem dão nome a praças que mandam construir etc., mas, como dantes, as emendas parlamentares individuais têm trazido problemas de inobservância do princípio equilíbrio orçamentário, vertente normativa da responsabilidade fiscal. Mesmo sem aprovação de Emenda Constitucional (casuísmo extremo), introduziu-se na Lei Orçamentária de 2014 (art. 52) a determinação de ser "obrigatória a execução orçamentária e financeira, 'de forma equitativa', da programação incluída por emendas individuais em lei orçamentária". Mas a Constituição não se refere a emendas parlamentares **individuais** (nem caberia). Ora, todo orçamento, por definição planejado, refletido e discutido com olhos postos no bem comum, atendendo aos princípios da seriedade, transparência e moralidade, entende-se naturalmente impositivo. E projetos ou programas de trabalho, políticas públicas, devem ser pensados antes da aprovação do orçamento, objetiva e racionalmente, e propostos seja pelos Poderes, seja pelas instituições legitimadas constitucionalmente.[72]

Outros princípios se podem agregar aos acima expostos, como o princípio da *clareza* textual e contextual das rubricas ou programas orçamentários, a exigir a não ambiguidade das mesmas, assim como a fidelidade das estimativas de receitas e despesas; numa linguagem contemporânea, *transparência*: em suma, a expressão vernacular das dotações orçamentárias não deve permitir a dissimulação e o desvio de verbas para fins outros que não aqueles queridos pelo Legislador, que por sua vez devem ser consentâneos ao Bem Comum e às políticas públicas que pretendem concretizar; nem se deve aceitar o inflar da Receita para cobrir Despesa sem lastro na capacidade contributiva da população. E as renúncias de receitas (como as isenções) devem ser quantificadas para que se entendam deduzidas da estimativa daquelas.

A *economicidade*, característica da atividade financeira como um todo, é um princípio dirigido a toda a Administração Pública, implicando na otimização dos recursos públicos, isto é, a aplicação do mínimo de fundos na satisfação do máximo de necessidades públicas; a economicidade se insinua no planejamento e na redação, assim como se apresentará na implementação e no controle da execução, do orçamento e consequentemente das políticas públicas nele materializadas.

Vê-se assim que a principiologia orçamentária procura contemporaneamente explicitar aplicações particulares de um princípio geral do direito financeiro, já referido – a repartição equitativa do gasto público – em torno do qual deve centrar-se o trato das finanças públicas, isto é, a atividade financeira e a execução orçamentária financiada pelos tributos tomados à capacidade contributiva do povo, a quem pertence o poder e cujos direitos humanos, fundamentais (individuais e sociais), impende atender.

72 É assim nas democracias; parece que ainda não no Brasil (cf. nosso "Fixar despesa cabe ao Legislativo, não a cada integrante", *in Revista Consultor Jurídico* (http://www.conjur.com.br/2014-fev-14/jose-domingues-fixar-despesa-cabe-legislativo-nao-cada-integrante).

4.2. Os direitos humanos e o orçamento

Do berço comum dos direitos naturais provêm os assim designados direitos humanos e direitos fundamentais.

Correspectivos à Humanidade, seja em razão de pertença à Natureza, de raízes gregas,[73] seja em decorrência de criação divina,[74] os direitos naturais proclamados e positivados na Declaração da Independência norte-americana de 1776[75] e na Declaração francesa dos Direitos do Homem e do Cidadão de 1789[76] viriam a adquirir a dimensão de *direitos humanos* ao influxo da ética racional de Kant,[77] objeto de construção histórica, ulteriormente consagrados no direito internacional sobretudo a partir da Declaração Universal dos Direitos do Homem (ONU, 1948) e recebidos no plano constitucional interno dos países como *direitos fundamentais* dignos de tutela eficaz, como por exemplo preconizado no § 1º do artigo 5º da Constituição brasileira e no artigo 2º da Constituição portuguesa.[78]

Está-se a tratar não só dos direitos da igualdade e da liberdade, mas também dos que, mercê do atual estágio civilizatório, são verdadeiros postulados daqueles. De fato, não se concebe que, sem a fruição de saúde, moradia, educação e outros direitos *sociais*, possa dar-se o gozo dos direitos *individuais*, com o desenvolvimento físico, psíquico, intelectual, cultural e moral do ser humano, dotado da respectiva dignidade humana, desabrochada e respeitada em toda a sua extensão.

---

73 Em Platão, o direito natural seria "uma ordem mais alta e mais perfeita, para servi de ponto de referência ideal" e, em Aristóteles, o que "por toda a parte tem a mesma força" (cf. LIMA, Hermes. Introducção á Sciencia do Direito. 3ª ed. Companhia Editora Nacional, São Paulo: 1937, pp. 42-43).

74 Na tradição judaico-cristã: "Também disse Deus: façamos o homem à nossa imagem, conforme a nossa semelhança" (Gênesis 1:26-27).

75 "... assumir, entre os poderes da Terra, posição igual e separada, a que lhe dão direito as leis da natureza e as do Deus da natureza (...) verdades como evidentes por si mesmas, que todos os homens são criados iguais, dotados pelo Criador de certos direitos inalienáveis, que entre estes estão a vida, a liberdade e a procura da felicidade" (http://www.arqnet.pt/portal/teoria/declaracao_vport.html).

76 "... declarar solenemente os direitos naturais, inalienáveis e sagrados do homem (...) na presença e sob a égide do Ser Supremo, os seguintes direitos do homem e do cidadão: Art.1º. Os homens nascem e são livres e iguais em direitos. (...). Art. 2º. ... a conservação dos direitos naturais e imprescritíveis do homem. Esses direitos são a liberdade, a propriedade a segurança e a resistência à opressão" (Cf. *in* http://www.direitoshumanos.usp.br/index.php/Documentos-anteriores-%C3%A0-cria%C3%A7%C3%A3o-da-Sociedade-das-Na%C3%A7%C3%B5es-at%C3%A9-1919/declaracao-de-direitos-do-homem-e-do-cidadao-1789.html).

77 Cf. RADBRUCH, Gustav. Filosofia do Direito (trad. portuguesa da 6ª edição alemã *Rechtphilosophie*), Coimbra: A. Amado Editor, 1979, p. 63.

78 Para Canotilho, "a ideia subjacente à afirmação dos direitos e deveres individuais foi a de converter os *direitos do homem* (situados no plano do direito natural) em *direitos fundamentais*, institucionalizados juridicamente e constituindo direito objectivamente vigente" (CANOTILHO, J. J. Gomes. Direito constitucional e teoria da Constituição. 2ª ed. Alemedina, Coimbra: 1998, p. 105). V. nota 1 supra.

Como cabe ao Estado a implementação do Estado de Direito e a atividade financeira é um meio para esse fim (que abrange desenganadamente a promoção dos direitos humanos, fundamentais), nota-se um "vínculo indissolúvel entre atividade financeira pública e o exercício dos direitos fundamentais".[79] Se a atividade financeira é um instrumento para a realização do Estado constitucional de Direito, isso significa que o é, também, para conferir efetividade aos direitos fundamentais".[80] Em outras palavras, a atividade financeira e o orçamento não subordinam a si os direitos humanos, fundamentais; é a satisfação destes que justifica, ilumina, impulsiona e condiciona aqueles institutos do direito financeiro.

Oscar Corrêa,[81] ademais de rebuscar na História o caráter imemorial da luta do homem pelo reconhecimento de seus direitos, acentua que "a oposição *autoridade-liberdade* oferece quadro sugestivo, na sucessão intérmina do predomínio de uma ou outra", para concluir que

> "A efetivação desses direitos humanos tem sido, contudo, o grande desafio da Humanidade, porque, no plano nacional, as disputas internas, com a intensidade dos ódios que propicia, têm constituído sempre obstáculo intransponível a essa efetivação. (...) Para a solução tem contribuído o Judiciário, com a ampliação da malha protetora desses direitos, assegurando-lhes arcabouço institucional amplo e sólido para enfrentar os possíveis e prováveis desafios do terceiro milênio".[82]

Mas não é apenas o conflito liberdade-autoridade que se interpõe entre a demanda social e a garantia dos direitos fundamentais. Há que se ter em conta também que o gasto social depende da tributação da riqueza privada, foco de outra luta histórica em torno da razoabilidade da exação estatal em cotejo com a capacidade contributiva e a escorreita despesa para atendimento às necessidades do povo.

São os mais abastados que podem e devem mais contribuir para que o Erário possa realizar a grave missão de distribuir[83] os recursos públicos em favor dos menos aquinhoados com vistas a garantir-lhes bases reais de competição e evolução como desde sempre intuído pelo ideal grego e tomista da igualdade relativa. A consecução deste

---

79 CORTI, *op. cit.*, p. 759.

80 CORTI, Horacio G. Derechos fundamentales y presupuesto público: una renovada relación en el marco del neoconstitucionalismo periférico, *in* Orçamentos Públicos e Direito Financeiro (CONTI, J. M. e SCAFF, F. F., coords., São Paulo: Ed. Revista dos Tribunais, 2011, p. 149. Cf. também, do autor citado, Ley de presupuesto y derechos fundamentales: los fundamentos de um nuevo paradigma jurídico-financiero, *in* Revista Jurídica de Buenos Aires. Buenos Aires: Facultad de Derecho, Universidad de Buenos Aires, 2010, tomo I, pp. 656-657.

81 CORRÊA, Oscar Dias. Alcance e compreensão atual da Declaração dos Direitos Humanos, *in* Estudos de Direito Político-Constitucional. Rio de Janeiro: Renovar, 2010, p. 653.

82 Direitos Humanos, *in* Estudos de Direito Político-Constitucional, *cit.*, pp. 703, 706.

83 Cf. Montesquieu, *op. cit.*, livro quinto, VIII, p. 66.

desiderato requer crença na democracia e na fraternidade, descortino[84] e solidariedade, e responsabilidade juspolítica.

Nesse contexto, em que muita vez a *autoridade* se alia ao poder econômico resistente à fiscalidade estatal viabilizadora do serviço público de atenção aos direitos fundamentais, a manifestação do Ministro Celso de Mello nos autos da Ação de Descumprimento de Preceito Fundamental nº 45 é paradigmática da posição do STF quanto à garantia constitucional reconhecida aos direitos sociais:

> "É que a realização dos direitos econômicos, sociais e culturais – além de caracterizar-se pela gradualidade de seu processo de concretização – depende, em grande medida, de um inescapável vínculo financeiro subordinado às possibilidades orçamentárias do Estado, de tal modo que, comprovada, objetivamente, a incapacidade econômico-financeira da pessoa estatal, desta não se poderá razoavelmente exigir, considerada a limitação material referida, a imediata[85] efetivação do comando fundado no texto da Carta Política.
> Não se mostrará lícito, no entanto, ao Poder Público, em tal hipótese – mediante indevida manipulação de sua atividade financeira e/ou político-administrativa – criar obstáculo artificial que revele o ilegítimo, arbitrário e censurável propósito de fraudar, de frustrar e de inviabilizar o estabelecimento e a preservação, em favor da pessoa e dos cidadãos, de condições materiais mínimas de existência (...)
> notadamente quando, dessa conduta governamental negativa, puder resultar nulificação ou, até mesmo, aniquilação de direitos constitucionais impregnados de um sentido de essencial fundamentalidade".[86]

A democracia fiscal é a *prova real* da democracia política; o orçamento tem aqui um papel *fundamental*.

5. CONTROLE JUDICIAL DO ORÇAMENTO E DO GASTO PÚBLICO

É tempo de pugnar por um sempre mais eficaz controle jurídico do orçamento e do gasto público, na esteira do que o STF e o STJ preconizam, pois tal é preciso fazer

---

84 Segundo Cançado Trindade, altos índices de disparidades sociais "levam à triste e inelutável convivência, em seu quotidiano, com a insensibilidade e a insensatez das classes dominantes, a injustiça institucionalizada e perpetuada, e a continuada dificuldade do meio social em identificar com discernimento e compreender os temas verdadeiramente primordiais que lhe dizem respeito, a requerem reflexão e ação com seriedade" (TRINDADE, Antônio Augusto Cançado. Direitos humanos e meio ambiente. Porto Alegre: Fabris, 1993, p. 24).

85 Nesse sentido, OLIVEIRA, Régis Fernandes de. Gastos Públicos. São Paulo: Ed. Revista dos Tribunais, 2012, p. 122.

86 Cf. decisão monocrática *in* http://www.stf.jus.br/portal/jurisprudencia/listarJurisprudencia.asp?s1=%28ADPF%24%2ESCLA%2E+E+45%2ENUME%2E%29&base=baseMonocraticas&url=http://tinyurl.com/a9kzfpa.

em nome da moralidade e para o bem das finanças públicas, cuja gestão no Brasil é recorrentemente apontada como entrave ao pleno desenvolvimento do País; a começar pelo baixo nível da educação e da saúde públicas, que, a par da indignidade, impactam negativamente a inclusão, a inserção e a competitividade nacionais. Parece claro que sem democracia financeira não há democracia política nem democracia econômica.

Ora, se o Estado é o principal "promotor do bem-estar geral", presidindo a tensão entre a garantia da dignidade humana e o "limite do financeiramente possível", em que os recursos públicos são "mais reduzidos onde maior é a sua necessidade",[87] então, diante do vilipêndio à vida, à saúde, à educação, quer pela Lei de Meios, quer pela Administração, impõe-se ao Poder Judiciário atender ao reclamo pela prestação estatal que satisfaça o fundamental; o remanejamento de verbas públicas[88] ou a abertura de crédito suplementar[89] (ou especial,[90] no caso de, por absurda omissão, inexistir dotação específica), observado o devido processo legal, poderá ser a consequência orçamentária, *ex vi constitucionis*, reparadora de algum desvio governamental que não se sustenta diante dos bens maiores tutelados pela ordem democrática.

De fato, o STF evoluiu em sua Jurisprudência para não só admitir o controle concentrado[91] de constitucionalidade do orçamento, mas passou a secundar decisões de tribunais locais que determinam a tutela de direitos sociais, ainda quando o orçamento traga insuficiência de dotação orçamentária[92] respectiva, pois o orçamento não é um mero plano de governo ou ato administrativo de organização do governo, mas, muito

---

87 MENDES, Gilmar F., COELHO, Inocêncio M., BRANCO, Paulo. Curso de Direito Constitucional. 4ª ed. Saraiva, São Paulo: 2009, pp. 757, 761.

88 *Ibidem*. Ademais, porque "seria descabido, por exemplo, o emprego excessivo de recursos em publicidade (...) em relação ao investimento no sentido de preservar a dignidade da pessoa humana" (OLIVEIRA, Regis Fernandes de. Curso de Direito Financeiro, 4ª ed., 2011, *cit.*, p. 315.

89 DOMINGUES, José Marcos. Tributação, orçamento e políticas públicas, *in* Revista Interesse Público. Belo Horizonte: Ed. Fórum, ano XII, 2010, nº 63, pp. 166-167.

90 Art. 41, II, da Lei nº 4.320, de 17 de março de 1964.

91 Na ADI 2925 o STF, em 2003, determinou interpretação conforme de norma orçamentária de forma a impedir que a receita de contribuições com vinculação constitucional pudesse ser consumida em outra despesa que não aquela prevista na Lei Maior, considerando inconstitucional a abertura de "crédito suplementar em rubrica estranha à destinação do que arrecadado" (cf. http://redir.stf.jus.br/paginadorpub/paginador.jsp?docTP=AC&docID=266953). Na ADI 4048 o STF, 2008, admitiu controlar *in abstracto* leis e atos normativos independente do caráter geral ou específico, concreto ou abstrato do seu objeto, inclusive normas orçamentárias (cf. http://redir.stf.jus.br/paginadorpub/paginador.jsp?docTP=AC&docID=542881).

92 ALMEIDA, Luiz Antônio Freitas de. Direitos Fundamentais Sociais e Ponderação. Porto Alegre: Sergio Antonio Fabris Editor, 2014, p. 244.

mais, é uma lei que deve respeitar o programa de tutela constitucional e legal dos direitos fundamentais. É que "a análise orçamental é um topos de argumentação disponível ao Judiciário na sindicação dos direitos sociais (...) para [que] se aprecie o fundamento estatal para a não satisfação do direito fundamental social".[93]

No julgamento da Suspensão de Tutela Antecipada nº 175,[94] em 2010, o STF garantiu o fornecimento pelo Sistema Nacional de Saúde (SUS) de medicamento registrado na Agência Nacional de Vigilância Sanitária, afastando alegado risco de grave lesão à economia; depois de proclamar o postulado da proteção aos direitos fundamentais e a proibição da proteção insuficiente (fls. 78), pela dependência de certos daqueles direitos de providências e prestações estatais, como soe acontecer com os direitos sociais (fls. 79-80), afirmou a Suprema Corte que, além de um valor apto a garantir a liberdade dos cidadãos, em relação aos direitos sociais (como é o caso do direito à saúde) deve o Estado dispor de valores variáveis em função da necessidade de cada cidadão.

Ao analisar o Recurso Extraordinário (RE) nº 581.352, o STF, em 2014, censurou a deficiente atenção às gestantes em maternidades estaduais, afirmando que tal desrespeito provocado por inércia estatal transgride a Constituição; e afastou a reserva do possível no caso, reconhecendo sua inaplicabilidade sempre que a invocação dessa cláusula puder comprometer o núcleo básico que qualifica o mínimo existencial, reiterando precedentes em relação a tais posicionamentos.[95]

A jurisprudência do Superior Tribunal de Justiça é tranquila no sentido da possibilidade do controle judicial de políticas públicas e da eventual insuficiência orçamentária respectiva, como tem abonado o bloqueio de dinheiro em contas públicas em garantia das determinações judiciais ao Estado para que entregue as prestações materiais exigidas para efetivação dos direitos sociais; mais, o STJ entende que, sem prejuízo de considerar o direito social como um direito difuso[96] suscetível de ser demandado pelo Ministério Público em ação civil pública, o direito pessoal respectivo pode ser pleiteado em juízo em ações individuais.

Assim, no REsp nº 909.752 (2006/0270886-3),[97] tratando de causa individual e que se pedia o custeio de medicamento, a Corte referendou o bloqueio de valores em contas públicas, como medida cautelar possível à luz do art. 461, § 5º, do Código de Processo Civil (CPC), sendo "lícito ao magistrado determinar o bloqueio de valores em contas públicas para garantir o custeio de tratamento médico indispensável, como meio

93 *Ibiden*.

94 Cf. http://redir.stf.jus.br/paginadorpub/paginador.jsp?docTP=AC&docID=610255.

95 Cf. http://redir.stf.jus.br/paginadorpub/paginador.jsp?docTP=TP&docID=5343056.

96 No REsp nº 1.068.731 (2008/0137930-3), feito de iniciativa do Parquet, decidiu o STJ que "a falta de vagas em Unidades de Tratamento Intensivo – UTIs no único hospital local viola o direito à saúde e afeta o mínimo existencial de toda a população local, tratando-se, pois, de direito difuso a ser protegido" (cf. https://ww2.stj.jus.br/processo/revista/documento/mediado/?componente=ATC&sequencial=12839184&num_registro=200801379303&data=20120308&tipo=5&formato=PDF).

97 Cf. https://ww2.stj.jus.br/processo/revista/documento/mediado/?componente=ATC&sequencial=3349470&num_registro=200602708863&data=20070913&tipo=5&formato=PDF.

de concretizar o princípio da dignidade da pessoa humana e do direito à vida e à saúde", fundamentando-se na circunstância de que a Constituição "excepcionou da exigência do precatório os créditos de natureza alimentícia, entre os quais se incluem aqueles relacionados à garantia da manutenção da vida, como os decorrentes do fornecimento de medicamentos pelo Estado (...), permitida, inclusive, a mitigação da impenhorabilidade dos bens públicos"; e no REsp nº 794.253 (2005/0183246-0)[98] o STJ lembrou que "em diversas oportunidades, já se manifestou no sentido de reconhecer a licitude do bloqueio de valores em contas públicas com o fito de assegurar o custeio de tratamento médico indispensável, como meio de concretizar o princípio da dignidade da pessoa humana, sem que se configure ofensa ao art. 461 e seus incisos do CPC".

Em relação ao direito social à educação, o STF reafirmou em 2011, no ARE 639.337 AgR,[99] os fundamentos empregados no julgamento do RE 410.715 AgR,[100] de 2005, e no RE 595595 AgR,[101] de 2009, no sentido de, sendo a educação infantil direito fundamental de toda criança, "não admite, em seu processo de concretização, avaliações meramente discricionárias da Administração Pública". No primeiro caso, placitou sentença que obrigara o Município a matricular crianças em escolas públicas próximas à sua residência ou endereço de trabalho dos seus responsáveis; no precedente anterior, garantiu a matrícula de todas as crianças de zero a seis anos em escolas municipais; e no terceiro caso confirmou a exigibilidade de vaga no ensino fundamental e educação infantil para as crianças carentes do Município. Entendeu o STF que, nessa matéria, "as opções dos Municípios não podem ser exercidas de modo a comprometer, com apoio em juízo de simples conveniência ou de mera oportunidade, a eficácia desse direito básico de índole social". Não por outra razão, o eminente Ministro Presidente Joaquim Barbosa,[102] em aula magna proferida na Universidade de Brasília em 2013, se pronunciou no sentido de ser a educação a mais importante "prestação que o cidadão, tem direito a reivindicar do Estado", certo que, "sem acesso a educação, a pessoa fica destituída dos meios de dar sua contribuição qualitativa para a sociedade".

Não é diversa a jurisprudência do STJ, bastando lembrar o REsp nº 1.185.474 (2010/0048628-4),[103] em que o Tribunal garantiu o direito subjetivo de acesso à creche

---

98 Cf. https://ww2.stj.jus.br/processo/revista/documento/mediado/?componente=ATC&sequencial=2780250&num_registro=200501832460&data=20070201&tipo=5&formato=PDF.

99 Cf. http://redir.stf.jus.br/paginadorpub/paginador.jsp?docTP=AC&docID=627428. Carlos Alexandre de Azevedo Campos entrevê neste acórdão uma atuação ativa do STF "para fazer valer o projeto constitucional de inclusão social e de garantia de vida digna quando a omissão institucional colocar em risco tais objetivos" (Dimensões do Ativismo Judicial do STF. Rio de Janeiro: Ed. Forense, 2014, p. 330).

100 Cf. http://redir.stf.jus.br/paginadorpub/paginador.jsp?docTP=AC&docID=354801.

101 Cf. http://redir.stf.jus.br/paginadorpub/paginador.jsp?docTP=AC&docID=594740

102 Cf. http://www.stf.jus.br/portal/cms/verNoticiaDetalhe.asp?idConteudo=235137.

103 Lê-se na ementa: "Acesso à creche aos menores de zero a seis anos – direito subjetivo (...) escassez de recursos como o resultado de uma decisão política – prioridade dos direitos fundamentais – conteúdo do mínimo existencial – essencialidade do direito à educação – precedentes do STF E STJ (cf.

aos menores de zero a seis anos, entendendo que decisões políticas circunstanciais (esclareça-se, como as eventualmente tomadas no processo orçamentário) não se podem sobrepor à efetivação dos direitos fundamentais sociais, objeto de políticas públicas constitucionais, sendo eles eminentemente prestacionais, que sempre abrangem a alocação significativa de recursos materiais e humanos, máxime quando comparados a rubricas generosas para custeio de "festividades ou propagandas governamentais". Nesta bem lançada decisão, o STJ atribui a sempre invocada escassez de recursos ("sinônimo de desigualdade") a um processo de escolha, de uma decisão que pode retirar (ausência de) dinheiro para a prestação de uma educação de qualidade, em favor daquela citada despesa, razão pela qual a chamada reserva do possível não pode ser oposta à efetivação dos direitos fundamentais, já que, quanto a estes, não cabe ao administrador público preteri-los em suas escolhas. Esta fundamentação foi adotada às inteiras no julgamento do REsp nº 1.068.731 (2008/0137930-3),[104] assentando, *verbis*, que

> "a escusa da 'limitação de recursos orçamentários' frequentemente não passa de biombo para esconder a opção do administrador pelas suas prioridades particulares em vez daquelas estatuídas na Constituição e nas leis, sobrepondo o interesse pessoal às necessidades mais urgentes da coletividade. O absurdo e a aberração orçamentários, por ultrapassarem e vilipendiarem os limites do razoável, as fronteiras do bom-senso e até políticas públicas legisladas, são plenamente sindicáveis pelo Judiciário, não compondo, em absoluto, a esfera da discricionariedade do Administrador, nem indicando rompimento do princípio da separação dos Poderes".

Proveitoso ainda analisar um caso de impacto levado à consideração do STF: na Suspensão de Tutela Antecipada-STA nº 405, o Distrito Federal objetivou suspender os efeitos da decisão de Vara da Infância e da Juventude que, em ação civil pública movida pelo Ministério Público-MP,[105] determinou a implantação de novos vinte e três Conselhos Tutelares, na forma da lei, e mais um Conselho nas cinco regiões administrativas com mais de duzentos mil habitantes, na forma de Resolução do Conselho Nacional dos Direitos da Criança e do Adolescente (CONANDA), mandou ao DF: disponibilizar espaços físicos adequados; adequar o orçamento de 2009, com recursos necessários; c- nomear e dar posse aos Conselheiros Tutelares e efetivar o funcionamento dos plantões previstos em lei; e arbitrou multa diária devida pelas autoridades que indicou, em caso de descumprimento da decisão. Alegou o Réu ao STF indevida interferência do Judiciário nas atribuições discricionárias do Executivo, ao adentrar o

---

https://ww2.stj.jus.br/processo/revista/documento/mediado/?componente=ATC&sequencial=9568774&num_registro=201000486284&data=20100429&tipo=5&formato=PDF).

104 Cf. nota 91 supra.

105 Processo nº 2008.01.3.010679-6 do Tribunal de Justiça do Distrito Federal e Territórios.

mérito da condução de políticas públicas. No curso do incidente, informou que subsequentemente à decisão judicial foi editada lei criando trinta e três novos Conselhos, remanescendo litigiosa somente a determinação de abertura de Conselhos adicionais. Não obstante, o Presidente[106] do STF indeferiu a suspensão da tutela antecipada por não verificar grave lesão à ordem, à saúde, à segurança e à economia públicas, porque já atendida a maior parte da decisão atacada, e por não ter o DF trazido qualquer elemento concreto quanto a suposta lesão à economia pública pela colocação em funcionamento de mais cinco Conselhos, mas apenas meras alegações relativas a todo o conteúdo da antecipação inicialmente concedida. Também não viu dano à ordem administrativa, pois, como se depreendeu de manifestações oficiais nos autos, desde o exercício anterior o DF já sabia da possibilidade de condenação, podendo, perfeitamente, adequar o orçamento de 2010 à viabilização de apenas cinco novos conselhos tutelares. Foi rejeitada a alegação não comprovada de risco à ordem financeira. Este caso concretiza a progressiva implementação do direito fundamental em questão, admitindo-se que o Judiciário determine o cumprimento de política pública normatizada, inclusive pela disponibilização orçamentária de recursos materiais adequados e necessários.

Finalmente, colige-se outra decisão do Ministro Presidente[107] do STF (STA nº 421-PE): foi caso em que se determinou a Município que, em 72 horas, fornecesse transporte adequado para ida e retorno à capital, distante 252 km, e pagamento de diária no patamar de R$ 70,00 aos dois Requerentes (menor portador de doença motora e sua mãe), e não os R$ 8,40 pagos conforme tabela de Tratamento Fora do Domicílio-TFD. Mesmo havendo o Tribunal estadual reduzido sua expressão a R$ 30,00, alegou o Réu que cumpria a citada tabela TFD; que o expediente de pagamento adotado pela decisão impugnada implicaria violação ao sistema de precatórios (artigo 100 da CF/88); que havia a possibilidade do efeito multiplicador da decisão, tendo em vista que todos os duzentos e vinte e três pacientes beneficiados pelo TFD poderiam ajuizar ações pleiteando o aumento das diárias, a risco de se inviabilizar a manutenção do programa; e pediu, ao fim, a suspensão do acórdão do Tribunal local para impedir-se o aumento do valor das diárias concedido. Em sua decisão, o Presidente do STF destacou que, embora a atuação do Judiciário seja fundamental para o exercício efetivo da cidadania e para a realização do direito à saúde, as decisões judiciais causam tensão entre os elaboradores e executores das políticas públicas, compelidos a garantir prestações de direitos sociais, muitas vezes contrastantes com a política estabelecida pelos governos para a área da saúde e além das possibilidades orçamentárias, havendo a esse propósito convocado audiência pública.[108] Não haveria falar em violação ao art. 100 da Constituição,

---

106 Ministro Cezar Peluso.

107 Ministro Gilmar Mendes.

108 "Em 5 de março de 2009, convoquei Audiência Pública em razão dos diversos pedidos de suspensão de segurança, de suspensão de tutela antecipada e de suspensão de liminar em trâmite no âmbito desta Presidência, com vistas a suspender a execução de medidas cautelares que condenam a Fazenda Pública ao fornecimento das mais variadas prestações de saúde (fornecimento de medica-

pois se tratou de medida acauteladora do processo, não se discutindo o pagamento de indenização ou créditos devidos pelo Poder Público, mas, sim, o valor da diária nos dias em que o menor precisava se deslocar à capital distante; e nem se requereu efeito retroativo. Afirmou a Presidência que não procedia a alegação de que a decisão serviria de precedente negativo ao Poder Público, com possibilidade de ensejar o denominado efeito multiplicador, pois a análise de decisões dessa natureza se faz caso a caso, considerando-se todos os elementos normativos e fáticos da questão jurídica, não sendo de vislumbrar grave lesão à ordem, à saúde, à segurança ou à economia públicas a ensejar a adoção da medida excepcional de suspensão de tutela antecipada, que indeferiu. Nota-se que a insuficiência orçamentária foi suprida pela determinação de cumprimento da política pública constitucional de proteção da saúde, implicitamente ordenando-se a suplementação de verba para atender adequadamente a pessoa doente; e a intervenção judicial garantiu o direito fundamental contra o interesse financeiro da Administração, pondo cobro à subordinação da dignidade humana à incúria orçamentária que renega a própria política pública a cumprir.

Em vários dos casos acima apresenta-se como parte o MP, instituição "essencial à função jurisdicional" com atribuição de "defesa dos interesses sociais e individuais indisponíveis",[109] sendo certo que sua atuação em juízo se encontra qualificada pela prova (especialmente pericial) previamente produzida nos inquéritos civis[110] e audiências públicas[111] que promove para esclarecimentos dos fatos e formação de sua autônoma convicção.

Também o Judiciário pode convocar audiências públicas e valer-se de inspeções pessoais[112] e de prova técnica[113] em geral para formar e robustecer seu entendimento sobre as graves questões levantadas quanto à implementação dos direitos sociais; o STF tem-se valido desses instrumentos sobretudo após a edição da Lei nº 9.868[114] e da Lei nº 9.882,[115] ambas de 1999, e da sua Emenda Regimental nº 29/2009.[116] Afasta-se assim a usual censura à "debilidade do órgão jurisdicional de não dispor de informações téc-

mentos, suplementos alimentares, órteses e próteses; criação de vagas de UTIs e leitos hospitalares; contratação de servidores de saúde; realização de cirurgias e exames; custeio de tratamento fora do domicílio, inclusive no exterior, entre outros)" – cf. DJe-076, de 30/04/2010.

109 Art. 127 da Constituição.

110 Art. 129, III, da Constituição.

111 Art. 27, IV, da Lei nº 8.625, de 12 de fevereiro de 1993.

112 Artigo 440 do Código de Processo Civil-CPC.

113 Art. 130 do CPC. Idem, artigos 420, 421, § 2º.

114 Dispõe sobre o processo e julgamento da ação direta de inconstitucionalidade e da ação declaratória de constitucionalidade perante o Supremo Tribunal Federal (cf. art. 9º, § 1º).

115 Dispõe sobre o processo e julgamento da arguição de descumprimento de preceito fundamental, nos termos do § 1º do art. 102 da Constituição (cf. art. 6º, §1º).

116 Art. 21, XVII.

nicas, dados e provas suficientes a fim de avaliar a política estatal"[117] Ademais, o procedimento contraditório legitima o controle judicial das políticas públicas[118] para que se evite a discriminação ou exclusão individual ou social incompatível com a ordem constitucional (a mesma que estrutura a composição e a competência dos Tribunais) cuja *força normativa*, adverte HESSE,[119] "depende da disposição de considerar seus conteúdos como obrigatórios e da determinação de realizar esses conteúdos, também contra resistências".

Anote-se que a jurisprudência dos Tribunais brasileiros ressalva que a função por eles exercida é de controle,[120] não de substituição à Legislação ou à Administração, pois que a estas cabe primariamente exercer o governo, tomando decisões e implementando-as em nome do Bem Comum, atento às doutrinas do mínimo existencial e da reserva do possível, assim como ao princípio da proporcionalidade e razoabilidade. O que não podem Legislativo e Executivo é descumprir os vetores constitucionais que devem presidir, iluminar, sua atuação.[121] A injuridicidade da omissão ou da opção, máxime quando gera o aviltamento dos direitos fundamentais, é que enseja ao Judiciário, provocado, agir pontualmente[122] para determinar a implementação das políticas públicas,

---

117 ALMEIDA, Luiz Antônio Freitas de. Direitos Fundamentais Sociais e Ponderação, *cit.*, p. 286.

118 Cf. PENNA, Saulo Versiani. A judicialização dos direitos sociais após 25 anos da Constituição Federal brasileira, *in* Lex Humana. Petrópolis: Universidade Católica de Petrópolis, v. 6, nº 1, 2014, pp. 207-209 *passim* – disponível em http://seer.ucp.br/seer/index.php?journal=LexHumana&page=article&op=view&path%5B%5D=554&path%5B%5D=311.

119 Elementos de Direito Constitucional da República Federal da Alemanha (trad. brasileira). Porto Alegre: Sérgio A. Fabris Editor, 1998, p. 49.

120 "... Situação caótica do Hospital Salgado Filho. Dever constitucional do Poder Público (artigo 5º, *caput* e 196) e direito à saúde do cidadão. Fato que atinge principalmente, a camada mais pobre da população, que não possui plano particular e depende tão somente da rede pública para atendimento. Possibilidade do Judiciário exercer controle de política pública fundamental, fazendo observar os princípios da legalidade e moralidade (artigo 37 da CF). Inexistência de desrespeito à separação dos poderes. necessidade urgente de contratação e médicos e funcionários técnicos, de modo a permitir o regular funcionamento do hospital. Ausência de comprovação, pelo Poder Público, da impossibilidade de remanejamento de receita orçamentária. Precedentes do STJ e STF. Recurso provido para que seja cumprido o déficit de pessoal, com a realização de concurso público (...), bem como corrigidos os procedimentos e sanadas as irregularidades expostas no relatório do Conselho Regional de Medicina, no prazo de seis meses..." (fls. 327-328) – cf. acórdão do Tribunal de Justiça do Estado do Rio de Janeiro transcrito pelo STF no julgamento do RE 684.612 (nota 122 infra). Desta emblemática decisão ressalta-se o compromisso do Tribunal com o controle de uma política pública *vital* para o bem do povo, omisso o Estado em prover pessoal ao arrepio do princípio constitucional do concurso público e em remediar falhas administrativas, e não demonstrada a impossibilidade de ajuste orçamentário, patenteando-se a violação do direito à vida com dignidade, que é o fundamento do próprio direito à saúde.

121 No sentido do texto, cf. OLIVEIRA, Régis Fernandes de. Gastos Públicos, *cit.*, p. 161.

122 O STF tem reconhecido a *repercussão geral* de recursos extraordinários tratando de temas como a não implementação de políticas públicas por ausência de profissionais suficientes na área de saúde (RE 684.612); a obrigatoriedade ou não de o Poder Público fornecer medicamento de alto custo (RE 566.471);

legitimamente constitucionalizadas ou legisladas, sobretudo quanto aos direitos sociais que equalizam a oportunidade de exercício dos direitos individuais e políticos.

6. CONSIDERAÇÕES FINAIS

A atividade financeira do Estado é uma atividade meio a serviço de sua atividade fim, que é a promoção do Bem Comum.

A ideia de Bem Comum varia no tempo e no espaço; já foi representada apenas pela segurança física das pessoas e das cidades muradas, mas traduz fundamentalmente a promoção da dignidade da pessoa humana, com respeito à Natureza, na qual se integra a Humanidade. Na dicção da Constituição brasileira, abraça os objetivos da República de construir uma sociedade livre, justa e solidária, com a redução da desigualdade e a promoção do bem de todos. É a essa teleologia que devem corresponder as Finanças Públicas. Não vivendo para si, o Estado se organiza e administra para o Povo que o institui e sustenta. O desafio é: fazê-lo de que maneira e com quais recursos?

Por definição escassos, em face das infinitas necessidades humanas, os meios são dados pela Economia; e os recursos públicos são juridicamente regrados pelo Direito Financeiro e pelo Direito Tributário, que dele evoluiu. O respectivo sistema deve responder, porém, não apenas ao interesse estatal de adequada governança,[123] mas também aos valores agasalhados pela sociedade. Quando os valores referidos se veem negligenciados, subvertem-se os vetores constitucionais, frustram-se as expectativas e esgarça-se o tecido social, tensionado pelo descaso com o emprego dos recursos públicos em desalinho com as justas prioridades normativamente estabelecidas.

Os princípios do Direito Financeiro, formulados e adensados pelo labor perene da doutrina, iluminam a ordem jurídico-financeira, permeando a Constituição e a legis-

determinação judicial ao poder executivo de realização de obras em presídio em conexão com a integridade física e moral dos presos (RE 592.581); possibilidade de bloqueio de verbas públicas para garantia do fornecimento de medicamentos, ratificando-se ou não a sua jurisprudência (RE 607.582 e RE 549695); obrigatoriedade, ou não, de o Estado fornecer medicamento não registrado na Agência Nacional de Vigilância Sanitária (RE 657.718) – cf., por todos, acórdão no RE 684.612, de 6 de fevereiro de 2014, publicado em 6 de junho de 2014 (*in* http://www.stf.jus.br/portal/processo/verProcessoAndamento.asp?incidente=4237089; file:///C:/Users/Usu%C3%A1rio/Downloads/texto_230677751.pdf.), no qual a Relatora, Ministra Cármen Lúcia, afirmou que "A discussão sobre os limites do princípio da independência entre Poderes, quanto à adoção de providências relativas a políticas públicas para implementação de direitos e garantias previstos na Constituição da República, tem sido submetida, de forma reiterada, à análise deste Supremo Tribunal Federal", destacando: "Presente, portanto, a necessária relevância jurídica e social da matéria versada, além da transcendência da questão, **sabido como é** que, no Estado brasileiro, **a inexistência condições satisfatórias na prestação do serviço de saúde, notadamente para as camadas sociais menos favorecidas**, não é peculiaridade deste caso..." – grifa-se.

123 "A sinceridade e a transparência dos documentos orçamentários e financeiros são, segundo os novos padrões fixados nas normas internacionais, condições essenciais à boa governança e à boa gestão" (cf. PANCRAZI, Laurent. Le príncipe de sincérité budgétaire. Paris: L'Harmattan, 2012, p. 193).

lação específica. À arrecadação das receitas públicas deve corresponder o equitativo gasto público que financie as políticas públicas de atendimento aos direitos individuais e sociais, que em última análise exsurgem dos valores priorizados pelo povo legitimamente representado. Nisto se resume a luta milenar dos governados face aos governantes e, não por outra razão, o "no taxation without representation", gérmen da legalidade financeira, tributária e orçamentária, cuidou de deixar patente que os *subsídios* ou tributos requisitados ao povo devem ser em qualquer caso "razoavelmente fixados"[124] em razão das despesas que se destinam a custear.

Com a evolução da democracia, não há lugar para recursos mal geridos se esvaindo no superfaturamento, na fraude em licitações, nos desvios de finalidade e de comportamento dos agentes públicos. E com a concomitante evolução das Finanças Públicas na direção do Estado de Bem-Estar o orçamento, como de resto a atividade financeira, deixa de ser um mero instrumento de organização estatal interna para desabrochar na sua real missão de veículo concretizador dos direitos humanos, especialmente os sociais, dos quais depende, para as maiorias, a vida com dignidade.

Nesse contexto, são intoleráveis a carga tributária sem retorno em serviços públicos de qualidade e a insuficiência orçamentária acompanhada da inércia administrativa, por representarem a frustração das promessas constitucionais fiadoras dos anseios mais caros da sociedade. Em consequência, para além de políticas públicas indigentes ou negligenciadas, é mesmo o direito pessoal de cada cidadão-contribuinte que se vê aviltado e merecedor da cabível tutela jurisdicional.

Como não há poder ilimitado ou absoluto e todo poder exercido enseja controle, é no grande legado de Montesquieu[125] que se há de buscar amparo judicial contra o arbítrio que retira mais dos que menos têm (via tributação injusta[126] e regressiva) e deixa de alocar recursos públicos para garantia do direito social à saúde, à educação, à moradia, ao transporte, em especial aos mais necessitados.

Os Tribunais brasileiros, vencendo a resistência de certas posições doutrinárias de ideologia anacrônica, têm se comportado exemplarmente na vanguarda da implementação dos direitos sociais, guardando a Constituição em nome dos valores nela agasalhados, os quais, em última análise, dependem do exercício solidário do Poder Financeiro, cujos desvios seja na Legislação, seja na Administração, cabe ao Poder Judiciário reparar, como lhe compete e impende.

---

124 Magna Carta inglesa, art. 12.

125 "Quando em uma só pessoa, ou em um mesmo corpo de magistratura, o poder legislativo está reunido ao poder executivo, não pode existir liberdade, pois se poderá temer que o mesmo monarca ou o mesmo senado crie leis tirânicas para executá-las tiranicamente. Também não haverá a liberdade se o poder de julgar não estiver separado do poder legislativo e do executivo" (O Espírito das Leis, *op.cit.*, Livro Décimo Primeiro, Capítulo VI, p. 166).

126 "Os impostos não podem aniquilar a capacidade econômica dos contribuintes" (cf. Humberto Ávila. Sistema constitucional tributário. 5ª ed., Saraiva: São Paulo, 2012, p. 432).

BIBLIOGRAFIA

ABRAHAM, Marcus. Curso de Direito Financeiro Brasileiro. Rio de Janeiro: Elsevier, 2010.

ALMEIDA, Luiz Antônio Freitas de. Direitos Fundamentais Sociais e Ponderação. Porto Alegre: Sergio Antonio Fabris Editor, 2014.

ÁVILA, Humberto. Sistema constitucional tributário. 5ª ed., Saraiva: São Paulo, 2012.

BAGGIO, Antonio Maria. "A ideia de fraternidade em duas revoluções: Paris 1789 e Haiti 1791", in Baggio A. M. (org), O princípio esquecido/1. A fraternidade na reflexão actual das ciências políticas, Cidade Nova, São Paulo 2008, p. 33; http://www.ruef.net.br/uploads/biblioteca/9f3d3debe63d3e9ad2fc4a51762a9120.pdf).

BALEEIRO, Aliomar. Uma Introdução à Ciência das Finanças. 13ª edição, Forense. Rio de Janeiro: 1981.

BECKER, Alfredo Augusto. Teoria Geral do Direito Tributário. São Paulo: 2ª ed., Saraiva, 1972.

BERGER, Adolf. Encyclopedic Dictionary of Roman Law. Philadelphia: The American Philosophical Society, 1953, repr., 1991, v. 43.

BIDART CAMPOS, Germán J. El orden socioeconômico em la Constitución. Buenos Aires: Ediar, 1999.

BOUVIER, Michel; ESCLASSAN, Marie-Christine; LASSALE, Jean-Pierre. Finances Publiques. 11ª ed., LGDJ lextenso éditions. Paris: 2012.

BRASIL. Revista Trimestral de Jurisprudência-RTJ. Brasília: STF, v. 175.

______. www.stf.jus.br.

BUCHANAN, James M.; FLOWERS, Marilyn R. Introducción a la Ciencia de la Hacienda Pública (trad. espanhola, 5ª ed. norte-americana original, 1980), Editorial de Derecho Financiero, Madrid: 1982.

BUFFON, Marciano. Tributação e Dignidade Humana. Porto Alegre: Livraria do Advogado Ed., 2009.

CAMPOS, Carlos Alexandre de Azevedo. Dimensões do Ativismo Judicial do STF. Rio de Janeiro: Ed. Forense, 2014.

CANOTILHO, J. J. Gomes. Direito constitucional e teoria da Constituição. 2ª ed. Alemedina, Coimbra: 1998.

CORRÊA, Oscar Dias. Estudos de Direito Político-Constitucional. Rio de Janeiro: Renovar, 2010.

CORTI, Horacio G. Derecho Constitucional Presupuestario. 2ª ed. Abeledo Perrot, Buenos Aires: 2011.

______. Ley de presupuesto y derechos fundamentales: los fundamentos de um nuevo paradigma jurídico-financiero, *in* Revista Jurídica de Buenos Aires. Buenos Aires: Facultad de Derecho, Universidad de Buenos Aires, 2010, tomo I, pp. 637-690.

______. Derechos fundamentales y presupuesto público: una renovada relación en el marco del neoconstitucionalismo periférico, *in* Orçamentos Públicos e Direito Financeiro. CONTI, J. M. e SCAFF, F. F., coords., São Paulo: Ed. Revista dos Tribunais, 2011, pp. 127-185.

COSTA, Regina Helena. Princípio da Capacidade Contributiva. São Paulo: Malheiros Ed., 1993.

______. Curso de Direito Tributário. 4ª ed. Saraiva, São Paulo: 2014.

D'AMATI, Nicola, *in* Derecho Tributario, Teoria y Crítica (trad. espanhola, da edição italiana de 1985, Diritto Tributário, Teoria e Critica, Torino, UTET), Madrid: Ed. Derecho Financiero, 1989.

DOMINGUES, José Marcos. OLIVEIRA, José Marcos Domingues de. Direito Tributário. Capacidade Contributiva. 2ª ed., Renovar. Rio de Janeiro: 1998.

______. O desvio de finalidade das contribuições e o seu controle tributário e orçamentário no direito brasileiro, *in* Direito Tributário e Políticas Públicas, São Paulo: MP Editora, 2007, pp. 299-351.

______. Tributação, orçamento e políticas públicas, *in* Revista Interesse Público. Belo Horizonte: Ed. Fórum, ano XII, 2010, nº 63, pp. 147-169.

______. O Código Tributário Nacional, a Constituição e as Contribuições Parafiscais, *in* ORLANDO, Breno L. Kingma. et al (orgs.) Cadernos de Debates Tributários. Rio de Janeiro: Lúmen Juris Ed., GDT-Rio, EMARF-2ª Região, NEFIT-UERJ, 2010, v. 1, pp. 121-141.

______. O conteúdo da extrafiscalidade e o papel das Cides. Efeitos decorrentes da não utilização dos recursos arrecadados ou da aplicação em finalidade diversa, *in* Revista Dialética de Direito Tributário, São Paulo: Dialética, ago. 2006, v. 131, pp. 45-59.

______. Contribuições sociais, desvio de finalidade e a dita reforma da previdência social brasileira, *in* Revista Dialética de Direito Tributário, São Paulo: Dialética, set. 2004, v. 108, pp. 123-138.

______. Contribuições parafiscais, finalidade e fato gerador. Revista Dialética de Direito Tributário, São Paulo: Dialética, out. 2001, v. 73, pp. 50-65.

______. Brasil precisa de reforma constitucional financeira, *in* Revista Consultor Jurídico (http://www.conjur.com.br/2013-out-02/jose-domingues-brasil-reforma-constitucional-financeira).

______. Transporte Público. É necessário orçamento sério e prestação de contas", *in* Revista Consultor Jurídico (http://www.conjur.com.br/2013-jun-21/jose-domingues-necessario-orcamento-serio-prestacao-contas).

DUARTE, Tiago. A Lei por Detrás do Orçamento. Coimbra: Ed. Almedina, 2007.

FAGUNDES, Miguel Seabra. O controle dos atos administrativos pelo Poder Judiciário. 5ª ed. Forense. Rio de Janeiro: 1979.

FERNANDES, Simone Lemos. Contribuições neocorporativas, Belo Horizonte: Del Rey, 2005.

FERRAJOLI, Luigi. Garantismo. Uma Discussão sobre Direito e Democracia. Trad. brasileira. Rio de Janeiro: Ed. Lúmen Juris, 2012.

GARCÍA NOVOA, César. El concepto de tributo. Lima: Tax Editor, 2009.

GIULIANI FONROUGE, Carlos M. Derecho Financiero. 7ª ed., Depalma. Buenos Aires: 2001, v. I.

HERRERA MOLINA, Pedro Manuel. Capacidad Económica y Sistema Fiscal. Madrid: Marcial Pons, 1998.

HESSE, Konrad. Elementos de Direito Constitucional da República Federal da Alemanha (trad. brasileira). Porto Alegre: Sérgio A. Fabris Editor, 1998.

LIMA, Ruy Cirne. Princípios de Direito Administrativo Brasileiro. 2ª ed., Livraria do Globo. Porto Alegre: 1939.

LIMA, Hermes. Introducção á Sciencia do Direito. 3ª ed. Companhia Editora Nacional, São Paulo: 1937.

MARTÍN QUERALT, LOZANO SERRANO, TEJERIZO LÓPEZ, CASADO OLLERO. Curso de Derecho Financiero y Tributario. Madrid: Tecnos, 20ª ed., 2009.

MARTÍNEZ LAGO, Miguel Ángel. Ley de presupuestos e Constitución. Madrid: Trotta, 1998.

MEIRELLES, Hely Lopes. Direito Administrativo Brasileiro. 24ª edição, Malheiros. São Paulo: 1990.

MENDES, Gilmar F., COELHO, Inocêncio M., BRANCO, Paulo. Curso de Direito Constitucional. 4ª ed. Saraiva, São Paulo: 2009.

MENÉNDEZ MORENO, Alejandro. Derecho Financiero y Tributario. 10ª ed., Lex Nova, Valladolid, 2009

MICHELI, Gian Antonio. *Curso de Derecho Tributario* (trad. espanhola), Madrid, Ed. Derecho Financiero, 1975.

MONTESQUIEU. O Espírito das Leis (trad. brasileira). São Paulo: Martin Claret, 2006.

MOREIRA NETO, Diogo de Figueiredo. Curso de Direito Administrativo. 14ª ed., Forense. Rio de Janeiro: 2006.

NITTI, Francesco. Princípios da Ciência das Finanças (trad. brasileira). Rio de Janeiro: Atena Ed., 1937, v. 1.

OLIVEIRA, Régis Fernandes de. Curso de Direito Financeiro. 2ª e 4ª edições, Ed. Revista dos Tribunais, São Paulo: 2008 e 2011.

______. Gastos Públicos. São Paulo: Ed. Revista dos Tribunais, 2012.

ORÓN MORATAL, Germán. La configuración constitucional del gasto público. Madrid: Tecnos, 1995.

PANCRAZI, Laurent. Le príncipe de sincérité budgétaire. Paris: L'Harmattan, 2012.

PENNA, Saulo Versiani. A judicialização dos direitos sociais após 25 anos da Constituição Federal brasileira, *in* Lex Humana. Petrópolis: Universidade Católica de Petrópolis, v. 6, nº 1, 2014, pp. 196-218 – disponível em http://seer.ucp.br/seer/index.php?journal=LexHumana&page=article&op=view&path%5B%5D=554&path%5B%5D=311.

PLAZAS VEGA, Mauricio. Derecho de la Hacienda Pública y Derecho Tributario. Bogotá: 2006, tomo I.

POLI, Luciana Costa Poli; HAZAN, Bruno Ferraz. Orçamento Público: desenhando um modelo democrático de planejamento orçamentário (*in* Revista de Direito Administrativo. Rio de Janeiro: FGV, mai/ago 2014, v. 266, pp. 187-208.

RADBRUCH, Gustav. Filosofia do Direito (trad. portuguesa da 6ª edição alemã). Coimbra: A. Amado Editor, 1979.

REZENDE, Fernando. Finanças Públicas. 2ª ed. Atlas. São Paulo: 2001.

RODRIGUEZ BEREIJO, Álvaro. El presupuesto del Estado. Introducción al Derecho Presupuestario. Madrid: Tecnos, 1970.

SANT'ANNA E SILVA, Sebastião de. SILVA, Sebastião de Sant'Anna e. Os princípios orçamentários. Rio de Janeiro: FGV, 1954.

SARLET, Ingo W.; MARIONI, Luiz G.; MITIDIERO, Daniel. Curso de Direito Constitucional. 3ª ed., Ed. Revista dos Tribunais. São Paulo, 2014.

SCHOUERI, Luis Eduardo. Direito Tributário. São Paulo: Saraiva, 2011.

______. Normas Tributárias Indutoras e Intervenção Econômica. Rio de Janeiro: Ed. Forense, 2005.

SCHWARTZ, Bernard. Le Droit Administratif Américain. Notions Générales. Paris: Libr. Du Recueil Sirey, 1952.

TRINDADE, Antônio Augusto Cançado. Direitos humanos e meio ambiente. Porto Alegre: Fabris, 1993.

VILLEGAS, Héctor B. Curso de Finanzas, derecho financiero y tributario. 9ª ed., 2ª impr., Astrea. Buenos Aires: 2009.

WOLFF, Hans J.; BACHOF, Otto; STOBER, Rolf. Direito Administrativo (trad. portuguesa da 11ª edição alemã revista, 1999). Fundação Calouste Gulbenkian. Lisboa: 2006.

XAVIER, Alberto. Do Procedimento Administrativo. São Paulo: Ed. Buchatski, 1976.

ZANOBINI, Guido. Corso di Diritto Amministrativo. Milano: 4ªed., Giuffrè Ed., 1945, v. I.

DIREITO FINANCEIRO E DIREITO À MORADIA: A CONCRETIZAÇÃO MEDIANTE A JUDICIALIZAÇÃO

José Mauricio Conti
André Castro Carvalho

RESUMO: O direito à moradia é, talvez, um dos menos estudados no direito financeiro, sobretudo em razão das poucas normas jurídicas referentes ao tema. Considerando que a Constituição Federal acabou dando primazia à educação e saúde quanto ao financiamento dessas políticas públicas, as demais – tal como o direito à moradia – ficaram com muito maior discricionariedade do Poder Executivo em matéria do gasto público, o que permitiu uma gama de possibilidades representada pelos diversos programas governamentais existentes no setor. Por essa razão que este artigo tenta brevemente analisar algumas questões referentes ao direito à moradia e o direito financeiro, relacionando-os no seu aspecto que causa maior impacto nos cofres públicos: a judicialização das políticas públicas.

INTRODUÇÃO

O aspecto financeiro das políticas públicas habitacionais é um tema pouquíssimo tratado na doutrina nacional, especialmente no âmbito do direito financeiro. Uma das razões é que outros direitos sociais sempre demandaram maiores atenções dos operadores do Direito – sobretudo saúde e educação, pela sua magnitude em termos de gasto público. Moradia, embora seja um tema relevante, não goza das mesmas ferramentas jurídicas constitucionais para a sua implementação, tendo recebido muito mais o influxo de normas infraconstitucionais nos últimos anos.

O principal desafio do setor público é ter um fluxo de recursos orçamentários que permitam a consecução das políticas públicas habitacionais, atualmente muito mais programas de governo do que programas de Estado. Isso se deve à fragilidade da regulamentação jurídica, a qual se vale prioritariamente das propostas governamentais de cada Prefeito, Governador ou Presidente da República.

Uma consequência direta da falta de recursos para atender as políticas públicas é a judicialização, já observada em outros setores e que começa a ter consequências no âmbito do direito à moradia, conforme será brevemente delineado adiante.

Pretende-se neste texto abordar, ainda que de forma pouco aprofundada, dadas as limitações de uma breve análise, alguns dos principais aspectos financeiros relacionados ao direito à moradia.

1. DIREITO À MORADIA E HABITAÇÃO

1.1. Direito à moradia como um direito fundamental

A Declaração Universal dos Direitos Humanos inscreve, em seu Artigo XXV, que "toda pessoa tem direito a um padrão de vida capaz de assegurar a si e sua família saúde e bem estar, inclusive alimentação, vestuário, *habitação* [...]". Ou seja, o direito à moradia é reconhecido como um direito fundamental e universal.

A questão é: como efetivar o direito à moradia sob o aspecto do direito financeiro? Se ele for um direito absoluto, não haverá orçamento público de qualquer país do mundo apto a efetivá-lo em sua plenitude. Se ele puder comportar relativizações, qual seria esse limite? Se uma determinada política pública atender o direito à moradia de forma *definitiva*, estar-se-ia diante de uma concretização possível somente com base no direito à propriedade. Se uma política pública o atendesse de forma *transitória*, a mera posse já seria o suficiente.

Na primeira hipótese, estariam em jogo as políticas habitacionais concessivas de propriedade habitacional; no segundo caso, os chamados "aluguéis sociais" ou outras formas de ocupação temporária. Ou seja, sob uma análise mais criteriosa do direito à moradia, percebe-se que ele comporta essas duas nuances – as quais devem estar representadas nas diversas políticas públicas do setor.

Releva notar que a Constituição Federal é praticamente silente quanto à forma de concretização desse direito – se deve ser prioritariamente definitiva ou temporária. A principal menção dá-se no artigo 53, VI, do Ato das Disposições Constitucionais Transitórias, que garante ao ex-combatente que tenha efetivamente participado de operações bélicas durante a Segunda Guerra Mundial, como um direito, a "prioridade na aquisição de casa própria, para os que não a possuam ou para suas viúvas ou companheiras".

Sabedora da dificuldade de concretização do direito à habitação no seu aspecto *definitivo*, a Constituição Federal relegou às políticas públicas do Poder Executivo a melhor forma de implementá-lo. E esse é o principal ponto de tensão atual: a busca da concretização do direito à moradia na sua faceta definitiva – essa, aliás, é a principal demanda dos movimentos dos chamados "sem-teto".[1]

Esse seria o grande desafio do direito financeiro na questão da efetivação do direito à moradia: tentar equilibrar essa tensão de interesses, sem prejuízo de outros direitos

---

1 Cf. CONTI, José Mauricio. O direito financeiro pode ser a solução para os sem-teto. *Consultor Jurídico*. 29 jul. 2014. Disponível em: <http://www.conjur.com.br/2014-jul-29/poder-publico-financiamento-direito-moradia>.

igualmente fundamentais. A Constituição Federal, por exemplo, não hierarquiza o direito à moradia, colocando-o no mesmo nível de igualdade dos demais direitos sociais insculpidos no artigo 6º.

Outro ponto interessante é que, em princípio, não havia uma cláusula financeira a fim de resguardar esse direito social, tal como ocorre com as despesas mínimas obrigatórias para saúde e educação, prática que já existia nas Constituições anteriores. A Emenda Constitucional nº 31, de 2000, instituiu por dez anos – prorrogado por tempo indeterminado pela Emenda Constitucional nº 67, de 2010 – o Fundo de Combate e Erradicação da Pobreza na esfera do Poder Executivo Federal. Parcela dos recursos do Fundo deve ser aplicada em habitação a fim de garantir aos brasileiros acesso a níveis dignos de subsistência.[2]

Dessa forma, desde 2000, pode-se afirmar que o direito constitucional financeiro passou a servir como substrato do direito fundamental, garantindo-lhe uma efetividade prática – e não apenas um postulado teórico. É a chamada *instrumentalidade*[3] do direito financeiro às outras áreas do direito – *in casu*, os Direitos Humanos e o Direito Constitucional.

1.2. Competências constitucionais em habitação e a atuação do Poder Executivo Federal

O artigo 23 da Constituição Federal, em seu inciso IX, inscreve como competência comum dos entes federativos a promoção de programas de construção de moradias e a melhoria das condições habitacionais e de saneamento básico como uma política pública.

A competência *comum, cumulativa ou paralela*, nos dizeres de José Afonso da Silva, "[...] significa a faculdade de legislar ou praticar certos atos, em determinada esfera, juntamente e em pé de igualdade, consistindo, pois, num campo de atuação comum às várias entidades, sem que o exercício de uma venha a excluir a competência de outra, que pode assim ser exercida cumulativamente".[4]

No âmbito legislativo, a competência comum poderia trazer problemas na normatização de determinados direitos e obrigações constitucionais. É por essa razão que leis complementares também têm como função fixar normas de cooperação entre a União e os Estados, o Distrito Federal e os Municípios (teor do parágrafo único do artigo 23), justamente para que os entes possam exercer as competências comuns sem conflitos.

---

2 Tramita no Congresso Nacional a PEC 285, de 2008, sobre a qual se fará breve referência a seguir, que pretende instituir despesas mínimas obrigatórias para o setor.

3 CARVALHO, André Castro. Uma teoria de direito constitucional financeiro e direito orçamentário substantivo no Brasil. In: CONTI, José Mauricio; SCAFF, Fernando Facury. (Org.). *Orçamentos públicos e direito financeiro*. São Paulo: Revista dos Tribunais, 2011, pp. 31-33.

4 *Curso de direito constitucional positivo*. 23. ed. São Paulo: Malheiros, 2004, p. 479.

Na esfera das políticas públicas, a existência de competência comum pode ensejar uma ação fragmentada no setor em questão por parte dos diversos entes federativos[5]. Para trazer certa uniformidade, algumas leis tentam traçar políticas públicas unificadas para esses setores, os chamados *planos nacionais setoriais*.

Em síntese, "[a] Federação caracteriza-se pela perda do poder dos entes subnacionais em favor do governo central, mantida a autonomia destes últimos. Cada um deles é dotado, por conseguinte, de Poder Legislativo e competência legislativa próprios. Sendo assim, cada esfera federativa possui, em certa medida, o poder para editar suas próprias leis, o que faz com que existam diversas categorias delas: leis nacionais (que atingem todos os entes da federação), leis federais, leis estaduais, leis municipais. [...]".[6]

No setor da educação, por exemplo, lei (nacional) deve estabelecer o plano nacional da educação com o objetivo de *articular* o sistema nacional de educação e definir determinadas *diretrizes* (art. 214). Da mesma maneira, o artigo 215, § 3º, também prescreve que lei (nacional) estabelecerá o plurianual Plano Nacional de Cultura. No mesmo sentido, o artigo 227, § 8º, II, define que lei (nacional) estabelecerá o plano nacional de juventude.

No setor habitacional, a omissão da Constituição deixou espaço para que o direito à moradia fosse regulamentado como aspecto de política de desenvolvimento urbano, previsto no artigo 182 da Constituição Federal. O *caput* do artigo descreve que essa política pública, executada pelo Poder Público municipal, dá-se conforme as *diretrizes gerais fixadas em lei* – ou seja, uma norma geral.

A Lei nº 10.257, de 2001, conhecida como o Estatuto da Cidade, veio a disciplinar esse ponto no que tange à política de desenvolvimento urbano. É conveniente ressaltar que a política pública de desenvolvimento urbano não se confunde com o direito à moradia, embora seja complementar. Seu objetivo constitucional é "ordenar o pleno desenvolvimento das funções sociais da cidade e garantir o bem-estar de seus habitantes".

Entretanto, o artigo 3º do Estatuto estabeleceu como competência da União a promoção, por iniciativa própria e em conjunto com as demais esferas federativas de programas de construção de moradias e de melhoria das condições habitacionais e de saneamento básico – o exato texto do artigo 23, IX, da Constituição Federal.

---

5 Cf. LEBRÃO, Roberto Mercado. Federalismo e políticas sociais na Constituição de 1988. In: CONTI, José Mauricio; SCAFF, Fernando Facury; BRAGA, Carlos Eduardo Faraco. *Federalismo fiscal: questões contemporâneas*. Florianópolis: Conceito Editorial, 2010, p. 383: "Especificamente no campo das políticas públicas, a Constituição preferiu atribuir aos entes competências concorrentes, no âmbito legislativo, e comuns, no âmbito material.
Esse sistema, se analisado de maneira global, certamente aponta para um sentido de descentralização geral das competências em favor dos entes subnacionais, principalmente para os Municípios."

6 Cf. CONTI, José Mauricio. Considerações sobre o federalismo fiscal brasileiro em uma perspectiva comparada. In: CONTI, José Mauricio; SCAFF, Fernando Facury; BRAGA, Carlos Eduardo Faraco. *Federalismo fiscal: questões contemporâneas*. Florianópolis: Conceito Editorial, 2010, pp. 20-21.

Ou seja, o Estatuto da Cidade aparece como uma verdadeira norma geral a disciplinar o direito à moradia, atuando como se fosse competência *concorrente*[7] (art. 24 da Constituição Federal), e não *comum* (art. 23).

Fruto dessa *hipertrofia* da União na instituição de diretrizes é que, mais recentemente, as políticas públicas habitacionais federais que visam a atender ao direito à moradia têm tido maior destaque na política interna. Não por acaso a habitação foi um dos setores a serem atendidos pelo Programa de Aceleração do Crescimento (PAC) 2 – especialmente com o surgimento do Programa Minha Casa, Minha Vida, que tem sido o principal programa associado ao direito à moradia nos últimos anos.[8]

Anos depois, a Lei nº 11.124, de 2005, instituiu o Sistema Nacional de Habitação de Interesse Social – SNHIS, cujo artigo 4º, I, "a", descreve como princípio na estruturação, organização e atuação do SNHIS a compatibilidade e integração das políticas habitacionais federais, estadual, do Distrito Federal e municipal.

No caso do surgimento do SNHIS, não havia nenhuma previsão de política setorial quanto ao direito à moradia na Constituição Federal. Com a instituição do Plano Nacional de Habitação – PlanHab (art. 14, III), essa ideia de planejamento setorial passa a se integrar também no setor habitacional, servindo como planejamento estratégico de longo prazo do setor.[9]

Ou seja, a criação do PlanHab contribuiu muito mais para o planejamento governamental no setor do que o Estatuto da Cidade, que se preocupou em estabelecer diretrizes unilaterais por parte do ente central que muitas vezes não eram passíveis de serem cumpridas pelos entes subnacionais.

1.3. Principais programas habitacionais

1.3.1. Bolsa-aluguel ou aluguel social

Na linha da subdivisão do introito entre atendimento temporário e definitivo ao direito à moradia, o aluguel social é o principal instrumento de política pública temporária a garantir o direito à moradia a famílias de baixa renda.

A Lei nº 8.742, de 1993 – a Lei Orgânica de Assistência Social, a LOAS –, inscreve em seu artigo 2º, I, a proteção à família como objetivo da assistência social. A LOAS tem como umas das características servir como um elemento de *integração social*, devendo trazer em seu bojo características temporárias para que o cidadão possa, no

---

7 Quanto à competência concorrente, essa "[...] compreende dois elementos: (d.1) a possibilidade de disposição sobre o mesmo assunto ou matéria por mais de uma entidade federativa; (d.2.) primazia da União no que tange à fixação de normas gerais [...]". Cf. SILVA, José Afonso da. *Curso...*, p. 479.

8 Cf. AMORA, Dimmi. Só habitação bateu metas previstas na segunda fase do PAC. *Folha de São Paulo*. 6 jul. 2014. Disponível em: < http://www1.folha.uol.com.br/mercado/2014/07/1481684-so--habitacao-bateu-metas-previstas-na-segunda-fase-do-pac.shtml>. Acesso em: 12 ago. 2014.

9 Cf. BRASIL. Ministério das Cidades. *Plano Nacional de Habitação. Versão para debates*. Brasília: Ministério das Cidades/Secretaria Nacional de Habitação, 2010, p. 11.

futuro, cada vez mais se valer de serviços assistenciais – além de depender, também, de outras ações governamentais que proporcionem novas oportunidades a fim de que haja esse movimento transitório, e não permanente.[10]

O parágrafo único do artigo 2º da LOAS inscreve que a assistência social será realizada *de forma integrada às políticas setoriais* tendo como principais nortes o enfrentamento da pobreza, a garantia dos mínimos sociais, a universalização dos direitos sociais e ao *atendimento de contingências sociais.*

Nesse sentido, é possível a um ente federativo instituir um benefício eventual concedido no caso de famílias em situação de vulnerabilidade temporária ou no caso de calamidade pública, para que se persigam os objetivos da assistência social no Brasil. O setor de habitação é um dos casos em que esses benefícios são concedidos na forma de auxílio à moradia para famílias de baixa renda.

O chamado "bolsa-aluguel" ou, mais comumente, *aluguel social*, é um benefício concedido *temporariamente* pelo ente municipal a famílias de baixa renda ou que habitem em áreas de risco, até que o problema do beneficiário seja resolvido ou a família seja enquadrada em algum programa habitacional específico – tais como, no caso paulista, os promovidos pela Companhia de Desenvolvimento Habitacional e Urbano (CDHU) ou CasaPaulista, ou, no caso paulistano, pela Companhia Metropolitana de Habitação (COHAB).[11]

1.3.2. Programa Minha Casa, Minha Vida

A Lei nº 11.977/2009 instituiu o *Programa Minha Casa, Minha Vida* (PMCMV), a qual foi substancialmente alterada com o advento da Lei nº 12.424/2011. Conforme já delineado, o PMCMV tem sido um dos principais responsáveis pelo cumprimento das metas do PAC 2, o qual, embora um programa destinado à melhoria da infraestrutura, também tem ações em áreas como a de habitação.[12]

O PMCMV possui forte inspiração dos programas habitacionais chilenos para famílias de baixa renda, sobretudo por transferir parte das responsabilidades na concretização das políticas habitacionais ao setor privado. E um dos impactos que advieram com a maciça participação do mercado imobiliário nas políticas públicas habitacionais foi o superaquecimento do mercado, emergindo novas dificuldades como o preço dos

---

10 Cf. BICCA, Carolina Scherer. O papel da jurisdição constitucional na implementação das políticas públicas de assistência social. O juízo de adequação dos critérios legais do Benefício de Prestação Continuada – BPC pelo Supremo Tribunal Federal. *Direito Público*. a. VIII. nº 37. jan./fev. 2011, pp. 37-38.

11 A maioria dos entes federativos do País possui algum tipo de programa nesse sentido. Cite-se, por exemplo, o Município de Criciúma (Lei Municipal nº 6.019, de 14 de fevereiro de 2012), e o Estado do Rio de Janeiro (Decreto nº 42.406, de 13 de abril de 2010).

12 Há uma discussão terminológica entre as chamadas *infraestruturas econômicas* e *infraestruturas sociais* – e, nestas últimas, estariam as ações habitacionais. Contudo, essa classificação dicotômica apresenta algumas reservas. Cf. por todos, CARVALHO, André Castro. *Direito da infraestrutura: perspectiva pública*. São Paulo: Quartier Latin, 2014, pp. 155-160.

terrenos em grandes centros e a falta de infraestrutura urbana mínima em outras localidades. E, por fim, a questão da possibilidade de as empresas de construção atenderem às demandas que sejam mais rentáveis – como as da nova classe média – podem fazer com que as habitações populares não sejam uma prioridade.[13]

Não se pode afirmar que o PMCMV seja algo voltado exclusivamente a garantir o direito à moradia, mas sim o direito de se ter uma casa própria. Em primeiro lugar porque ele visa, sobretudo, à aquisição habitacional (terreno e imóvel), que é uma das formas – e a mais onerosa – de se concretizar o direito à moradia. Em segundo lugar porque um dos principais critérios para a participação do programa é o valor da renda (famílias com renda mensal de até R$ 4.650,00, valor atualizado que não pode ultrapassar 10 salários mínimos), e não o fato de a família estar ou não desamparada no tocante ao direito à moradia.

A própria obrigação de os entes federativos doarem terrenos em áreas urbanas consolidadas (art. 3º, § 1º, I, da Lei) demonstra como a priorização de uma política pública habitacional de aquisição de terreno e propriedade imobiliária pode provocar uma *seleção adversa* e atrair justamente famílias que teriam condições de crédito para aquisição de casa própria ou, ao menos, de custear um aluguel em uma região metropolitana. E isso, aliado a uma estratégia política,[14] pode inclusive desvirtuar o programa assistencial e agravar essa seleção adversa, como no icônico caso de um condomínio lançado na Barra Funda, em um bairro valorizado em São Paulo, como Habitação de Interesse Social – HIS para jovens solteiros "de baixa renda" que ganham até R$ 4.334,00 – ou seja, beneficiando o primeiro quintil da pirâmide social da capital paulista.[15]

O fato é que os subsídios governamentais a fim de financiar programas habitacionais sociais devem se preocupar em não distorcer o mercado imobiliário, sob o risco de promover uma bolha especulativa em torno desses programas de interesse social. Esse tem sido o principal desafio do PMCMV atualmente – não ser um programa voltado meramente à aquisição de terreno e propriedade, mas sim efetivar o direito à moradia daquelas famílias que estão à margem do Estado, seja transitória (aluguel social) ou permanentemente (programa de aquisição por meio de subsídios governamentais).

---

13 Cf. DONOSO, Verônica Garcia. Experiências com habitação popular no Brasil e no Chile. In: LAGOS, Ricardo (coord.); DÁVILA, Mireya; ZIBETTI, Fabíola Wüst (org.). *A América Latina no mundo: desenvolvimento regional e governança internacional*. São Paulo: EDUSP, 2013, p. 190.

14 Cf. ROSA, Vera; ALVES, Murilo Rodrigues. Dilma vai ajudar classe média a comprar casa. *O Estado de São Paulo*. 28 dez. 2013. Disponível em: <http://politica.estadao.com.br/noticias/geral,dilma-vai-ajudar-classe-media-a-comprar-casa,1113201>. Acesso em: 13 ago. 2014.

15 Cf. CORREA, Vanessa. Apartamento para solteiros 'pobres' que ganham até R$ 4.334. *Folha de São Paulo. Seres Urbanos*. 24 jun. 2014. Disponível em: <http://seresurbanos.blogfolha.uol.com.br/2014/06/24/apartamento-para-solteiros-pobres-que-ganham-ate-r-4-344/>. Acesso em: 13 ago. 2014.

1.4. O direito à moradia e os orçamentos públicos

Muitas vezes as políticas habitacionais são expressamente contempladas nos orçamentos públicos, deixando claros os recursos aplicados no setor, por meio da especificação de dotações em programas orçamentários específicos.

Estando as políticas habitacionais na esfera de competência de todos os entes federados, são várias as formas e possibilidades pelas quais aparecem nos orçamentos públicos.

No âmbito federal, ilustrando com o exemplo[16] que se extrai do orçamento de 2014, vê-se o programa orçamentário "Moradia Digna",[17] de responsabilidade do Ministério das Cidades, cujo objetivo é "ampliar por meio de produção, aquisição ou melhoria o acesso à habitação, de forma subsidiada ou facilitada, priorizando o atendimento à população de baixa renda, com auxílio de mecanismos de provisão habitacional articulados entre diversos agentes e fontes de recursos, fortalecendo a implementação do Programa Minha Casa, Minha Vida", e nele se constata serem de várias naturezas as iniciativas adotadas: concessão de subvenções, colaboração na provisão ou reforma de unidades habitacionais, melhoria na infraestrutura, apoio a projetos habitacionais, além de outras.

Outro aspecto relevante em matéria orçamentária são os fundos públicos cujos recursos são utilizados para fins habitacionais.

Dentre eles, destacam-se o Fundo Nacional de Habitação de Interesse Social – FNHIS, Fundo de Amparo ao Trabalhador – FAT, Fundo de Garantia por Tempo de Serviço – FGTS, Fundo Garantidor de Habitação Popular – FGHab, apenas para citar alguns.

O FNHIS, criado pela Lei nº 11.124/2005, nos termos do art. 7º, tem como objetivo centralizar e gerenciar os recursos orçamentários para programas que sejam estruturados no âmbito do SNHIS, ou seja, com o escopo de implementar políticas habitacionais destinados à população de baixa renda. Ele é constituído primordialmente pelos recursos do Fundo de Apoio ao Desenvolvimento Social – FAS, de dotações da União no OGU classificadas na função de habitação, contribuições e doações de pessoas físicas ou jurídicas, recursos provenientes de empréstimos externos e internos para programas de habitação, e receitas oriundas da alienação dos imóveis da União que lhe vierem a ser destinadas.

Os recursos do FNHIS *são destinados a programas habitacionais de interesse social com determinados objetivos, nos termos dos incisos do artigo 11. Um deles, por exemplo, é a possibilidade de implantação de saneamento básico, infraestrutura e equipamentos urbanos, complementares aos programas habitacionais de interesse social* (inciso IV), o que serve como uma sinergia para outros programas governamentais voltados à infraestrutura de saneamento básico – tal como o PAC.

A aplicação de tais recursos em áreas urbanas deve estar submetida à política de desenvolvimento urbana expressa no plano diretor regulamentado pelo Estatuto das

---

16 Conforme já mencionado em CONTI, José Mauricio, "O direito financeiro pode ser a solução para os sem-teto", *in Consultor Jurídico*. 29 jul. 2014

17 Programa 2049, orçamento federal de 2014 – Lei nº 12.952, de 20.1.2014.

Cidades. Os recursos do FNHIS são aplicados de forma descentralizada, por meio de Estados, Municípios e Distrito Federal, e as transferências são condicionadas ao oferecimento de contrapartida.

Já o FGHab, com participação da União, tem a finalidade de garantir o pagamento aos agentes financeiros da prestação mensal de financiamento habitacional, no âmbito do Sistema Financeiro da Habitação, devida por mutuário final, em caso de desemprego e redução temporária da capacidade de pagamento, para famílias com renda mensal de até R$ 4.650,00. O Fundo tem natureza privada e patrimônio próprio dividido em cotas.

Ele se assemelha à ideia do Fundo Garantidor das Parcerias Público-Privadas, concebido pelo Lei *nº 11.079, de 2004*. Ou seja, não é um fundo contábil de direito público, e com isso não há uma incidência plena de normas de direito público e reduz o rigor dos princípios e normas orçamentárias, já que sua natureza jurídica não é de fundo contábil, mas sim de fundo de direito privado.[18]

Em matéria orçamentária, releva ainda destacar estar em tramitação no Congresso Nacional a chamada "PEC da Habitação" (Proposta de Emenda Constitucional nº 285, de 2008), que tem por finalidade, basicamente, assegurar financiamento ao setor habitacional, por meio da destinação de recursos orçamentários aos fundos de habitação de interesse social por todos os entes da federação durante o prazo de trinta anos, ou até a eliminação do déficit habitacional (por meio da introdução de um artigo no ADCT):

> "Art. 96. Durante o período de trinta anos, ou até a eliminação do déficit habitacional, serão destinados, anualmente, recursos orçamentários aos Fundos de Habitação de Interesse Social, na União, nos Estados, no Distrito Federal e nos Municípios em conformidade com o seguinte:
>
> I – na União: nunca menos de dois por cento do produto da arrecadação dos impostos, das contribuições de intervenção no domínio econômico, das contribuições sociais, excetuadas as contribuições sociais patronais e dos trabalhadores para o Regime Geral de Previdência Social e a contribuição social para a previdência dos servidores públicos, deduzidas as parcelas que forem transferidas aos Estados, ao Distrito Federal e aos Municípios, nos termos da Constituição;
>
> II – nos Estados e no Distrito Federal: no mínimo um por cento do produto da arrecadação dos impostos a que se refere o art. 155 e dos recursos de que tratam os arts. 157 e 159, inciso I, alínea "a", e inciso II, deduzidas as parcelas que forem transferidas aos respectivos Municípios, nos termos da Constituição;
>
> III – nos Municípios e no Distrito Federal: pelo menos um por cento do produto da arrecadação dos impostos a que se refere o art. 156 e dos recursos de

18 Para maiores informações quanto à discussão doutrinária dessa natureza jurídica, cf. CARVALHO, André Castro. Consideraciones presupuestarias en las financiaciones e inversiones en infraestructura. *Revista de Regulación Económica, Empresas & Finanzas de Perú*. Esan. a. 2. nº 2, pp. 256-257.

> que tratam os arts. 158 e 159, inciso I, alínea "b" e § 3º.
> § 1º Durante o período de vigência do disposto no caput deste artigo deverá ser observado o seguinte:
> I – a vedação de que trata o inciso IV do art. 167 não se aplica ao disposto neste artigo;
> II – a parcela de que trata o inciso I do caput será previamente calculada sobre o produto da arrecadação dos impostos, das contribuições sociais e das contribuições de intervenção no domínio econômico, descontadas apenas as transferências constitucionais aos Estados, ao Distrito Federal e aos Municípios".

A PEC também traz em seu bojo um caso interessante em que se tem uma vinculação de receitas com obrigação anual de gasto, assemelhando-se a uma despesa mínima obrigatória.[19] Isso porque ela traz a obrigação de gasto anual dos recursos orçamentários que são destinados aos FNHIS e vincula parcela da arrecadação de impostos, contribuições de intervenção do domínio econômico, contribuições sociais, bem como de recursos partilhados e transferidos da União, Estados e Municípios. Entretanto, não se estabelece um vínculo específico de uma receita ou conjunto de receitas a uma obrigação específica, visto que, na prática, é quase que incidente a todo o produto da arrecadação dos impostos. Ou seja, a PEC veicula uma categoria jurídica híbrida entre vinculação de receitas e despesa mínima obrigatória.

2. JUDICIALIZAÇÃO DE POLÍTICAS PÚBLICAS

Atualmente, muito se vem discutindo acerca de uma releitura do princípio da separação dos poderes insculpido no artigo 2º da Constituição Federal, justamente em razão de uma nova abordagem à luz do direito constitucional contemporâneo. Sob a luz de novas concepções na doutrina de direito constitucional, o intento doutrinário é, justamente, conceder-lhe um aspecto que se coadune com as praxes políticas adotadas nos mais diversos países.

O princípio da separação dos poderes é fruto de estudos políticos quem vêm desde Aristóteles, John Locke e Jean-Jacques Rousseau, consagrando-se em Montesquieu com sua obra *De l'esprit des lois*, publicada em 1748, consoante a exposição de Karl Loewenstein.[20] A partir de então, começou-se a defender a divisão do poder como substrato da própria forma de governar o Estado, em um sistema de freios e contrapesos,

---

19 Quanto à distinção entre vinculação de receitas e despesa mínima obrigatória, cf. CARVALHO, André Castro. *Vinculação de receitas públicas*. São Paulo: Quartier Latin, 2010, pp. 119 *et seq*.

20 *Teoría de la Constitución*. Trad. de Alfredo Gallego Anabitarte. Barcelona: Ariel, 1970, p. 45: "Fue Montesquieu, cuyo genio brilla más con el transcurso del tiempo, el que concibió a las instituciones gubernamentales como el marco de organización para el desenvolvimiento de las fuerzas sociales operando en la sociedad estatal – habla del 'clima' o del 'espíritu de las leyes' -, acercándose de esta manera a la realidad del elemento poder en el gobierno."

ou seja, uma função controlaria a outra de maneira a evitar abusos e arbitrariedades. Sua concepção foi tripartite, ou seja, o poder estaria dividido na execução e administração do Estado (Poder Executivo), elaboração das leis e regras que o regeriam (Poder Legislativo) e controle da execução e cumprimento dessas leis (Poder Judiciário).

Ao longo dos séculos, constatou-se diversos embates entre os poderes na disputa por competências constitucionais, o que, por vezes, acarretou a hipertrofia do Poder Executivo perante os demais. Nas discussões sobre o tema, é possível verificar a "ascensão" do Poder Judiciário em face dessa hipertrofia, o que vem provocado diversas discussões doutrinárias a respeito dos limites de sua atuação, conforme será brevemente delineado.[21]

A teoria clássica de divisão dos poderes sofreu diversas críticas e aperfeiçoamentos, trazendo uma ideia de *interpenetração dos poderes*, consoante demonstra Manoel Gonçalves Ferreira Filho,[22] evidenciando uma clara tendência ao predomínio dessa interpretação.

A concepção de um princípio de separação dos poderes sob a ótica de um constitucionalismo contemporâneo traz, em seu bojo, algumas complicações intrínsecas. Vê-se que a hipertrofia do Poder Executivo carrega, consigo, algumas externalidades negativas. Não em razão da própria concepção de Estado em si, mas sim como consectária da própria sistemática adotada, o que aumenta substancialmente a relevância dos demais Poderes (Legislativo e Judiciário) perante o Executivo – este último historicamente considerado como hipertrofiado em suas funções estatais.

Apresenta-se então o chamado *ativismo judicial*.[23] Tal ativismo é verificado, em maior expressão, no Supremo Tribunal Federal, por exemplo, fruto de influências de movimentos do constitucionalismo contemporâneo, conforme demonstrou Anna Candida da Cunha Ferraz e Fernanda Dias Menezes de Almeida.[24]

---

21 Cf. NOVAIS, Maria Elisa Cesar. Decisões judiciais e orçamentos públicos. In: CONTI, José Mauricio; SCAFF, Fernando Facury. (Org.). *Orçamentos públicos e direito financeiro*. São Paulo: Revista dos Tribunais, 2011, p. 1093. Nesse sentido, "[o] Poder Judiciário deve exercer seu papel constitucional de julgamento das políticas públicas no sentido de implementação gradual dos direitos fundamentais à prestação e de garantia da dignidade humana, alcançando o bem da vida àqueles que lhe socorrerem". Para esse tipo de raciocínio, é preciso rever o princípio da separação dos poderes.

22 *Curso de direito constitucional*. 29. ed. São Paulo: Saraiva, 2002, pp. 132-133.

23 Cf., *v. g.*, trabalho de LEAL, Rogério Gesta. Impactos econômicos e sociais das decisões judiciais: aspectos introdutórios. Brasília: ENFAM, 2010.

24 O constitucionalismo contemporâneo na recente jurisprudência do Supremo Tribunal Federal. *Revista de Direito Constitucional e Internacional* (versão online). v. 71. Abr. 2010. DTR\2010\537, p. 13. "Como se vê, a jurisprudência recente do STF revela, por um lado, inegável influência de movimentos do constitucionalismo contemporâneo, com as mudanças por eles trazidas, mas, por outro lado, no enfrentamento dos problemas decorrentes das transformações havidas, tem tido papel significativo na moldagem do constitucionalismo brasileiro da atualidade."

2.1. *Judicialização do direito à moradia*

A judicialização em políticas públicas prestacionais, como educação (demandas por vagas em creche) e saúde (demandas por medicamentos), tornou-se tão corriqueira que as ações já viraram praticamente *commodities* judiciais.[25] Mas essas demandas, em geral, possuem um caráter *temporário*: ou seja, a criança não ficará a vida inteira na creche, bem como a pessoa, via de regra, não receberá algum medicamento o resto da vida – salvo em casos de enfermidades crônicas.

O direito à moradia, no entanto, como já referido, comporta uma política pública de benefícios temporários (aluguel social) ou permanente (aquisição de terreno e imóvel).

Outro problema com a concretização do direito à moradia, conforme verificado, é o fato de ser uma política pública de competência comum. Dessa forma, "[o]s instrumentos normativos que auxiliam na busca por moradia foram jogados no ordenamento jurídico de maneira um tanto quanto caótica. O resultado é a falta de aplicabilidade de alguns deles, e a confusão gerada nos tribunais, que ainda não encontraram interpretações razoáveis para os novos instrumentos".[26] Nesse contexto de maior indefinição quanto à moradia em comparação ao direito à saúde ou educação, seria possível, por conseguinte, a judicialização para se tornar beneficiário de um aluguel social ou a obrigar o poder público a construir alguma casa popular? Qual seria a extensão do direito à moradia?

Por exemplo, em processo de reintegração de posse de área ocupada por assentamentos precários, é comum ser invocado o direito constitucional à moradia que se sobrepõe à não ocupação de imóvel pelo setor público (não afetação do bem público).[27] Nessa hipótese, a solução também é precária e temporária – visto que, como o próprio termo consigna, trata-se de assentamentos precários.

Há casos em que o pedido da ação é uma obrigação de fazer: por exemplo, obrigar a CDHU a entregar um imóvel ou fornecer um aluguel social em virtude de o autor da lide situar-se em situação de risco, situação na qual o Poder Judiciário já se manifestou favoravelmente à solução por uma ou outra via (temporária ou definitiva)[28]. *In casu*, o

---

25 Cf., sobre o tema, CARVALHO, André Castro. O impacto orçamentário na atuação do Poder Judiciário nas tutelas concessivas de medicamentos. In: AMARAL JÚNIOR, José Levi Mello do (Coord.). *Estado de Direito e Ativismo Judicial*. São Paulo, Quartier Latin, 2010, pp. 13-45 e PORTAL R7. Veja o passo a passo para conseguir na Justiça o direito a vaga em uma creche em São Paulo. *R7*. 30 ago. 2013. Disponível em: < http://noticias.r7.com/educacao/noticias/veja-o-passo-a-passo-para-conseguir-na-justica-o-direito-a-vaga-em-uma-creche-em-sao-paulo-20130830.html>. Acesso em: 13 ago. 2014.

26 Cf. SILVA, Renata Gomes da. Aspectos das limitações ao direito à moradia. *Revista da Faculdade de Direito da Universidade de São Paulo*. v. 103. jan./dez. 2008, p. 1022.

27 TJSP. Apelação com Revisão. Nº 0010201-92.2000.8.26.0053. 13ª Câmara de Direito Público. Rel. Des. Wanderley Sebastião Fernandes. j. 17 ago 2011.

28 TJSP. Agravo de Instrumento. Nº 0077923-88.2012.8.26.0000. 3º Câmara de Direito Público. Rel. Des. Camargo Pereira. j. 28 ago. 2012.

poder público estadual acabou contemplando o autor da lide com uma habitação popular, dando solução à contenda.

Entretanto, cabe a reflexão se o direito à moradia significa a obrigação de ceder posse ou propriedade de imóvel para uma determinada família – ou seja, uma tutela específica –, mas sim em obrigar o Estado a ter ações relativas a políticas habitacionais que garantam o mínimo existencial já trazido à baila. Quando a discussão não é centrada no aspecto *propositivo* – ou seja, na provocação do Estado a fim de atender uma demanda específica de família desassistida –, mas sim no aspecto *reativo* – é dizer, quando há uma violação de outros valores para o atingimento do direito à moradia –, a orientação judicial passa a ser diversa. Em um caso específico de invasão de edifício após a desapropriação, sustentou-se que "[...] o direito à moradia não se resolve com a invasão de prédios públicos, conduta ilegal que prejudica as pessoas que irão se beneficiar do melhoramento público (no caso, um projeto cultural profissionalizante), mas com a implantação de políticas públicas que não cabe ao juiz definir nem determinar".[29]

A discussão é a mesma do caso do setor de medicamentos e de vagas em creche, com a diferença de que, em políticas públicas habitacionais, o poder público poderia atuar em uma decisão temporária de início – concessão de aluguel social – como forma de estruturar políticas públicas definitivas a fim de garantir o direito à moradia. Assim como se discute no caso de saúde e educação se o Poder Judiciário deveria ser dotado de alguns *critérios* a fim de atender a algumas demandas prestacionais, no direito à moradia isso se faz necessário em razão do impacto considerável no orçamento público. Se hipoteticamente houvesse demandas judiciais para a efetivação do direito à moradia por meio da aquisição de terreno e imóveis por parte por via judicial, o risco de o impacto orçamentário poderia ser muito maior do que as demandas por medicamentos ou vagas em creche – apenas para se ater a esses dois exemplos já aventados.

Nesse sentido, na concretização do direito fundamental à moradia, faz-se imperioso o estabelecimento de alguns critérios por parte do Poder Judiciário. Uma das sugestões para estudos posteriores seria na priorização de medidas temporárias *ab initio* para a satisfação da demanda individual, induzindo o Poder Executivo a promover

---

29 TJSP. Apelação. Nº 0045635-59.2011. 10ª Câmara de Direito Público. Rel. Des. Torres de Carvalho. j. 4 ago. 2014. Ementa: "POSSESÓRIA. Capital. Bem público. Imóvel desapropriado e em seguida invadido por um grupo de pessoas. Direito à moradia. Projeto de implantação da Escola Circo Piolim. 1. Bem público. Posse. Os imóveis foram desapropriados para implantação de serviço de interesse público afeto à Secretaria Municipal da Cultura; são bens públicos dominiais que afastam a posse ou direito de terceiros. Comprovado o arrombamento, a invasão e o uso privado do bem, sem fundamento em lei ou contrato, a concessão da reintegração imediata na posse é de rigor. 2. Colisão de direitos. O direito à moradia e o direito de propriedade não são colidentes; são complementares, uma vez que um e outros são exercidos na forma da lei. Inexistência de dispositivo ou princípio constitucional que assegure a apropriação privada de bem público para satisfação imediata de interesse particular, ainda que meritório. 3. Realocação dos moradores. Descabe condenar o município a realocar os moradores. É providência que ofende a separação dos poderes, implica em gastos públicos cuja precedência cabe ao executivo definir e onera o erário com uma despesa a que não deu causa. Improcedência. Recurso do Município e reexame providos para julgar a ação procedente."

políticas públicas que venham a solucionar a questão de forma permanente. Diante da novidade do tema, o direito à moradia poderá ser um importante *balão de ensaio* a fim de trazer contornos ao ativismo judicial nos direitos prestacionais, podendo extravasar para todos os outros direitos fundamentais cujo atendimento se relaciona com o mínimo existencial.

Um caso interessante que pode ser utilizado como paradigma para o direito financeiro brasileiro é o célebre *caso Grootboom*, julgado em 2000 pela Corte Constitucional da África do Sul (*Government of Republic of South Africa and Others* vs. *Grootboom and Others*), no qual uma família que havia sido removida de uma área privada (e inscrita em um programa governamental para baixa renda) acabou ocupando um campo de esporte nas proximidades. O Tribunal Constitucional acabou considerando a espera que o programa habitacional impunha como contrária à Constituição, já que a medida adotada não era razoável – não atendia a necessidades de curto, médio e longo prazo. O direito à moradia, portanto, teria que ser concretizado de forma progressiva.[30]

Nesse sentido é que o Brasil pode extrair como lição que as políticas públicas habitacionais não podem se focar apenas em um horizonte, devendo apresentar um rol de medidas a fim de que a população possa ser atendida da melhor maneira possível.

CONSIDERAÇÕES FINAIS

O Brasil passa por um período *sui generis* em sua história: nota-se que, apesar das diversas ferramentas e instrumentos de direito financeiro concebidos, muitos dos direitos prestacionais previstos na Carta Magna ainda necessitam de maior implementação, sendo esse, talvez, o grande desafio perante o direito à moradia, o qual permanece em uma encruzilhada quanto a se priorizarem políticas de caráter temporário ou permanente – sendo estas últimas, nos últimos anos, objeto de maior destaque nas políticas públicas.

E, como se pode observar, tal desafio não é exclusivo do Brasil, mas abarca também países da Europa e, sobretudo, os Estados Unidos, conforme relata Donald Tobi[31] com relação às "balanced budget amendments" e o ativismo judicial. Não é um fenômeno a ser negligenciado, portanto, pelos sistemas de *common law*. Aliás, cumpre salientar, é justamente nos Estados Unidos onde os estudos de constitucionalismo contemporâneo e ativismo judicial ganham força.

Parcela da doutrina nacional, no entanto, reputa tal falha ao sistema constitucionalista brasileiro, com o Poder Executivo, por excelência, responsável na condução das políticas públicas, estando hipertrofiado e pouco afeito a maiores discussões acerca da

---

30 Cf. KAMGA, Serges Alain Djoyou; Heleba, Siyambonga. Crescimento econômico pode traduzir-se em acesso aos direitos? Desafios das instituições da África do Sul para que o crescimento conduza a melhores padrões de vida. *Sur – Revista Internacional de Direitos Humanos*. v. 9. nº 17. dez. 2012, pp. 95-96.

31 The Balanced Budget Amendment: will judges become accountants? A look at State experiences. *Journal of Law & Politics*. v. XII. pp. 153-193. 1996.

execução dessas políticas. Nessa lacuna, o Poder Judiciário começou a ganhar importância ao avocar, claramente, competências exclusivas do Poder Executivo. Ocorre que decisões mandamentais que determinam a execução de determinada política pública são, deveras, a sua própria execução, competência, por excelência, do Poder Executivo.

O grande desafio doutrinário é, portanto, traçar diretrizes para a atuação do Poder Judiciário nesse processo,[32] não lhe negando esse novo valor na separação dos poderes, mas sim estabelecendo limites para que o Poder Judiciário possa funcionar, de fato, como contrapeso do Poder Executivo, e não substituí-lo em algumas funções. É nesse sentido que algumas decisões dos tribunais brasileiros devem ser objeto de reflexão, a fim de que não se assista a um processo de hipertrofia do Poder Judiciário assim como historicamente ocorre com o Poder Executivo.

O direito à moradia se insere particularmente nesse processo, justamente por comportar a satisfação de uma política pública de alto custo e que cada vez mais é de prestações de caráter permanente, e não transitório, ao indivíduo que delas necessita – diferentemente de saúde e educação. Nesse sentido é que o direito financeiro e o ativismo judicial terão que se adaptar às nuances próprias do direito à moradia insculpido na Constituição Federal, e muito provavelmente o direito à moradia represente um importante campo de análise para definir os contornos do ativismo judicial em políticas prestacionais no País.

BIBLIOGRAFIA

AMORA, Dimmi. Só habitação bateu metas previstas na segunda fase do PAC. *Folha de São Paulo*. 6 jul. 2014. Disponível em: < http://www1.folha.uol.com.br/mercado/2014/07/1481684-so-habitacao-bateu-metas-previstas-na-segunda-fase-do-pac.shtml>. Acesso em: 12 ago. 2014.

BICCA, Carolina Scherer. O papel da jurisdição constitucional na implementação das políticas públicas de assistência social. O juízo de adequação dos critérios legais do Benefício de Prestação Continuada – BPC pelo Supremo Tribunal Federal. *Direito Público*. a. VIII. nº 37. pp. 35-62jan./fev. 2011.

BRASIL. Ministério das Cidades. *Plano Nacional de Habitação. Versão para debates*. Brasília: Ministério das Cidades/Secretaria Nacional de Habitação, 2010.

CARVALHO, André Castro. Consideraciones presupuestarias en las financiaciones e inversiones en infraestructura. *Revista de Regulación Económica, Empresas & Finanzas de Perú*. Esan. a. 2. nº 2. pp. 246-260. 2010.

---

32 Cf. FURLAN, Fabiano Ferreira. O guardião da Constituição: debate entre Carl Schmitt e Hans Kelsen. *A & C Revista de Direito Administrativo & Constitucional*. Belo Horizonte. a. 10. nº 39. jan./mar. 2010, p. 144: "Os juristas, como reais guardiões da Constituição, assumem posição de destaque na seara da interpretação constitucional, mas precisam preservar os direitos fundamentais de um modo mais responsável."

______. *Direito da infraestrutura: perspectiva pública*. São Paulo: Quartier Latin, 2014.

______. O impacto orçamentário na atuação do Poder Judiciário nas tutelas concessivas de medicamentos. In: AMARAL JÚNIOR, José Levi Mello do (Coord.). *Estado de Direito e Ativismo Judicial*. São Paulo, Quartier Latin, 2010, pp. 13-45

______.. Uma teoria de direito constitucional financeiro e direito orçamentário substantivo no Brasil. In: CONTI, José Mauricio; SCAFF, Fernando Facury. (Org.). *Orçamentos públicos e direito financeiro*. São Paulo: Revista dos Tribunais, 2011, pp. 23-61.

______. *Vinculação de receitas públicas*. São Paulo: Quartier Latin, 2010.

CONTI, José Mauricio. O direito financeiro pode ser a solução para os sem-teto. *Consultor Jurídico*. 29 jul. 2014. Disponível em: <http://www.conjur.com.br/2014-jul-29/poder-publico-financiamento-direito-moradia>.

______. Considerações sobre o federalismo fiscal brasileiro em uma perspectiva comparada. In: CONTI, José Mauricio; SCAFF, Fernando Facury; BRAGA, Carlos Eduardo Faraco. *Federalismo fiscal: questões contemporâneas*. Florianópolis: Conceito Editorial, 2010, pp. 15-34.

CORREA, Vanessa. Apartamento para solteiros 'pobres' que ganham até R$ 4.334. *Folha de São Paulo. Seres Urbanos*. 24 jun. 2014. Disponível em: <http://seresurbanos.blogfolha.uol.com.br/2014/06/24/apartamento-para-solteiros-pobres-que-ganham-ate-r-4-344/>. Acesso em: 13 ago. 2014.

DONOSO, Verônica Garcia. Experiências com habitação popular no Brasil e no Chile. In: LAGOS, Ricardo (coord.); DÁVILA, Mireya; ZIBETTI, Fabíola Wüst (org.). *A América Latina no mundo: desenvolvimento regional e governança internacional*. São Paulo: EDUSP, 2013, pp. 181-194.

FERRAZ, Anna Candida da Cunha; ALMEIDA, Fernanda Dias Menezes de. O constitucionalismo contemporâneo na recente jurisprudência do Supremo Tribunal Federal. *Revista de Direito Constitucional e Internacional* (versão online). v. 71. Abr. 2010. DTR\2010\537.

FERREIRA FILHO, Manoel Gonçalves. *Curso de direito constitucional*. 29ª ed. São Paulo: Saraiva, 2002.

FURLAN, Fabiano Ferreira. O guardião da Constituição: debate entre Carl Schmitt e Hans Kelsen. *A & C Revista de Direito Administrativo & Constitucional*. Belo Horizonte. a. 10. nº 39. pp. 127-146. jan./mar. 2010.

KAMGA, Serges Alain Djoyou; HELEBA, Siyambonga. Crescimento econômico pode traduzir-se em acesso aos direitos? Desafios das instituições da África do Sul para que o crescimento conduza a melhores padrões de vida. *Sur – Revista Internacional de Direitos Humanos*. v. 9. nº 17. pp. 86-111. dez. 2012.

LEAL, Rogério Gesta. Impactos econômicos e sociais das decisões judiciais: aspectos introdutórios. Brasília: ENFAM, 2010.

LEBRÃO, Roberto Mercado. Federalismo e políticas sociais na Constituição de 1988. In: CONTI, José Mauricio; SCAFF, Fernando Facury; BRAGA, Carlos Eduardo Faraco. *Federalismo fiscal: questões contemporâneas*. Florianópolis: Conceito Editorial, 2010, pp. 361-384.

LOEWENSTEIN, Karl. *Teoría de la Constitución*. Trad. de Alfredo Gallego Anabitarte. Barcelona: Ariel, 1970.

NOVAIS, Maria Elisa Cesar. Decisões judiciais e orçamentos públicos. In: CONTI, José Mauricio; SCAFF, Fernando Facury. (Org.). *Orçamentos públicos e direito financeiro*. São Paulo: Revista dos Tribunais, 2011, pp. 1087-1110.

PORTAL R7. Veja o passo a passo para conseguir na Justiça o direito a vaga em uma creche em São Paulo. *R7*. 30 ago. 2013. Disponível em: < http://noticias.r7.com/educacao/noticias/veja-o-passo-a-passo-para-conseguir-na-justica-o-direito-a-vaga--em-uma-creche-em-sao-paulo-20130830.html>. Acesso em: 13 ago. 2014.

ROSA, Vera; ALVES, Murilo Rodrigues. Dilma vai ajudar classe média a comprar casa. *O Estado de São Paulo*. 28 dez. 2013. Disponível em: <http://politica.estadao.com.br/noticias/geral,dilma-vai-ajudar-classe-media-a-comprar-casa,1113201>. Acesso em: 13 ago. 2014.

SILVA, Frederico Silveira e. O decisionismo de Carl Schmitt e sua relação com a discricionariedade e a medida provisória. *Revista CEJ*. Brasília. Ano XI. nº 39. pp. 36-43. out./dez. 2007.

SILVA, José Afonso da. *Curso de direito constitucional positivo*. 23ª ed. São Paulo: Malheiros, 2004.

SILVA, Renata Gomes da. Aspectos das limitações ao direito à moradia. *Revista da Faculdade de Direito da Universidade de São Paulo*. v. 103. pp. 991-1026. jan./dez. 2008.

TOBIN, Donald. The Balanced Budget Amendment: will judges become accountants? A look at State experiences. *Journal of Law & Politics*. v. XII. pp. 153-193. 1996.

POLÍTICAS PÚBLICAS E O FEDERALISMO FISCAL BRASILEIRO

Marcus Abraham

RESUMO: O texto trata da implementação das políticas públicas a partir da previsão expressa na Constituição Federal de 1988 de inúmeros direitos fundamentais e sociais, especialmente diante das dificuldades práticas decorrentes do modelo federativo adotado pelo Brasil, país de dimensões continentais e repleto de desigualdades regionais, demográficas, econômicas e sociais, cotejando a distribuição de competências e atribuições com a capacidade financeira dos entes para a sua realização.

INTRODUÇÃO

Discorrer sobre a implementação de políticas públicas em um Estado federativo como o Brasil, país de dimensões continentais e repleto de desigualdades regionais, demográficas, econômicas e sociais, torna-se um debate cada vez mais relevante nos dias de hoje, especialmente a partir do cotejo entre as atribuições e competências constitucionalmente conferidas aos entes federativos com a respectiva capacidade financeira e orçamentária para executá-las.

Isto se percebe a partir da Constituição Federal de 1988, caracterizada pelo hibridismo em seu perfil e pela constante tensão entre os valores sociais e os liberais que permeiam o seu texto, influenciando sobremaneira a atuação do Estado brasileiro, que aspira a harmonizar os interesses individuais com os de toda a coletividade, e implementar, simultânea e equilibradamente, políticas públicas a fim de franquear igualdade de oportunidades, redistribuição de riquezas e desenvolvimento econômico e social, tudo de maneira sustentável.

Neste contexto, destaca-se o artigo 3º da Carta Maior ao estabelecer como objetivos da República Federativa do Brasil a construção de uma sociedade livre, justa e solidária, com o desenvolvimento do país, e o fim da pobreza e da marginalização, minimizando as desigualdades sociais e regionais, para, ao final, promover o bem de todos. Nela, os direitos humanos fundamentais são previstos e garantidos, assim como são os direitos sociais, arrolados como deveres do Estado brasileiro.

Porém, de nada adiantam exaustivos debates sobre a efetividade e o alcance dessas normas, sobre a possibilidade de judicializar estes direitos ou sobre as atribuições mínimas e máximas do Estado perante a coletividade se não houver dinheiro para financiar os anseios de uma sociedade mais consciente e ativa. Todavia, não basta arrecadar o necessário, de forma equitativa e equilibrada. Além disso, a administração de tais recursos deve ser feita de forma eficiente, e a sua aplicação precisa ser realizada criteriosamente para que se possa atender às necessidades públicas da maneira mais ampla e satisfatória possível, em todos os rincões deste imenso país.

É exatamente neste aspecto que se destaca o federalismo fiscal brasileiro, expressão financeira da forma com que os entes federativos – União, Estados, Distrito Federal e Municípios – se organizam e se relacionam na realização do seu múnus, enfrentando e harmonizando as tensões decorrentes de uma estrutura heterogênea, decorrente de uma multiplicidade de interesses e das diferenças regionais – culturais, sociais e econômicas –, na busca da implementação de um modelo federal cooperativo, a fim de realizar um objetivo comum para toda a nação.

Ocorre que a estrutura do Estado federal brasileiro, tal como se encontra hoje delineada na Constituição, nos impõe refletir sobre alguns aspectos, que vão desde a indagação sobre a vinculação do administrador público aos seus preceitos até a iniciativa das políticas públicas; o equilíbrio entre atribuições e recursos financeiros conferidos aos entes federativos para a sua efetivação; a excessiva concentração de poder fiscal nas mãos da União; se haveria um razoável balanceamento entre as competências tributárias e as transferências financeiras intergovernamentais; o exercício da competência tributária pelos entes federativos; a utilização de lei complementar como veículo instituidor de normas gerais em matéria financeira; e, ainda, a participação popular na definição das políticas públicas a serem adotadas.

É este enfoque que pretendemos dar neste singelo estudo, com o objetivo de promover debates sobre o tema, a fim de encontrarmos meios para superar as dificuldades existentes, para que se possam desenvolver mecanismos jurídicos que permitam o aprimoramento da realidade e das condições postas no país[1] e, ao final, a criação de uma sociedade mais justa e digna.

1 Segundo o Relatório de Desenvolvimento Humano 2014, publicado em 24/07/2014 pelo Programa das Nações Unidas para o Desenvolvimento (PNUD), o Brasil ainda possui 6 milhões de pessoas que vivem em situação de pobreza (cerca de 3% da população brasileira), com uma média de apenas 7,2 anos de tempo de estudo (enquanto a expectativa de tempo de estudo é de 15,2 anos), uma expectativa de vida de 73,4 anos e a renda nacional bruta (RNB) de US$ 14.275,00, encontrando-se na 79ª posição do Índice de Desenvolvimento Humano (IDH). Apenas a título de comparação, o Índice de Desenvolvimento Humano (IDH) é liderado pela Noruega, que tem uma expectativa de vida de seu cidadão em 81,5 anos, a RNB per capita é de US$ 63.909 e, em média, a população tem 12,6 anos de estudo e uma expectativa de 17,6 anos de estudo.

I. POLÍTICAS PÚBLICAS E A CONSTITUIÇÃO FEDERAL DE 1988

Considera-se *políticas públicas*[2] o conjunto de programas, ações e atividades desenvolvidas pelo Estado brasileiro no sentido de assegurar a realização de direitos constitucionalmente previstos, tais como saúde, educação, segurança, meio ambiente, dentre outros, principalmente destinados aos setores considerados marginalizados da sociedade. São identificados a partir da sua inserção nos orçamentos públicos por iniciativa do Poder Executivo ou por emendas parlamentares durante o processo de elaboração orçamentária, em espontânea efetivação dos preceitos constitucionais ou em atendimento das demandas propostas pela própria sociedade.[3]

A realização dos ideais sintetizados no preâmbulo da nossa carta Constitucional[4] e a implementação dos direito sociais[5] lá previstos dependem, essencialmente, da efetiva

---

2 As políticas públicas são planejadas e implementadas a partir da integração entre planos, programas, ações e atividades. Os *planos* estabelecem diretrizes, prioridades e objetivos gerais a serem alcançados em determinados períodos. Os *programas* estabelecem, por sua vez, objetivos gerais e específicos focados em determinado tema. As *ações* visam o alcance de determinado objetivo estabelecido pelo programa e a *atividade*, por sua vez, visa dar concretude à ação.

3 Importante reflexão, que a nosso ver se enquadra perfeitamente no atual cenário brasileiro, é aquela trazida por Stella Theodoulou, ao destacar que a política pública deve distinguir entre o que os governos pretendem fazer e o que, na verdade, eles realmente fazem (THEODOULOU, Stella Z. The Contemporary Language of Public Policy: a Starting Point. In: THEODOULOU, Stella Z.; CAHN, Matthew A. (Org.). Public Policy: The Essential Readings. New Jersey: Prentice Hall, 1995. cap. 1, pp. 1-9).

4 "Nós, representantes do povo brasileiro, reunidos em Assembléia Nacional Constituinte para instituir um Estado Democrático, destinado a assegurar o exercício dos direitos sociais e individuais, a liberdade, a segurança, o bem-estar, o desenvolvimento, a igualdade e a justiça como valores supremos de uma sociedade fraterna, pluralista e sem preconceitos, fundada na harmonia social e comprometida, na ordem interna e internacional, com a solução pacífica das controvérsias, promulgamos, sob a proteção de Deus, a seguinte CONSTITUIÇÃO DA REPÚBLICA FEDERATIVA DO BRASIL."

5 Luís Roberto Barroso explica que "direitos sociais são comumente identificados como aqueles que envolvem prestações positivas por parte do Estado, razão pela qual demandariam investimento de recursos, nem sempre disponíveis. Esses direitos, também referidos como prestacionais, se materializam com a entrega de determinadas utilidades concretas, como educação e saúde. É certo, todavia, que já não prevalece hoje a ideia de que os direitos liberais – como os políticos e os individuais – realizam-se por mera abstenção do Estado, com um simples *non facere*. Pelo contrário, produziu-se já razoável consenso de que também eles consomem recursos públicos. Por exemplo: a realização de eleições e a organização da Justiça Eleitoral consomem gastos vultosos, a exemplo da manutenção da polícia, do corpo de bombeiros e do próprio Judiciário, instituições importantes na proteção da propriedade. Sobre o tema, vejam-se: Stephen Holmes e Cass Sunstein, *The cost of rights*, 1999; Flávio Galdino, *Introdução à teoria dos custos dos direitos:* direitos não nascem em árvores, 2005; e Ana Paula de Barcellos, *A eficácia jurídica dos princípios constitucionais*: o princípio da dignidade da pessoa humana, 2002." (BARROSO, Luís Roberto. Da Falta de Efetividade à Judicialização Excessiva: Direito à Saúde, Fornecimento Gratuito de Medicamentos e Parâmetros para a Atuação Judicial. In: SARMENTO, Daniel; SOUZA NETO, Cláudio Pereira de. *Direitos Sociais:* Fundamentos, Judicialização e Direitos Sociais em Espécie. Rio de Janeiro: Lumen Juris, 2008, p. 877).

vontade do Estado na realização da sua função. Tal *vontade* sempre foi tida, em especial pela doutrina tradicional, como uma escolha de natureza eminentemente política.

Neste sentido, Aliomar Baleeiro[6] na sua clássica obra já nos ensinava que:

> "em todos os tempos e lugares, a escolha do objetivo da despesa envolve um ato político, que também se funda em critérios políticos, isto é, nas idéias, convicções, aspirações e interesses revelados no entrechoque dos grupos detentores do poder. Determinar quais as necessidades de um grupo social a serem satisfeitas por meio do serviço público, e, portanto, pelo processo da despesa pública, ressalvada a hipótese de concessão, constitui missão dos órgãos políticos e questão essencialmente política".

Na mesma esteira, entende Régis Fernandes de Oliveira[7] que "a decisão de gastar é, fundamentalmente, uma decisão política. A decisão política já vem inserta no documento solene de previsão de despesas. Dependendo das convicções políticas, religiosas, sociais, ideológicas, o governante elabora seu plano de gastos".

Não obstante, embora falemos de políticas públicas como *conjunto de decisões*[8] dos governantes em relação à realização, direta ou indiretamente pelo Estado, de uma ou várias iniciativas em benefício da sociedade, fato é cada vez menos estas decisões são de cunho exclusivamente político e discricionário, mas sim de ordem constitucional e de natureza imperativa.

Para nós, esta afirmação é clara e os argumentos são vários. Em primeiro lugar, devemos reconhecer o perfil social que a Carta Constitucional de 1988 apresenta, oferecendo à sociedade brasileira uma enorme gama de direitos sociais e fundamentais, assumindo uma série de deveres para garanti-los e atendê-los, o que faz com que surja todo um conjunto de despesas para a consecução destes fins. Em segundo lugar, essas normas constitucionais perdem sua consideração de meras *normas programáticas* ao se consolidar no Brasil a doutrina da efetividade das normas constitucionais[9], confe-

---

6 BALEEIRO, Aliomar. *Uma Introdução à Ciência das Finanças*. 15ª ed. Rio de Janeiro: Forense, 1997, p. 73.

7 OLIVEIRA, Régis Fernandes. *Curso de Direito Financeiro*. 2ª ed. São Paulo: Revista dos Tribunais, 2008. p. 243.

8 O processo de formulação de Políticas Públicas, também chamado de Ciclo das Políticas Públicas, apresenta diversas fases: PRIMEIRA FASE – Formação da Agenda (Seleção das Prioridades); SEGUNDA FASE – Formulação de Políticas (Apresentação de Soluções ou Alternativas); TERCEIRA FASE – Processo de Tomada de Decisão (Escolha das Ações); QUARTA FASE – Implementação (ou Execução das Ações); QUINTA FASE – Avaliação; cf. CALDAS, Ricardo Wahrendorff (Coord.). *Políticas Públicas*: conceitos e práticas. Belo Horizonte: Sebrae/MG, 2008. p. 10.

9 Sobre o tema da efetividade das normas constitucionais indica-se a bibliografia de Luís Roberto Barroso, especialmente: *O Direito Constitucional e a Efetividade de suas Normas*. 2ª ed. Rio de Janeiro: Renovar, 1993; e *Curso de Direito Constitucional Contemporâneo*: os Conceitos Fundamentais e a Construção do Novo Modelo. São Paulo: Saraiva, 2009.

rindo-lhes uma aplicação direta e imediata. Em terceiro lugar, e por decorrência das duas primeiras, temos a ascensão da judicialização dos direitos sociais e fundamentais, permitindo que o particular passe a ter legitimidade para demandar judicialmente a realização daqueles direitos constitucionalmente previstos e garantidos, que eventualmente não tenham sido regularmente satisfeitos pela atividade estatal originalmente programada. Em quarto lugar, a Constituição apresenta uma variedade imensa de tributos vinculados, especialmente no caso das contribuições sociais e de intervenção no domínio econômico, cuja arrecadação contém uma destinação predeterminada pela norma instituidora do tributo, dirigindo a aplicação dos recursos às despesas públicas previstas na própria lei. Finalmente, em quinto e último lugar, encontramos no texto constitucional dispositivos que estabelecem não apenas em que área deve ser realizada uma despesa pública, mas também especificam o percentual mínimo que deve ser aplicado, como são, por exemplo, os casos previstos no § 2º do art. 198, no art. 212 ou no art. 77 do ADCT.

Podemos destacar alguns exemplos dessas previsões constitucionais. O texto do art. 6º categoricamente afirma que "são direitos sociais a educação, a saúde, a alimentação, o trabalho, a moradia, o lazer, a segurança, a previdência social, a proteção à maternidade e à infância, a assistência aos desamparados, na forma desta Constituição"; mais adiante, o art. 194 expressamente define que "a seguridade social compreende um conjunto integrado de ações de iniciativa dos Poderes Públicos e da sociedade, destinadas a assegurar os direitos relativos à saúde, à previdência e à assistência social"; igualmente, o art. 196 prevê que "a saúde é direito de todos e dever do Estado, garantido mediante políticas sociais e econômicas que visem à redução do risco de doença e de outros agravos e ao acesso universal e igualitário às ações e serviços para sua promoção, proteção e recuperação"; na mesma linha, o art. 204 estabelece que "as ações governamentais na área da assistência social serão realizadas com recursos do orçamento da seguridade social"; por sua vez, o art. 205 define que "a educação, direito de todos e dever do Estado e da família, será promovida e incentivada com a colaboração da sociedade, visando ao pleno desenvolvimento da pessoa, seu preparo para o exercício da cidadania e sua qualificação para o trabalho"; o art. 208, ainda tratando da educação, prevê que "o acesso ao ensino obrigatório e gratuito é direito público subjetivo" e ressalva que "o não oferecimento do ensino obrigatório pelo Poder Público, ou sua oferta irregular, importa responsabilidade da autoridade competente"; encontramos, no art. 215, a previsão no sentido de que "o Estado garantirá a todos o pleno exercício dos direitos culturais e acesso às fontes da cultura nacional, e apoiará e incentivará a valorização e a difusão das manifestações culturais"; ainda, o art. 217 prevê ser "dever do Estado fomentar práticas desportivas formais e não formais, como direito de cada um (...)"; com a mesma ênfase, o art. 225 reconhece que "todos têm direito ao meio ambiente ecologicamente equilibrado, bem de uso comum do povo e essencial à sadia qualidade de vida, impondo-se ao Poder Público e à coletividade o dever de defendê-lo e preservá-lo para as presentes e futuras gerações".

Essas normas constitucionais criam direitos para os cidadãos e fixam deveres para o Estado nessas áreas. Inicialmente, tais previsões funcionavam como meros parâmetros a serem seguidos e objetivos a serem atingidos pelo administrador público, indicando as prioridades na programação da realização das despesas públicas.

Mas hoje, com a efetividade normativa da Constituição e com a ampliação e o fortalecimento do exercício dos direitos de cidadania, identificamos uma tendência que vem se consolidando no Direito contemporâneo, no sentido de permitir que a sociedade possa exigir judicialmente do Estado a realização dessas despesas públicas, especialmente quando se referirem a Direitos Sociais e Fundamentais. É a denominada judicialização dos direitos constitucionais.[10]

Ora, a voz do Poder Judiciário não é de natureza subjetiva e nem manifesta a vontade do magistrado, mas apenas ressoa em brado imperativo o que a Carta Constitucional contempla em seu texto.

Neste sentido, leciona Luís Roberto Barroso[11] que

---

10 **STF**: "A jurisprudência do Supremo Tribunal Federal firmou-se no sentido da existência de direito subjetivo público de crianças até cinco anos de idade ao atendimento em creches e pré-escolas. (...) também consolidou o entendimento de que é possível a intervenção do Poder Judiciário visando à efetivação daquele direito constitucional." (RE 554.075-AgR, Rel. Min. Cármen Lúcia, julgamento em 30/06/2009, 1ª Turma, *DJE* de 21/08/2009). **No mesmo sentido**: AI 592.075-AgR, Rel. Min. Ricardo Lewandowski, julgamento em 19/05/2009, 1ª Turma, *DJE* de 05/06/2009; RE 384.201-AgR, Rel. Min. Marco Aurélio, julgamento em 26/04/2007, 2ª Turma, *DJ* de 03/08/2007. "Fornecimento de medicamentos a paciente hipossuficiente. Obrigação do Estado. Paciente carente de recursos indispensáveis à aquisição dos medicamentos de que necessita. Obrigação do Estado em fornecê-los. Precedentes." (AI 604.949-AgR, Rel. Min. Eros Grau, julgamento em 24/10/2006, 2ª Turma, *DJ* de 24/11/2006). **No mesmo sentido:** AI 553.712-AgR, Rel. Min. Ricardo Lewandowski, julgamento em 19/05/2009, 1ª Turma, *DJE* de 05/06/2009; AI 649.057-AgR, Rel. Min. Eros Grau, julgamento em 26/06/2007, 2ª Turma, *DJ* de 17/08/2007. "Acórdão recorrido que permitiu a internação hospitalar na modalidade 'diferença de classe', em razão das condições pessoais do doente, que necessitava de quarto privativo. Pagamento por ele da diferença de custo dos serviços. Resolução nº 283/91 do extinto Inamps. O art. 196 da Constituição Federal estabelece como dever do Estado a prestação de assistência à saúde e garante o acesso universal e igualitário do cidadão aos serviços e ações para sua promoção, proteção e recuperação. O direito à saúde, como está assegurado na Carta, não deve sofrer embaraços impostos por autoridades administrativas, no sentido de reduzi-lo ou de dificultar o acesso a ele. O acórdão recorrido, ao afastar a limitação da citada Resolução nº 283/91 do Inamps, que veda a complementaridade a qualquer título, atentou para o objetivo maior do próprio Estado, ou seja, o de assistência à saúde." (RE 226.835, Rel. Min. Ilmar Galvão, julgamento em 14/12/1999, 1ª Turma, *DJ* de 10/03/2000). **No mesmo sentido:** RE 207.970, Rel. Min. Moreira Alves, julgamento em 22/08/2000, *DJ* de 15/09/2000. "Doente portadora do vírus HIV, carente de recursos indispensáveis à aquisição dos medicamentos de que necessita para seu tratamento. Obrigação imposta pelo acórdão ao Estado. Alegada ofensa aos arts. 5º, I, e 196 da Constituição Federal. Decisão que teve por fundamento central dispositivo de lei (art. 1º da Lei nº 9.908/1993) por meio da qual o próprio Estado do Rio Grande do Sul, regulamentando a norma do art. 196 da Constituição Federal, vinculou-se a um programa de distribuição de medicamentos a pessoas carentes, não havendo, por isso, que se falar em ofensa aos dispositivos constitucionais apontados." (RE 242.859, Rel. Min. Ilmar Galvão, julgamento em 29/06/1999, 1ª Turma, *DJ* de 17/09/1999).

11 BARROSO, Luís Roberto. Da Falta de Efetividade à Judicialização Excessiva: Direito à Saúde, Fornecimento Gratuito de Medicamentos e Parâmetros para Atuação Judicial. In: SARMENTO, Daniel; SOUZA NETO, Claudio Pereira de. *Direitos Sociais:* Fundamentos, Judicialização e Direitos Sociais em Espécie. Rio de Janeiro: Lumen Juris, 2008. pp. 875-904.

> "as normas constitucionais deixaram de ser percebidas como integrantes de um documento estritamente político, mera convocação à atuação do Legislativo e do Executivo, e passaram a desfrutar de aplicabilidade direta e imediata por juízes e tribunais. Nesse ambiente, os direitos constitucionais em geral, e os direitos sociais em particular, converteram-se em direitos subjetivos em sentido pleno, comportando tutela judicial específica. (...) Sempre que a Constituição define um direito fundamental ele se torna exigível, inclusive mediante ação judicial."

Ao analisar esse novo contexto do Direito Constitucional contemporâneo, considerado pela doutrina como *neoconstitucionalismo*, Ana Paula de Barcellos esclarece que

> "um dos traços fundamentais do constitucionalismo atual é a normatividade das disposições constitucionais, sua superioridade hierárquica e centralidade no sistema e, do ponto de vista material, a incorporação de valores e opções políticas, dentre as quais se destacam, em primeiro plano, aquelas relacionadas com os direitos fundamentais".[12]

Assim, entendemos que as políticas públicas, que se materializam através das despesas públicas orçamentariamente previstas, não se originam a partir de deliberações exclusivamente políticas, pautadas nos ideais, convicções ou aspirações do governante, mas decorrem, em grande parte das vezes, das imposições existentes nos diversos comandos normativos de nosso ordenamento jurídico, especialmente aqueles de ordem constitucional. Afinal, como preconizava Rui Barbosa,[13] "a Constituição não contém meros conselhos, avisos ou lições, já que todas as suas previsões são dotadas de força imperativa de regras".

Importante ressalvar que, apesar de estas prioridades e parâmetros que conduzem o processo decisório das políticas públicas decorrerem de previsões constitucionais, sempre haverá um campo deliberativo para sua realização, a ser definido e executado pelo administrador público. Isso porque, quando a Constituição, por exemplo, determina um percentual mínimo a ser aplicado na educação ou na saúde, ela apenas se limita a indicar a área e o quantitativo de recursos financeiros a serem destinados, não estabelecendo a forma e os mecanismos para tanto. Assim, se esses recursos serão utilizados na construção de hospitais ou na construção de escolas, na contratação de médicos ou de professores, na aquisição de livros, de equipamentos de exames ou na compra de medicamentos, essas escolhas continuarão na esfera decisória do governante.

---

12 BARCELLOS, Ana Paula de. *Neoconstitucionalismo, Direitos Fundamentais e Controle das Políticas Públicas*. In: QUARESMA, Regina; OLIVEIRA, Maria Lucia de Paula; OLIVEIRA, Farlei Martins Riccio de (Org.). *Neoconstitucionalismo*. Rio de Janeiro: Forense, 2009. p. 803.

13 BARBOSA, Rui. *Comentários à Constituição Federal Brasileira*. São Paulo: Saraiva, 1933. p. 489.

II. FEDERALISMO FISCAL BRASILEIRO

O Brasil é estruturado como Estado Federal desde a formação da República, quando a Constituição de 1891, inspirada no modelo norte-americano, adotou o arquétipo federativo dual (União e Estados), ao afirmar: "a República Federativa, proclamada a 15 de novembro de 1889, constitui-se, por união perpétua e indissolúvel das suas antigas Províncias, em Estados Unidos do Brasil" (art. 1º). Por sua vez, a Constituição Federal de 1988 estabeleceu nossa atual estrutura federativa contemplando a União, os Estados, o Distrito Federal e os Municípios, ao prescrever que: "A República Federativa do Brasil, formada pela união indissolúvel dos Estados e Municípios e do Distrito Federal, constitui-se em Estado Democrático de Direito..." (art. 1º). Todos os entes federativos são dotados de autonomia na sua organização político-administrativa (art. 18), manifestada pela capacidade de auto-organização, de autogoverno e de autoadministração, inserida, nesta última, a necessária autonomia financeira.[14]

Para garantir a plena e efetiva realização das funções distribuídas a cada um dos entes federativos, a Carta Constitucional lhes assegura fontes próprias de recursos financeiros, que advêm, essencialmente, da competência tributária para a instituição e cobrança de tributos e das transferências financeiras intergovernamentais obrigatórias, a partir de um sistema de partilha e repasse incondicional de receitas.

Nesse sentido, afirma Antônio Roberto Sampaio Dória[15] que: "O poder político, distribuído pelas camadas da federação, encontra seu necessário embasamento na simultânea atribuição de poder financeiro, sem o qual de pouco vale: autonomia na percepção, gestão e dispêndio das rendas próprias".

Assim, o federalismo fiscal,[16] originário do pacto federativo brasileiro, consiste na distribuição constitucional das competências financeiras e tributárias para legislar, fiscalizar e cobrar recursos, assim como a redistribuição de receitas entre os entes federados, no sentido de conferir a cada ente condições para realizar suas respectivas atribuições públicas, igualmente estabelecidas na Carta Constitucional.[17]

Nas palavras de José Marcos Domingues:[18]

---

14 ABRAHAM, Marcus. *Curso de Direito Financeiro Brasileiro*. 2ª ed. Rio de Janeiro: Elsevier, 2013. p. 36.

15 DÓRIA, Antônio Roberto Sampaio. *Discriminação de Rendas Tributárias*. São Paulo: José Bushatsky, 1972. p. 11.

16 Relata Wallace E. Oates que as três maiores figuras que desenvolveram as linhas mestras da Teoria do Federalismo Fiscal, surgida em meados de 1950 no contexto das finanças públicas, foram Kenneth Arrow, Richard Musgrave e Paul Samuelson. (OATES, Wallace E. Toward A Second-Generation Theory of Fiscal Federalism. *International Tax and Public Finance*, 12, 349–373, Netherlands. 2005).

17 ABRAHAM, Marcus. *As Emendas Constitucionais Tributárias e os Vinte Anos da Constituição Federal de 1988*. São Paulo: Quartier Latin, 2009.

18 DOMINGUES, José Marcos. Federalismo fiscal brasileiro. *Revista Nomos*, Fortaleza: Universidade Federal do Ceará, v. 26, jan/jun. 2007, pp. 137-143.

> "Define-se federalismo fiscal como o conjunto de providências constitucionais, legais e administrativas orientadas ao financiamento dos diversos entes federados, seus órgãos, serviços e políticas públicas tendentes à satisfação das necessidades públicas nas respectivas esferas de competência".

A estrutura de Estado Federal de um país com as dimensões do Brasil e com as diferenças socioeconômicas regionais impõe atenção para alguns aspectos tidos para nós como extremamente sensíveis, tais como: a) o equilíbrio entre atribuições distribuídas aos entes federativos e os recursos financeiros para a sua realização; b) a excessiva concentração de poder fiscal nas mãos da União em prejuízo dos Estados e Municípios; c) o balanceamento entre as competências tributárias e as transferências financeiras intergovernamentais; d) o imprescindível exercício da competência tributária pelos entes federativos; e) o imperioso respeito ao instrumento de lei complementar como veículo instituidor de normas gerais em matéria financeira.

Primeiramente, a fim de que essa estrutura federativa do Estado brasileiro seja boa para todo o país e para os seus cidadãos, deve haver um necessário equilíbrio entre as responsabilidades e funções constitucionalmente atribuídas a cada um dos entes federativos e os recursos financeiros a eles dedicados. Do contrário, não se atingirá o objetivo final da nação: o atendimento das necessidades do povo e a realização do Bem Comum. Conferir um rol de atribuições e responsabilidades aos Estados e Municípios – um poder-dever estatal de realizar – sem fornecer recursos suficientes para a sua efetivação é frustrar o próprio texto constitucional.

Destacamos, também, a preocupação quanto ao desequilíbrio do poder fiscal entre os três entes federativos, uma vez que a indesejada concentração de poder no federalismo fiscal brasileiro em favor da União, em detrimento dos Estados e Municípios, propicia negativas consequências, tais como: a) o enfraquecimento do processo democrático decorrente da luta entre as forças políticas regionais e a central; b) uma indesejada competição fiscal – vertical e horizontal[19] – entre os entes federativos, conhecida como guerra fiscal; c) a incapacidade de o governo central exercer satisfatoriamente sua função coordenadora em todo o território, gerando práticas autônomas dos governos regionais e locais incompatíveis com o interesse nacional; d) a minimização dos processos de redução das desigualdades regionais e de estímulo ao desenvolvimento social e econômico local.

Historicamente, podemos identificar uma alternância cíclica entre períodos de concentração e desconcentração do poder no federalismo brasileiro, com desdobra-

---

19 A competição fiscal pode ser *horizontal*, quando envolver entes federativos de mesmo nível ou estatura, e *vertical*, quando níveis distintos – mais altos e baixos – de governo são concorrentes. A "guerra fiscal", por sua vez, caracteriza-se por ser uma situação em que os entes federativos que entre si competem buscam oferecer maior número de benefícios fiscais a determinados investidores, buscando atrair para si um empreendimento em detrimento de outro ente federativo. Assim, por exemplo, oferece-se uma alíquota mais baixa de um determinado tributo para que o empreendedor se instale em um determinado ente federado e não em outro, em que a alíquota é mais elevada.

mento direto na sua face financeira – o federalismo fiscal. Em finais do século XIX, a federação brasileira foi criada, com a proclamação da República, para solucionar o problema administrativo originário da dimensão do país e das diferenças regionais. Portanto, nasceu num processo de desdobramento de um Estado Unitário. Até 1930, período que conhecemos por República Velha, por conta de uma economia essencialmente exportadora de produtos primários, especialmente de café, o poder do governo central não era representativo. No período seguinte, que foi até 1946 – denominado de Estado Novo –, percebe-se uma forte centralização nas mãos da União, sob o comando de Getúlio Vargas. Após, identifica-se novo ciclo de desconcentração com a promulgação da nova Constituição democrática. Todavia, com a ascensão do poder militar em 1964, instaura-se um novo período de concentração do poder político-financeiro, que se seguiu até meados da década de 1980, quando então se deu o início da abertura política e o novo processo de redemocratização, que culminou com a Constituição Federal de 1988, fortalecendo a participação dos Estados e dos Municípios e conferindo a eles relevante participação no financiamento e nos gastos públicos. Naquele momento, consolidava-se a nova descentralização fiscal. Entretanto, após inúmeras emendas constitucionais que modificaram o projeto original (aumento da arrecadação através das contribuições de competência da União, criação e perpetuação do mecanismo da DRU[20] etc.), podemos dizer que se vivencia hoje um novo processo de concentração de poder fiscal na direção da União.[21]

Outra questão relevante é a do desejável balanceamento entre as competências impositivas próprias (poder tributário individual de cada ente) e as transferências intergovernamentais obrigatórias, realizadas, essencialmente, através da repartição constitucional das receitas tributárias (arts. 157 a 160 da CF). Isso porque, em um país com

---

20 O mecanismo constitucional da *Desvinculação de Receitas da União* (DRU) foi instituído – artigo 76 do ADCT – para permitir que 20% (vinte por cento) das receitas vinculadas da União sejam destinadas de maneira flexível, propiciando uma alocação mais adequada de recursos orçamentários, além de não permitir que determinados itens de despesas fiquem com excesso de recursos vinculados, enquanto outras áreas apresentam carência de recursos, possibilitando, ao final, o financiamento de despesas incomprimíveis sem endividamento adicional da União. Isso porque o excesso de vinculações no Orçamento Geral da União foi se elevando muito ao longo das décadas, levando a União a se endividar para pagamento de despesas obrigatórias quando dispunha de recursos sobrando em outros itens. Essas vinculações, somadas a gastos em boa medida incomprimíveis – pagamento de pessoal, benefícios previdenciários, contrapartidas de empréstimos externos – dificultam a capacidade do governo federal de alocar recursos de acordo com suas prioridades sem trazer endividamento adicional para a União. Assim, o Poder Executivo propôs ao Congresso Nacional em 1994 um projeto de emenda à Constituição que autorizava a desvinculação de 20% de todos os impostos e contribuições federais, formando uma fonte de recursos livre de carimbos. Foi criado, então, o Fundo Social de Emergência, posteriormente denominado Fundo de Estabilização Fiscal, que vigorou até 31 de dezembro de 1999. A partir do ano 2000, foi reformulado e passou a se chamar DRU – Desvinculação de Receitas da União, tendo sua prorrogação aprovada pelo Congresso Nacional até 2015 pela Emenda Constitucional nº 68/2011.

21 ABRAHAM, Marcus. *As Emendas Constitucionais Tributárias e os Vinte Anos da Constituição Federal de 1988.* Op. cit. pp. 230-235.

tantas diferenças regionais, e até mesmo intrarregionais, torna-se imperioso reconhecer a necessidade de um aperfeiçoamento dessa partilha, a partir de uma precisa calibragem, considerando as diferenças existentes entre as unidades economicamente mais fracas e as que detêm maior base econômica e maior potencial arrecadatório, e não apenas pelos tradicionais critérios demográficos e de renda per capita, para não apenas oferecer recursos equitativamente suficientes àqueles entes subnacionais executarem satisfatoriamente as suas atribuições, como também, e principalmente, para estimulá-los a um desenvolvimento sustentável local, e não gerar – como se tem visto – uma acomodação financeira que acaba por incentivar o indesejável surgimento de novos municípios.

Nas palavras de Márcio Novaes Cavalcanti,[22] haveria uma "*multiplicação irracional de municípios*", em que várias cidades ou meros agrupamentos de vilarejos passam a reivindicar seu reconhecimento como Município, a fim de obter direitos de recebimento de fundos de repasse, e tudo isso sem o necessário cálculo prévio de sua contribuição nas receitas.

Este último aspecto revela ainda uma outra preocupação: a do não exercício da sua competência tributária – a não instituição e cobrança de impostos – por parte de alguns entes federativos (especialmente os municípios), que passam a se apoiar, exclusivamente, no financiamento originário dos recursos advindos da repartição constitucional das receitas tributárias. Daí advém as seguintes indagações: seria válido um ente federativo não instituir e cobrar um imposto que foi a ele constitucionalmente conferido? Haveria uma violação à isonomia entre cidadãos residentes e estabelecidos em diferentes municípios que não cobrassem os seus tributos uniformemente?

A doutrina clássica sempre caracterizou a competência tributária – aptidão de que são dotadas as pessoas políticas para expedir regras jurídicas tributárias inovando o ordenamento jurídico –, entre outros aspectos, como sendo de natureza facultativa.[23] O Código Tributário Nacional reconhece essa característica no seu art. 8º, ao estabelecer que "o não exercício da competência tributária não a defere a pessoa jurídica de

22 CAVALCANTI, Márcio Novaes. *Fundamentos da Lei de Responsabilidade Fiscal.* São Paulo: Dialética, 2011. p. 63. A propósito do assunto, esse autor cita, em sua obra, entrevista dada por Fernando Abrucio e por Valeriano Costa para a revista *Veja* (edição 1950, ano 32, nº 12, 24/03/1999, pp. 09-13), em que entendem a ocorrência de uma excessiva municipalização como uma das causas da crise brasileira, sendo que o mecanismo de transferências fiscais automáticas foi responsável pela criação de municípios sem condições de sobreviver com seus recursos próprios.

23 Neste sentido, Paulo de Barros Carvalho afirma: "A boa doutrina costuma examinar a competência tributária no que diz com suas características, isto é, quanto aos aspectos que, de algum modo, poderiam conotar sua presença em face de outras categorias. Assim, o faz o ilustre professor Roque A. Carraza, salientando seis qualidades, quais sejam, privatividade (i), indelegabilidade (ii) incaducibilidade (iii), inalterabilidade (iv), irrenunciabilidade (v) e, por fim, facultatividade do exercício (vi)". Mas o mestre paulista excetua dessa regra o ICMS, para quem: "Por sua índole eminentemente nacional, não é dado a qualquer Estado-membro ou ao Distrito Federal operar por omissão, deixando de legislar sobre esse gravame". (CARVALHO, Paulo de Barros. *Curso de Direito Tributário.* 19ª ed. São Paulo: Saraiva, 2007, pp. 239-247).

direito público diversa daquela a que a Constituição a tenha atribuído". Concretamente, vemos essa facultatividade ocorrer com a União Federal, já que ela mesma ainda não instituiu o Imposto sobre Grandes Fortunas (IGF)[24] previsto no art. 153, inciso VII, da Constituição Federal.

Apesar disso, devemos indagar: como é possível realizar adequadamente as políticas públicas e atender às necessidades públicas constitucionalmente asseguradas sem a totalidade dos recursos financeiros que seriam oriundos de uma competência tributária que acaba por não ser exercida a partir de uma facultatividade do ente federativo? Não nos parece aceitável caracterizar como sendo plenamente facultativo o exercício da competência tributária se isso puder comprometer o cumprimento das obrigações estatais, prejudicando, ao final, a própria sociedade.

Nesse sentido, adverte Celso Antônio Bandeira de Mello que

> "na esfera do Direito Público os poderes assinados ao sujeito não se apresentam como situações subjetivas a serem consideradas apenas pelo ângulo ativo. É que, encartados no exercício de funções, implicam dever de atuar no interesse alheio – o do corpo social –, compondo, portanto, uma situação de sujeição. Vale dizer, os titulares destas situações subjetivas recebem suas competências para as exercerem em prol de um terceiro: a coletividade que representam. Então, posto que as competências lhes são outorgadas única e exclusivamente para atender à finalidade em vista da qual foram instituídas, ou seja, para cumprir o interesse público que preside sua instituição, resulta que se lhes propõe uma situação de dever: o de prover àquele interesse".[25]

Assim, o nosso entendimento é o de que, embora não haja qualquer ilegalidade propriamente dita à luz do nosso ordenamento jurídico, esse comportamento seria inadequado e enfraqueceria a ideia da autonomia financeira dos entes federativos (parte do ideário do federalismo fiscal), além de contrariar o objetivo principal da Lei de Responsabilidade Fiscal (LC nº 101/2000), qual seja, o da gestão fiscal responsável, uma vez que seu art. 11[26] estabelece como requisitos essenciais da responsabilidade na

---

24 A criação deste imposto, apesar de ainda tratar-se de algo remoto, vem sendo discutida em nosso Congresso Nacional desde 1989, quando o então Senador Fernando Henrique Cardoso apresentou o Projeto PLP 202/1989. Atualmente, temos em discussão no Parlamento o Projeto de Lei Complementar 277/2008 (autoria da Deputada Federal Luciana Genro), que retoma o debate sobre a instituição do Imposto sobre Grandes Fortunas (apensados: PLP 26/2011, PLP 62/2011 e PLP 130/2012).

25 MELLO, Celso Antônio Bandeira de. *Curso de Direito Administrativo*. 27ª ed. São Paulo: Malheiros, 2010. p. 143.

26 Consta contra o parágrafo único do art. 11 da LRF a ADI 2238-DF (nova relatoria do Ministro Teori Zavascki), afirmando haver violação e contrariedade ao art. 160 da CF/1988, dispositivo que veda qualquer condição ou restrição a entrega ou repasse de recursos aos entes federativos. Em sede liminar, o STF negou provimento ao pedido de suspensão imediata deste parágrafo único, estando ainda pendente a análise, no mérito, da inconstitucionalidade de tal dispositivo.

gestão fiscal a instituição, previsão e efetiva arrecadação de todos os tributos da competência constitucional do ente da Federação, ficando vedada a realização de transferências voluntárias para o ente que assim não o fizer quanto aos seus impostos (parágrafo único).

O fato é que não há uma vedação legal expressa a tal comportamento. Ao contrário, reconhece a LRF como possível a conduta ao aplicar uma única e branda sanção para o não exercício da competência tributária pelos entes federativos: a restrição ao recebimento de transferências voluntárias (aquelas decorrentes de convênios, para a assistência ou auxílio financeiro entre os entes), não atingindo o recebimento dos repasses constitucionais obrigatórios. Apesar dos indiscutíveis benefícios da cobrança dos impostos, especialmente em razão da independência política dos entes subnacionais decorrente da sua autonomia financeira, resta pouco estimulado o cumprimento da norma insculpida no art. 11 da LRF.

Comentando o dispositivo da LRF (art. 11) que trata do exercício da competência tributária, Antonio Benedito Alves afirma:

> "Isso será de grande auxílio para o cumprimento das metas fiscais e alocação de recursos para fazer frente às diferentes despesas públicas, devendo o administrador público aumentar o zelo na cobrança dos impostos de competência privativa, o que, até então, não era levado a sério pelos gestores públicos que, confiados nas receitas de outros entes da Federação, agiam com ineficiência na cobrança de seus tributos, ocasionando perdas de receitas próprias e prejuízos à sociedade".[27]

Finalmente, não podemos deixar de destacar, ainda, outro importante aspecto decorrente do federalismo fiscal brasileiro: o imperioso respeito ao instrumento de lei complementar como veículo instituidor de normas gerais em matéria financeira. Isso porque essa espécie de norma jurídica – instituto originário nas "leis orgânicas" descritas no art. 34 da Constituição de 1891 e instituída como a temos hoje a partir da Carta de 1967 – tem como finalidade a complementação das normas constitucionais, a partir da exigência de quórum qualificado para deliberação a respeito de matérias específicas expressamente a ela reservadas, dentre as quais as normas gerais em matéria financeira (vejam-se: art. 163 e § 9º do art. 165 da CF), conferindo a devida importância aos temas de interesse nacional e considerando a necessidade de um especial consenso dos parlamentares brasileiros.

Leciona Alexandre de Moraes que

> "a razão da existência da lei complementar consubstancia-se no fato do legislador constituinte ter entendido que determinadas matérias, apesar da evidente importância, não deveriam ser regulamentadas na própria Constituição

27 ALVES, Benedito Antonio; GOMES, Sebastião Edilson; AFFONSO, Antonio Geraldo. *Lei de Responsabilidade Fiscal Comentada e Anotada.* 4ª ed. São Paulo: Juarez de Oliveira, 2002. pp. 35-36.

Federal, sob pena de engessamento de futuras alterações; mas, ao mesmo tempo, não poderiam comportar constantes alterações através do processo legislativo ordinário".[28]

Enfim, em um país de dimensões continentais como o Brasil, estruturado como Estado Federal – que exprime os ideais de unidade a partir da convivência da pluralidade de seus integrantes[29] –, conciliar a descentralização fiscal com a redução das desigualdades regionais, propiciando uma virtuosa autonomia financeira e independência política dos seus entes federativos, com a busca do desenvolvimento socioeconômico homogêneo e equilibrado de todo o país, é a regra de ouro que deve ser perseguida a partir da observação e aplicação do princípio do federalismo fiscal em todos os seus aspectos.

III. ORÇAMENTO, POLÍTICAS PÚBLICAS E CIDADANIA

Inegável reconhecer-se no orçamento público um fundamental instrumento de planejamento e controle financeiro, sendo mais do que um documento técnico, ao revelar as políticas públicas adotadas pelo Estado buscando atender às reais necessidades e interesses da sociedade, conjugando-as com as pretensões e possibilidades de realização do governante.

O ideal de democratização das políticas públicas e de participação na elaboração do orçamento vem sendo, hoje, relevante assunto de debates e de propostas legislativas.[30] Afinal, se hoje assistimos à nação livremente manifestar a sua insatisfação com os bens e serviços públicos oferecidos à população, especialmente nas áreas de saúde, educação, segurança, transporte público, habitação e saneamento básico, isto se deve ao inequívoco amadurecimento da democracia brasileira, com a inquestionável conscientização da população dos seus direitos de cidadania, decorrentes do texto e do espírito da nossa Carta de 1988.

Ademais, no atual contexto de globalização, de avanço tecnológico e de amplo acesso às informações, as sociedades contemporâneas e os seus cidadãos - conscientes

---

28 MORAES, Alexandre de. *Direito constitucional.* 15ª ed. São Paulo: Atlas, 2004, p. 569.

29 Nas palavras de José Marcos Domingues: "O Federalismo exprime os ideais políticos de *unidade* em torno de valores compartilhados e *pluralidade* em face das especificidades de seus integrantes" (Texto da comunicação do Autor no II Congresso Internacional de Direito Tributário da Cidade do Rio de Janeiro, de 9 a 11 de maio de 2007).

30 A Presidência da República editou o Decreto 8.243, de 23/05/2014, que institui a Política Nacional de Participação Social, com o objetivo de fortalecer e articular os mecanismos e as instâncias democráticas de diálogo para uma atuação conjunta entre o governo e sociedade civil, através de instrumentos como conselhos populares, consultas e audiências públicas. No inciso V do artigo 4º deste Decreto, é estabelecido, como um de seus objetivos, desenvolver mecanismos de participação social nas etapas do ciclo de planejamento e orçamento. Parece-nos, aqui, que a intenção é a de implantar o modelo de Orçamento Participativo em nível federal.

dos seus direitos e deveres - exigem cada vez mais transparência nas atividades realizadas pelos governantes, obrigando o administrador público a adotar gestões mais democráticas e participativas, inclusive nas finanças públicas.

Assim, como asseverou Vanessa Cerqueira, "no atual estágio de desenvolvimento da sociedade brasileira, é imprescindível para concretização da cidadania participativa que haja transparência nas relações fiscais propostas e efetivadas pelo Estado".[31] E, por sua vez, Ricardo Lobo Torres nos adverte que o Estado "deve revestir a sua atividade financeira da maior clareza e abertura, tanto na legislação instituidora de impostos, taxas, contribuições e empréstimos, como na feitura do orçamento e no controle da sua execução".[32]

O orçamento público contempla, hodiernamente, não apenas a participação conjunta do Poder Executivo e do Legislativo, tanto na sua elaboração, aprovação e no controle da sua execução, como também passa a ser o cidadão convocado a participar ativamente deste fundamental processo, no que hoje comumente é denominado por *cidadania fiscal.*

Afinal, ninguém melhor do que o próprio destinatário das políticas públicas para manifestar suas necessidades e prioridades, o que se legitima dentro do modelo federativo de três níveis - União, Estados e Municípios – adotado pelo Brasil, estrutura que melhor permite a capilaridade participativa.

Pois bem, a cidadania participativa nas finanças públicas ou *cidadania fiscal* se expressa através das previsões legais que permitem o conhecimento e envolvimento do cidadão nas deliberações orçamentárias e no acompanhamento da sua execução. A promoção ao acesso e a participação da sociedade em todos os fatores relacionados com a arrecadação financeira e a realização das despesas públicas se identificam nas seguintes propostas: a) programas de educação fiscal para a população; b) incentivo à participação popular na discussão e na elaboração das peças orçamentárias, inclusive com a realização de audiências públicas; c) ampla divulgação por diversos mecanismos, até por meios eletrônicos, dos relatórios, pareceres e demais documentos da gestão fiscal; d) disponibilização e publicidade das contas dos administradores durante todo o exercício; e) emissão de relatórios periódicos de gestão fiscal e de execução orçamentária; f) legitimação do cidadão para denunciar aos órgãos competentes irregularidades nas contas públicas.

Destacamos, aqui, o *orçamento participativo* como forma de participação popular na elaboração do orçamento público. Constitui uma espécie de *terceiro centro opinativo* de questões orçamentárias, que funciona paralelamente ao Poder Executivo, o qual propõe o projeto de lei orçamentária, e ao Poder Legislativo, que o aprova.

---

31 CARVALHO, Vanessa Cerqueira Reis de. Transparência Fiscal. *Revista de Direito da Procuradoria Geral do Estado do Rio de Janeiro*, nº 54, 2001, p. 88.

32 Citação de Ricardo Lobo Torres em conferência realizada em 27/10/2000 no XIV Congresso Brasileiro de Direito Tributário realizado pelo IDEPE/IBET, citado por CARVALHO, Vanessa Cerqueira Reis de. Transparência Fiscal. *Revista de Direito da Procuradoria Geral do Estado do Rio de Janeiro*, nº 54, 2001, p. 103.

Através do orçamento participativo, criam-se centros de decisões descentralizados e independentes, para que, por meio de conselhos populares especialmente previstos, haja uma efetiva representação da opinião pública local, oferecendo ao cidadão um canal específico para manifestar suas necessidades, gerando, ao fim, uma maior consciência de cidadania ao povo. Nas palavras de Régis Fernandes de Oliveira, o orçamento participativo "dá nascimento a dois focos de poder democrático: um, pelo voto; outro, pelas instituições diretas de participação".[33]

Nos lugares onde se adota o modelo de orçamento participativo, a concretização da participação popular na definição de políticas públicas ocorre através da realização de assembleias locais (municipais, regionais ou de bairros), em que qualquer integrante da coletividade pode participar dos debates, elegendo representantes ou delegados para transmitirem e negociarem com o governo as deliberações assembleares. Haveria, assim, uma maior capilaridade na identificação das necessidades locais, especialmente nos grandes centros urbanos, onde é comum a Administração Pública se distanciar do cidadão.

Os principais temas de interesse local que tradicionalmente são abordados no orçamento participativo são: saneamento básico, habitação, pavimentação, educação, assistência social, saúde, circulação e transporte, esportes e lazer, iluminação pública, turismo, cultura, saneamento ambiental e infância e juventude.

Exemplificativamente, destacamos o modelo de orçamento participativo que foi adotado pela Prefeitura de São Paulo, através do Decreto nº 54.837, de 13/02/2014, que criou o Conselho Municipal de Planejamento e Orçamento Participativos - CPOP, no âmbito da Secretaria Municipal de Planejamento, Orçamento e Gestão.

O Conselho paulistano tem as seguintes atribuições (art. 2º): I – propor diretrizes para a elaboração da proposta do Programa de Metas, do Plano Plurianual (PPA), da Lei de Diretrizes Orçamentárias (LDO) e da Lei Orçamentária Anual (LOA); II – propor metodologia para o processo de participação da sociedade civil na discussão e elaboração da proposta do Programa de Metas, do Plano Plurianual (PPA), da Lei de Diretrizes Orçamentárias (LDO) e da Lei Orçamentária Anual (LOA); III – promover a participação popular na elaboração dos instrumentos de planejamento e orçamento da Prefeitura do Município de São Paulo; IV – colaborar com a construção de mecanismos de monitoramento e avaliação da execução do Programa de Metas, do Plano Plurianual e da execução orçamentária anual; V – acompanhar e monitorar a execução orçamentária anual e o cumprimento do Programa de Metas e do Plano Plurianual, contribuindo para possíveis revisões e manutenção da integração, articulação e compatibilização dos instrumentos de planejamento; VI – propor e participar de audiências públicas, plenárias, oficinas de formação, seminários e outras atividades participativas relacionadas à elaboração e discussão dos instrumentos de planejamento; VII – articular-se de forma contínua e permanente com os Conselhos Participativos Municipais das Subprefeituras e demais instâncias participativas da Administração Pública Municipal;VIII – aprovar a constituição de comissões internas temporárias; IX – elaborar e aprovar seu Regimento

---

33 OLIVEIRA, Régis Fernandes de. *op. cit.* p. 359.

Interno e decidir sobre as alterações propostas por seus membros; X – outras atribuições compatíveis com sua natureza.

Ocorre que na Constituição Federal de 1988, a norma mais próxima à ideia de orçamento participativo encontra-se no art. 29, que possibilita a participação popular nas questões locais. O inciso XII prevê a "cooperação das associações representativas no planejamento municipal" e o inciso XIII permite a "iniciativa popular de projetos de lei de interesse específico do Município".

Não há, porém, na Constituição, qualquer menção de vinculação às propostas populares. Resta-nos, assim, considerá-las como sugestões legitimadas pelo interesse público local, sem implicar obrigação na sua incorporação ao projeto de lei orçamentária, que, segundo o seu art. 165, é de iniciativa exclusiva do chefe do Poder Executivo.

Não obstante, devemos realizar algumas reflexões a respeito, já que a implementação do orçamento participativo apresenta vantagens e desvantagens.

A primeira das vantagens é a de que haveria um fortalecimento da cidadania e da democracia deliberativa ao incluir a voz social no processo de elaboração do orçamento. Ademais, permitir-se-iam escolhas comunitárias sugeridas a partir de suas maiores necessidades, com legítimo conhecimento de causa. E, ainda, o cidadão teria amplo acesso e transparência quanto ao custo/benefício do orçamento.

Como desvantagens, haveria um possível enfraquecimento do atual modelo de representação política. Outrossim, grupos de pressão e movimentos sociais poderiam atuar diretamente na elaboração do orçamento, afetando o conteúdo orçamentário com interesses individuais e específicos. Haveria, ainda, a ausência de conhecimento técnico nas propostas originárias destes conselhos e fóruns, além da falta de visão global da peça orçamentária, gerando eventual desequilíbrio fiscal. Finalmente, o aumento da burocracia poderá engessar e dificultar a tomada de decisão.

Tratando-se de um dos pilares do Estado Democrático de Direito brasileiro - a cidadania fiscal –, a implantação do orçamento participativo como mecanismo de participação popular na definição das políticas públicas precisa ser refletida e aplicada com parcimônia, a fim de se encontrarem meios para potencializar os seus benefícios e não se deixá-lo contaminar pelas desvantagens.

CONCLUSÕES

A multiplicidade de interesses heterogêneos e as diferenças regionais de ordem cultural, social, econômica e demográfica caracterizam o Estado federal brasileiro como um gigante continental que precisa, diuturnamente, superar as dificuldades emergentes dessas relações na busca da efetivação do ideário cooperativo original para a materialização de uma sociedade brasileira mais justa.

O orçamento público brasileiro, um dos pilares do Estado de Direito, é um instrumento fundamental de transformação social à disposição da sociedade brasileira, que inequivocamente vem amadurecendo com a solidificação da sua democracia a partir da promulgação Constituição Federal de 1988.

Não há mais espaço para escolhas políticas ou discricionárias pelos governantes na iniciativa e na implementação das políticas públicas, pois elas já estão pré-estabelecidas no texto e no espírito da Carta Maior, como um dever prioritário que urge ser cumprido pelo Estado perante o cidadão que tem pressa em ver e usufruir o resultado da efetivação dos seus direitos, e que não pode mais ficar alijado de tão relevante processo.

BIBLIOGRAFIA

ABRAHAM, Marcus. *As Emendas Constitucionais Tributárias e os Vinte Anos da Constituição Federal de 1988*. São Paulo: Quartier Latin, 2009.

______. *Curso de Direito Financeiro Brasileiro*. 2ª ed. Rio de Janeiro: Elsevier, 2013.

ALVES, Benedito Antonio; GOMES, Sebastião Edilson; AFFONSO, Antonio Geraldo. *Lei de Responsabilidade Fiscal Comentada e Anotada*. 4ª ed. São Paulo: Juarez de Oliveira, 2002.

BALEEIRO, Aliomar. *Uma Introdução à Ciência das Finanças*. 15ª ed. Rio de Janeiro: Forense, 1997

BARBOSA, Rui. *Comentários à Constituição Federal Brasileira*. São Paulo: Saraiva, 1933.

DÓRIA, Antônio Roberto Sampaio. *Discriminação de Rendas Tributárias*. São Paulo: José Bushatsky, 1972.

BARCELLOS, Ana Paula de. *A eficácia jurídica dos princípios constitucionais*: o princípio da dignidade da pessoa humana. Rio de Janeiro: Renovar, 2002.

______. *Neoconstitucionalismo, Direitos Fundamentais e Controle das Políticas Públicas*. In: QUARESMA, Regina; OLIVEIRA, Maria Lucia de Paula; OLIVEIRA, Farlei Martins Riccio de. *Neoconstitucionalismo*. Rio de Janeiro: Forense, 2009.

BARROSO, Luís Roberto. *O Direito Constitucional e a Efetividade de suas Normas*. 2ª ed. Rio de Janeiro: Renovar, 1993.

______. Da Falta de Efetividade à Judicialização Excessiva: Direito à Saúde, Fornecimento Gratuito de Medicamentos e Parâmetros para Atuação Judicial. In: SARMENTO, Daniel; SOUZA NETO, Claudio Pereira de. *Direitos Sociais:* Fundamentos, Judicialização e Direitos Sociais em Espécie. Rio de Janeiro: Lumen Juris, 2008.

CARVALHO, Paulo de Barros. *Curso de Direito Tributário*. 19ª ed. São Paulo: Saraiva, 2007.

CARVALHO, Vanessa Cerqueira Reis de. Transparência Fiscal. *Revista de Direito da Procuradoria Geral do Estado do Rio de Janeiro nº 54*, 2001.

CAVALCANTI, Márcio Novaes. *Fundamentos da Lei de Responsabilidade Fiscal*. São Paulo: Dialética, 2011.

DOMINGUES, José Marcos. *Direito tributário e meio ambiente*. 3ª ed. Rio de Janeiro: Forense, 2007.

______. Federalismo fiscal brasileiro. *Revista Nomos*, Fortaleza, Universidade Federal do Ceará, v. 26, jan./jun. 2007.

GALDINO, Flávio. *Introdução à teoria dos custos dos direitos:* direitos não nascem em árvores. Rio de Janeiro: Lumen Juris, 2005.

MELLO, Celso Antônio Bandeira de. *Curso de Direito Administrativo*. 27ª ed. São Paulo: Malheiros, 2010.

MORAES, Alexandre de. *Direito constitucional*. 15ª ed. São Paulo: Atlas, 2004.

OATES, E. Wallace. Toward A Second-Generation Theory of Fiscal Federalism. *International Tax and Public Finance*, nº 12, p. 349-373, Netherlands, 2005.

OLIVEIRA, Régis Fernandes. *Curso de Direito Financeiro*. 2ª ed. São Paulo: Revista dos Tribunais, 2008.

SUSTEIN, Cass; HOLMES, Stephen. *The Cost of Rights*: Why Liberty Depends on Taxes. New York: W. W. Norton, 1999.

THEODOULOU, Stella Z. The Contemporary Language of Public Policy: A Starting Point. In: THEODOULOU, Stella Z.; CAHN, Matthew A. (Org.). *Public Policy*: The Essential Readings. New Jersey: Prentice Hall, 1995.

O CONTROLE DE CONVENCIONALIDADE DA LEI ORÇAMENTÁRIA EM FACE DOS TRATADOS INTERNACIONAIS DE DIREITOS HUMANOS: UMA DEMANDA ESTRATÉGICA À ESPERA DE AUTORES

Alexandre Maciel Simões

RESUMO: O presente estudo versa sobre a possibilidade de tutela judicial do orçamento público a partir da aplicação do controle de convencionalidade na lei orçamentária ânua e no próprio orçamento público, como via de justiciabilidade dos direitos econômicos, sociais e culturais previstos no Protocolo adicional à Convenção Americana sobre Direitos Humanos em matéria de Direitos Econômicos, Sociais e Culturais. Sendo temática ainda pouco explorada na processualística constitucional e convencional interna, buscou-se, ainda que em síntese, apresentar os principais pontos relativos ao paradigma convencional interamericano dos Direitos Econômicos, Sociais e Culturais e às modalidades concentrada e difusa de controle de convencionalidade para ao final, fundamentar a possível tutela judicial do orçamento público pela via da aplicação do aludido controle na lei orçamentária ânua em face dos tratados internacionais de Direitos Humanos.

1. INTRODUÇÃO

O presente estudo versa sobre a possibilidade de tutela judicial do orçamento público a partir da aplicação do controle de convencionalidade na lei orçamentária ânua e no próprio orçamento público, como via de justiciabilidade dos direitos econômicos, sociais e culturais previstos no Protocolo adicional à Convenção Americana sobre Direitos Humanos em matéria de Direitos Econômicos, Sociais e Culturais. De fato, decorreu de reflexões surgidas acerca da processualística constitucional e convencional interna.

Para tanto buscou-se, ainda que em síntese, apresentar os principais pontos relativos ao paradigma convencional interamericano dos Direitos Econômicos, Sociais e Culturais e seu respectivo controle de convencionalidade para ao final, fundamentar-se a proposta que ora se apresenta e que tem potencial para tornar-se objeto de adensamento teórico futuro.

A referida proposição central do trabalho, surgiu como fruto da reflexão crítica acerca dos problemas que afetam a construção e efetivação do orçamento público brasileiro, bem como da possibilidade de construção de medidas alternativas e eficazes, pela via do controle de convencionalidade.

2. O PARADIGMA CONVENCIONAL INTERAMERICANO DOS DIREITOS ECONÔMICOS, SOCIAIS E CULTURAIS

No estudo optou-se adotar como paradigma convencional a ser utilizado para a aplicação do controle de convencionalidade, o Protocolo Adicional à Convenção Americana em matéria de Direitos Econômicos, Sociais e Culturais. Tal proposição se justifica pela convergência temática do Protocolo com as questões relativas aos direitos humanos ínsitas no orçamento público, uma vez que o documento convencional apresenta um rol taxativo de direitos garantidos pelo Sistema Interamericano de Direitos Humanos e exigíveis aos Estados Partes.

Assim como os demais sistemas de tutela internacional de direitos humanos, o modelo interamericano de tutela dos direitos econômicos, sociais e culturais é dinâmico, tem sua progressividade prevista já no preâmbulo do Protocolo adicional.[1] A dinamicidade dos direitos humanos *impõe permanente construção* de mecanismos de intervenção diversificados para a garantia desses direitos.

Previstos de forma ampla no art. 26º da Convenção Americana de Direitos Humanos,[2] desde então firmou-se a obrigação de os Estados Partes respeitarem e garantirem de forma *progressiva*, interna e externamente, "a plena efetividade dos direitos que decorrem das normas econômicas, sociais e sobre educação, ciência e cultura, constantes da Carta da Organização dos Estados Americanos". A forma aberta com que se apresentaram os DESC[3] à comunidade interamericana suscitou questionamento doutrinário, que se entende ainda vigente, quanto à possibilidade jurídica de prover garantia estatal, inclusive judicial, quanto a direitos progressivos e indefinidos.

Sergio García Ramírez, ex-Juiz da Corte Interamericana de Direitos Humanos reitera que os direitos contidos no citado artigo possuem justiciabilidade e dessa forma,

---

1 "Considerando que a Convenção Americana sobre Direitos Humanos estabelece que podem ser submetidos à consideração dos Estados Partes, reunidos por ocasião da Assembléia Geral da Organização dos Estados Americanos, projetos de protocolos **adicionais a essa Convenção, com a finalidade de incluir progressivamente no regime de proteção da mesma outros direitos e liberdades**". ORGANIZAÇÃO DOS ESTADOS AMERICANOS. Protocolo Adicional à Convenção Americana sobre Direitos Humanos em Matéria de Direitos Econômicos, Sociais e Culturais "Protocolo de São Salvador". Disponível em <http://www.oas.org/pt/cidh/mandato/Basicos/sansalvador.pdf>. Acesso em 20 mar. 2014. Grifou-se.

2 ORGANIZAÇÃO DOS ESTADOS AMERICANOS. Convenção Americana sobre Direitos Humanos. Disponível em <http://www.oas.org/pt/cidh/mandato/Basicos/convencion.pdf>. Acesso em 20 mar. 2014.

3 Direitos Econômicos, Sociais e Culturais.

"todos os direitos contidos no Pacto de San José da Costa Rica e aceitos pelos Estados Partes encontram-se submetidos ao regime geral de supervisão e decisão (do Sistema Interamericano de Direitos Humanos)".[4] Ainda na densa lição de RAMIREZ, oportuno ressaltar, acerca dos DESC, que a obrigação internacional dos Estados Partes é prover garantia de proteção que englobe

> a expressão integral das liberdades e expectativas inerentes à dignidade humana e os instrumentos suficientes e eficientes para trasladar aquelas à realidade cotidiana. Em outros termos, a solução jurídico-filosófica (que não ocorre de uma só vez, pois os direitos humanos figuram em um catálogo sempre inconcluso e também irredutível) se acompanha de uma solução jurídico-política (que tampouco se esgota em um único esforço). A primeira proclama direitos e liberdades; a segunda constrói garantias e instituições.[5]

Com o final da construção histórica do Protocolo de São Salvador em 1988, ratificado pelo Brasil em 1996, essa condição de subjetividade da CADH[6] foi inteiramente afastada e consolidada a relação sinérgica entre os direitos civis e políticos e os direitos econômicos, sociais e culturais.

Destaca-se a objetividade do Sistema Interamericano de Direitos Humanos em estabelecer documento convencional apto a enfrentar possíveis investidas restritivas (neoliberais), que via de regra buscam justificação do contingenciamento de recursos pelo argumento da reserva do possível. Nesse sentido, o Protocolo em seu artigo 1º adverte que

> Os Estados Partes neste Protocolo Adicional à Convenção Americana sobre Direitos Humanos comprometem-se a adotar as medidas necessárias, tanto de ordem interna como por meio da cooperação entre os Estados, **especialmente econômica e técnica, até o máximo dos recursos disponíveis** e levando em conta seu grau de desenvolvimento, a fim de conseguir, **progressivamente** e de acordo com a legislação interna, **a plena efetividade dos direitos reconhecidos neste Protocolo.**[7]

Replicando dispositivo já inserto na CADH, o artigo 4º do Protocolo Adicional[8] reitera a vedação do uso de questões de direito interno para sustentar redutibilidade desses direitos.

---

4 RAMIREZ, Sergio García. ***Protección jurisdiccional internacional de los derechos económicos, sociales y culturales***. p. 139-141. Disponível em: <http://dialnet.unirioja.es/servlet/articulo?codigo=624566>. Acesso em 20 mar. 2014. Tradução livre.

5 Idem, p.128. Tradução livre.

6 CONVENÇÃO AMERICANA SOBRE DIREITOS HUMANOS.

7 Obra citada na nota 1. Grifou-se.

8 Idem. Grifou-se.

> Não se poderá **restringir ou limitar** qualquer dos direitos reconhecidos ou vigentes num Estado em virtude de sua legislação interna ou de convenções internacionais, sob pretexto de que este Protocolo não os reconhece ou os reconhece em menor grau.

Os DESC encontram-se definidos nos artigos 6º ao 18º do Protocolo adicional que determinam a obrigação estatal de proteção e desenvolvimento progressivo dos direitos relacionados ao trabalho e às condições justas, equânimes e satisfatórias para seu exercício, aos direitos sindicais e de previdência social, à saúde e ao meio ambiente sadio, à alimentação saudável, à educação e aos benefícios da cultura, à constituição e proteção da família, ao direito da criança e das de pessoas idosas e por fim, dos deficientes.

Há, porém, curiosa restrição imposta pelo próprio Protocolo que admite somente petições individuais a partir dos direitos enumerados no artigo 8º que tratam da associação sindical.

RAMIREZ adverte que a justiciabilidade desses direitos depende de que os casos apresentados ao Sistema Interamericano de Direitos Humanos versem sobre direitos genuínos e não sobre "expectativas de direitos, promessas ou esperanças"[9]. Por fim, tendo ratificado livremente o Protocolo em 1996, o Estado brasileiro *deve garantir o pleno exercício* dos direitos convencionalmente estabelecidos cabendo, nesse sentido, comprometer-se em

> adotar, de acordo com suas normas constitucionais e com as disposições deste Protocolo, as medidas legislativas ou de outra natureza que forem necessárias para tornar efetivos esses direitos.[10]

Não havendo conformação no direito interno e, por conseguinte, nas políticas públicas voltadas à efetivação dos DESC, *obriga-se o Estado brasileiro*, sob pena de responsabilidade internacional, pela via do controle de convencionalidade, a adequar a legislação interna e os atos de governo, convergindo-os *plenamente* ao comando convencional.

3. DO CONTROLE DE CONVENCIONALIDADE

O controle de convencionalidade guarda razoável paralelismo com o controle de constitucionalidade. MAZZUOLI afirma que, pela ótica constitucional brasileira positivada nos §§ 2º e 3º do artigo 5º da Constituição Federal, deve existir para além do controle de constitucionalidade, um "controle de convencionalidade das leis, que é a compatibilização da produção normativa doméstica com os tratados de direitos humanos ratificados pelo governo e em vigor no País".[11]

---

9 Obra citada na nota 4, p. 131.

10 Obra citada na nota 1, p. 80.

11 MAZZUOLI, Valério de Oliveira. **Teoria geral do controle de convencionalidade no direito brasileiro in Estudos Avançados de Direitos Humanos. Democracia e Integração Jurídica: Emergência de um novo Direito Público.** Rio de Janeiro: Elsevier Editora, 2013, p. 745.

A prevalência dos comandos convencionais deflui da interpretação conjunta do artigo 27º da Convenção de Viena sobre o Direito dos Tratados,[12] que dispõe que "uma parte não pode invocar as disposições de seu direito interno para justificar o inadimplemento de um tratado", e do artigo 2º da Convenção Americana de Direitos Humanos[13] que prevê que os Estados Partes "**comprometem-se a adotar, de acordo com as suas normas constitucionais e com as disposições desta Convenção, as medidas legislativas ou de outra natureza que forem necessárias para tornar efetivos tais direitos e liberdades**", não sendo permitida qualquer interpretação restritiva dos direitos e liberdades garantidas na CADH, como preconiza o artigo 29º da Convenção.

Neste breve estudo sobre o controle de convencionalidade importa observar-se, entre outros aspectos, a amplitude e o objeto de sua aplicação.

Ao ratificar um Tratado Internacional de Direitos Humanos, o Estado Parte deverá, sob pena de responsabilidade internacional, realizar duplo controle de validade de leis e de legalidade de seus atos. O paradigma convencional não poderá, de forma alguma, ser desprezado, da mesma forma que a Carta Política do Estado Parte também não.

O fundamento do controle de convencionalidade tem base na própria teoria da responsabilidade internacional do Estado. Como pontifica André Ramos, a questão relativa à responsabilidade decorre de três princípios do próprio Direito:

> Consideramos que o Direito é composto de três grandes princípios relacionados com a responsabilidade. Além do *alterum no ladere*, há também o *honest vivere* e o *suum cuique tribuere*, respectivamente, não lesar o próximo, viver honestamente e dar a cada um o que é seu, conforme consagrado nas fórmulas romanas. Esses princípios informam todo o trabalho do legislador, que os concretiza nas normas de responsabilidade.[14]

Dessa forma, a responsabilidade emerge da própria norma jurídica que define um determinado parâmetro de conduta bem como, as consequências dos atos de violação, o que enseja a necessidade de suporte fático para comprovação do dano, da existência de conduta adversa à norma e de nexo de causalidade.

Nesse mesmo diapasão, a responsabilidade pode ser definida como a

> relação jurídica entre duas partes, aquele que foi lesado [...] e aquele que deve reparar o dano (não necessariamente aquele que provocou o dano) pois

---

12 ORGANIZAÇÃO DAS NAÇÕES UNIDAS. **Convenção de Viena sobre o Direito dos Tratados.** Viena, 23 mai. 1969. Disponível em <http://dai-mre.serpro.gov.br/legislacao/convencao-de-viena-sobre-o-direito-dos-tratados-1/>. Acesso em 30 ago. 2014.

13 Obra citada na nota 2. Grifou-se.

14 RAMOS, André de Carvalho. **Responsabilidade Internacional por violação de Direitos Humanos**. São Paulo: Renovar, 2004, p. 61.

> adota-se a concepção germânica que distingue dever jurídico de abstenção da conduta causadora de danos a outrem e responsabilidade.[15]

Transportando os conceitos para o Direito Internacional, tem-se que a responsabilidade internacional do Estado é obrigação jurídica decorrente dos atos de violação às normas internacionais de conduta, frente à comunidade internacional e nacional, implicando obrigação de reparação na medida dos danos provenientes da violação convencional.

Confirmada violação a um Tratado Internacional de Direitos Humanos, a reparação dar-se-á basicamente na condenação do Estado nas obrigações de:

- Fazer cessar as violações dos Direitos Humanos convencionados;
- Reparar as violações, materiais e imateriais, às vítimas e a seus familiares (titulares do direito de reparação na ausência da vítima), promovendo as indenizações determinadas, sem prejuízo de outras reparações determinadas na sentença, como por exemplo, promoção de ações de desagravo, visando o resgate da reputação das vítimas, quando verificado ataque à sua reputação pessoal, a partir de atos públicos, construção de memoriais e etc.;
- Harmonizar o conteúdo e aplicação de normas do Direito Interno em que seja identificada inconvencionalidade em relação aos TIDH,[16] impedindo novas violações e o conflito entre normas internas e internacionais.

Nesse último sentido, MAZZUOLI afirma que o controle de convencionalidade exercido pelo Judiciário, de forma difusa ou concentrada, tratará de

> adaptar ou conformar **os atos ou leis internas aos compromissos internacionais assumidos pelo Estado que criam para este, deveres no plano internacional com reflexos práticos no plano de seu direito interno**. Doravante, não somente os tribunais internos devem realizar o controle de convencionalidade (para além do clássico controle de constitucionalidade), mas também, os tribunais internacionais (ou supranacionais) criados por convenções entre Estados, nas quais estes (os Estados) se comprometem, no pleno e livre exercício de sua soberania, a cumprir tudo o que ali fora decidido.[17]

As bases e fundamentos da teoria geral do controle de convencionalidade foram cunhados por Sergio Garcia Ramirez em 2003, ano em que foi eleito para a presidência da Corte Interamericana de Direitos Humanos, no caso *Myrna Mack Chang vs. Guatemala.* A esse respeito informa o autor que

---

15 Idem, p. 63.

16 Tratados Internacionais de Direitos Humanos.

17 Obra citada na nota 11, p. 765. Grife-se.

> ***La primera vez que se aludió al controle de convencionalidad en el marco de la Corte Interamericana, destacando la función de ésta en ese campo, fue en mi voto sobre el citado caso Mack Chang vs. Guatemala, del 25/11/2003.*** *Posteriormente volví a examinar este asunto en el voto relativo al caso Tibi [...] del 7/7/2004. [...] Nuevamente me ocupé del tema en el voto emitido acerca de los casos do Trabajadores Cesados del Congreso vs. Perú (Aguado Alfaro y otros), del 24/11/2006[...]* ***la Corte Interamericana asumió la doctrina del control de convencionalidad en el conocido caso Almonacid Arellano y otros vs. Chile, que amplió y difundió, con efectos muy apreciables, en conocimiento de esta materia en las jurisdicciones nacionales.***[18]

A doutrina do ilustre autor informa-nos ainda que a Corte IDH aclarou o sentido do *dever de respeitar e garantir o cumprimento integral* da CADH, que exsurge principalmente de seus artigos 1º e 2º, a partir da sentença do caso *Velásquez Rodriguez vs. Honduras* de 29/07/1988 onde se lê:

> ***La segunda obligación de los Estados Partes es la de "garantizar" el libre y pleno ejercicio de los derechos reconocidos en la Convención a toda persona sujeta a su jurisdicción.*** *Esta obligación implica* ***el deber de los Estados Partes de organizar todo el aparato gubernamental y, en general, todas las estructuras a través de las cuales se manifiesta el ejercicio del poder público, de manera tal que sean capaces de asegurar jurídicamente el libre y pleno ejercicio de los derechos humanos.*** *Como consecuencia de esta obligación los Estados deben prevenir, investigar y sancionar toda violación de los derechos reconocidos por la Convención y procurar, además, el restablecimiento, si es posible, del derecho conculcado y, en su caso, la reparación de los daños producidos por la violación de los derechos humanos.*[19]

Assim, tem-se que não cabe apenas ao Poder Judiciário a execução do controle de convencionalidade. A obrigação internacional de aplicar o controle convencional de leis e de atos do Estado pertence a todos agentes estatais impedindo, por exemplo, que no labor construtivo da peça orçamentária ânua, *restrinjam-se ou eliminem-se* recursos financeiros necessários à efetivação de políticas públicas voltadas à concretização dos direitos humanos econômicos, sociais e culturais.

Segundo a concepção original, proposta por RAMIREZ, existem dois tipos de controle de convencionalidade:

---

18 RAMIREZ, Sergio Garcia. **El control judicial interno de convencionalidade in Estudos Avançados de Direitos Humanos.** Org. PIOVESAN, Flávia. Rio de Janeiro. Editora Elsevier: 2013, p. 576. Grifou-se.

19 CORTE INTERAMERICANA DE DIREITOS HUMANOS. **Caso Velásquez Rodriguez vs. Honduras**, 29 jul. 1988. Disponível em: <http://www.corteidh.or.cr/docs/casos/articulos/seriec_04_esp.pdf>. Acesso em: 23 set. 2013.

• Um controle de convencionalidade externo, denominado também como próprio, original, concentrado e o;
• controle de convencionalidade interno, também denominado como impróprio, derivado ou difuso.

Nesse diapasão, reforça-se que o controle concentrado de convencionalidade será sempre exercido pela Corte Interamericana de Direitos Humanos, por ser o órgão convencionalmente designado para produzir a interpretação válida da Convenção Americana de Direitos Humanos e dos demais documentos convencionais interamericanos. Nesse sentido, aplicação da modalidade difusa do controle de convencionalidade, a ser exercido nas instâncias jurisdicionais internas, permite a existência de um

> *"control extenso – vertical y general – en materia de juridicidad de los actos de autoridades – por lo que toca a la conformidad de estos con las normas internacionales sobre derechos humanos –, sin perjuicio de que la fuente de interpretación de las disposiciones internacionales de esta materia se halle donde los Estados la han depositado al instituir el régimen de protección que consta en la CADH y en otros instrumentos del corpus iuris regional. Me parece que ese control extenso – al que corresponde el "control de convencionalidad – se halla entre las más relevantes tareas para el futuro inmediato del Sistema Interamericano de Protección de los Derechos Humanos.*[20]

Assim, demonstra-se a viabilidade de obtenção de tutela judicial do orçamento público pela aplicação do controle de convencionalidade de nossa lei orçamentária ânua, face aos tratados internacionais de Direitos Humanos ratificados pelo Brasil.

4. A CARACTERIZAÇÃO DA RESPONSABILIDADE INTERNACIONAL BRASILEIRA POR APROVAÇÃO OU DESVIRTUAÇÃO DE LEI ORÇAMENTÁRIA RESTRITIVA DOS DIREITOS HUMANOS

A responsabilidade internacional do Estado brasileiro frente ao Sistema Interamericano de Direitos Humanos emerge do descumprimento das cláusulas convencionais dos Tratados Internacionais de Direitos Humanos e seus Protocolos adicionais ratificados.

É entendimento pacífico que grande parte das "falhas estatais na implementação de políticas públicas"[21] tem seu nascedouro nas poderosas chicanas criadas pela manipulação política, e mesmo privada, do orçamento público, fomentadas por um crescen-

---

20 Obra citada na nota 18, p. 581.

21 DOMINGUES, José Marcos. O desvio de finalidade das contribuições e o seu controle tributário e orçamentário no direito brasileiro, *in* **Direito Tributário e políticas públicas**. São Paulo: MP Editora, 2008, pp. 299-351.

te e flagrante fisiologismo. São mazelas históricas e institucionalizadas que se impõe contra as políticas públicas voltadas à efetivação dos direitos econômicos, sociais e culturais e que são instrumentalizadas, por exemplo, pelas medidas de contingenciamento orçamentário e pela desvinculação de receitas da União.

Nesse sentido, apresenta-se a reflexão crítica acerca dos compromissos internacionais brasileiros assumidos por força da ratificação do Protocolo Adicional à Convenção Americana de Direitos Humanos em matéria de Direitos Econômicos, Sociais e Culturais, ocorrida em 21/08/1996.

O referido paradigma convencional informa na dicção dos artigos 1º e 2º:

> *Artículo 1 – Obligación de Adoptar Medidas*
> *Los Estados partes en el presente Protocolo Adicional a la Convención Americana sobre Derechos Humanos* ***se comprometen a adoptar las medidas necesarias tanto de orden interno como mediante la cooperación entre los Estados, especialmente económica y técnica, hasta el máximo de los recursos disponibles y tomando en cuenta su grado de desarrollo, a fin de lograr progresivamente, y de conformidad con la legislación interna, la plena efectividad de los derechos que se reconocen en el presente Protocolo.***
> *Artículo 2 – Obligación de Adoptar Disposiciones de Derecho Interno*
> *Si el ejercicio de los derechos establecidos en el presente Protocolo no estuviera ya garantizado por disposiciones legislativas o de otro carácter,* ***los Estados partes se comprometen a adoptar, con arreglo a sus procedimientos constitucionales y a las disposiciones de este Protocolo las medidas legislativas o de otro carácter que fueren necesarias para hacer efectivos tales derechos.***[22]

A conjugação dos artigos 1º e 2º do referido paradigma convencional e do artigo 27º da Convenção de Viena, *determina* ao Brasil que sejam adotadas medidas econômicas e técnicas, *inclusive de adequação da legislação interna se necessário*, visando garantir plena efetividade aos DESC. Destarte, a lei orçamentária ânua e os atos administrativos a ela vinculados estão, para além do controle constitucional, sujeitos ao controle convencional e sua incongruência com a norma internacional de tutela dos Direitos Humanos implica, sem embargos, responsabilidade internacional ao Estado brasileiro.

Destarte, como pontifica o Professor José Marcos Domingues, não se pode olvidar que o Estado brasileiro dispõe dos "instrumentos legais de direção e controle da

---

22 *ORGANIZACIÓN DE LOS ESTADOS AMERICANOS.* ***PROTOCOLO ADICIONAL A LA CONVENCION AMERICANA SOBRE DERECHOS HUMANOS EN MATERIA DE DERECHOS ECONOMICOS, SOCIALES Y CULTURALES "PROTOCOLO DE SAN SALVADOR"***, 22 nov. 1969. Versão original. Comissão Interamericana de Direitos Humanos. Disponível em < http://www.oas.org/juridico/spanish/Tratados/a-52.html>. Acesso em: 20 jan. 2014, grifou-se.

economia, seja através da Despesa, seja pela Tributação, seja no Crédito"[23] e que esses mecanismos que se encontram sobre um paradigma legal de controle não mais exclusivamente constitucional, mas também convencional, devem ser direcionados à viabilização de financiamento das políticas públicas voltadas a concretização dos DESC.

Assim, sob a égide constitucional e convencional, qualquer ato estatal que restrinja ou desconstitua a rigidez da lei ânua orçamentária, promovendo descontinuidade e imprevisibilidade dos recursos vinculados ao financiamento dessas políticas públicas, causando ilegítima postergação, se constitui grave violação de Direitos Humanos, em especial àqueles previstos no Protocolo adicional.

Nesse sentido, o vilipêndio e o escárnio do orçamento público em detrimento da efetivação dos DESC implicam em atribuição de responsabilidade internacional ao Estado brasileiro frente ao Sistema Interamericano de Direitos Humanos.

Este tem sido o direcionamento da jurisprudência da Corte Interamericana de Direitos Humanos na aplicação do controle concentrado de convencionalidade.

Em 2004, A Corte Interamericana de Direitos Humanos no "*Instituto de Reeducación del Menor" vs. Paraguay*",[24] condenou o Estado paraguaio pela falta previsão de recursos no orçamento do Estado necessários ao adequado funcionamento de um centro de reeducação de menores infratores, levando o Instituto a apresentar níveis muito inferiores aos padrões internacionais admissíveis para as condições de saúde, alimentação e educação, dinamitando na base qualquer projeto de reinserção social dos menores. A sentença informa que

> §174 – *Está también probado que el Estado no brindó a los niños internos la educación que éstos requerían y a la cual aquél estaba obligado, tanto en razón de la protección del derecho a la vida entendido en el sentido señalado anteriormente, **como por la disposición del artículo 13 del Protocolo Adicional a la Convención Americana en Materia de Derechos Económicos, Sociales y Culturales. El programa educativo que se ofrecía en el Instituto era deficiente, ya que carecía de maestros y recursos adecuados** (supra párr. 134.12). Este incumplimiento del Estado causa consecuencias todavía más serias cuando los niños privados de libertad provienen de sectores marginales de la sociedad, como ocurre en el presente caso, pues ello les **limita sus posibilidades de reinserción efectiva en la sociedad y el desarrollo de sus proyectos de vida**.*

23 DOMINGUES, José Marcos. **Crise global: aspectos de direito financeiro e tributário.** Disponível em < www.aperj.org.br/arquivos/pdf/Jmd.pdf >. Acesso em 15 mar. 2014.

24 CORTE INTERAMERICANA DE DIREITOS HUMANOS. ***Caso Instituto de Reeducación del Menor" Vs. Paraguay*** . 02 set. 2004. Disponível em: < www.corteidh.or.cr/docs/casos/articulos/seriec_112_esp.pdf >. Acesso em: 23 ago. 2013. Grifou-se.

Em terras brasileiras, o Caso Ximenes Lopes vs. Brasil[25] expôs mazelas da falta de uma política pública para a proteção dos Direitos Humanos de pacientes psiquiátricos.

O quadro de violações apresentado na denúncia, fundamentada pelo laudo necropsial e pelo depoimento de testemunhas, revelou que a vítima, internada para tratamento na Casa de Repouso Guararapes, em Sobral (CE), foi submetida à contenção física e maus tratos em série vindo a falecer em 4 de outubro de 1999.

Após a realização das audiências públicas e reservadas em que foram ouvidas testemunhas e peritos e, analisado todo o conjunto probatório, a Corte IDH prolatou *por decisão unânime,* no dia 4 de julho de 2006, sentença condenatória declarando a responsabilidade internacional do Estado brasileiro pela omissão nos cuidados *à saúde* do Sr. Damião Ximenes Lopes.

Comprovada a violação da Convenção Americana de Direitos Humanos e de seu Protocolo Adicional o Brasil, por não garantir o direito à vida e a uma assistência à saúde digna e compatível com a progressiva evolução científica na área, foi condenado a desenvolver um programa de formação e capacitação para médicos, psiquiatras, psicólogos, enfermeiros e auxiliares de enfermagem, bem como para todas as pessoas vinculadas ao atendimento de pessoas portadoras de deficiência mental, conforme padrões internacionais sobre a matéria. Somaram-se a essa sentença outras medidas de reparação pecuniária e de responsabilização judicial dos profissionais envolvidos.

Na mesma direção relativa ao direito à assistência de saúde digna e compatível com a progressiva evolução científica da Medicina, pronunciou-se a Corte IDH no Caso "*Artavia Murillo y otros (Fertilización in vitro) vs. Costa Rica*"[26] de 2012, condenando o Estado costarriquenho pela não disponibilização de recursos públicos para tratamento de infertilidade. Nesse caso em especial, a Corte deu amplitude interpretativa aos direitos de segunda geração, asseverando que o Estado deve prover *recursos suficientes* para garantir o acesso à novas tecnologias de tratamento de saúde. Destarte, o tribunal internacional afirmou que

> *§150. [...] el derecho a la vida privada y* ***la libertad reproductiva guarda relación con el derecho de acceder a la tecnología médica necesaria para ejercer ese derecho****. El derecho al goce de los beneficios del progreso científico ha sido reconocido internacionalmente (o Artículo 15, b del Pacto Internacional de Derechos Económicos, Sociales y Culturales dispone que los Estados Partes en el presente Pacto reconocen el derecho de toda persona a [...]* ***gozar de los beneficios del progreso científico y de sus aplicaciones****)* y, en el ámbito interamericano, se encuentra contemplado en el artículo

25 Idem. **Caso Ximenes Lopes Vs. República Federativa do Brasil. Sentença. Exceções Preliminares.** 30 nov. 2005. Disponível em: <http://www.corteidh.or.cr/docs/casos/articulos/seriec_139_esp.pdf>. Acesso em: 15 mar. 2014.

26 *Ibidem.* **Caso *Artavia Murillo y otros (Fertilización in vitro) Vs. Costa Rica*.** 28 nov. 2012. Disponível em: < www.corteidh.or.cr/docs/casos/articulos/seriec_257_esp.pdf >. Acesso em: 23 abr. 2014. Grifou-se.

XIII de la Declaración Americana (***Toda persona tiene el derecho de [...] disfrutar de los beneficios que resulten de los progresos intelectuales y especialmente de los descubrimientos científicos***) *y en el artículo 14.1 b) del Protocolo de San Salvador.*

5. DA APLICAÇÃO DO CONTROLE DE CONVENCIONALIDADE, CONCENTRADO OU DIFUSO, COMO INSTRUMENTO DE TUTELA JUDICIAL DO ORÇAMENTO PÚBLICO

Vistos alguns dos principais precedentes na corte internacional que versaram sobre os direitos econômicos, sociais e culturais, conclui-se que a responsabilidade internacional do Estado brasileiro se consolida quando ocorre colisão entre o paradigma convencional e a lei orçamentária ânua ou com as medidas de contingenciamento do orçamento público que restringem o acesso a esses direitos ensejando, *prima facie*, a aplicação de controle de convencionalidade. Contudo, cabem algumas considerações acerca das medidas processuais nas vias concentrada e difusa do controle.

Em síntese, a aplicação do controle concentrado de convencionalidade no âmbito do Sistema Interamericano de Direitos Humanos é bifásica e complexa, tendo início na Comissão Interamericana de Direitos Humanos que realiza a análise de admissibilidade da petição que denuncia as violações e, admitindo-as, processa as fases de *solução amistosa e quase contenciosa* do controle concentrado.

Estão legitimados a peticionar ao sistema a própria vítima ou seu representante, organizações não governamentais legalmente reconhecidas e ainda, um Estado Parte que poderá denunciar à Comissão IDH,[27] violações praticadas por outro Estado Parte (denúncias interestatais).

Se a composição das reparações às violações de Direitos Humanos convencionados não for alcançada até o fim da fase quase contenciosa na Comissão IDH, o caso é remetido à Corte Interamericana de Direitos Humanos para julgamento e, havendo convencimento de que ocorreu violação de direitos, é prolatada sentença condenatória inapelável.

Todavia, existe uma questão que não pode ser afastada no que refere-se à aplicação do controle concentrado de convencionalidade qual seja, o tempo médio de processamento de uma demanda na jurisdição internacional que *é atualmente de aproximadamente oito anos* a partir da admissibilidade da denúncia na Comissão IDH. Em se tratando de lei orçamentária ânua que viole os DESC, esse prazo é inaceitável, pois ocasionaria perda do objeto da lide.

Há ainda outro fato que descredencia que seja utilizada *inicialmente* a via concentrada de controle de convencionalidade para tutela judicial internacional do orçamento público: a retenção de petições na fase de análise de admissibilidade. Atualmente, como demonstra o último relatório de atividades da Comissão IDH,[28] existem 366 pe-

---

27 Comissão Interamericana de Direitos Humanos.

28 COMISSÃO INTERAMERICANA DE DIREITOS HUMANOS. **Relatório de atividades 2013, capítulo II**. Disponível em < http://www.oas.org/es/cidh/docs/anual/2013/docs-es/InformeAnual-Cap2-A-B.pdf>. Acesso em 15 jul. 2014.

tições denunciando violações do Estado brasileiro pendentes de processamento. É um número absurdo que, ainda que fosse possível aplicar o critério *per saltum*[29] surgido no último movimento de reforma e fortalecimento do Sistema IDH consolidado ao final de 2013, não seria atingida a necessária celeridade processual tão ansiada por *aqueles que têm seus direitos fundamentais em risco.*

Por todo o exposto, a opção pela aplicação concentrada de controle de convencionalidade se apresenta adequada apenas para uma denúncia de um conjunto de violações ao orçamento público, denotando o desprezo sistemático do Estado brasileiro pela peça orçamentária, por não disponibilizar os recursos necessários à concretização das políticas públicas relacionadas aos compromissos internacionalmente contratados pelo Brasil nos Tratados Internacionais de Direitos Humanos.

Destarte, a aplicação do controle difuso de convencionalidade para obtenção da tutela internacional do orçamento público se apresenta como mecanismo mais eficaz. Antes de esboçarmos os contornos processuais do controle é preciso, resumidamente, delinear brevemente o consenso jurisprudencial pacificado no Supremo Tribunal Federal-STF acerca da hierarquia dos tratados internacionais de Direitos Humanos, em função da relevância da questão para a aplicação do controle convencional.

Ainda que "no plano internacional não importe qual é a visão brasileira sobre o estatuto normativo interno de um tratado internacional de direitos humanos",[30] após a Emenda Constitucional nº 45/2004 o Estado brasileiro passou a possuir duplo procedimento de internalização dos tratados internacionais de Direitos Humanos, implicando possibilidade de coexistência de tratados e convenções de mesma natureza, porém, com status hierárquico diferenciado, supralegal ou constitucional, a depender do rito aplicado no processo de ratificação. Em tempo: esta singularidade brasileira vai de encontro com o Art. 5º, seção I do Programa de Ação de Viena[31] e poderá causar embaraços futuros a nosso país perante a comunidade internacional.

Historicamente, o enquadramento *supralegal* dos TIDH começou a ser delineado no STF a partir do voto do Ministro Sepúlveda Pertence, na relatoria do RHC nº

---

29 Durante o período de 2011 a 2013, a Comissão IDH realizou intenso processo de reflexão impulsionado pela comunidade interamericana, visando o fortalecimento do SIDH. No âmbito da Comissão foram implantadas a partir de agosto de 2013, uma série de reformas no regulamento, com reflexos nas políticas e práticas da Comissão IDH. Foi incluindo nesse conjunto de revisões a possibilidade de utilização de um dispositivo *per saltum*, que busca garantir flexibilidade para uma melhor definição de prioridades de análise no âmbito da Comissão IDH que adotava até então o critério cronológico, e que era excepcionado apenas nos casos que envolviam a aplicação de pena de morte e às violações às crianças e idosos.

30 RAMOS, André de Carvalho. **Teoria geral dos direitos humanos na ordem internacional**. 2ª ed. Saraiva, São Paulo: 2012, p. 78.

31 "**Todos os Direitos Humanos são universais, indivisíveis**, interdependentes e inter-relacionados. A comunidade internacional deve considerar os Direitos Humanos, globalmente, de forma justa e equitativa, **no mesmo pé e com igual ênfase**.". ORGANIZAÇÃO DAS NAÇÕES UNIDAS. **Declaração e Programa de Ação de Viena.** Conferência Mundial sobre Direitos Humanos, 14-25 jun. 1993. Disponível em < http://www.oas.org/dil/port/1993%20Declara%C3%A7%C3%A3o%20e%20

79.785-RJ,[32] que admite possuírem os tratados e convenções de direitos humanos, natureza superior às leis ordinárias.

Diz o Ministro em seu voto que

> [...] **à primeira vista, parificar às leis ordinárias os tratados a que alude o art. 5º, § 2º, da Constituição, seria esvaziar de muito do seu sentido útil a inovação**, que, malgrado os termos equívocos do seu enunciado, **traduziu uma abertura significativa ao movimento de internacionalização dos direitos humanos**.

A tese da supralegalidade dos TIDH foi consolidada a partir do giro jurisprudencial observado no acórdão prolatado no julgamento do RE-466343-SP[33] (fim da prisão civil por dívidas de caráter não alimentício), que encontrou no voto condutor do Ministro Gilmar Mendes, densamente fundamentado, a pacificação jurisprudencial para o tema, no que se refere aos TIDH ratificados pelo rito do § 2º do art. 5º, da CF sendo, a nosso ver, a tese dominante sobre a matéria desde então. Em seu voto, o Ministro Gilmar Mendes afirma que o

> Supremo Tribunal Federal acaba de proferir uma decisão histórica. O Brasil adere agora ao entendimento já adotado em diversos Países no sentido da supralegalidade dos tratados internacionais sobre direitos humanos na ordem jurídica interna.[34]

Por outro lado, o rito do §3º do Artigo 5º da CF, começou a ganhar contornos em 2002, no alvorecer da EC nº 45/2004, suscitado com ineditismo no posicionamento do Ministro Celso de Mello que se pronunciou a época, a favor da criação de um dispositivo na Constituição que concedesse aos tratados internacionais de Direitos Humanos, estatura constitucional. O eminente Ministro em seu voto no HC 81.319/ GO[35] afirmou que:

> É irrecusável que os tratados e convenções internacionais não podem transgredir a normatividade subordinante da Constituição da República nem

Programa%20de%20Ac%C3%A7%C3%A3o%20adoptado%20pela%20Confer%C3%AAncia%20Mundial%20de%20Viena%20sobre%20Direitos%20Humanos%20em%20junho%20de%201993.pdf>. Acesso em: 09 abr. 2014. Grifou-se.

32 BRASIL. **Recurso ordinário em habeas corpus nº 79.785-7.** Rio de Janeiro. Brasília, DF: Supremo Tribunal Federal, 29 mar. 2000: Disponível em <http://redir.stf.jus.br/paginadorpub/paginador.jsp?docTP=AC&docID=102661>. Acesso em: 22 nov. 2013.

33 BRASIL. **Recurso extraordinário 466.343-1 São Paulo.** Brasília, DF: Supremo Tribunal Federal, 3 dez. 2008. Disponível em: <http://redir.stf.jus.br/paginadorpub/paginador.jsp?docTP=AC&docID=595444>. Acesso em: 15 nov. 2013

34 Idem. p. 7

35 BRASIL. **Habeas corpus 81.319-4 Goiás**. Brasília, DF: Supremo tribunal Federal, 24 abr. 2002. Disponível em http://redir.stf.jus.br/paginadorpub/paginador.jsp?docTP=AC&docID=78700. Acesso em: 15 jan. 2014.

> dispõem de força normativa para restringir a eficácia jurídica das cláusulas constitucionais e dos preceitos inscritos no texto da Lei Fundamental (ADI 1.480/DF, Rel. Min. CELSO DE MELLO, Pleno). – **Revela-se altamente desejável, no entanto, *"de jure constituendo"*, que, à semelhança do que se registra no direito constitucional comparado [...] o Congresso Nacional venha a outorgar hierarquia constitucional aos tratados sobre direitos humanos celebrados pelo Estado brasileiro** (BRASIL, 2002a, grifou-se).

Retomando ainda pronunciamento do Ministro Gilmar Mendes, nos termos de seu voto condutor no RE-466.343-SP, os tratados internacionais de Direitos Humanos, aprovados na forma §3º do Art. 5º da CF, transformaram-se em "*causa petendi aberta*, com a necessidade de aplicação dessas normas sempre que houver essa necessidade"[36] estando, portanto, ínsitos de forma direta na jurisdição constitucional, podendo servir de paradigma para fundamentação *de ações diretas de inconstitucionalidade*, a fim de alcançar na Egrégia Corte a garantia dos direitos enunciados no documento convencional internalizado.

Atualmente, a Convenção Internacional sobre os Direitos das Pessoas com Deficiência e seu Protocolo Facultativo, são os únicos documentos convencionais de proteção aos Direitos Humanos com status de emenda constitucional e, portanto, de forma idêntica aos demais dispositivos constitucionais, hierarquicamente superiores às demais leis do ordenamento jurídico pátrio.

No julgamento do RE 440.028 SP,[37] o referido documento convencional serviu de paradigma legal à fundamentação do acórdão. Destarte, o voto do Ministro Marco Aurélio amalgamou os artigos da CF e da citada Convenção, em mesmo plano.

> Colho da Constituição Federal que a lei disporá sobre normas de construção dos logradouros e dos edifícios de uso público e de fabricação de veículos de transporte coletivo, a fim de garantir acesso adequado às pessoas portadoras de deficiência física – artigo 227, § 2º. Mais do que isso, consoante dispõe o artigo 244, a lei versará a adaptação dos logradouros, dos edifícios de uso público e dos veículos de transporte coletivo atualmente disponíveis, para garantir acesso adequado às pessoas portadoras de deficiência, conforme preceituado no referido § 2º do artigo 227. [...] **A esse arcabouço, provido pelo constituinte originário, devem-se somar as disposições da Convenção Internacional Sobre os Direitos das Pessoas com Deficiência e o respectivo Protocolo Facultativo, promulgada por meio do Decreto**

---

36 Obra citada na nota 33.

37 Idem, *ibidem*. **Recurso extraordinário 440.028 São Paulo.** Brasília, DF: Supremo Tribunal federal, 29 out. 2013. Disponível em: <http://redir.stf.jus.br/paginadorpub/paginador.jsp?docTP=TP&docID=4919884>. Acesso em: 15 nov. 2013. Grifo nosso.

> **nº 6.949, de 25 de agosto de 2009. A incorporação ao cenário normativo brasileiro ocorreu segundo o procedimento previsto no §3º do artigo 5º da Carta Federal, com a estatura de emenda constitucional.** Destaco o teor do artigo 9º: [...] 1. A fim de possibilitar às pessoas com deficiência viver de forma independente e participar plenamente de todos os aspectos da vida, **os Estados Partes tomarão as medidas apropriadas** para assegurar às pessoas com deficiência o acesso, em igualdade de oportunidades com as demais pessoas, ao meio físico, ao transporte, à informação e comunicação, inclusive aos sistemas e tecnologias da informação e comunicação, bem como a outros serviços e instalações abertos ao público ou de uso público, tanto na zona urbana como na rural. **Essas medidas, que incluirão a identificação e a eliminação de obstáculos e barreiras à acessibilidade, serão aplicadas, entre outros, a: a) Edifícios, rodovias, meios de transporte e outras instalações internas e externas, inclusive escolas, residências, instalações médicas e local de trabalho.**

Assim, os demais TIDH ratificados pelo Brasil não têm o condão de parametrizar fundamentação de mesmo porte por serem hierarquizados, pela via jurisprudencial hodierna do Pretório Excelso, com status *supralegal.*

Cabe agora, analisar a via processual interna mais adequada para o contencioso estratégico de tutela da lei orçamentária ânua e do orçamento público, pela aplicação do controle difuso de convencionalidade.

Tendo o Protocolo Adicional à Convenção Americana de Direitos Humanos em matéria de Direitos Econômicos, Sociais e Culturais estatura *supralegal*, é certo que as violações aos direitos nele albergados, em função de restrição ou inexistência de recursos na lei orçamentária ânua ou ainda por medida oportunista de contingenciamento orçamentário, inspiram a possibilidade de acesso à jurisdição constitucional para garantir a tutela judicial do orçamento público, visando garantir a proteção convencional dos DESC, pela via da cláusula de abertura do §2º do Art. 5º da CF.

A decisão construída no já citado RE 466.343-SP ilumina o caminho necessário ao deslinde da questão. Na oportunidade asseverou o Ministro Gilmar Mendes, que a inescusável necessidade de proteção integral aos direitos humanos nos planos interno e internacional tornou "imperiosa uma mudança de posição quanto ao papel dos tratados internacionais sobre direitos humanos na ordem jurídica nacional [...] (que tem) **o condão de paralisar a eficácia jurídica de toda e qualquer disciplina normativa infraconstitucional com ela conflitante".**[38]

A cláusula de abertura ínsita no §2º do Artigo 5º *determinou* à ordem jurídica interna a não exclusão de **direitos e garantias** advindos de *tratados internacionais de direitos humanos em que a República Federativa do Brasil seja parte*, e seu descumprimento é por esse motivo, sem dúvida, notadamente inconstitucional, fazendo ascender à jurisdição constitucional, qualquer contencioso derivado desta inconformidade legal.

---

38 obra citada na nota 33, p. 26.Grifou-se.

Destaque-se que os DESC albergados na Constituição Federal e nos tratados internacionais de Direitos Humanos ratificados visam à satisfação de *necessidades básicas* do ser humano relacionadas ao trabalho digno, à alimentação *de qualidade*, à saúde, habitação, segurança social, educação, cultura, água e meio ambiente dentre outros. Assim, a justiciabilidade desses direitos no âmbito convencional e constitucional estará sempre a exigir do Estado, recursos para o enfrentamento *progressivo* do analfabetismo, da evasão escolar, da exclusão social, dentre outros fenômenos sociais hodiernos que violam amplamente a dignidade da pessoa humana.

Por esses fundamentos, havendo restrição ou exclusão das garantias aos DESC previstas no Protocolo adicional à Convenção Americana de Direitos Humanos em matéria de Direitos Econômicos, Sociais e Culturais, ultrajada estará a própria CF quanto ao artigo supracitado e, nesse sentido, a justiciabilidade desses direitos pode ser alcançada pela via do contencioso constitucional, pela aplicação do controle difuso de convencionalidade na forma da CADH e de nossa CF. Mas qual seria a via apropriada?

A propositura de Arguição de Descumprimento de Preceito Fundamental com dupla fundamentação, *constitucional e convencional*, emerge como via processual adequada e idônea por dois motivos:

- Não existe consenso na Corte Constitucional pátria quanto à abrangência temática do *Preceito Fundamental*, e;
- *Já existe precedente* de uso de ADPF para o controle de inconstitucionalidade de atos do Executivo lesivos ao orçamento público.

Os legitimados para a propositura dessa ação estão definidos no artigo 103 de nossa CF; contudo, cabe uma observação. A versão original da Lei nº 9.882, de 3 de dezembro de 1999, trazia o inciso II do artigo 2º, que previa legitimação ativa ao cidadão para a propositura da ação, tendo sido esse dispositivo vetado pela Presidência da República sob o argumento de que o acesso direto ao STF por qualquer cidadão, mesmo lesado por ato do Poder Público é incompatível com o controle concentrado de legitimidade dos atos estatais.[39]

---

39 "A disposição insere um mecanismo de acesso direto, irrestrito e individual ao Supremo Tribunal Federal sob a alegação de descumprimento de preceito fundamental por "qualquer pessoa lesada ou ameaçada por ato do Poder Público". A admissão de um acesso individual e irrestrito é incompatível com o controle concentrado de legitimidade dos atos estatais – modalidade em que se insere o instituto regulado pelo projeto de lei sob exame. A inexistência de qualquer requisito específico a ser ostentado pelo proponente da arguição e a generalidade do objeto da impugnação **fazem presumir a elevação excessiva do número de feitos a reclamar apreciação pelo Supremo Tribunal Federal, sem a correlata exigência de relevância social e consistência jurídica das arguições propostas**. Dúvida não há de que a viabilidade funcional do Supremo Tribunal Federal consubstancia um objetivo ou princípio implícito da ordem constitucional, para cuja máxima eficácia devem zelar os demais poderes e as normas infraconstitucionais. De resto, o amplo rol de entes legitimados para a promoção do controle abstrato de normas inscrito no art. 103 da Constituição Federal assegura a veiculação e a seleção qualificada das questões constitucionais de maior relevância e consistência,

Em relação a esse veto, o próprio Ministro Gilmar Mendes afirma que "não há de se negar, porém, que o reconhecimento do direito de propositura aos cidadãos em geral afigura-se recomendável e até mesmo inevitável em muitos casos".[40] A esse respeito observa-se que tramita na Câmara de Deputados o Projeto de Lei nº 6.543/2006[41] que visa superar o veto presidencial, alterando a Lei nº 9.882/99, legitimando para a propositura de Arguição de Descumprimento de Preceito Fundamental, as pessoas lesadas ou ameaçadas de lesão por ato do Poder Público. Sem dúvida, essa medida, levada a termo, representará avanço sem precedentes no processo democrático participativo brasileiro.

A ADPF pressupõe a existência de uma dúvida (daí arguir-se o Pretório Excelso) sobre a *legitimidade* de uma lei ou ato estatal que lesione *preceito fundamental*, na forma da Lei 9.882/99.[42] Antes de significar insegurança jurídica, compreende-se que a *mens legislatoris*, ao estabelecer sanção para *descumprimento de preceito fundamental*, impulsionou a norma complementar para uma máxima aderência à natureza das cláusulas constitucionais e, porque não dizer, convencionais, que possuem características de abertura necessárias à garantia da progressividade dos direitos humanos.

---

atuando como verdadeiros agentes de representação social e de assistência à cidadania. Cabe igualmente ao Procurador-Geral da República, em sua função precípua de Advogado da Constituição, a formalização das questões constitucionais carentes de decisão e socialmente relevantes. Afigura-se correto supor, portanto, que a existência de uma pluralidade de entes social e juridicamente legitimados para a promoção de controle de constitucionalidade – sem prejuízo do acesso individual ao controle difuso – torna desnecessário e pouco eficiente admitir-se o excesso de feitos a processar e julgar certamente decorrentes de um acesso irrestrito e individual ao Supremo Tribunal Federal. Na medida em que se multiplicam os feitos a examinar sem que se assegure sua relevância e transcendência social, o comprometimento adicional da capacidade funcional do Supremo Tribunal Federal constitui inequívoca ofensa ao interesse público. Impõe-se, portanto, seja vetada a disposição em comento". BRASIL. PRESIDÊNCIA DA REPÚBLICA. **Mensagem de veto Nº 1.807, DE 3 DE DEZEMBRO DE 1999**.Disponível em < http://www.planalto.gov.br/ccivil_03/leis/Mensagem_Veto/1999/Mv1807-99.htm> Acesso em 20 ago. 2014. Grifo nosso.

40 MENDES, Gilmar F.; BRANCO, Paulo G.G.. **Curso de Direito Constitucional**. 6ª ed. São Paulo : Saraiva, 2011, p. 1240.

41 BRASIL. CÂMARA DOS DEPUTADOS. **Projeto de Lei Nº 6543/2006**. Disponível em <http://www.camara.gov.br/proposicoesWeb/prop_mostrarintegra;jsessionid=BCC647EBCB5F81B3D48400C51437D628.node1?codteor=393711&filename=Avulso+-PL+6543/2006>. Acesso em 20 de ago. 2014.

42 "Art. 1º A arguição prevista no § 1º do art. 102 da Constituição Federal será proposta perante o Supremo Tribunal Federal, e terá por **objeto evitar ou reparar lesão a preceito fundamental, resultante de ato do Poder Público**. Parágrafo único. Caberá também arguição de descumprimento de preceito fundamental: I – quando for relevante o fundamento da controvérsia constitucional sobre lei ou ato normativo federal, estadual ou municipal, incluídos os anteriores à Constituição". BRASIL. **Lei Nº 9.882, DE 3 DE DEZEMBRO DE 1999**. Disponível em <http://www.planalto.gov.br/ccivil_03/leis/l9882.htm>. Acesso em 20 de ago. 2014. Grifo nosso.

Assim, para aplicar-se a ADPF no ambiente estrito de que trata este estudo, visando manter a idoneidade da via escolhida, há que se indicar o preceito fundamental (convencional e constitucional) que se considera violado e sua associação ao ato questionado, juntando-se para isso, a prova da violação. Existindo *controvérsia jurídica* sobre a questão, esta deverá ser contextualizada e comprovada no âmbito da petição inicial.

O uso da ADPF para defesa e reparação do orçamento público não é matéria desconhecida do STF. A mais recente decisão ocorreu no ano de 2014 e verteu da lavra do Ministro Dias Toffoli na ADPF 307.[43] No contencioso em comento, a Associação Nacional de Defensores Públicos alegou ofensa ao art. 134, § 2º, da Constituição Federal, que assegura às Defensorias Públicas autonomia funcional e administrativa, além de iniciativa para a sua proposta orçamentária, dentro dos limites estabelecidos na lei de diretrizes orçamentárias.

Pronunciou-se o i. Ministro no sentido de que

> A arguição dirige-se contra ato do chefe do Poder Executivo estadual praticado no exercício da atribuição conferida constitucionalmente a esse agente político de reunir as propostas orçamentárias dos órgãos dotados de autonomia para consolidação e de encaminhá-las para a análise do Poder Legislativo. Não se cuida de controle preventivo de constitucionalidade de ato do Poder Legislativo, **mas, sim, de controle repressivo de constitucionalidade de ato concreto do chefe do Poder Executivo**. 4. **São inconstitucionais** as medidas que resultem em subordinação da Defensoria Pública ao Poder Executivo, por implicarem violação da autonomia funcional e administrativa da instituição. Precedentes: ADI nº 3965/MG, Tribunal Pleno, Relator a Ministra Cármen Lúcia , DJ de 30/3/12; ADI nº 4056/MA, Tribunal Pleno, Relator o Ministro Ricardo Lewandowski , DJ de 1/8/12; ADI nº 3569/PE, Tribunal Pleno, Relator o Ministro Sepúlveda Pertence , DJ de 11/5/07. **Nos termos do art. 134, § 2º, da Constituição Federal, não é dado ao chefe do Poder Executivo estadual, de forma unilateral, reduzir a proposta orçamentária da Defensoria Pública quando essa é compatível com a Lei de Diretrizes Orçamentárias.** Caberia ao Governador do Estado incorporar ao PLOA a proposta nos exatos termos definidos pela Defensoria, podendo, contudo, pleitear à Assembleia Legislativa a redução pretendida, visto ser o Poder Legislativo a seara adequada para o debate de possíveis alterações no PLOA. A inserção da Defensoria Pública em capítulo destinado à proposta orçamentária do Poder Executivo, juntamente com as Secretarias de Estado, constitui desrespeito à autonomia administrativa da instituição, além de ingerência indevida no estabelecimento de sua programação administrativa e financeira. 5. Medida cautelar referendada".

---

43 BRASIL. **Arguição de Descumprimento de Preceito Fundamental Nº 307.** Brasília, DF: Supremo Tribunal Federal, 11 abr. 2014. Disponível em <http://www.stf.jus.br/portal/processo/verProcessoPeca.asp?id=217186040&tipoApp=.pdf>. Acesso em 20 ago. 2014.

Assim, *a questão crucial* a ser vencida na admissibilidade da propositura de uma ADPF contra ato estatal que vilipendie a lei orçamentária ânua, não é o ato inconstitucional em si visto ser este facilmente comprovado, *mas a confirmação pelo Pretório Excelso* de que a junção do §2º do art. 5º da CF e do Protocolo adicional à Convenção Americana de Direitos Humanos em matéria de Direitos Econômicos, Sociais e Culturais, convencionalmente contratado pelo Estado brasileiro junto à comunidade interamericana formam em *conjunto*, irrefragável e indissociável preceito fundamental.

6. A TÍTULO DE CONCLUSÃO

A conjugação da CF com o Protocolo Adicional à Convenção Americana de Direitos Humanos em matéria de Direitos Econômicos, Sociais e Culturais valida a crença de que esses direitos e garantias convencionais tem plena justiciabilidade.

Pretende-se neste passo estimular uma reflexão crítica acerca da possibilidade de agregar mais instrumentos à diuturna luta em prol da proteção do orçamento público que deveria, de fato, vincular de forma irrevogável o Estado à sua obrigação de concretizar, por meio de políticas públicas, os direitos e garantias convencional e constitucionalmente afirmados.

A questão é que a possibilidade tematizada de, a partir do desdoiro da lei orçamentária ânua, arguir-se a ilegitimidade desse ato restritivo ou excludente dos DESC, através de ADPF fundamentada no *§2º do Artigo 5º da CF* ***e*** *no Protocolo adicional à Convenção Americana de Direitos Humanos em matéria de Direitos Econômicos, Sociais e Culturais* é, por sua abrangência, estratégica.

O que se busca é chamar o Estado a uma litigância paradigmática, que tenha potencial técnico e jurídico para provocar uma mudança concreta na situação desfavorável aos direitos humanos provocada pelo contínuo contingenciamento orçamentário, que se inicia no mais das vezes nos escusos interesses de seus propositores que, direcionados por influências turvas, acabam por beneficiar interesses externos à administração pública e à própria Constituição, deixando à mingua os destinatários finais das políticas públicas vinculadas aos direitos econômicos, sociais e culturais.

Nesse sentido verifica-se que na via contenciosa internacional, a aplicação concentrada do controle de convencionalidade não possui a necessária celeridade processual para refrear ataques ao orçamento público. Por outro lado, não se pode olvidar que uma demanda no Sistema Interamericano de Direitos Humanos se presterá a criar uma exposição negativa do Estado brasileiro na temática dos DESC, perante a comunidade internacional. Contudo, por força da cláusula de não esgotamento de recursos internos, o procedimento na jurisdição interamericana deve aguardar o trânsito em julgado da ação interna, a fim de possibilitar a admissibilidade técnica da denúncia no Sistema Interamericano de Direitos Humanos.

Esse modelo de aplicação do controle de convencionalidade parece mostrar-se adequado para denúncias de um conjunto de violações governamentais de natureza orçamentária, caracterizado por um desprezo sistemático do Estado brasileiro pelo orçamento público, permitindo o desvio injustificado de recursos necessários à concretização das políticas públicas relacionadas aos compromissos internacionalmente contratados pelo Brasil. Nesse caso, o que estará sendo denunciado não é a inconvencionalidade da lei orçamentária ânua ou das medidas de contingenciamento em concreto e sim, as seguidas falhas do *processo orçamentário público* como um todo, impostas por interesses espúrios que instrumentalizam o fisiologismo instalado em nosso país.

Ergue-se, *prima facie,* a possibilidade de aplicação de um controle difuso de convencionalidade, por meio de Ação de descumprimento de Preceito Fundamental baseada nas cláusulas convencionadas no Protocolo Adicional à Convenção Americana em matéria de Direitos Econômicos, Sociais e Culturais, por força da cláusula de não exclusão declamada no §2º do art. 5º da Carta Política brasileira.

É dessa forma que se vislumbra plenamente viável a tutela judicial do orçamento público através da aplicação de controle de convencionalidade na lei orçamentária em face dos tratados internacionais de Direitos Humanos ratificados pelo Brasil, sendo esta uma demanda estratégica *ainda* à espera de autores.

BIBLIOGRAFIA

DOMINGUES, José Marcos. O desvio de finalidade das contribuições e o seu controle tributário e orçamentário no direito brasileiro, *in* **Direito Tributário e políticas públicas**. São Paulo: MP Editora, 2008.

______. **Crise global: aspectos de direito financeiro e tributário.** Disponível em <www.idtl.com.br/artigos/186.pdf>. Acesso em 15 mar. 2014.

MAZZUOLI, Valério de Oliveira. **Teoria geral do controle de convencionalidade no direito brasileiro in Estudos Avançados de Direitos Humanos. Democracia e Integração Jurídica: Emergência de um novo Direito Público.** Rio de Janeiro: Elsevier Editora, 2013.

MENDES, Gilmar F.; BRANCO, Paulo G.G.. **Curso de Direito Constitucional**. 6ª ed., Saraiva, São Paulo: 2011.

RAMOS, André de Carvalho. **Responsabilidade Internacional por violação de Direitos Humanos**. Rio de Janeiro: Renovar, 2004.

______. **Teoria geral dos direitos humanos na ordem internacional**. 2ª ed., Saraiva, São Paulo: 2012.

RAMIREZ, Sergio García. Protección jurisdiccional internacional de los derechos económicos, sociales y culturales. p. 139-141. Disponível em: <http://dialnet.unirioja.es/servlet/articulo?codigo=624566>. Acesso em 20 mar. 2014.

______. El control judicial interno de convencionalidad *in* **Estudos Avançados de Direitos Humanos.** Org. PIOVESAN, Flávia. Rio de Janeiro: Editora Elsevier, 2013, pp. 576-601.

JURISPRUDÊNCIA

BRASIL. **Recurso ordinário em habeas corpus nº 79.785-7.** Rio de Janeiro. Brasília, DF: Supremo Tribunal Federal, 29 mar. 2000: Disponível em <http://redir.stf.jus.br/paginadorpub/paginador.jsp?docTP=AC&docID=102661>. Acesso em: 22 nov. 2013.

______. **Recurso extraordinário 466.343-1 São Paulo.** Brasília, DF: Supremo Tribunal Federal, 3 dez. 2008. Disponível em: <http://redir.stf.jus.br/paginadorpub/paginador.jsp?docTP=AC&docID=595444>. Acesso em: 15 nov. 2013

______. **Habeas corpus 81.319-4 Goiás**. Brasília, DF: Supremo Tribunal Federal, 24 abr. 2002. Disponível em http://redir.stf.jus.br/paginadorpub/paginador.jsp?docTP=AC&docID=78700. Acesso em: 15 jan. 2014.

______. **Recurso extraordinário 440.028 São Paulo.** Brasília, DF: Supremo Tribunal federal, 29 out. 2013. Disponível em: <http://redir.stf.jus.br/paginadorpub/paginador.jsp?docTP=TP&docID=4919884>. Acesso em: 15 nov. 2013

______. **Arguição de Descumprimento de Preceito Fundamental Nº 307.** Brasília, DF: Supremo Tribunal Federal, 11 abr. 2014. Disponível em <http://www.stf.jus.br/portal/processo/verProcessoPeca.asp?id=217186040&tipoApp=.pdf>. Acesso em 20 ago. 2014.

CORTE INTERAMERICANA DE DIREITOS HUMANOS. **Caso Velásquez Rodriguez vs. Honduras**, 29 jul. 1988. Disponível em: < http://www.corteidh.or.cr/docs/casos/articulos/seriec_04_esp.pdf>. Acesso em: 23 set. 2013.

______. **Caso Ximenes Lopes Vs. República Federativa do Brasil.** 30 nov. 2005. Disponível em: <http://www.corteidh.or.cr/docs/casos/articulos/seriec_139_esp.pdf>. Acesso em: 15 mar. 2014

______. ***Caso Instituto de Reeducación del Menor" Vs. Paraguay*** . 02 set. 2004. Disponível em: < www.corteidh.or.cr/docs/casos/articulos/seriec_112_esp.pdf >. Acesso em: 23 ago. 2013

______. **Caso Serie C Nº. 257 "*Artavia Murillo y otros (Fertilización in vitro) Vs. Costa Rica*.** 28 nov. 2012. Disponível em: < www.corteidh.or.cr/docs/casos/articulos/seriec_257_esp.pdf >. Acesso em: 23 abr. 2014.

LEGISLAÇÃO E DOCUMENTOS

______. **Mensagem de veto Nº 1.807, DE 3 DE DEZEMBRO DE 1999**. Presidência da República Disponível em < http://www.planalto.gov.br/ccivil_03/leis/Mensagem_Veto/1999/Mv1807-99.htm> Acesso em 20 ago. 2014.

______. **Projeto de Lei Nº 6543/2006**. Câmara dos Deputados. Disponível em <http://www.camara.gov.br/proposicoesWeb/prop_mostrarintegra;jsessionid=BCC647EBCB5F81B3D48400C51437D628.node1?codteor=393711&filename=Avulso+-PL+6543/2006>. Acesso em 20 de ago. 2014.

______. **Lei Nº 9.882, DE 3 DE DEZEMBRO DE 1999**. Disponível em <http://www.planalto.gov.br/ccivil_03/leis/l9882.htm>. Acesso em 20 de ago. 2014.

COMISSÃO INTERAMERICANA DE DIREITOS HUMANOS. **Relatório de atividades 2013, capítulo II**. Disponível em < http://www.oas.org/es/cidh/docs/anual/2013/docs-es/InformeAnual-Cap2-A-B.pdf>. Acesso em 15 jul. 2014.

______. ***PROTOCOLO ADICIONAL A LA CONVENCION AMERICANA SOBRE DERECHOS HUMANOS EN MATERIA DE DERECHOS ECONOMICOS, SOCIALES Y CULTURALES "PROTOCOLO DE SAN SALVADOR"***, Versão original. 22 nov. 1969. Disponível em < http://www.oas.org/juridico/spanish/Tratados/a-52.html>. Acesso em: 20 jan. 2014

ORGANIZAÇÃO DAS NAÇÕES UNIDAS. **Convenção de Viena sobre o Direito dos Tratados.** Viena, 23 mai. 1969. Disponível em <http://dai-mre.serpro.gov.br/legislacao/convencao-de-viena-sobre-o-direito-dos-tratados-1/>. Acesso em 30 ago. 2014.

______. **Declaração e Programa de Ação de Viena.** Conferência Mundial sobre Direitos Humanos, 14-25 jun. 1993. Disponível em < http://www.oas.org/dil/port/1993%20Declara%C3%A7%C3%A3o%20e%20Programa%20de%20Ac%C3%A7%C3%A3o%20adoptado%20pela%20Confer%C3%AAncia%20Mundial%20de%20Viena%20sobre%20Direitos%20Humanos%20em%20junho%20de%201993.pdf>. Acesso em: 09 abr. 2014.

ORGANIZAÇÃO DOS ESTADOS AMERICANOS. **Protocolo Adicional à Convenção Americana sobre Direitos Humanos em Matéria de Direitos Econômicos, Sociais e Culturais "Protocolo de São Salvador".** 17 nov. 1988. Disponível em <http://www.oas.org/pt/cidh/mandato/Basicos/sansalvador.pdf>. Acesso em 20 mar. 2014.

______. **Convenção Americana sobre Direitos Humanos.** 22 nov. 1969. Disponível em <http://www.oas.org/pt/cidh/mandato/Basicos/convencion.pdf>. Acesso em 20 mar. 2014.

O DIREITO FUNDAMENTAL À SAÚDE E O DIREITO FINANCEIRO

Alexandre Magno Mendes da Silveira

RESUMO: Este estudo versa a respeito do controle jurídico de políticas públicas no que se refere ao direito à saúde. O trabalho foi estruturado a partir da definição de direitos sociais e políticas públicas, em conexão com o direito à saúde e as ações para a sua efetivação. Posteriormente, destacou-se o direito financeiro enquanto suporte normativo para efetivação dessas políticas, através uma leitura crítica de decisões do Supremo Tribunal Federal e do Superior Tribunal de Justiça. Por meio da compreensão do conceito de direitos sociais e de políticas públicas, pretende-se analisar o déficit de políticas públicas para a efetivação do acesso à saúde, pela via das finanças públicas, com apelo, ao Poder Judiciário que constantemente tem sido chamado a equacionar virtual descompasso entre direito financeiro e direito à saúde. Conclui-se que, para lá de uma análise isolada de institutos jurídicos, impõe-se a questão principal que é a efetivação de direitos através de políticas públicas onde os mecanismos de financiamento da sociedade devem permitir ao Estado a concretização do direito à saúde através de adequado planejamento, alocação e gasto de recursos orçamentários.

1. INTRODUÇÃO

Um dos temas que tem suscitado interesse no mundo jurídico é a judicialização de políticas públicas.

Por impedimento de acesso à educação, saúde, moradia, e outros direitos sociais o Judiciário tem sido provocado a se manifestar no que concerne à efetivação destes direitos. Aventam-se algumas conjecturas: será que há ausência de políticas públicas para o exercício pleno destes direitos? Os orçamentos públicos têm sido insuficientes? Há recursos mas falhas na estrutura prestacional impelem a cidadania a recorrer aos Tribunais?

As discussões sobre o financiamento das referidas políticas conduzem à convicção de que o orçamento público deve estar a serviço da plena efetividade dos direitos sociais (nos exatos termos do art. 6° da Constituição Federal de 1988 (CF/1988): a educação, a saúde, a alimentação, o trabalho, a moradia, o lazer, a segurança, a previdência social, a proteção à maternidade e à infância, a assistência aos desamparados), que devem ser garantidos pelo Estado e, quando tal não se observa, seja por falha do

Legislativo (que é incumbido de votar, através do processo legislativo e em conformidade com a Constituição, as políticas públicas de iniciativa do Executivo e a determinação do custeio das mesmas), seja por desvio do Executivo (que tem o dever de colocar em prática, executar de acordo com o seu projeto votado, as determinações do Legislativo), cabe ao Judiciário um importante papel de balizador e garantidor da referida efetividade, em função de aviltantes rubricas orçamentárias ou inexecução destas.

Neste sentido, controverte-se sobre o controle judicial das políticas públicas, no bojo do qual são levados ao conhecimento dos juízes diversos questionamentos sendo o Poder Judiciário chamado a se pronunciar sobre a conduta do Executivo e do Legislativo na falta de efetivação dos Direitos Sociais. Diversas decisões do Supremo Tribunal Federal (STF) e do Superior Tribunal de Justiça (STJ) têm versado sobre a eventual dicotomia entre limitações orçamentárias e o cumprimento das políticas públicas destacadas na Constituição Federal.

A título de exemplo, destacam-se o Agravo Regimental na Suspensão de Tutela Antecipada de n. 175 do Estado do Ceará (Agr na STA 175/CE), o Recurso Extraordinário 393175/RS do STF e o relatório referente ao Recurso Especial n. 1.069.810-RS (2008/0138928-4) do STJ que, ao exporem a questão atinente à falta de fornecimento gratuito de medicamento, trazem uma importante discussão sobre o relacionamento do direito à saúde com o direito financeiro no sentido de destacar que a suposta ausência de recursos para atendimento às políticas públicas de saúde não pode servir de argumento para elidir o acesso a este direito.

Pretende-se aqui, à luz dos preceitos constitucionais e precedentes jurisprudenciais, analisar o imbricamento dos direitos sociais com o direito financeiro.

Através da compreensão dos conceitos de direitos sociais e de políticas públicas, verificar-se-á o déficit na efetivação do acesso à saúde, pela via das finanças públicas e como o Judiciário tem equacionado virtual descompasso entre direito financeiro e saúde.

2. DIREITOS SOCIAIS, POLÍTICAS PÚBLICAS E DIREITO À SAÚDE.

Direitos sociais podem ser entendidos como o conjunto de princípios do ordenamento jurídico que tem por objetivo garantir que toda pessoa possa gozar dos direitos individuais, os quais, são classificados por Bobbio[1] como de primeira geração e con-

1 Sobre as gerações dos direitos, cf. BOBBIO, Norberto. A era dos direitos. 7ª reimpressão. Rio de Janeiro: Elsevier, 2004, pp 08 e 09 : "os direitos do homem, por mais fundamentais que sejam, são direitos históricos, ou seja, nascidos em certas circunstâncias, caracterizadas por lutas em defesa de novas liberdades contra velhos poderes, e nascidos de modo gradual, não todos de uma vez e nem de uma vez por todas. O problema — sobre o qual, ao que parece, os filósofos são convocados a dar seu parecer — do fundamento, até mesmo do fundamento absoluto, irresistível, inquestionável, dos direitos do homem e um problema mal formulado: a liberdade religiosa e um efeito das guerras de religião; as liberdades civis, da luta dos parlamentos contra os soberanos absolutos; a liberdade política e as liberdades sociais, do nascimento, crescimento e amadurecimento do movimento dos

sistem em direitos de liberdade de forma que o Estado e os outros cidadãos devem se abster de turba-los; assim, a propriedade, a manifestação de pensamento, liberdade de crença e consciência, o devido processo, todos esses direitos, se realizam pelo exercício da liberdade, ou seja, com a segurança de que nenhuma pessoa ou instituição irá impedir sua fruição; os direitos sociais são entendidos como direitos de segunda geração e têm por principal função assegurar que toda pessoa tenha condições de usufruir os direitos individuais de primeira geração. Desta forma, o direito social à educação vem garantir ao cidadão, por exemplo, a livre manifestação de pensamento; o direito social à moradia vem garantir a inviolabilidade da intimidade.

Nas palavras de Bucci:[2]

---

trabalhadores assalariados, dos camponeses com pouca ou nenhuma terra, dos pobres que exigem dos poderes públicos não só o reconhecimento da liberdade pessoal e das liberdades negativas, mas também a proteção do trabalho contra o desemprego, os primeiros rudimentos de instrução contra o analfabetismo, depois a assistência para a invalidez e a velhice, todas elas carecimentos que os ricos proprietários podiam satisfazer por si mesmos. **Ao lado dos direitos sociais, que foram chamados de direitos de segunda geração**, emergiram hoje os chamados direitos **de terceira geração**, que constituem uma categoria, para dizer a verdade, ainda excessivamente heterogênea e vaga, o que nos impede de compreender do que efetivamente se trata. O mais importante deles é o reivindicado pelos movimentos ecológicos: o direito de viver num ambiente não poluído. Mas já se apresentam novas exigências que só poderiam chamar-se de direitos **de quarta geração**, referentes aos efeitos cada vez mais traumáticos da pesquisa biológica, que permitirá manipulações do patrimônio genético de cada indivíduo. Quais são os limites dessa possível (e cada vez mais certa no futuro) manipulação? Mais uma prova, se isso ainda fosse necessário, de que os direitos não nascem todos de uma vez. Nascem quando devem ou podem nascer. Nascem quando o aumento do poder do homem sobre o homem — que acompanha inevitavelmente o progresso técnico, isto é, o progresso da capacidade do homem de dominar a natureza e os outros homens — ou cria novas ameaças à liberdade do indivíduo ou permite novos remédios para as suas indigências: ameaças que são enfrentadas através de demandas de limitações do poder; remédios que são providenciados através da exigência de que o mesmo poder intervenha de modo protetor. **As primeiras, correspondem os direitos de liberdade, ou um não-agir do Estado; aos segundos, os direitos sociais, ou uma ação positiva do Estado**. Embora as exigências de direitos possam estar dispostas cronologicamente em diversas fases ou gerações, suas espécies são sempre — com relação aos poderes constituídos, apenas duas: ou impedir os malefícios de tais poderes ou obter seus benefícios. Nos direitos de terceira e de quarta geração, podem existir direitos tanto de uma quanto de outra espécie.

Em um dos ensaios, "Direitos do homem e sociedade", destaco particularmente a proliferação, obstaculizada por alguns, das exigências de novos conhecimentos e de novas proteções na passagem da consideração do homem abstrato para aquela do homem em suas diversas fases de vida e em seus diversos estágios. Os direitos de **terceira geração**, como o de viver num ambiente não poluído, não poderiam Ter sido sequer imaginados quando foram propostos os de **Segunda geração**, do mesmo modo como estes últimos (por exemplo, o direito à instrução ou à assistência) não eram sequer concebíveis quando foram promulgadas as primeiras declarações setecentistas. Essas exigências nascem somente quando nascem determinados carecimentos. Novos carecimentos nascem em função da mudança das condições sociais e quando o desenvolvimento técnico permite satisfazê-los." (grifos nossos)

---

2 BUCCI, Maria Paula Dallari et ali. Direitos humanos e políticas públicas. São Paulo: Pólis, 2001 (Caderno Pólis, 2), p. 8.

> Os direitos sociais ditos de segunda geração, que mais precisamente englobam os direitos econômicos, sociais e culturais, foram formulados para garantir o exercício em sua plenitude dos direitos de primeira geração.

Historicamente, no século XX, começam a ser positivados os direitos sociais, com destaque para a Constituição de Weimar (1919).[3]

No Brasil, a Carta Constitucional de 1934 ao tratar da Ordem Econômica e Social (Título IV) trouxe preocupação com a proteção social do trabalhador nos seguintes termos:

> Art 121. A lei promoverá o amparo da produção e estabelecerá as condições do trabalho, na cidade e nos campos, tendo em vista a proteção social do trabalhador e os interesses econômicos do País.[4]

E no capítulo II do Título V (da Família, da Educação e da Cultura) mandamentos específicos sobre educação e cultura:

> Art 148. Cabe à União, aos Estados e aos Municípios favorecer e animar o desenvolvimento das ciências, das artes, das letras e da cultura em geral, proteger os objetos de interesse histórico e o patrimônio artístico do País, bem como prestar assistência ao trabalhador intelectual.
> Art 149. A educação é direito de todos e deve ser ministrada, pela família e pelos Poderes Públicos, cumprindo a estes proporcioná-la a brasileiros e a estrangeiros domiciliados no País, de modo que possibilite eficientes fatores da vida moral e econômica da Nação, e desenvolva num espírito brasileiro a consciência da solidariedade humana.

Bem se vê a preocupação do Constituinte de 1934 com a garantia dos direitos sociais (trabalho, cultura e educação), incumbindo aos entes federados (união, estados e municípios) e aos "Poderes Públicos" (que também devem ser os entes federados) o ônus de custeio no caso da cultura e da educação.

---

3 Segundo DOMINGUES (DOMINGUES, José Marcos. Tributação, orçamento e políticas públicas. Revista tributária e de finanças públicas, v. 99, Ano 19, agosto 2011, p. 192) "Não se olvide que, superadas as finanças neutras do liberalismo clássico, desde a Constituição de Weimar (1919) passou-se às finanças funcionais, reconhecendo-se a função social das finanças públicas."

4 Ainda na Constituição de 1934 o artigo 121 acrescenta diversos direitos aos trabalhadores dos quais destacam-se a "proibição de diferença de salário para um mesmo trabalho, por motivo de idade, sexo, nacionalidade ou estado civil; salário mínimo, capaz de satisfazer, conforme as condições de cada região, às necessidades normais do trabalhador; trabalho diário não excedente de oito horas, reduzíveis, mas só prorrogáveis nos casos previstos em lei; proibição de trabalho a menores de 14 anos; de trabalho noturno a menores de 16 e em indústrias insalubres, a menores de 18 anos e a mulheres;" etc.

Na Constituição de 1946 os direitos sociais foram enunciados através de assistência médica e sanitária ao trabalhador e à gestante, previdência social, uso da propriedade condicionado ao bem-estar social, bem como imunidade de imposto de consumo aos artigos que a lei classificar como mínimo indispensável ao exercício de alguns direitos.

Destacam-se alguns dos direitos sociais referidos na Carta de 1946:

> Art. 15, § 1º - São isentos do imposto de consumo os artigos que a lei classificar como o mínimo indispensável à habitação, vestuário, alimentação e tratamento médico das pessoas de restrita capacidade econômica.
> Art 147 - O uso da propriedade será condicionado ao bem-estar social. A lei poderá, com observância do disposto no art. 141, § 16, promover a justa distribuição da propriedade, com igual oportunidade para todos.
> Art 157 - A legislação do trabalho e a da previdência social obedecerão nos seguintes preceitos, além de outros que visem a melhoria da condição dos trabalhadores: (...)[5]
> Art 158 - É reconhecido o direito de greve, cujo exercício a lei regulará.
> Art 159 - É livre a associação profissional ou sindical, sendo reguladas por lei a forma de sua Constituição, a sua representação legal nas convenções coletivas de trabalho e o exercício de funções delegadas pelo Poder Público.

Perceptível na Carta de 1946 a preocupação com o direito social ao trabalho, sobretudo no extenso rol de incisos do art. 157, não obstante, a saúde é mencionada mediante isenção de imposto para tratamento médico das pessoas de restrita capacidade econômica, ou seja, uma exoneração constitucional em homenagem ao direito fundamental à saúde, uma imunidade tributária em conexão com a falta de capacidade contributiva dos menos abastados.

Já na Constituição de 1967 a positivação dos direitos sociais pode ser constatada nos seguintes artigos:

> Art 158 - A Constituição assegura aos trabalhadores os seguintes direitos, além de outros que, nos termos da lei, visem à melhoria, de sua condição social:[6]

---

5 O mesmo Art. 157 da Constituição de 1946 traz ainda diversos direitos sociais do trabalhador: salário mínimo capaz de satisfazer, conforme as condições de cada região, as necessidades normais do trabalhador e de sua família; proibição de diferença de salário para um mesmo trabalho por motivo de idade, sexo, nacionalidade ou estado civil; salário do trabalho noturno superior ao do diurno; participação obrigatória e direta do trabalhador nos lucros da empresa, nos termos e pela forma que a lei determinar; etc.

6 O citado Art. 158 da Constituição de 1967 ainda acresce diversos direitos sociais de trabalho e previdência, dos quais destacamos: salário mínimo capaz de satisfazer, conforme as condições de cada região, as necessidades normais do trabalhador e de sua família; salário-família aos dependentes do trabalhador; proibição de diferença de salários e de critérios de admissões por motivo de sexo, cor

> Art 159 - É livre a associação profissional ou sindical; a sua constituição, a representação legal nas convenções coletivas de trabalho e o exercício de funções delegadas de Poder Público serão regulados em lei.

Na Carta de 1967, foram mantidos os direitos sociais do trabalhador (com as limitações atinentes ao período de exceção), porém, no que concerne ao direito à saúde (exceto do trabalhador inserida no inciso XV do retro citado artigo 158) a mesma é mencionada como de competência da União (seu planejamento nacional, inciso XIV do art. 8°), sem a especificação sobre se esta é um direito social ou como será garantida ao cidadão.

A vigente Constituição (1988) em muito ampliou a tutela aos direitos de segunda geração a estes destinando o capítulo II – Dos Direitos Sociais que enuncia em seus artigos:

> Art. 6º São direitos sociais a educação, a saúde, a alimentação, o trabalho, a moradia, o lazer, a segurança, a previdência social, a proteção à maternidade e à infância, a assistência aos desamparados, na forma desta Constituição. (Redação dada pela Emenda Constitucional nº 64, de 2010)
> Art. 7º São direitos dos trabalhadores urbanos e rurais, além de outros que visem à melhoria de sua condição social:[7]

Vale destaque na Constituição de 1988, o campo dos direitos trabalhistas, a livre associação profissional ou sindical (art. 8°), direito de greve (art. 9°), participação em colegiados de órgãos públicos de interesse direto (art. 10), representação na promoção do entendimento direto com empregadores (art. 11).

Além do mais, a Carta de 1988 traz um título específico (VIII) que trata da Ordem Social, positivando direitos de saúde (art. 196 a 200), previdência social (art. 201 a 202), assistência social (art. 203 e 204), educação (art. 205 a 2014), cultura (art. 215 a 216-A), desporto (art. 217).

Do comparativo com as Constituições anteriores, é perceptível o alargamento da inserção dos direitos sociais na nova Carta. Como este estudo tem por foco o direito à saúde, ele será estudado detalhadamente mais adiante.

Além dos direitos sociais de segunda geração, existem também os direitos de terceira geração (ver citação na nota n° 1 acima), tais como ao meio-ambiente equilibrado,

---

e estado civil; assistência sanitária, hospitalar e médica preventiva; previdência social, mediante contribuição da União, do empregador e do empregado, para seguro-desemprego, proteção da maternidade e, nos casos de doença, velhice, invalidez e morte; seguro obrigatório pelo empregador contra acidentes do trabalho; aposentadoria para a mulher, aos trinta anos de trabalho, com salário integral;

7 O art. 7° da CF/1988 garante uma diversidade de direitos do trabalhador, com destaque para: relação de emprego protegida contra despedida arbitrária ou sem justa causa, nos termos de lei complementar, que preverá indenização compensatória, dentre outros direitos; seguro-desemprego, em caso de desemprego involuntário; fundo de garantia do tempo de serviço; salário mínimo.

à biodiversidade e ao desenvolvimento que são concebidos para uma garantia mais extensa dos direitos da primeira geração, que ultrapassam, além da esfera individual, também a temporal, de forma a alcançar o direito das gerações futuras. Alguns autores têm admitido a existência de uma quarta geração de Direitos Fundamentais. Para Bonavides[8], em meio a uma sociedade que caminha rumo à globalização econômica neoliberal, cuja filosofia de poder é negativa e intenta a dissolução do Estado Nacional debilitando os laços de soberania, os direitos de quarta geração surgem junto à globalização política na esfera da normatividade jurídica. São eles os direitos à democracia, à informação e ao pluralismo. Tais direitos formam o ápice da pirâmide dos Direitos Fundamentais. Segundo Bonavides, "os direitos de quarta geração compendiam o futuro da cidadania e o porvir da liberdade de todos os povos. Tão somente com eles será legítima e possível a globalização política."[9]

As várias gerações de direitos correspondem a reações à força excludente, centralizadora e desagregadora do capitalismo. Se for valorizado, no contexto capitalista a livre iniciativa e garantido o direito à propriedade privada, como reação, também é valorizada a dignidade da pessoa humana e o Estado deve ser dotado de aparatos para a garantia desta valorização.

Assim é que os textos constitucionais, enquanto leis supremas, deixam de ser meros documentos de composição de forças políticas e passam a conter força jurídica garantidora dos direitos neles inseridos, no caso, os direitos sociais positivados. Para BUCCI[10]

> Apesar de a exequibilidade da Constituição depender de quanto o seu texto corresponde ao equilíbrio real de forças políticas e sociais em determinado momento – não basta uma Constituição bem escrita para que ela seja cumprida e obedecida – há possibilidade de se travar, pelas vias do direito e com base na Constituição, uma batalha própria, capaz de melhorar as condições sociais, por meio da garantia do exercício de direitos individuais e de cidadania a todos, da forma mais abrangente possível. Neste sentido, uma ordem jurídica bem estabelecida pode ser instrumento de melhoria social.

O ordenamento jurídico garantidor desta melhoria passa a ser conformado por princípios jurídicos que devem permear todas as demais normas, princípio jurídico, na definição de Celso Antônio Bandeira de Mello é "mandamento nuclear de um sistema, verdadeiro alicerce dele, disposição fundamental que se irradia sobre diferentes normas, compondo-lhes o espírito e servindo de critério para sua exata compreensão e inteligência."[11]

---

8 BONAVIDES, Paulo. Curso de direito constitucional positivo. 12. ed. Malheiros, São Paulo: 2002.

9 *Op. Cit.*, p. 525.

10 *Op. Cit.*, p 9.

11 MELLO, Celso Antônio Bandeira. Elementos de direito administrativo. São Paulo: Revista dos Tribunais, 1981. p. 230.

Os direitos sociais se exprimem muito mais em princípios que em regras, consagrando valores que inspiram toda a ordem jurídica; assim é que os mandamentos dos artigos 1° a 5° da Constituição Federal de 1988 (e outros direitos fundamentais inseridos ao longo da Carta) deverão iluminar a interpretação e inteligência dos demais mandamentos constitucionais e legais.

Para por em prática, ou seja, para dar efetividade aos direitos sociais, emergem as políticas públicas que podem ser entendidas como a ação estatal voltada à concretização dos direitos do cidadão e este esforço vai se materializar em prestações positivas, situação em que o próprio Estado presta serviço à população (escolas públicas, por exemplo) ou direciona suas ações por meio de terceiros (incentivos fiscais para produção de bens ecológica e ambientalmente sustentáveis, e à geração de emprego e renda, etc.).

Cumpre referenciar um importante entrelaçamento entre a política pública e os princípios jurídicos, bem expresso por Domingues:[12]

> Assim é que Ronald Dworkin denomina "política" aquele "tipo de padrão que estabelece um objetivo a ser alcançado, em geral, uma melhoria em algum aspecto econômico, político ou social da comunidade", no que se distingue do "princípio", que é "uma exigência de justiça ou equidade ou alguma dimensão de moralidade", diríamos nós, um juízo fundamental de valor.

A questão da supremacia dos princípios no contexto das normas jurídicas em geral está sedimentada na doutrina e na jurisprudência,[13] porém, cumpre inserir nesse univer-

---

12 DOMINGUES, José Marcos. Tributação, orçamento e políticas públicas. Revista tributária e de finanças públicas, v. 99, Ano 19, agosto 2011, p. 190.

13 Com relação à supremacia dos princípios sobre as normas jurídicas, seguem alguns trechos dos acórdãos proferidos pelo STF na ADI 1326/SC, no AI 194188 AgR/RS e no RE 596152/SP: ADI 1326/SC"(...) Pode o legislador, observado o princípio da razoabilidade, estabelecer requisitos para a investidura em cargo, emprego ou função pública. C.F., art. 37, I. Inocorrência de ofensa ao princípio da isonomia no fato de o legislador estadual ter exigido, para o provimento dos cargos de Auditor Interno, Escrivão de Exatoria, Fiscal de Mercadorias em Trânsito, Exator e Fiscal de Tributos Estaduais, que os candidatos fossem diplomados em Direito, Administração, Economia ou Ciências Contábeis. III. - Ação direta de inconstitucionalidade julgada improcedente". Disponível em http://redir.stf.jus.br/paginadorpub/paginador.jsp?docTP=AC&docID=385476 acessado em 30 de junho de 2014.
AI 194188 AgR/RS(...) CONCURSO PÚBLICO - TÍTULOS - REPROVAÇÃO. Coaduna-se com o princípio da razoabilidade constitucional conclusão sobre a circunstância de a pontuação dos títulos apenas servir à classificação do candidato, jamais definindo aprovação ou reprovação. Alcance emprestado por tribunal de justiça à legislação estadual, em tudo harmônico com o princípio da razoabilidade, não se podendo cogitar de menosprezo aos critérios da moralidade e da impessoalidade". Disponível em https://www.stf.jus.br/arquivo/djEletronico/DJE_20120611_113.pdf. , acessado em 30 de junho de 2014.
RE 596152 "RECURSO EXTRAORDINÁRIO. CONSTITUCIONAL. PENAL. TRÁFICO DE ENTORPECENTES. CAUSA DE DIMINUIÇÃO DE PENA, INSTITUÍDA PELO § 4º DO ART. 33 DA LEI 11.343/2006. FIGURA DO PEQUENO TRAFICANTE. PROJEÇÃO DA GARANTIA DA INDIVIDUALIZAÇÃO DA PENA (INCISO XLVI DO ART. 5º DA CF/88). CONFLITO

so as políticas públicas, já que compostas de feixes de normas que se constituem em direito e passível de exigência por parte dos cidadãos, inclusive por meio de remédio judicial.

Partindo-se do pressuposto de que a norma jurídica é dotada de generalidade e abstração, entende-se que a política pública vem a atuar de forma a conectar espaços normativos para que sejam eficazmente atendida a ordem constitucional, permeada pelos princípios, até o campo das regras de comportamento dotadas de específica concreção, objetividade e determinação no sentido da promoção do bem comum..

Desta forma, o princípio/valor[14] da dignidade humana se irradia para o direito à vida, segurança (primeira geração), que deve ser empreendido através de políticas públicas – de saúde, por exemplo, construção e operação de hospitais – que seja garantidora do direito social à saúde (de segunda geração), tudo devendo acompanhar-se de manejo ambientalmente sustentável para o bem desta e das futuras gerações (direitos de terceira geração).

Considerando o exposto, conceitua-se o direito à saúde como a transformação da demanda social por saúde na prerrogativa de exigir prestações estatais através da execução de políticas públicas, de ações sociais e econômicas, que visam à redução do risco de doença e outros agravos, bem como à promoção, proteção e recuperação do bem estar físico e mental da pessoa.

O direito à saúde, estendido a todos pela Constituição de 1988, é portanto direito fundamental, direito social, composto de ações sistêmicas (políticas públicas), para as quais a Constituição prevê alocação de recursos específicos nas três esferas de governo.[15]

INTERTEMPORAL DE LEIS PENAIS. APLICAÇÃO AOS CONDENADOS SOB A VIGÊNCIA DA LEI 6.368/1976. POSSIBILIDADE. PRINCÍPIO DA RETROATIVIDADE DA LEI PENAL MAIS BENÉFICA (INCISO XL DO ART. 5º DA CARTA MAGNA). MÁXIMA EFICÁCIA DA CONSTITUIÇÃO. RETROATIVIDADE ALUSIVA À NORMA JURÍDICO-POSITIVA. INEDITISMO DA MINORANTE. AUSÊNCIA DE CONTRAPOSIÇÃO À NORMAÇÃO ANTERIOR. COMBINAÇÃO DE LEIS. INOCORRÊNCIA. EMPATE NA VOTAÇÃO. DECISÃO MAIS FAVORÁVEL AO RECORRIDO. RECURSO DESPROVIDO. 1. A regra constitucional de retroação da lei penal mais benéfica (inciso XL do art. 5º) é exigente de interpretação elástica ou tecnicamente "generosa". 2. Para conferir o máximo de eficácia ao inciso XL do seu art. 5º, a Constituição não se refere à lei penal como um todo unitário de normas jurídicas, mas se reporta, isto sim, a cada norma que se veicule por dispositivo embutido em qualquer diploma legal. Com o que a retroatividade benigna opera de pronto, não por mérito da lei em que inserida a regra penal mais favorável, porém por mérito da Constituição mesma.(...)". Disponível em https://www.stf.jus.br/arquivo/djEletronico/DJE_20120611_113.pdf, acessado em 30 de junho de 2014.

---

14 Segundo Alexandre de Morais : "A dignidade é um valor espiritual e moral inerente à pessoa, que se manifesta singularmente na autodeterminação consciente e responsável da própria vida e que traz consigo a pretensão ao respeito por parte das demais pessoas, constituindo-se um mínimo invulnerável que todo estatuto jurídico deve assegurar..." cf. MORAES, Alexandre de. Direito Constitucional. 8ª ed. São Paulo: Atlas, 2000, p 48).

15 Sobre a previsão de recursos para a saúde, nas três esferas de governo, ver o art. 77 Ato das Disposições Constitucionais Transitórias.

Nesse contexto, importa desbravar os caminhos que podem levar à efetivação do acesso à saúde, direito ainda negado a amplos contingentes da população.

3. O DIREITO À SAÚDE - POLÍTICAS PÚBLICAS PARA SUA EFETIVAÇÃO

Ao tratar da Seguridade Social (Capítulo II da Ordem Social -Título VIII) o legislador constituinte dedicou a Seção II à saúde determinando em seu artigo 196 ser esta:

> Direito de todos e dever do Estado, garantido mediante políticas sociais e econômicas que visem à redução do risco de doença e de outros agravos e ao acesso universal e igualitário às ações e serviços para sua promoção, proteção e recuperação.

Sendo o direito à saúde[16] intimamente ligado à dignidade da pessoa humana (inc. III do art. 1° - CF/1988), este direito social inserido no "caput" do art. 6°, deve ser entendido também como um direito fundamental, seja por força do §2° do art. 5° da CF/1988, seja pelo fato de ser este um dos principais garantidores do direito à vida (direito fundamental expresso no "caput" do mesmo art. 5°).

Muito já se debateu sobre o exercício desse direito, ou seja, se a sua efetividade é imediata ou se a regra é meramente programática, neste caso, havendo necessidade de legislação infraconstitucional regulando o acesso à saúde de forma a torná-la um "direito de todos e dever do Estado com acesso universal e igualitário". Não obstante as discussões do passado, doutrinária e jurisprudencialmente a sua aplicabilidade imediata já está assentada.

Sobre a qualificação (de fundamental) do direito à saúde e sua eficácia imediata, esclarece Rios:[17]

> Dizer que o direito à saúde é um direito fundamental significa dizer, em primeiro lugar, que ele vincula os Poderes Públicos (Legislativo, Executivo e Judiciário) e que ele não pode ser subtraído da Constituição, nem mesmo por emenda constitucional; também implica admitir que, no exercício desses poderes e dentro dos limites da realidade, o Estado brasileiro deve fazer o possível para promover a saúde. Isto é o que a doutrina jurídica costuma referir, já que diz tratar-se de uma 'norma tipo princípio fundamental'. Direitos

16 Ao tratar do campo do direito à saúde, assim leciona Hélio Pereira Dias: "O direito à saúde, não raro, depende hoje do DIREITO DE SAÚDE, conjunto de normas jurídicas que estabelecem os direitos e as obrigações em matéria de saúde, para o Estado, os indivíduos e a coletividade, regulando de forma ordenada as relações entre eles, na prática ou abstenção de atos, no interesse da coletividade... " (DIAS, Helio Pereira, Direito Sanitário. Disponível em http://www.anvisa.gov.br/divulga/artigos/artigo_direito_sanitario.pdf, acessado em 23 de maio de 2014, p 05 e 06.

17 RIOS, Roger Raupp. Direito à saúde, universalidade, integridade e políticas públicas: princípios e requisitos em demandas judiciais. In: LOBATO, Lenaura de Vasconcelos Costa; FLEURY, Sonia. Seguridade Social, Cidadania e Saúde. Rio de Janeiro: CEBES, 2009, p 85.

> fundamentais veiculados - normas tipo princípio - ordenam que os Poderes Públicos façam todo o possível para efetivá-los, uma vez que sua observância só se dá quando tudo aquilo que é possível, fática e juridicamente, é prestado. São, como resume a doutrina, mandados de otimização (ALEXY)[18]

Como bem assinalado no texto acima a Constituição manda aos poderes constituídos, com ênfase no Legislativo e no Executivo[19], que forneçam o acesso à saúde de maneira ampla e imediata, e que promovam as políticas públicas de saúde de forma mais abrangente e eficiente possível, sob pena deste direito ser garantido através do Judiciário.

Por parte dos Tribunais, o entendimento da aplicabilidade imediata do direito à saúde já está pacificado; cite-se a propósito o acórdão do Supremo Tribunal Federal, prolatado pelo Ministro Celso de Mello, que, com extrema objetividade, sepulta a vazia alegação de que o direito à saúde encontra-se expresso em norma de caráter puramente programático:

> FORNECIMENTO DE MEDICAMENTO. DOENÇA GRAVE. SISTEMA ÚNICO DE SAÚDE – S.U.S. PODER PÚBLICOMUNICIPAL. OBRIGATORIEDADE. RESPONSABILIDADESOLIDÁRIA CHAMAMENTO AO PROCESSO.IMPOSSIBILIDADE.*ADMINISTRATIVO. SAÚDE PÚBLICA. APOSENTADO POBRE E PORTADOR DO MAL DE ALZHEIMER. Embora conjunta a ação dos entes integrantes do Sistema Única de Saúde, pode o necessitado acionar qualquer deles, ante o princípio* concursus partes fiunt, *já que a solidariedade, que o excepciona, não se presume (Código Civil, art. 896). Rejeição, por isso, da preliminar de chamamento ao processo da União e do Estado. "O caráter programático da regra inscrita no art. 196 da Carta Política – que tem por destinatários todos os entes políticos que compõem, no plano institucional, a organização federativa do Estado brasileiro – não pode converter-se em promessa constitucional inconsequente, sob pena de o Poder Público, fraudando justas expectativas nele depositadas pela coletividade, substituir, de maneira ilegítima, o cumprimento de seu impostergável dever, por um gesto irresponsável de infidelidade governamental ao que determina a própria Lei Fundamental do Estado"*[20]

Farta legislação infraconstitucional tem sido produzida para a garantia do direito à saúde, tanto no que concerne à formatação de políticas públicas, participação popular, custeio, etc. Destacamos a Lei n. 8.080 de 19 de setembro de 1990 que dispõe

18 *apud* RIOS, Roger Raupp, *op. cit.*, p. 86.

19 Executivo, por força do § 2º do art. 198 CF/1988 – "A União, os Estados, o Distrito Federal e os Municípios aplicarão, anualmente, em ações e serviços públicos de saúde recursos mínimos..." e o Legislativo, a quem compete dispor sobre o orçamento, nos termos do art. 48, II da CF/1988.

20 AGRRE 27128 disponível em: http://redir.stf.jus.br/paginadorpub/paginador.jsp?docTP=AC&docID=335538, acessado em 30 de junho de 2014.

sobre as condições para a promoção, proteção e recuperação da saúde, a organização e o funcionamento dos serviços correspondentes ; e a Lei n. 8.142 de 28 de dezembro de 1990 que dispõe sobre a participação da comunidade na gestão do Sistema Único de Saúde (SUS) e sobre as transferências intergovernamentais de recursos financeiros na área da saúde; além destas, diversas portarias do Ministério da Saúde (sobretudo as Normas Operacionais Básicas e de Assistência) vem regulamentado o direito social à saúde, porém, a despeito da larga legislação, é crescente o número de ações judiciais pleiteando o acesso à saúde.

Tamanho o crescimento da demanda, que o Supremo Tribunal Federal convocou audiência pública para debater o tema, como narrado pelo Ministro Gilmar Mendes no presente excerto:

> Em 5 de março de 2009, convoquei Audiência Pública em razão dos diversos pedidos de suspensão de segurança, de suspensão de tutela antecipada e de suspensão de liminar em trâmite no âmbito desta Presidência, com vistas a suspender a execução de medidas cautelares que condenam a Fazenda Pública ao fornecimento das mais variadas prestações de saúde (fornecimento de medicamentos, suplementos alimentares, órteses e próteses; criação de vagas de UTIs e leitos hospitalares; contratação de servidores de saúde; realização de cirurgias e exames; custeio de tratamento fora do domicílio, inclusive no exterior, entre outros).[21]

A profícua legislação de saúde não tem sido suficiente para preenchimento da lacuna do pleno exercício do direito à saúde, como também já salientado pelo STF:

> Na maioria dos casos, a intervenção judicial não ocorre em razão de uma omissão absoluta em matéria de políticas públicas voltadas à proteção do direito à saúde, mas tendo em vista uma necessária determinação judicial para o cumprimento de políticas já estabelecidas. Portanto, não se cogita do problema da interferência judicial em âmbitos de livre apreciação ou de ampla discricionariedade de outros Poderes quanto à formulação de políticas públicas.
> Esse dado pode ser importante para a construção de um critério ou parâmetro para a decisão em casos como este, no qual se discute, primordialmente, o problema da interferência do Poder Judiciário na esfera dos outros Poderes.[22]

Bem se vê que nem se trata de falha legislativa, muito menos de falta de política pública e sim de intervenção judicial provocada para "cumprimento de políticas já esta-

---

21 AGRG na STA 175/CE do STF disponível em http://redir.stf.jus.br/paginadorpub/paginador.jsp?docTP=AC&docID=610255, acessado em 30 de junho de 2014.

22 AGRG na STA 175/CE do STF disponível em http://redir.stf.jus.br/paginadorpub/paginador.jsp?docTP=AC&docID=610255, acessado em 30 de junho de 2014.

belecidas", daquele mandamento constitucional que obriga o estado a prestar o serviço de saúde.

Entender que saúde é direito de todos, ou seja, cada indivíduo (ou uma coletividade) tem direito subjetivo de requerer a prestação do serviço de saúde é colocar a pessoa em posição de credor em relação ao poder público (entes federados) que podem ser demandados na condição de devedores solidários de forma que a qualquer deles pode ser cobrada a prestação (art. 275 do Código Civil Brasileiro).

No que se refere à solidariedade Slaibi[23] considera que:

> [...] o cidadão hipossuficiente poderá escolher qual dos entes federativos irá acionar para ver efetivado o seu direito fundamental à saúde e de nada adiantará, como sói acontecer, as arguições, pelo Estado e pelo Município, de ilegitimidade passiva ad causam ou mesmo os pedidos de chamamento ao processo dos demais entes federados.

Consequentemente, pouco importa ao cidadão enquanto destinatário do direito à saúde se a prestação a que tem direito (uma vez negada) deve ser cobrada especificamente da Municipalidade, do Estado ou da União. Embora destaque tenha sido dado ao cidadão sem recursos financeiros, o direito é garantido a todos. Tamanha a relevância desta política pública que o legislador solidarizou todos os entes federados.

O mandamento constitucional de regionalização e hierarquização (art. 198 da Constituição) atua como diretriz organizacional da política pública de saúde de forma que a hierarquia sirva como vetor único de ações de saúde a serem realizadas num mesmo sentido em todo o território nacional e a regionalização traz o caráter de especificação dos aspectos inerentes a cada localidade e, embora estes mandamentos atribuam a cada ente federado a sua parcela de atuação, não devem servir de contraponto à aludida solidariedade.

Típica política pública constitucionalizada para a efetivação da saúde, na Carta Magna foram determinadas as suas linhas gerais, ressaltando-se a sua relevância pública, podendo a prestação ser materializada pelo poder público ou por particulares (estes remunerados pelo Estado, quando em atendimento público), e funcionar em rede descentralizada, com atendimento integral a todos os brasileiros e estrangeiros residentes no país (conforme caput do Art. 5° da CF/1988).

Neste ponto em muito inovou a Constituição de 1988 em relação às suas antecessoras; como já analisado no item 2 acima, as menções ao direito à saúde nas Cartas anteriores eram muito tímidas.

Por tratar-se de política pública, ela deve ser custeada com recursos arrecadados de toda a sociedade (tributos, especialmente) e deve ser promovida de maneira solidária entre os entes federados (União, Estados e Municípios, conforme preceitua o inciso II do artigo 23 da CF/1988).

---

23 SLAIBI, Maria Cristina Barros Gutiérrez. Direito fundamental à saúde – tutela de urgência. Disponível em www.nagib.net/artigos. Acesso em: 23 jan 2014, p. 6.

Verifica-se desta forma o liame entre o financiamento das políticas públicas de saúde e a efetivação do direito à saúde, entre arrecadação pública e execução orçamentária, entre direito à saúde e direito financeiro. De acordo com Domingues[24]

> [...] o vigente Texto Fundamental dispõe ser a saúde, inserida no conceito de seguridade social, um "direito de todos e dever do Estado, garantido mediante políticas sociais e econômicas" (grifo nosso – art. 196 da CF/1988), integradas por ações e serviços de saúde (art. 197 da CF/1988) organizadas em sistema único de saúde e financiadas entre outros meios pelas citadas contribuições à seguridade social (art. 198, § 1°, c/c o art. 195 da CF/1988) e por recursos federativos constitucionalmente assegurados *(art. 198, § 2°, c/c os arts. 155 e 159 da CF/1988).*

No excerto apresentado são destacados mandamentos constitucionais para o custeio da saúde, daí a importância de se ter presente o direito financeiro no âmbito da implementação das políticas públicas de saúde.

4. DIREITO FINANCEIRO: FINANÇAS PÚBLICAS E POLÍTICAS PÚBLICAS

A relevância do direito financeiro para o presente estudo reside na necessidade de se conhecer o regramento jurídico do suprimento de recursos para sua incumbência de o Estado prover acesso à saúde a todos. Parece útil, assim, fazer-se uma breve incursão na ciência das finanças, que analisa os aspectos técnico, político, econômico, social e jurídico do fenômeno financeiro, para aí entrever os institutos do direito financeiro manejáveis em prol da efetivação do direito à saúde.

Para a consecução de seus objetivos o Estado precisa prover-se de bens e valores,[25]

As necessidades públicas, no passado (regimes totalitários) em muito se confundiam com as necessidades dos governantes (reis, imperadores, etc). Com a evolução do Estado, queda dos regimes absolutistas, determinação dos deveres estatais (principalmente inseridos nas Cartas constitucionais), aumenta a gama de interesses a serem

---

24 DOMINGUES, José Marcos. Tributação, orçamento e políticas públicas. Revista tributária e de finanças públicas, vol. 99, ano 19, páginas 187 a 210, agosto 2011, p. 196.

25 Lê-se nos em Baleeiro (BALEEIRO, Aliomar. Uma Introdução à Ciência das Finanças, Rio de Janeiro, Forense, 1955; Rio de Janeiro, 17ª ed. , 2010, p. 3 e 4): Nos tempos antigos era comum este provimento através de despojos de guerra (apropriação dos bens dos povos vencidos, extorsão de quantia periódica dos mesmos, escravidão), requisição de coisas e serviços (de súditos), exercício gratuito de funções públicas - para a promoção de atividades estatais.
Se, em tempos remotos, foi usual, e, hoje, excepcionalmente, ainda se verifica a requisição pura e simples daquelas coisas e serviços dos súditos ou a colaboração gratuita e honorífica destes nas funções governamentais, em verdade, na fase contemporânea, o Estado costuma pagar com dinheiro os bens e o trabalho necessários ao desempenho de sua missão. É o processo da despesa pública, que substituiu, com vantagem, o da requisição, o da gratuidade de cargos, o do apossamento dos cabedais dos inimigos vencidos.

tutelados pelos entes públicos. Na mesma medida, amplia-se a necessidade de bens e valores para fazer frente ao crescimento da despesa pública.

Este fenômeno econômico – obtenção de recursos para a despesa estatal – é objeto de estudo da ciência das finanças que, nas palavras de Baleeiro[26]

> [...] é a disciplina que, pela investigação dos fatos, procura explicar os fenômenos ligados à obtenção e dispêndio do dinheiro necessário ao funcionamento dos serviços a cargo do Estado, ou de outras pessoas de direito público, assim como os efeitos outros resultantes dessa atividade governamental.

Ainda no campo extrajurídico, a ciência das finanças vai estudar a atividade fiscal, ou seja, a atuação do Estado de forma a obter recursos para o custeio de suas atividades, quais os fatos que servem à incidência das normas tributárias, quais as necessidades da sociedade e os meios disponíveis para a satisfação destas, subsidiando os agentes públicos na escolha das melhores decisões em termos de política fiscal.

Importante ressaltar ainda, os aspectos técnico, político, econômico, social e jurídico das finanças públicas.

Na busca pela maior vantagem social, ou seja, o máximo a se fazer com o que se arrecada da sociedade (eficiência), para a persecução dos objetivos traçados em função de variadas ponderações, nas lições de Baleeiro,[27] vemos o aspecto político:

> [...]ideias, convicções, aspirações e interesses no entrechoque dos grupos detentores do poder. Tanto mais lúcidos, cultos e moralizados sejam os governantes quanto mais probabilidades existem de que se realize aquele cálculo da máxima vantagem social.

Se pelo aspecto econômico o Estado, através da atividade financeira, retira parte da riqueza gerada pelo particular para a realização de suas atribuições e ao mesmo tempo devolve ao mercado recursos quando gera despesas (aquisição de material de consumo, pagamento por uma obra pública, etc), sob o aspecto social pode ser vista nesta atividade uma forma de redistribuição de renda quando a arrecadação leva em conta a capacidade contributiva[28] (ou seja, quem tem mais contribui mais do que quem tem menos), por um lado e leva ao justo e equitativo gasto público, por outro, num aspecto de extrafiscalidade, como na lição de Baleeiro:[29]

> E se meditarmos sobre a contemporânea teoria que explica os efeitos econômicos da despesa, verificamos a exatidão dos que atribuem a ela uma ação

---

26 Op. cit., p. 09.

27 Op. cit. p. 88.

28 Sobre capacidade contributiva ver a obra de José Marcos Domingues – Direito Tributário. Capacidade Contributiva. 2ª ed. Rio de Janeiro: Renovar, 1998.

29 *op. cit.* p. 91.

> extrafiscal tão ou mais enérgica que as dos impostos. É que pelos canais da despesa se integra o processo econômico da redistribuição da renda nacional. Uma política de nivelamento de fortunas e rendas, que há tantos séculos alguns pensam realizar pela aplicação extrafiscal dos tributos, não teria eficácia se a amputação feita na capacidade contributiva das classes opulentas não se convertesse em rendas ou em condições de melhoria de vida e bem-estar das demais classes.

A ciência das finanças vai se ocupar, portanto, da atividade financeira do Estado consistente na obtenção da receita, sua gestão e dispêndio para o desenvolvimento de suas atribuições, fornecendo dados para a condução das políticas públicas e controle legislativo, com entrelaçamento dos aspectos técnico, político, econômico, social aqui mencionados e em simbiose com o aspecto jurídico que vai delimitar qual o regramento desta atividade.

Assim, o direito financeiro tem por objeto a disciplina jurídica da atividade financeira. Na Constituição brasileira de 1988 inúmeras são as normas de matriz jusfinanceira que permeiam o seu texto: ingressos não tributários (§ 1° do art. 20), ingressos tributários (art. 145 a 162), disciplina orçamentária (art. 165 a 169), o controle externo (art. 71 a 75), controle pelo senado das dívidas (inc. V a IX do art. 52), execução dos créditos contra o Estado (art. 100), dentre outras.

Ainda na seara constitucional é importante destacar os princípios que permeiam o direito financeiro:[30] quando se trata de finanças públicas, cumpre aos agentes políticos agirem com impessoalidade (art. 37 caput CF/1988) de forma que o que se realiza com recursos públicos é realização da Administração Pública e não do agente que porventura exerça o cargo; os servidores devem se balizar também pela regra de conduta da boa-fé objetiva, agindo com lealdade, confiança, moralidade e coerência no trato das finanças públicas

Chamado a se pronunciar sobre impessoalidade o Supremo Tribunal Federal assim decidiu:

---

30 Ao tratar de princípios em direito financeiro, Oliveira (OLIVEIRA, Régis Fernandes de. Curso de direito financeiro. 4ª ed. ver. e atual. – São Paulo: Editora Revista dos Tribunais, 2011, p. 104 faz o seguinte encadeamento:

"Seguem-se os princípios de asseguramento da ordem constitucional, tais como a soberania (inciso I do art. 1°), a federação (art. 1°) e a república (art. 1°), a independência nacional (inciso I do art. 4°), igualdade entre os Estados (inciso V do art. 4°), todos alcançados pela imutabilidade, nos termos da previsão do inciso I e III do § 4° do art. 60.

Existem os princípios de subsistência dos Estados-membros, que garantem a federação (art. 1°, combinado com o inciso I do § 4° do art. 60 da CF).

Por fim, há os princípios específicos, que não são estruturais, mas localizados. Temos os princípios de processo civil, do direito privado, do direito administrativo etc.

Nenhum deles exclui a admissibilidade dos denominados princípios implícitos (§ 2° do art. 5°), que estão presentes em todos os anteriores e dão fecho e completude ao ordenamento normativo."

Na obra, Régis Oliveira dá destaque aos princípios específicos da eficiência, boa-fé objetiva e impessoalidade para o direito financeiro.

> O caput e o parágrafo 1º do artigo 37 da Constituição Federal impedem que haja qualquer tipo de identificação entre a publicidade e os titulares dos cargos alcançando os partidos políticos a que pertençam. O rigor do dispositivo constitucional que assegura o princípio da impessoalidade vincula a publicidade ao caráter educativo, informativo ou de orientação social é incompatível com a menção de nomes, símbolos ou imagens, aí incluídos slogans, que caracterizem promoção pessoal ou de servidores públicos. A possibilidade de vinculação do conteúdo da divulgação com o partido político a que pertença o titular do cargo público mancha o princípio da impessoalidade e desnatura o caráter educativo, informativo ou de orientação que constam do comando posto pelo constituinte dos oitenta.[31]

Não obstante, o princípio da eficiência insculpido no art. 37 da CF/1988 através da emenda constitucional n. 19/1998, é o princípio de direito financeiro por excelência. Este princípio vem determinar para o agente público que o mesmo deve buscar a despesa mais adequada para o atingimento da finalidade pública almejada, exigir que toda a atividade da administração se paute na perfeição, rendimento funcional e na presteza.

Cuidado especial deve ter o servidor público com o gasto público, na execução do orçamento. Para Oliveira[32]:

> [...]não se pode descurar da eficiência do uso do recurso público. Hoje, mais que nunca, deve ser estudada, antes da receita, a despesa. A primeira envolve toda uma análise constitucional e legal de obtenção de recursos, seja no ângulo tributário, seja no ângulo das demais receitas obtidas. O que importa, na análise do princípio da eficiência, é não só a definição do gasto, mas como ele é feito. Embutida se encontra a análise da modicidade do dispêndio.

Para auxiliar na fiscalização do referido "cuidado especial" na administração das finanças do Estado a Constituição Federal de 1988 prevê controle interno e externo, nos termos do art. 70:

> A fiscalização contábil, financeira, orçamentária, operacional e patrimonial da União e das entidades da administração direta e indireta, quanto à legalidade, legitimidade, economicidade, aplicação das subvenções e renúncia de receitas, será exercida pelo Congresso Nacional, mediante controle externo, e pelo sistema de controle interno de cada Poder.

No controle interno, os servidores têm balizas que lhes assegurem da correta condução de seus atos, devendo tal controle ser exercido, preferencialmente, antes da toma-

---

31 RE 191668 STF disponível em http://redir.stf.jus.br/paginadorpub/paginador.jsp?docTP=AC&docID=530465, acessado em 30 de junho de 2014.

32 *op. cit.* p. 105.

da de decisão final a que se destina o ato. Por exemplo, anteriormente à publicação de um edital (concurso ou licitação), deve haver um pronunciamento do controle interno.

Para o controle externo, importante é o papel exercido pelos Tribunais de Contas: com competências definidas na Constituição Federal,[33] eles são o auxiliares dos Poderes Legislativo, Executivo e Judiciário, segundo Torres (2008, p. 487):

> O Tribunal de Contas, a nosso ver, é órgão auxiliar dos Poderes Legislativo, Executivo e Judiciário, bem como da comunidade e de seus órgãos de participação política: auxilia o Legislativo no controle externo, fornecendo-lhe informações, pareceres e relatórios; auxilia na Administração e o Judiciário na autotutela da legalidade e no controle interno, orientando a sua ação e controlando os responsáveis por bens e valores públicos.

Assim os controles internos e externos devem verificar se os importantes princípios que norteiam a gestão das finanças públicas estão sendo empregados para o bem comum pois a primeira razão para o abastecimento dos cofres públicos deve ser a satisfação das necessidades públicas, para a efetivação dos direitos fundamentais. Ainda sobre o prisma da eficiência nos gastos públicos, salienta Corti:[34] "assim como em (sic) nível dos ingressos o princípio da igualdade se sustenta no conceito da capacidade contributiva, ao nível dos gastos se sustenta o conceito de efetividade dos direitos constitucionais"

Não se pode perder de mira a função de bem-estar social que deve permear a atividade estatal; na introdução de sua premiada obra, assim leciona Domingues:[35]

> Como sociedade politicamente organizada, instituição necessária ao convívio e desenvolvimento humano, o Estado recebe atribuições de que se deve desincumbir sempre visando ao bem-estar social, em última análise, aos indivíduos que o criaram. Estes, por conseguinte, devem contribuir para os encargos da coletividade por foça da solidariedade social que preside o relacionamento interpessoal.

O orçamento deve ser a exata tradução financeira da forma como se dará a execução das políticas públicas (educação, saúde, esporte, etc) no decorrer do exercício e o princípio da eficiência deve ser o fio condutor do agente público na gestão do orçamento.

Muito auxilia na execução das políticas públicas a tradução orçamentária das mes-

---

33 Art. 71. O controle externo, a cargo do Congresso Nacional, será exercido com o auxílio do Tribunal de Contas da União, ao qual compete...

34 *apud* OLIVEIRA, Regis Fernandes, *in* Curso de Direito Financeiro, *cit*, p. 111.

35 DOMINGUES, José Marcos. Direito tributário. Capacidade contributiva. 2ª ed. Renovar, Rio de Janeiro: 1998, p. 5.

mas, ou seja, o Executivo formata suas linhas de ação em propostas orçamentárias, as submete ao Legislativo que é o responsável por determinar o gasto. Considerando superado o chamado orçamento autorizativo, dissertando sobre o aspecto impositivo do orçamento, assevera Domingues:[36]

> A questão arranca do conceito de orçamento como lei que determina (e não apenas autoriza) o gasto público; nesse sentido, o orçamento seria impositivo e não meramente autorizativo. o problema permeia a adequação das dotações orçamentárias para atendimento das políticas públicas, mas envolve o contingenciamento de verbas orçadas. Por fim, deságua no debate da legitimidade do Judiciário para fazer cumprir a Constituição, quer pela via do controle das políticas públicas nela previstas, quer pela garantia à separação dos poderes, pois o Executivo não pode descumprir a lei expedida validamente pelo Legislativo.

Tendo como foco a saúde, para a satisfação desta política pública o legislador constituinte previu recursos da seguridade social (art. 198, § 1°, c/c o art. 195 da CF/1988) e dos entes federativos (art. 198, § 2°, c/c os arts. 155 a 159 da CF/1988). Não obstante, diante da eventual alegação de falta de recursos para as políticas de saúde, o Poder Judiciário tem se pronunciado reiteradamente pela obrigatoriedade de o poder público custear o acesso de todos, como se verá da análise de acórdãos no próximo item.

Sobre o orçamento da seguridade social, assinala Nascimento (1995, p. 75)

> No plano da Seguridade Social, o planejamento a ser efetivado tomará por base os aspectos relacionados com o aporte de receitas ao saneamento básico, à saúde, à previdência e à assistência social, cujas prioridades e metas orientarão na feitura do orçamento anula.

Verificada assim a conexão entre direito a saúde e direito financeiro, passa-se a analisar, com base em decisões de Tribunais Superiores, o especial de relacionamento entre estes ramos do direito.

5. DIREITO À SAÚDE E DIREITO FINANCEIRO NAS DECISÕES DE TRIBUNAIS SUPERIORES

Considerada a relevância da eficiente administração das finanças públicas, reguladas através do direito financeiro, para a garantia da efetivação do direito à saúde, cabe trazer à colação decisões judiciais que tratam do imbricamento entre direito à saúde e direito financeiro.

---

36 DOMINGUES, José Marcos. Tributação, orçamento e políticas públicas. Revista tributária e de finanças públicas, *cit.*, p. 197.

Em julgado de 2013 o STJ analisou o recurso especial de n. 1.069.810 (relatado pelo Ministro Napoleão Nunes Maia Filho) que decidiu, numa demanda envolvendo fornecimento de medicamentos, caber ao Judiciário adotar medidas eficazes à sua efetivação, podendo determinar até mesmo o sequestro de valores pecuniários (bloqueio de dinheiro em conta).Afora a relevância da efetivação do direito à saúde do postulante que foi garantido com a mencionada medida cautelar coercitiva, chama a atenção a forma como o relator tratou do relacionamento entre o direito à saúde e o direito financeiro:

> Não se deve olvidar, também, a prevalência da tutela ao direito subjetivo à saúde sobre o interesse público, que, no caso, consubstancia-se na preservação da saúde da demandante com o fornecimento dos medicamentos adequados, em detrimento dos princípios do Direito Financeiro ou Administrativo.
> (...)
> Todavia, o regime constitucional de impenhorabilidade dos bens públicos e da submissão dos gastos públicos decorrentes de ordem judicial à prévia indicação orçamentária deve ser conciliado com os demais valores e princípios consagrados pela Constituição. Estabelecendo-se, entre eles, conflito específico e insuperável, há de se fazer um juízo de ponderação para determinar qual dos valores conflitantes merece ser específica e concretamente prestigiado. Ora, a jurisprudência do STF tem enfatizado, reiteradamente, que o direito fundamental à saúde prevalece sobre os interesses financeiros da Fazenda Pública, a significar que, no confronto de ambos, prestigia-se o primeiro em prejuízo do segundo. É o que demonstrou o Min. Celso de Mello, em decisão proferida no RE 393.175, de 1º/02/06.
> (...)
> [...] entre proteger a inviolabilidade do direito à vida e à saúde, que se qualifica como direito subjetivo inalienável assegurado a todos pela própria Constituição da República (art. 5º, caput e art. 196), ou fazer prevalecer, contra essa prerrogativa fundamental, um interesse financeiro e secundário do Estado, entendo - uma vez configurado esse dilema - que razões de ordem ético-jurídica impõem ao julgador uma só e possível opção: aquela que privilegia o respeito indeclinável à vida e à saúde humanas.
> (...)
> Nessa linha de entendimento, deve-se concluir que em situações de inconciliável conflito entre o direito fundamental à saúde e o da (sic) impenhorabilidade dos recursos da Fazenda, prevalece o primeiro sobre o segundo.[37]

Numa primeira leitura, os trechos acima dão a entender que o direito à saúde estaria acima do direito financeiro; tal entendimento fica patente sobretudo nos trechos como "prevalência do direito à saúde em detrimento dos princípios do direito financeiro", "o direito fundamental à saúde prevalece sobre os interesses financeiros da Fazenda Pública, a significar que, no confronto de ambos, prestigia-se o primeiro em

37 REsp n. 1.069.810 disponível em https://ww2.stj.jus.br/processo/pesquisa/?aplicacao=processos.ea&tipoPesquisa=tipoPesquisaGenerica&termo=REsp%201069810, acessado em 30 de junho de 2014.

prejuízo do segundo", "inviolabilidade do direito à vida e à saúde... ou fazer prevalecer, contra essa prerrogativa fundamental, um interesse financeiro e secundário do Estado" e "em situações de inconciliável conflito entre o direito fundamental à saúde e o da impenhorabilidade dos recursos da Fazenda, prevalece o primeiro sobre o segundo."

Aqui entra uma importante questão: existe de fato uma hierarquia entre estes dois direitos? O direito financeiro subordina-se ao direito à saúde?

Na visão do STF estampada no julgamento da Suspensão da Tutela Antecipada n. 175/CE no voto condutor do Ministro Gilmar Mendes, vê-se o entrelaçamento do direito à saúde com o direito financeiro (possibilidades orçamentárias):

> Se, por um lado, a atuação do Poder Judiciário é fundamental para o exercício efetivo da cidadania e para a realização do direito à saúde, por outro as decisões judiciais têm significado um forte ponto de tensão perante os elaboradores e executores das políticas públicas, que se veem compelidos a garantir prestações de direitos sociais das mais diversas, muitas vezes contrastantes com a política estabelecida pelos governos para a área da saúde e além das possibilidades orçamentárias.[38]

O mesmo Ministro, em outro julgamento, ao reformar em recurso extraordinário decisão proferida pelo E. Tribunal de Justiça do Estado do Rio Grande do Sul já havia feito o liame entre direito à saúde e direito financeiro nos seguintes termos:

> Tal como pude enfatizar em decisão por mim proferida no exercício da Presidência do Supremo Tribunal Federal, em contexto assemelhado ao da presente causa (Pet 1.246/SC), entre proteger a inviolabilidade do direito à vida e à saúde, que se qualifica como direito subjetivo inalienável assegurado a todos pela própria Constituição da República (art. 5º, "caput" e art. 196), ou fazer prevalecer, contra essa prerrogativa fundamental, um interesse financeiro e secundário do Estado, entendo - uma vez configurado esse dilema - que razões de ordem ético-jurídica impõem ao julgador uma só e possível opção: aquela que privilegia o respeito indeclinável à vida e à saúde humanas.[39]

Ora, pela leitura das mencionadas decisões do STF, verifica-se que no eventual questionamento sobre se o direito à saúde tem precedência sobre o direito financeiro (citado na decisão do STJ), pode-se entender que o que está em foco é o *interesse* financeiro do estado e não o direito financeiro e que o próprio Judiciário tem dado

---

38 AGRG na STA 175/CE disponível em: http://redir.stf.jus.br/paginadorpub/paginador.jsp?docTP=AC&docID=610255, acessado em 30 de junho de 2014.

39 RE 393175/RS disponível em: http://www.stf.jus.br/arquivo/informativo/documento/informativo414.htm, acessado em 30 de junho de 2014.

resposta no sentido de que há falta de adequado planejamento e alocação de recursos orçamentários - ao alertar para a necessidade de "cumprimento de políticas (de saúde) já estabelecidas";[40] ademais, muitas vezes as regras de direito financeiro é que guiarão o acesso à saúde, seja no gasto eficiente de recursos, seja na dotação orçamentária suficiente para a promoção da política pública proporcional às necessidades da população. Não há, pois, *oposição* ou hierarquia entre direito à saúde e direito financeiro.

Ou seja, entende-se que o mero interesse (não o direito) financeiro estatal há que ser ponderado diante do direito fundamental, cuja precedência é evidente.

A propósito, não é exato comparar direito financeiro e direito à saúde, pois na verdade aquele não compete com este que é uma prerrogativa do ser humano; o direito financeiro é instrumento ordenador da satisfação dos direito humanos, um facilitador, e não um estorvo a ser removido, mas sim manejado em favor da plena efetividade daqueles.

6. CONSIDERAÇÕES FINAIS

Assentado que o direito a saúde é um direito fundamental que demanda recursos financeiros para a satisfação pela via das políticas públicas, é no direito financeiro que se encontra a normatividade jurídica relativa aos instrumentos ensejadores da justa execução daquelas. O Poder Judiciário já tem afirmado a necessidade de uma atenção especial para este liame entre o direito á saúde e o direito financeiro.

A Constituição brasileira define como objetivos da república a construção de uma sociedade livre, justa e solidária, o desenvolvimento nacional, a erradicação da pobreza e das desigualdades sociais e regionais e a promoção do bem de todos; e para tanto atribui incumbências aos entes federados, traça linhas gerais de políticas públicas, especialmente de saúde, compreendendo a organização do aparato estatal, distribuição de recursos, planejamento e execução orçamentária no trato da coisa pública técnicas especialmente regidas pelos princípios de direito financeiro.

Não parece razoável dizer que a Constituição de 1988 subordina o direito financeiro ao direito à saúde e sim que a ação estatal em favor desta deve ser desenvolvida prioritariamente através das políticas públicas legisladas e concretizadas nas peças orçamentárias, e destas não deve caber desvio, mas obediência a mandamento legislativo que determina, e não apenas autoriza, a despesa.

A análise isolada de disciplinas jurídicas (direito à saúde versus direito financeiro), marcadamente acentuada na decisão destacada na criticada decisão do STJ, pouco contribui para a compreensão da questão principal., que é a efetivação dos direitos sociais através de políticas públicas, onde os mecanismos de financiamento dos serviços públicos devem permitir ao Estado a concretização dos direitos humanos.

Merece louvor a jurisprudência do STF que bem define a subordinação do interesse financeiro do Estado à satisfação do direito à vida e à saúde humanas em plena

---

40 conforme o já citado AGRG na STA 175/CE disponível em:http://redir.stf.jus.br/paginadorpub/paginador.jsp?docTP=AC&docID=610255, acessado em 30 de junho de 2014.

harmonia com a doutrina contemporânea que integra os princípios retores da cidadania fiscal em prol dos direitos fundamentais.

7. BIBLIOGRAFIA

ABRAHAM. Marcus. Curso de Direito Financeiro Brasileiro. 2ª ed. Elsevier, Rio de Janeiro: 2013.

BALEEIRO, Aliomar. Uma Introdução à Ciência das Finanças. 17ª ed., Forense. Rio de Janeiro: 2010.

BANDEIRA DE MELLO, Celso Antônio. Curso de Direito Administrativo. 17ª ed, 2004. São Paulo: Malheiros, pp. 629/630.

BOBBIO, Norberto. A era dos direitos. 7ª reimpressão. Rio de Janeiro: Elsevier, 2004.

BONAVIDES, Paulo. Curso de Direito Constitucional Positivo. 12ª ed. São Paulo: Malheiros, 2002.

BRASIL. Constituição (1988). Diário Oficial da União, Brasília, DF, 05.10.1988. Disponível em ttp://www.planalto.gov.br/ccivil_03/constituicao/constituicao.htm. Acesso em 23 de maio de 2014.

_______. Constituição (1934). Diário Oficial da União, 16.07.1934. Disponível em http://www.planalto.gov.br/ccivil_03/Constituicao/Constituicao34.htm. Acesso em 23 de maio de 2014.

_______. Constituição (1946). Diário Oficial da União, 19.09.1946. Disponível em http://www.planalto.gov.br/ccivil_03/Constituicao/Constituicao34.htm. Acesso em 23 de maio de 2014.

_______. Constituição (1967). Diário Oficial da União, 24.01.1967. Disponível em http://www.planalto.gov.br/ccivil_03/Constituicao/Constituicao34.htm. Acesso em 23 de maio de 2014.

BUCCI, Maria Paula Dallari et ali. Direitos Humanos e políticas públicas. São Paulo, Pólis, 2001 (Caderno Pólis, 2).

COMPARATO, Fábio Konder. Ensaio sobre o juízo de constitucionalidade das políticas públicas, *in* MELLO, Celso Antônio Bandeira de (org.), Direito Administrativo e Constitucional. Estudos em Homenagem a Geraldo Ataliba, vol. 2, Malheiros Editores, 1997, pp. 343/359.

DIAS, Helio Pereira, Direito Sanitário. Disponível em http://www.anvisa.gov.br/divulga/artigos/artigo_direito_sanitario.pdf, acessado em 23 de maio de 2014.

DOMINGUES, José Marcos. Tributação, orçamento e políticas públicas. Revista tributária e de finanças públicas, vol. 99, ano 19, páginas 187 a 210, agosto 2011.

___________, José Marcos. Direito Tributário. Capacidade contributiva. 2ª ed. Rio de Janeiro: Renovar, 1998.

MELLO, Celso Antônio Bandeira. Elementos de direito administrativo. São Paulo: Revista dos Tribunais, 1981.

MORAES, Alexandre de. Direito Constitucional. 8ª ed. São Paulo: Atlas, 2000

NASCIMENTO, Carlos Valder, Finanças públicas e o sistema constitucional orçamentário. Rio de Janeiro: Forense, 1995.

OLIVEIRA, Regis Fernandes de. *Curso de direito financeiro*. 4ª ed. ver. e atual. – São Paulo: Editora Revista dos Tribunais, 2011.

RIOS, Roger Raupp. Direito à saúde, universalidade, integridade e políticas públicas: princípios e requisitos em demandas judiciais. In: LOBATO, Lenaura de Vasconcelos Costa; FLEURY, Sonia. Seguridade Social, Cidadania e Saúde. Rio de Janeiro: CEBES, 2009. Páginas 84 a 98.

SCAFF, Fernando Facury. Como a sociedade financia o estado para a implementação dos direitos humanos no brasil. In: SCAFF, Fernando Facury (org.). Constitucionalismo, tributação e direitos humanos. Rio de Janeiro: Renovar, 2007. Páginas 1 a 36.

SLAIBI, Maria Cristina Barros Gutiérrez. Direito fundamental à saúde – tutela de urgência. Disponível em *www.nagib.net/artigos. Acesso em: 23 jan 2014.*

TORRES, Ricardo Lobo. Tratado de direito financeiro e tributário. Rio de Janeiro: Renovar, 2008, v. V (O orçamento na Constituição).

O ORÇAMENTO COMO INSTITUTO CONCRETIZADOR DOS DIREITOS FUNDAMENTAIS SOCIAIS

Artur Alves Pinho Vieira

RESUMO: Os direitos fundamentais sociais sofrem com vicissitudes que dificultam sua real efetivação pelos poderes públicos, pois demandam, em teoria, elevadíssimos gastos públicos. Nesse sentido, a reserva do possível atua, de certa maneira, refreando a expressão econômica dos direitos sociais. Por outro lado, os institutos do mínimo existencial e do máximo existencial apontam no sentido oposto, de garantir a implementação desses direitos. Para tornar mais concreta a efetividade dos direitos sociais propõe-se uma nova visão do orçamento, levando em conta a posição axiológica altaneira dos direitos fundamentais.

1. INTRODUÇÃO

O presente trabalho busca compreender o orçamento como um instrumento de materialização das políticas públicas exigidas em respeito à dignidade da pessoa humana, dotando de efetividade material os direitos fundamentais sociais, bosquejando algumas notas sobre o instituto da reserva do possível.

A figura do *mínimo existencial*, será abordada como limite inferior da ação estatal no que concerne aos direitos fundamentais sociais. É que, de acordo com Schwarz,[1] "Assim, os direitos sociais, direitos que sustentam o conceito de mínimo existencial, não podem deixar de ser concretizados sem que se viole profundamente esse valor supremo que é a dignidade humana."

Porém, há persistentes problemas na efetivação dos direitos sociais, devido à sempre alegada falta de verbas por parte do Estado.

Os direitos sociais são conceituados por José Afonso da Silva:[2]

---

1 SCHWARZ, Rodrigo Garcia. *Os direitos sociais e a sindicabilidade judicial das políticas públicas sociais no estado democrático brasileiro*. LTR Editora, São Paulo: 2013, pp. 141- 142.

2 SILVA, José Afonso da. *Curso de direito constitucional positivo*. 23ª ed. Malheiros, São Paulo: 2004, pp. 285-286.

> ...como dimensão dos direitos fundamentais do homem, são prestações positivas proporcionadas pelo Estado direta ou indiretamente, enunciadas em normas constitucionais, que possibilitam melhores condições de vida aos mais fracos, direitos que tendem a realizar a igualização de situações sociais desiguais. São, portanto, direitos que se ligam ao direito de igualdade.

A discussão em torno da figura do *máximo existencial*, novo conceito que visa eliminar a ideia de que apenas o mínimo existencial seria suficiente para uma vida digna, objetiva reflexão no sentido de ampliar a ação garantista do Estado, que deve disponibilizar o máximo de recursos possíveis com vistas ao provimento dos direitos sociais.

Considerando-se que as opções de políticas públicas e as respectivas fontes de custeio encontram sua expressão financeira na lei orçamentaria, esboçar-se-ão as características do orçamento público, ao passo em que se identificarão relevantes vinculações de recursos relacionadas aos direitos prestacionais visitando-se temas afins, como a reserva do possível, teórico limitador dos gastos estatais.

Objetiva-se, assim apresentar possibilidades para a concreta implementação dos direitos sociais, especialmente em país em desenvolvimento como o Brasil.

2. DIGNIDADE DA PESSOA HUMANA: PRINCÍPIO BASILAR DE NOSSO ORDENAMENTO JURÍDICO

Apesar de Ingo W. Sarlet[3] alegar que é difícil conceituar o princípio da dignidade da pessoa humana, ele mesmo sugere uma conceituação para esse instituto, como se vê adiante:

> Uma qualidade intrínseca e distintiva reconhecida em casa ser humano que o faz merecedor do mesmo respeito e consideração por parte do Estado e da comunidade, implicando, neste sentido, um complexo de direitos e deveres fundamentais que assegurem a pessoa tanto contra todo e qualquer ato de cunho degradante e desumano, como venham a lhe garantir as condições existências mínimas para uma vida saudável, além de propiciar e promover sua participação ativa e co-responsável nos destinos da própria existência e da vida em comunhão com os demais seres humanos, mediante o devido respeito aos demais seres que integram a rede da vida.

Esse princípio serve de esteio para os modernos ordenamentos jurídicos[4] e se encontra invocado no artigo 1º, inciso III, da Constituição Federal de 1988[5] e em vários

3 SARLET, Ingo Wolfgang. *Dignidade da pessoa humana e direitos fundamentais*. 9ª ed. Livraria do Advogado, Porto Alegre: 2012, p. 73.

4 Ele começou a se destacar nos ordenamentos constitucionais após o fim da Segunda Guerra Mundial em uma reação às atrocidades ocorridas nessa época.

5 Esse dispositivo contém o seguinte enunciado: "A República Federativa do Brasil, formada pela união indissolúvel dos Estados e Municípios e do Distrito Federal, constitui-se em Estado Democrático de Direito e tem como fundamentos: (...) III – a dignidade da pessoa humana.". Cf. também os artigos 170, 226, §7º, 227 e 230).

outros textos fundamentais, como nos artigos 1º da Lei Fundamental da Alemanha e da Constituição da República Portuguesa,[6] nos preâmbulos das Cartas das Nações Unidas de 1945 e da Declaração Universal dos Direitos Humanos de 1948, entre outros.

Válido ressaltar, com Marcelo Novelino Camargo,[7] que a dignidade da pessoa humana:

> ...não é um direito concedido pelo ordenamento jurídico, mas um atributo inerente a todos os seres humanos, independentemente de sua origem, raça, sexo, cor ou quaisquer outros requisitos. A consagração no plano normativo constitucional significa tão-somente o dever de promoção e proteção pelo Estado, bem como o respeito por parte deste e dos demais indivíduos.

O princípio em tela atua também como um macro princípio, do qual se irradiam inúmeros outros como liberdade e cidadania, dele derivando também, a exigência de cumprimento e promoção dos direitos fundamentais.

3. OS DIREITOS FUNDAMENTAIS SOCIAIS

Os direitos fundamentais podem ser conceituados como as prerrogativas e instituições que se concretizam em garantias constitucionais de uma convivência digna, livre e igual de todas as pessoas.[8]

Na Constituição brasileira, eles são divididos, em cinco grupos:[9] direitos individuais (art. 5º); direitos à nacionalidade (art. 12); direitos políticos (art. 14 a 17); direitos sociais (artigos 6º e 193 e seguintes); direitos coletivos (art. 5º) e; direitos solidários (artigos 3º e 225).

Essa gama de direitos não é estática, mas tem evoluído ao longo do tempo. Tal desenvolvimento se percebe ao se estudarem as dimensões dos direitos fundamentais. Emprega-se o vocábulo – *dimensão* – por entender-se que melhor se adequa ao caso do que o termo – *geração* –, consoante a lição de Ingo Sarlet:[10]

> Com efeito, não há como negar que o reconhecimento progressivo de novos direitos fundamentais tem o caráter de um processo cumulativo, de complementaridade, e não de alternância, de tal sorte que o uso da expressão

---

6 Por sua vez, a Constituição portuguesa faz menção ao tema da seguinte forma: "Portugal é uma República soberana, baseada na dignidade da pessoa humana e na vontade popular e empenhada na construção de uma sociedade livre, justa e solidária."

7 CAMARGO, Marcelo Novelino. *O conteúdo jurídico da dignidade da pessoa humana*. In: CARMARGO, Marcelo Novelino (org.). Leituras complementares de direito constitucional – Direitos humanos e direitos fundamentais. 3ª ed. Podium: Salvador: 2008, pp. 155-156.

8 SILVA, José Afonso da, *op. cit*, p. 286.

9 Id.

10 SARLET, Ingo Wolfgang. *A eficácia dos direitos fundamentais*. 3ª ed. Livraria do advogado, Porto Alegre: 2003, p. 50.

> "gerações" pode ensejar a falsa impressão da substituição gradativa de uma geração por outra, razão pela qual há quem prefira o termo "dimensões" dos direitos fundamentais, posição esta que que aqui optamos por perfilhar.

Os direitos fundamentais de primeira dimensão são decorrentes do pensamento liberal-burguês do século XVIII. Têm cunho eminentemente individualista, caracterizando uma exigência de *não agir* estatal, exprimindo um forte componente absenteísta do Estado em relação aos negócios privados e consequente distanciamento dos respectivos problemas sociais. Denominados individuais, entendem-se como direitos de defesa, como o direito à vida, à propriedade, à liberdade, igualdade perante a lei, abrangendo também os direitos políticos (votar e ser votado).

Já os direitos de segunda dimensão, são designados direitos *sociais*, *econômicos* e *culturais*. Possuem nota prestacional, revelando demandas por um *fazer* estatal. Aqui, não se trata de afastar o Estado, como nos direitos de primeira dimensão, mas sim de garantir liberdades por meio da ação estatal. Trata-se de direitos concebidos para atender primariamente às classes menos favorecidas, frutos de movimentos reivindicatórios do operariado. Tais direitos têm cunho positivo, sendo exemplos deles os direitos à assistência social, saúde, educação e ao trabalho.

Por sua vez, os direitos de terceira dimensão são chamados de direitos de *solidariedade* e *fraternidade*, como o direito à paz, à autodeterminação dos povos, ao meio ambiente e à qualidade de vida. São contemporâneos à conscientização ambiental decorrente do impacto tecnológico devastador da industrialização e de suas consequências socioeconômicas e geopolíticas.

Já os direitos de quarta geração, representariam, segundo Paulo Bonavides,[11] uma evolução dos direitos fundamentais, elencando-se entre eles o direito à democracia, à informação e ao pluralismo, resultantes do processo conhecido como *globalização* do mundo.

Ressalte-se que os supracitados direitos de primeira geração, embora se caracterizem por uma dita abstenção do agir estatal, demandam para proteção do direito ao patrimônio, por exemplo, todo um aparato policial de segurança pública, a ensejar os gastos públicos respectivos, da mesma forma que os exigem os direitos de terceira dimensão, como a proteção ambiental, que acarretam despesas ao erário.

Entretanto, o agir estatal, eminentemente prestacional, é a principal característica dos direitos fundamentais de segunda dimensão, o que estigmatiza e torna problemática a efetivação dos direitos sociais, visto que, pela perspectiva capitalista tradicional, eles pressionam as fontes e impõem expressivas alocações de recursos do Estado.

---

11 BONAVIDES, Paulo. *Curso de direito constitucional.* 15ª ed. Editora Malheiros, São Paulo: 2004, pp. 570-572.

4. A RESERVA DO POSSÍVEL: POR UMA CORRETA UTILIZAÇÃO DO INSTITUTO

A cláusula da *reserva do possível*, tem origem na Alemanha, no julgamento de um caso em que estudantes alemães pleiteavam vagas em determinadas universidades desse país, com base em um dispositivo de sua Lei Fundamental, que reza em seu artigo 12 que "todos os alemães têm o direito de eleger livremente a sua profissão, o lugar de trabalho e o lugar de formação". A Corte Constitucional Federal germânica nesse caso de *Numerus Clausus,* BVerfGE nº 33, S. 333, decidiu que:

> ...a prestação reclamada deve corresponder ao que o indivíduo pode razoavelmente exigir da sociedade, de tal sorte que, mesmo em dispondo o Estado dos recursos e tendo o poder de disposição, não se pode falar em uma obrigação de prestar algo que não se mantenha nos limites do razoável.

Essa doutrina tem sido aplicada com temperamentos no Brasil, onde decisões judiciais têm exigido, além da falta de recursos orçamentários alegada por parte do Estado, a real comprovação da impossibilidade de remanejamento de outras verbas conforme as prioridades constitucionais, com o intuito de se evitar que aquela defesa do Estado se transforme em uma desculpa formal e insincera para a ausência das devidas prestações materiais estatais. Nesse sentido é a jurisprudência do STF:

> É que a realização dos direitos econômicos, sociais e culturais – além de caracterizar-se pela gradualidade de seu processo de concretização – depende, em grande medida, de um inescapável vínculo financeiro subordinado às possibilidades orçamentárias do Estado, de tal modo que, **comprovada, objetivamente, a incapacidade econômico-financeira** da pessoa estatal, desta não se poderá razoavelmente exigir, considerada a limitação material referida, a imediata efetivação do comando fundado no texto da Carta Política. Cumpre advertir, desse modo, que a cláusula da "reserva do possível" – **ressalvada a ocorrência de justo motivo objetivamente aferível** – não pode ser invocada, pelo Estado, com a finalidade de exonerar-se do cumprimento de suas obrigações constitucionais, notadamente quando, dessa **conduta governamental negativa, puder resultar nulificação** ou, até mesmo, **aniquilação** de direitos constitucionais impregnados de um sentido de essencial fundamentalidade (STF, ADPF n. 45, Rel. Min. Celso de Mello, julg. 29.04.04, g. n., grifa-se).[12]

No STJ, colhe-se a jurisprudência no sentido de que:

---

12 BRASIL, Supremo Tribunal Federal. Acórdão na ADPF 45/DF. Relator MELLO, Celso de. Publicado no DJe 04/04/2004. Disponível em: http://www.stf.jus.br/portal/peticaoInicial/ verPeticaoInicial.asp ?base=ADPF&s1=45&processo=45.

> O art. 6º da Constituição Federal, que preconiza a saúde como direito social, deve ser analisado à luz do princípio da reserva do possível, ou seja, os pleitos deduzidos em face do Estado devem ser **logicamente razoáveis** e, acima de tudo, é necessário que existam condições financeiras para o cumprimento de obrigação. De nada adianta uma ordem judicial que não pode ser cumprida pela Administração por falta de recursos (grifa-se).
> RMS 28962 / MG Recurso Ordinário em Mandado de Segurança 2009/0037261-9. Data da publicação: DJe 03/09/2009 LEXSTJ vol. 242 p. 55.

E ainda:

> O **indivíduo não pode exigir do estado prestações supérfluas, pois isto escaparia do limite do razoável**, não sendo exigível que a sociedade arque com esse ônus. Eis a correta compreensão do princípio da reserva do possível, tal como foi formulado pela jurisprudência germânica. Por outro lado, qualquer pleito que vise a fomentar uma existência minimamente decente não pode ser encarado como sem motivos, pois garantir a dignidade humana é um dos objetivos principais do Estado Democrático de Direito. Por este motivo, o princípio da reserva do possível não pode ser oposto ao princípio do mínimo existencial.
> REsp 1041197 / MS RECURSO ESPECIAL 2008/0059830-7. Data da publicação: DJe 16/09/2009.

Portanto, com base na histórica decisão alemã, a utilização da reserva do possível é balizada não apenas por questões de cunho financeiro (monetário), mas também deve ser levada em conta a pretensão deduzida no caso concreto, pois o pedido tem que encontrar guarida no razoável. Mesmo no caso de o Estado possuir recursos bastantes, não se devem deferir pleitos irrazoáveis. Assim, a invocação da reserva do possível somente pode ter lugar nos casos em que sua fundamentação estiver alicerçada em dois fatores concomitantes, quais sejam: a) a irrazoabilidade do objeto pretendido e b) a real ausência de recursos por parte do Estado.

Enfatize-se: não se deve equiparar a reserva do possível a uma simples dimensão econômica dos direitos sociais, visto que também abrange a razoabilidade do pleito deduzido em face do Estado.[13] Ou seja, a reserva do possível não se resume a uma questão monetária. A esse propósito, colhe-se a decisão do Presidente do Tribunal Regional Federal da 4ª Região, na Suspensão de Segurança nº 20050401000213-1/PR,[14] requerida em face de liminar concedida em mandado de segurança, na qual impetrante pos-

13 KELBERT, Fabiana Okchstein. *Reserva do possível e a efetividade dos direitos sociais no direito brasileiro.* Livraria do Advogado, Porto Alegre: 2011, p. 70.

14 Disponível em: http://www.trf4.jus.br/trf4/processos/visualizar_documento_gedpro.php?local=trf4&documento=482734&hash=5689d50904834cda132cfc16109760a9

tulava a liberação de recursos para realização de uma cirurgia nos Estados Unidos da América.

A suspensão foi deferida tendo em vista grave lesão à saúde e à economia pública ao privilegiar-se uma situação particular. Nas palavras do Desembargador Vladimir Passos de Freitas:

> O Estado, ao liberar vultosa soma (U$ 275.000 – duzentos e setenta e cinco mil dólares) para atender a uma situação isolada, prejudicaria as demais políticas públicas voltadas à saúde (...) Saliente-se que há notícias de que o custo de **uma cirurgia de intestino realizada no Brasil custa aproximadamente U$ 41.379**, ou seja, aproximadamente U$ 260.000,00 (duzentos e sessenta mil dólares) **menos** do que a de uma realizada na América do Norte. Assim, considerando que os recursos orçamentários são limitados, não há como deixar de considerar procedente o argumento da União, segundo o qual o cumprimento da liminar causaria grave ofensa à economia e saúde públicas (grifa-se).

Outro caso que se coaduna com o exposto é o MS nº 296.243-9 de Relatoria do Des. Jarbas Ladeira:[15]

> Conceder liminares e ordens no sentido de se obrigar a Administração Pública a arcar com os altos custos e tratamentos médicos longos e caros é uma prática que vem se tornando comum em nossos Fóruns e Tribunais, e que, caso seja realmente disseminada sem controle (a continuar a atual tendência jurisprudencial), pode acabar provocando um grande caos financeiro e administrativo em nosso país. De fato, é sabido que o Estado nem de longe possui recursos necessários para proporcionar, a cada um que dele necessita, o devido tratamento médico, e não se pode tentar "a fórceps" retirar esses recursos de um combalido e extremamente deficitário sistema público de saúde.
>
> Em resumo, não se pode olvidar a realidade do déficit financeiro e operacional em que tem de atuar o Estado, desconsiderando totalmente a falta de recursos da administração, apenas pra invocar preceitos constitucionais cuja aplicação plena e satisfatória é difícil e, muitas vezes impossível.
>
> Além do mais, verifica-se que, no caso presente (a teor de estudos que já fiz a respeito do tema), **o Sistema Único de Saúde já fornece gratuitamente um outro medicamento indicado para o tratamento** da hepatite C, que é uma **variante do medicamento pretendido** pelo Impetrante. Chama-se Interferon Alfa. Esse medicamento **custa dez vezes menos** que o Interferon Peguilado.

15 TJ/MG. MS nº 296.243-9, Relator Des. Jarbas Ladeira, julgado em 30/04/2003, publicado no DJ em 09/05/2003.

> Outrossim, não considero presente nos autos a demonstração de que o medicamento mais barato, disponível pelo sistema público de saúde, seria imprestável no caso do Impetrante. Seu direito está sendo respeitado, com o fornecimento de remédio apropriado, embora não tão moderno quanto o que ele deseja (julgado em 30/04/2003, grifa-se).

Em ambas as hipóteses, aplicou-se corretamente a cláusula da reserva do possível, utilizando-se do binômio irrazoabilidade do pedido e a comprovada ausência de recursos por parte do Estado, visto que, ademais desta última, num caso, a cirurgia (transplante de intestino delgado) se apresenta disponível e com de qualidade no país e, no outro, já é oferecido pelo sistema público um remédio não infirmado como adequado ao tratamento do Impetrante.

É necessário ressaltar que vários autores, como Canotilho[16] e Marcelo Novelino,[17] afirmam que a reserva do possível também não pode ser usada como barreira quando se trata de efetivar o mínimo existencial, pois este, como já dito anteriormente, é imprescindível a uma vida digna. Tal posição se encontra, inclusive, em recente jurisprudência do STJ:[18]

> Administrativo. Controle judicial de políticas públicas. Possibilidade em casos excepcionais – direito à saúde. Fornecimento de medicamentos. Manifesta necessidade. Obrigação solidária de todos os entes do poder público. **Não oponibilidade da reserva do possível ao mínimo existencial**. Não há ofensa à súmula 126/STJ.

Afinal, nas palavras de Canotilho,[19] "Um direito social sob ´reserva dos cofres cheios´ equivale, na prática, a nenhuma vinculação jurídica", motivo de censura do renomado autor.

Interessante solução é apontada por Andreas Krell[20] e compartilhada por Dirley da Cunha Júnior.[21] Trata-se do remanejamento de recursos de áreas não intimamente ligadas aos direitos fundamentais (fomento econômico, serviço da dívida, etc.) para suprir as necessidades mais básicas da sociedade. Ressalte-se que aqui não se está a

---

16 CANOTILHO, José Joaquim Gomes, CANOTILHO, José Joaquim Gomes. *Direito constitucional e teoria da Constituição*. 7ª ed. Livraria Almedina, Coimbra: 2003, p. 481.

17 CAMARGO, Marcelo Novelino, *op. Cit*, p. 165.

18 AgRg no REsp 1107511 / RS Agravo Regimental no Recurso Especial 2008/0265338-9. Data da publicação: DJe 06/12/2013.

19 CANOTILHO, José Joaquim Gomes, *op. cit*, p. 481.

20 KRELL, Andreas J. *Direitos sociais e controle judicial no Brasil e na Alemanha*. Sérgio Antonio Fabris Editor, Porto Alegre: 2002, p. 53.

21 CUNHA JÚNIOR, Dirley da. *A efetividade dos direitos fundamentais sociais e a reserva do possível*. In: CAMARGO, Marcelo Novelino (org.). Leituras complementares de direito constitucional – Direitos humanos e direitos fundamentais. 3ª ed. Podium: Salvador: 2008, p. 372.

falar de sobras orçamentárias, mas sim de realocação dessas verbas dentro do abarcado pela própria peça orçamentária.

Dessa forma, a aplicação da reserva do possível em países com ampla desigualdade e alto grau de exclusão social, como o Brasil,[22] que nega saúde básica e ensino fundamental a seus cidadãos menos favorecidos, deve ser feita apenas em casos muito específicos, de tal maneira que o mínimo existencial seja respeitado para a preservação da vida em sociedade com plena dignidade.

5. PROIBIÇÃO DE RETROCESSO

Ainda nesse contexto, deve-se salientar o papel de um princípio que tem tido uma crescente acolhida no âmbito da doutrina do Estado democrático de direito, que é o princípio da proibição do retrocesso (também conhecido como princípio do não retrocesso social).

Tal princípio também encontra guarida na jurisprudência do STF, da qual se destaca recente acórdão que assim decidiu:[23]

> Agravo de instrumento – Embargos de declaração recebidos como recurso de agravo – Defensoria pública – Implantação – Omissão estatal que compromete e frustra direitos fundamentais de pessoas necessitadas – Situação constitucionalmente intolerável – O reconhecimento, em favor de populações carentes e desassistidas, postas à margem do sistema jurídico, do "direito a ter direitos" como pressuposto de acesso aos demais direitos, liberdades e garantias – Intervenção jurisdicional concretizadora de programa constitucional destinado a viabilizar o acesso dos necessitados à orientação jurídica integral e à assistência judiciária gratuitas (CF, art. 5º, inciso LXXIV, e art. 134) – Legitimidade dessa atuação dos juízes e tribunais – O papel do poder judiciário na implementação de políticas públicas instituídas pela constituição e não efetivadas pelo poder público – A fórmula da reserva do possível na perspectiva da teoria dos custos dos direitos: impossibilidade de sua invocação para legitimar o injusto inadimplemento de deveres estatais de prestação constitucionalmente impostos ao estado – A teoria da "restrição das restrições" (ou da "limitação das limitações") – Controle jurisdicional de legitimidade da omissão do estado: atividade de fiscalização judicial que se justifica pela necessidade de observância de certos parâmetros constitucionais (proibição de retrocesso social, proteção ao mínimo existencial, vedação da proteção insuficiente e proibição de excesso) – Doutrina – Precedentes.

---

22 O Brasil é apenas o octogésimo quinto país no ranking do IDH de 2013, segundo a ONU (https://data.undp.org/dataset/Table-1-Human-Development-Index-and-its-components/wxub-qc5k), apesar de ter a sétima maior economia do mundo, segundo o Banco Mundial (http://www.worldbank.org/pt/country/brazil/overview).

23 AI 598212 ED / PR – Paraná Emb. Decl. No Agravo de instrumento relator(a): Min. Celso de Mello Julgamento: 25/03/2014 Órgão Julgador: Segunda Turma.

Tal princípio postula que uma vez obtido determinado grau de satisfação ou bem estar social, esse nível se transforma em uma garantia institucional e em um direito subjetivo, por assim dizer, adquirido. Ou ainda, segundo Canotilho:[24] "o núcleo essencial dos direitos sociais já realizado e efetivado através de medidas legislativas deve considerar-se constitucionalmente garantido" (...) "sobretudo quando o núcleo essencial se reconduz à garantia do mínimo de existência condigna inerente ao respeito pela dignidade da pessoa humana".

Dessa forma, suponha-se situação em que uma lei seja promulgada e venha a eliminar algum direito anteriormente implementado. Nesse caso, e ausente a criação de algum esquema compensatório, a lei será inconstitucional. Não se pode simplesmente extinguir aquele direito, nem há como desconstituir o grau de concretização do mesmo, visto que isso seria como aduz Sarlet[25], um "golpe" contra a Lei Fundamental, já que ao invés de promover a progressiva ou crescente satisfação do direito social, há o recuo na sua tutela, cabendo impugnação judicial de tal medida.

Assim, o princípio em tela atua de forma a garantir maior efetividade aos direitos sociais.

6. MÍNIMO EXISTENCIAL

Também com origem germânica, o mínimo existencial teve sua noção retirada pela Corte Constitucional alemã do princípio da dignidade da pessoa humana, do direito à vida e à integridade física, mediante uma interpretação sistemática dos princípios do Estado Social. Sua jurisprudência confirma a existência de um Direito Fundamental ao mínimo vital.[26]

Tem-se que ressaltar que esse mínimo abarca não apenas o lado físico do ser humano, mas também se refere ao aspecto psicológico e intelectual.

Quando o mínimo existencial não é respeitado, observa-se uma ofensa ao Princípio da Dignidade da Pessoa Humana. Portanto, é um dever do Estado Social proporcionar aos indivíduos recursos básicos necessários a um mínimo de satisfação de suas necessidades. Um não existe sem o outro.

Curiosa e correta comparação é a feita por Lazari[27] que explica que enquanto a reserva do possível é a principal arma do Estado, que a utiliza nas ações em que é réu, o mínimo existencial é o principal instituto usado pela parte autora nessas ações, qual seja o cidadão que demanda algum direito social em juízo.

---

24 CANOTILHO, José Joaquim Gomes, *op. cit.* p. 340.

25 Sarlet, Ingo Wolfgang. *Algumas considerações em torno do conteúdo, eficácia e efetividade do direito à saúde na constituição de 1988.* Revista Diálogo Jurídico, Salvador, CAJ – Centro de Atualização Jurídica, nº 10, janeiro, 2002. Disponível na Internet: http://www.direitopublico.com.br/pdf_10/DIALOGO-JURIDICO-10-JANEIRO-2002-INGO-WOLFGANG-SARLET.pdf (acesso em 03/06/2014), p. 11.

26 KRELL, Andreas J, *op. cit*, p. 61.

27 LAZARI, Rafael José Nadim de. Reserva do possível e mínimo existencial: um necessário estudo dialógico. 2012. 168 fls. Dissertação de mestrado. Mestrado em Direito – Centro Universitário "Eurípedes" de Marília, Fundação de Ensino "Eurípedes Soares da Rocha", Marília/SP, 2012, p. 44.

É tarefa das mais árduas definir o que é esse mínimo ou tentar elencar de forma taxativa suas características,[28] porém, segundo Andreas Krell,[29] ele deve abranger "sempre um atendimento básico e eficiente de saúde, o acesso a uma alimentação básica e vestimentas, à educação de primeiro grau e a garantia de uma moradia". Porém, esse mesmo autor prega que o seu conteúdo concreto varia de país para país. Tal ideia se apresenta de várias formas, como nos projetos de lei que tratam de uma renda mínima.[30] Krell[31] preconiza que o texto constitucional tem que ter respaldo na realidade existente, portanto, deve-se tomar cuidado com as promessas constitucionais para que não ocorra, como ele mesmo conceitua, uma "frustração constitucional".

Canotilho anotou o seguinte:

> Relativamente aos direitos, liberdades e garantias, a Constituição portuguesa garante e protege um *núcleo essencial* destes direitos contra leis restritivas (núcleo essencial como reduto último de defesa). Coloca-se também o problema de saber se os direitos econômicos, sociais e culturais exigem a garantia de um *núcleo essencial* como condição do mínimo de existência (núcleo essencial como *standard* mínimo). Das várias normas sociais, econômicas e culturais é possível deduzir-se um princípio jurídico estruturante de toda a ordem econômico-social portuguesa: todos (princípio da universalidade) têm um direito fundamental a um ***núcleo básico de direitos sociais*** (*minimum core of economic and social rights*), na ausência do qual o estado português se deve considerar infractor das obrigações jurídico-sociais constitucional e internacionalmente impostas. Nesta perspectiva, o "rendimento mínimo garantido", as "prestações de assistência social básica", o "subsídio de desemprego" são verdadeiros direitos sociais *originariamente* derivados da constituição sempre que eles constituam o *standard* mínimo de existência indispensável à fruição de qualquer direito.[32]

Nesse mesmo sentido, Ana Paula de Barcellos[33] pensa que o mínimo existencial (ou núcleo da dignidade humana) serve como uma proposta de superação das dificulda-

---

28 Marcelo Novelino enfatiza que ao menos três direitos básicos integram a composição do mínimo existencial, sendo eles: a saúde (sendo indispensável apenas o tratamento mínimo à sobrevivência do indivíduo), a educação fundamental (de acordo com o art. 208, I, CF/88) e a moradia, em: CAMARGO, Marcelo Novelino. **O conteúdo...,** *op. cit*, pp. 164-165.

29 KRELL, Andreas J, *op. cit*, p. 63.

30 FRISCHEISEN, Luiza Cristina Fonseca. *Políticas públicas. A responsabilidade do administrador e o Ministério Público.* Max Limonad, São Paulo: 2000.

31 KRELL, Andreas J, *op. cit*, p. 26.

32 CANOTILHO, José Joaquim Gomes. *op. cit*, p. 518.

33 Apud CAMARGO, Marcelo Novelino. *O conteúdo jurídico da dignidade da pessoa humana.* In: CARMARGO, Marcelo Novelino (org.). Leituras complementares de direito constitucional – Direitos humanos e direitos fundamentais. 3ª ed. Podium, Salvador: 2008, p. 159.

des da dignidade humana, visto que atua como um subconjunto menor que minimiza os problemas dos custos, sendo mais preciso e efetivamente exigível do Estado.

Observa-se que em sede jurisprudencial, mais especificamente, no Supremo Tribunal Federal, já vem sendo adotado posicionamento alinhado com o que foi até então exposto. Nas palavras do Ministro Celso de Mello:[34]

> Não se mostrará lícito, no entanto, ao Poder Público, em tal hipótese – mediante indevida manipulação de sua atividade financeira e/ou político-administrativa – criar obstáculo artificial que revele o ilegítimo, arbitrário e censurável propósito de fraudar, de frustrar e de inviabilizar o estabelecimento e a preservação, em favor da pessoa e dos cidadãos, de condições materiais mínimas de existência (STF, ADPF nº 45, Rel. Min. Celso de Mello, julg. 29.04.04).

Outra fonte de reflexão sobre o tema repousa nas páginas da obra Uma introdução à ciência das finanças, de Aliomar Baleeiro, cuja primeira edição foi lançada no ano de 1955: "O contribuinte não pode pagar impostos que sacrifiquem o 'mínimo de existência' ou o 'necessário físico' A insistência do Fisco em ignorar esse princípio óbvio acarretaria a ruína física do homem, que é a base econômica da produção de qualquer país".[35]

Parece evidente a simetria das duas abordagens complementares da matéria: a garantia da essencialidade da dignidade humana não pode ser malferida pelo Estado nem quando arrecada tributos dos cidadãos (dando-lhes efeito de confisco de propriedade,[36] que é um direito individual)[37] nem quando emprega esses mesmos recursos na tutela dos direitos socais.[38]

6.1. Máximo existencial: uma nova visão

Mais novo é o instituto do *máximo existencial*, que se apresenta como objetivo maior do Estado Social.

---

34 BRASIL, Supremo Tribunal Federal. Acórdão na ADPF 45/DF. Relator MELLO, Celso de. Publicado no DJe 04/04/2004. Disponível em: http://www.stf.jus.br/portal/peticaoInicial/ verPeticaoInicial.asp?base= ADPF&s1=45&processo=45.

35 BALEEIRO, Aliomar. *Uma introdução à ciência das finanças*. 17ª ed. Editora Forense, Rio de Janeiro: 2010, p. 336.

36 CF, art. 150, IV.

37 CF, art. 5º, XXII.

38 De acordo com nossa Constituição: Art. 6º São direitos sociais a educação, a saúde, a alimentação, o trabalho, a moradia, o lazer, a segurança, a previdência social, a proteção à maternidade e à infância, a assistência aos desamparados, na forma desta Constituição.

O direito fundamental ao máximo existencial, conforme escreve Miguel Calmon Dantas,[39] consiste "no direito à progressiva, contínua, gradual e processual ampliação dos níveis essenciais de prestação até satisfação suficiente das necessidades existenciais, necessária ao bem-estar individual pela garantia da auto-realização e da autonomia".

Ele serve de meta final do Estado Social, atuando ao lado da proibição de retrocesso dos direitos sociais para uma crescente realização desses direitos prestacionais. Nesse sentido, prossegue Dantas:[40]

> Ao portar uma dimensão utópica, o direito fundamental ao máximo existencial projeta uma pressão normativa sobre a realidade a fim de que haja a progressiva extensão das condições e possibilidades de efetividade dos direitos fundamentais. Não se cinge, então, a exigir que sejam realizados ou garantidas as condições de sua realização nas condições reais e possíveis, porquanto demanda a progressiva ampliação de tais possibilidades, propiciando a extensão do que é possível.

O próprio Dantas[41] indica que a Constituição contém essa ideia ao associar a construção de uma sociedade livre, justa e solidária mediante a erradicação da pobreza e a redução das desigualdades sociais e regionais com a promoção do bem-estar, como se afere do art. 3° do texto constitucional.[42]

Caminha ao lado dessa nova teoria a questão do *máximo de recursos disponíveis* aplicados nos direitos sociais, conforme leciona o já citado BIDART CAMPOS[43]

> ...el máximo de los recursos de que disponga el estado para tal fin no es el que a su puro criterio y antojo le fija la distribución del gasto público, sino el mayor posible que, dentro de la totalidad integral de los mismos recursos, ha de reservarse conforme al orden de prioridades que surge del sistema axiológico de la constitución. Y cuando decimos 'de la constitución' involucramos los tratados de derechos humanos incorporados al derecho interno, cualquiera sea el nivel jerárquico..."

---

39 DANTAS, Miguel Calmon. *Direito fundamental ao máximo existencial.* 2011. 572 fls. Tese de Doutorado em Direito. Universidade Federal da Bahia. Salvador/BA. 2011, p. 434. Disponível em: https://repositorio.ufba.br/ri/handle/ri/8703, p. 433. Acessado em 20/06/2014.

40 Ibid., p. 429.

41 Id.

42 Art. 3º Constituem objetivos fundamentais da República Federativa do Brasil:
I – construir uma sociedade livre, justa e solidária;
II – garantir o desenvolvimento nacional;
III – erradicar a pobreza e a marginalização e reduzir as desigualdades sociais e regionais;
IV – promover o bem de todos, sem preconceitos de origem, raça, sexo, cor, idade e quaisquer outras formas de discriminação.

43 BIDART CAMPOS, Germán. *El orden socioeconômico en la constitucion.* Editora: Sociedade anónima editora, comercial, industrial y financeira, Buenos Aires: 1999, p. 347.

O máximo dos recursos disponíveis é um *standard* que determina aos poderes públicos que destinem aos direitos sociais recursos na maior dimensão possível. Não podem caber a essa importante gama de direitos apenas as sobras de outras dotações com caráter menos fundamental que o deles.[44]

Assim, percebe-se que, ao efetivar-se o máximo existencial, há a consequência de se distanciar-se, de maneira benéfica, da figura do mínimo existencial, no sentido de oferecer, cada vez mais, prestações que podem possibilitar oportunidades maiores que a mera sobrevivência dos cidadãos.

7. ORÇAMENTO: POR UMA NOVA INTERPRETAÇÃO CONSTITUCIONAL

O orçamento, historicamente, era tido como uma peça que continha apenas previsões de receitas e de gastos, meramente uma peça contábil. Na contemporaneidade, compreende-se o orçamento como um instrumento do agir estatal. Não se limita a atender formalmente ditames da contabilidade pública, mas concretiza materialmente os anseios de toda a sociedade, indicando e orientando a conduta do Estado em suas diversas áreas de atuação.

Em consonância com esse desdobramento histórico, leciona Baleeiro[45] que: "...o orçamento revela com transparência em proveito de que grupos sociais e regiões ou para **solução de que problemas** e necessidades funcionará precipuamente a aparelhagem de serviços públicos" (grifa-se), pondo a nu que, mais que um ícone da convivência política dos poderes legislativo e executivo, o orçamento assumiu um caráter político próprio atinente a serviço das políticas públicas destinadas à satisfação das grandes demandas populares, com destaque para os direitos sociais.

Corroborando essa evolução, temos atualmente o seguinte quadro, nas palavras de PIRES e MOTTA:[46]

> Na verdade, o orçamento é, antes de tudo, uma decisão de governo ou um exercício de poder e, nesse sentido, não só uma questão técnica, mas também política. Isto significa que todo orçamento público implica a determinação de prioridades, relacionadas, por sua vez, com a capacidade de intervenção e negociação de certos setores da sociedade ou com opções do próprio governo local. O orçamento permite a identificação dos recursos disponíveis, que serão aplicados segundo as prioridades estabelecidas e afinadas com a política adotada pelo gestor público.

---

44 Ibid, p. 350.

45 BALEEIRO, Aliomar, *op. cit*, p. 521.

46 PIRES, José Santo Dal Bem; MOTTA, Walmir Marcelino. *A evolução histórica do orçamento público e sua importância para a sociedade.* 2006. Enfoque: Reflexão contábil. Volume 25, nº 2. Disponível em: http://www.periodicos.uem.br/ojs/index.php/Enfoque/article/view/3491/3158, p. 8.

Domingues, comenta a evolução do orçamento da seguinte forma:[47]

> Não se olvide que, superadas as finanças neutras do liberalismo clássico, desde a Constituição de Weimar (1919) passou-se às finanças funcionais, reconhecendo-se a função social das Finanças Públicas no sentido de permitir ao Estado a intervenção na conjuntura e a modificação das estruturas através dos processos financeiros (tributação e despesa), especialmente no campo da implementação dos direitos sociais.

A CF/88 prevê em seu artigo 165, três leis orçamentais, quais sejam o plano plurianual (PPA), as diretrizes orçamentárias (LDO) e a lei orçamentária anual (LOA).

O Plano Plurianual define o planejamento das atividades governamentais de longo prazo. É um plano conjuntural para a promoção do desenvolvimento econômico, do equilíbrio entre as regiões do país e da estabilidade na economia (TORRES, 2005). Está previsto no §1º, do artigo 165, da CF/88.

Já a Lei de Diretrizes Orçamentárias (LDO) compreenderá as metas e prioridades da administração pública federal, incluindo as despesas de capital para o exercício financeiro seguinte, orientará a lei orçamentária anual, disporá sobre as alterações na legislação tributária e estabelecerá a política de aplicação das agências financeiras de fomento, conforme expresso no artigo 165, §2º, da nossa constituição.

Por fim, tem-se a Lei Orçamentária Anual (LOA), que trata do orçamento fiscal e dos investimentos de empresas estatais, além do financiamento da seguridade social. O orçamento (lei orçamentária anual) deve respeitar as diretrizes orçamentárias e ambas conformam-se ao plano plurianual.[48]

Embora existam essas três leis tendo como objeto o orçamento, deve-se ressaltar que o orçamento é *uno*, no sentido de que deve existir harmonia entre estes três documentos. Tal é o princípio extraído do §5° do artigo 165, da CF/88. Segundo Torres,[49] "O princípio da unidade já não significa a existência de um único documento, mas a integração finalística e a harmonização entre os diversos orçamentos."

Ainda no artigo supracitado, consagra-se outro princípio orçamentário, o da universalidade, a determinar que devem estar previstas na lei orçamentária todas as despesas e receitas da Administração Pública, direta e indireta, por seus órgãos e entidades, respectivamente.

A Constituição veda o início de programas ou projetos não incluídos na lei orçamentária anual,[50] a realização de despesas que excedam os créditos orçamentários,[51]

---

47 DOMINGUES, José Marcos – OLIVEIRA, José Marcos Domingues de. *Tributação, orçamento e políticas públicas*. Interesse Público (Impresso), Belo Horizonte, v. 63, pp. 147-169, 2010, p. 151.

48 Isso é extraído dos seguintes artigos constitucionais: art. 165, §7º, art. 166. §4º e art. 167. §1º.

49 TORRES, Ricardo Lobo. *Curso de direito financeiro e tributário.* 12ª ed. Renovar, Rio de Janeiro: 2005 p. 118.

50 CF, artigo 165, I.

51 CF, artigo 165, II.

bem como a transposição, o remanejamento ou a transferência de recursos de uma categoria de programação para outra ou de um órgão para outro, sem prévia autorização legislativa.[52]

A um primeiro e perfunctório olhar previsões orçamentárias e autorizações de remanejamento seriam matérias reservadas ao Legislativo e ao Executivo, objeto de decisão política infensa ao controle jurisdicional.

Então, a atuação do Poder Judiciário no controle das políticas públicas, tema antes polêmico, em função de seu alegado déficit de legitimidade política, poderia colidir com a previsão orçamentária original, ausente ou insuficiente verba para determinado gasto.

Ocorre que a confecção do orçamento não é totalmente discricionária, devendo atender ao disposto na Constituição, que fundamenta na dignidade da pessoa humana o respeito aos direitos fundamentais. Tal posicionamento é compartilhado por Clèmerson Clève:[53]

> Desta forma, tratar-se-ia de compelir o Poder Público a cumprir a lei orçamentária que contenha as dotações necessárias (evitando, assim, os remanejamentos de recursos para outras finalidades), assim como de obrigar o Estado a prever na lei orçamentária os recursos necessários para, de forma progressiva, realizar os direitos sociais.

A satisfação de forma progressiva dos direitos sociais está explícita em diversos tratados de direitos humanos,[54] não cabendo, assim, ao Estado uma ilimitada discri-

---

52 CF, artigo 165, III.

53 CLÈVE, Clèmerson Merlin. *Desafio da efetividade dos Direitos Fundamentais Sociais.* Disponível na Internet: http://www.mundojuridico.adv.br/sis_artigos/artigos.asp?codigo=441. Acesso em 03 de Junho de 2014.

54 Como o Pacto de São José da Costa Rica (Convenção Americanada de Direitos Humanos, de 1969), que em seu artigo 26 consagra que: "Os Estados-partes comprometem-se a adotar as providências, tanto no âmbito interno, como mediante cooperação internacional, especialmente econômica e técnica, a fim de conseguir progressivamente a plena efetividade dos direitos que decorrem das normas econômicas, sociais e sobre educação, ciência e cultura, constantes da Carta da Organização dos Estados Americanos, reformada pelo Protocolo de Buenos Aires, na medida dos recursos disponíveis, por via legislativa ou por outros meios apropriados".
Como exemplos temos ainda a Convenção sobre Direitos das Crianças de 1990, que em seu artigo 4º dispõe que: "Os Estados Partes adotarão todas as medidas administrativas, legislativas e de outra índole com vistas à implementação dos direitos reconhecidos na presente Convenção. Com relação aos direitos econômicos, sociais e culturais, os Estados Partes adotarão essas medidas utilizando ao máximo os recursos disponíveis e, quando necessário, dentro de um quadro de cooperação internacional"
Por fim, temos o Pacto internacional sobre direitos econômicos, sociais e culturais, que determina em seu artigo 2º que "Cada Estados Partes do presente Pacto comprometem-se a adotar medidas, tanto por esforço próprio como pela assistência e cooperação internacionais, principalmente nos planos econômico e técnico, até o máximo de seus recursos disponíveis, que visem assegura, progressivamente, por todos os meios apropriados, o, pleno exercício e dos direitos reconhecidos no presente Pacto, incluindo, em particular, a adoção de medidas legislativa."

cionariedade nessas escolhas, visto que os direitos sociais são direitos humanos e seu atendimento merece uma prioridade imperativa, que demanda o máximo possível de recursos disponíveis para satisfazê-los.[55]

Na Argentina, o professor Germán Bidart Campos[56] ensina que "Todo radica, entonces, em diagramar y planificar com el más objetivo criterio de justicia que sea viable, el orden axiológico de los gastos públicos". Assim, "cuando el diagrama se diseña de esta manera, la fórmula ′hasta el máximo de los recursos disponibles′ adquiere su sentido genuino".

Na doutrina pátria, ao propósito do planejamento orçamentário, Riani[57] afirma que:

> Há diversas vinculações constitucionais expressas que, independentemente da vontade dos Poderes envolvidos, têm que ser feitas de determinada maneira (como a definição de recursos para a educação). A isto pode se chamar, pegando emprestada a terminologia de Canotilho, de heterovinculação dos responsáveis pela elaboração do orçamento.

Chega-se aqui a uma questão doutrinária de grande importância, qual seja a do caráter autorizativo ou impositivo do orçamento.

Importante relembrar que o orçamento não é mais admitido como uma peça meramente autorizativa, e sim como um programa. Portanto, ele é lei que precisa ser cumprida pelo Poder Executivo, de acordo com os princípios que regem a administração pública, como o princípio da legalidade, da economicidade e da eficiência.

Em linhas gerais, no orçamento autorizativo tem-se um limite de gasto, que não vincula o Executivo, outorgando-se-lhe ampla discricionariedade na execução da Despesa Pública.

Segundo Souza:[58] "A argumentação para a existência desse caráter (autorizativo) baseia-se no fato de que o orçamento é apenas uma previsão de receitas e despesas, não podendo, assim, obrigar algo que só é previsto e não se tem certeza de quanto será arrecadado, por exemplo."

Já para a teoria que adota o orçamento impositivo, o Estado é obrigado a realizar os gastos determinados na lei orçamentária, especialmente quando vinculados por ditames constitucionais, políticas públicas constitucionalizadas, em razão do que não há falar em discricionariedade dos poderes constituídos. Caso ocorra infração a esse

---

55 BIDART CAMPOS, Germán, *op. cit*, p. 341.

56 Ibid., p. 344.

57 RIANI, Frederico Augusto d′Avila. *A vinculação do Executivo à lei orçamentária no cumprimento das determinações constitucionais*. 2005. 244 f. Tese (Doutorado em Direito Constitucional). Faculdade de Direito, Pontifícia Universidade Católica, São Paulo, 2005 (mimeo.). p. 182.

58 SOUZA, Francisco Hélio. *O caráter impositivo da lei orçamentária anual e seus efeitos no sistema de planejamento orçamentário*. Disponível em: http://www3.tesouro.fazenda.gov.br/Premio_TN/XIIIpremio/sistemas/2tosiXIIIPTN/Carater_Impositivo_Lei_Orcamentaria.pdf, p. 24. Acesso em 23/02/2014.

desiderato, enseja-se provocação ao Poder Judiciário para atuar, garantindo a efetividade dos direitos fundamentais, insuficientemente protegidos, conforme assentado no julgamento da ADPF nº 45.[59]

Nesse sentido, José Marcos Domingues[60] prega que os direitos humanos (e aqui estão abarcados os direitos fundamentais sociais) devem ser respeitados atendidos pelo orçamento, e não serem postos em situação de subordinação material a ele, e que o direito orçamentário é uma vertente imprescindível na ordem jus-política erigida em nome da proteção dos direitos humanos.[61]

7.1. Exemplos de vinculações orçamentárias positivadas no texto constitucional

A Constituição brasileira prevê que determinado montante de dinheiro seja aplicado na implementação de alguns dos direitos sociais nela insculpidos,[62] como por exemplo saúde, educação e etc.:

> Art. 198. § 2º A União, os Estados, o Distrito Federal e os Municípios aplicarão, anualmente, em ações e serviços públicos de saúde recursos mínimos derivados da aplicação de percentuais calculados sobre:
> I – no caso da União, na forma definida nos termos da lei complementar prevista no § 3º;
> II – no caso dos Estados e do Distrito Federal, o produto da arrecadação dos impostos a que se refere o art. 155 e dos recursos de que tratam os arts. 157 e 159, inciso I, alínea a, e inciso II, deduzidas as parcelas que forem transferidas aos respectivos Municípios;
> III – no caso dos Municípios e do Distrito Federal, o produto da arrecadação dos impostos a que se refere o art. 156 e dos recursos de que tratam os arts. 158 e 159, inciso I, alínea b e § 3º.
> Art. 167. São vedados:
> IV – a vinculação de receita de impostos a órgão, fundo ou despesa, ressalvadas a repartição do produto da arrecadação dos impostos a que se referem os arts. 158 e 159, a destinação de recursos para as ações e serviços públicos de saúde, para manutenção e desenvolvimento do ensino e para realização de

59 BRASIL, Supremo Tribunal Federal. Acórdão na ADPF 45/DF. Relator MELLO, Celso de. Publicado no DJe 04/04/2004. Disponível em: http://www.stf.jus.br/portal/peticaoInicial/ verPeticaoInicial.asp?base= ADPF&s1=45&processo=45.

60 DOMINGUES, José Marcos – OLIVEIRA, José Marcos Domingues de. *Fixar despesas cabe ao legislativo, não a cada integrante*. Disponível em http://www.conjur.com.br/2014-fev-14/jose-domingues-fixar-despesa-cabe-legislativo-nao-cada-integrante. Acesso em 24/02/2014.

61 Id. *Tributação..., op. cit*, p. 157.

62 Art. 6º: São direitos sociais a educação, a saúde, a alimentação, o trabalho, a moradia, o lazer, a segurança, a previdência social, a proteção à maternidade e à infância, a assistência aos desamparados, na forma desta Constituição.

> atividades da administração tributária, como determinado, respectivamente, pelos arts. 198, § 2º, 212 e 37, XXII, e a prestação de garantias às operações de crédito por antecipação de receita, previstas no art. 165, § 8º, bem como o disposto no § 4º deste artigo

Nesses casos, não há discricionariedade orçamentária do Legislativo nem da Administração Pública em alocar ou despender recursos em determinadas políticas públicas, tanto que elas já estão consagradas no texto constitucional. Patologia específica ocorre quando essas verbas são insuficientes para garantir sequer o mínimo existencial e, consequentemente, a dignidade da pessoa humana, caso em que a indigência orçamentária em si deve ser objeto de censura jurídica.

A esse propósito leciona Domingues[63] que: "Trata-se, portanto, de determinações constitucionais tutelares dos direitos humanos atinentes à Vida com Dignidade, ademais consagrados pelos objetivos fundamentais da república, especialmente os de construir uma sociedade livre, justa e solidária (art. 3º, I)".

Aqui, então, percebe-se um caráter marcadamente impositivo do orçamento em conexão com o caráter vinculativo da tutela constitucional dos direitos sociais.

8. CONCLUSÃO

Diante do exposto, entende-se que os institutos jusfinanceiros pesquisados nesse ensaio estão orientados à máxima efetividade aos direitos fundamentais sociais, seara em que o orçamento público pode e deve desempenhar papel central.

Logicamente, não há como dissociar a falta de recursos e a reserva do possível do orçamento, mas, ademais da questão financeira, cabe ter em mente a razoabilidade dos pleitos deduzidos pela cidadania, o que, no caso brasileiro, envolve recorrentemente direitos sociais como o direito à educação e à saúde.

O mínimo existencial deve ser garantido, mas do Estado Social deve exigir-se o emprego do máximo possível de recursos disponíveis na implementação dos direitos sociais. Nesse quadro, apresenta-se instituto complementar ao mínimo existencial, o máximo existencial, que aponta para a otimização do atendimento dos diversos direitos fundamentais sociais.

Ao se centrar o estudo do orçamento nessa visão, tão necessária como contemporânea, de ser ele instrumento concretizador dos direitos sociais, pretende-se contribuir para o exame progressivamente renovado de princípios e vetores como a dignidade da pessoa humana, o mínimo existencial, a proibição de retrocesso e o máximo existencial.

Assim, deduz-se que o orçamento, através de uma releitura de si mesmo, respeitosa ao espírito constitucional, é instrumento fundamental oferecido pelo Direito Financeiro para que os direitos sociais sejam cada vez mais implementados na sociedade contemporânea.

---

63 DOMINGUES, José Marcos – OLIVEIRA, José Marcos Domingues de. *Tributação...*, *op. cit*, p. 155.

BIBLIOGRAFIA

BALEEIRO, Aliomar. *Uma introdução à ciência das finanças*. 17ª ed. Editora Forense, Rio de Janeiro: 2010.

BARCELLOS, Ana Paula de. *Neoconstitucionalismo, Direitos Fundamentais e Controle das Políticas Públicas*. In: Marcelo Novelino Camargo. (Org.). Leituras Complementares de Constitucional. 3ª ed. Jus Podivm, Salvador: 2008, – 111-130.

BIDART CAMPOS, Germán. *El orden socioeconómico en la constitución*. Editora: Sociedad anónima editora, comercial, industrial y financiera, Buenos Aires: 1999.

BONAVIDES, Paulo. *Curso de direito constitucional*. 15ª ed. Editora Malheiros, São Paulo: 2004.

BRASIL, Supremo Tribunal Federal. Acórdão na ADPF 45/DF. Relator MELLO, Celso de. Publicado no DJe 04/04/2004. Disponível em: http://www.stf.jus.br/portal/peticaoInicial/ verPeticaoInicial.asp?base=ADPF&s1=45&processo=45.

CANOTILHO, José Joaquim Gomes. *Direito constitucional e teoria da Constituição*. 7ª ed. Livraria Almedina, Coimbra: 2003.

CAMARGO, Marcelo Novelino. *O conteúdo jurídico da dignidade da pessoa humana*. In: CARMARGO, Marcelo Novelino (org.). Leituras complementares de direito constitucional – Direitos humanos e direitos fundamentais. 3ª ed. Podium: Salvador: 2008.

CLÈVE, Clèmerson Merlin. *Desafio da efetividade dos Direitos Fundamentais Sociais*. Disponível na Internet: http://www.mundojuridico.adv.br/sis_artigos/artigos.asp?codigo=441. Acesso em 03 de Junho de 2014.

CUNHA JÚNIOR, Dirley da. *A efetividade dos direitos fundamentais sociais e a reserva do possível*. In: CAMARGO, Marcelo Novelino (org.). Leituras complementares de direito constitucional – Direitos humanos e direitos fundamentais. 3ª ed. Podium: Salvador: 2008.

DANTAS, Miguel Calmon. *Direito fundamental ao máximo existencial*. 2011. 572 fls. Tese de Doutorado em Direito. Universidade Federal da Bahia. Salvador/BA. 2011. Disponível em: https://repositorio.ufba.br/ri/handle/ri/8703. Acessado em 20/06/2014.

DOMINGUES, José Marcos – OLIVEIRA, José Marcos Domingues de. *Tributação, orçamento e políticas públicas*. In Revista Interesse Público (Impresso), Belo Horizonte, Editora Fórum, v. 63, 2010, pp. 147-169.

_______. *Fixar despesas cabe ao legislativo, não a cada integrante*. Disponível em http://www.conjur.com.br/2014-fev-14/jose-domingues-fixar-despesa-cabe-legislativo-nao-cada-integrante. Acesso em 24/02/2014.

FRISCHEISEN, Luiza Cristina Fonseca. Políticas públicas. *A responsabilidade do administrador e o Ministério Público*. Max Limonad, São Paulo: 2000.

KELBERT, Fabiana Okchstein. *Reserva do possível e a efetividade dos direitos sociais no direito brasileiro.* Livraria do Advogado, Porto Alegre: 2011.

KRELL, Andreas J. *Direitos sociais e controle judicial no Brasil e na Alemanha.* Sérgio Antonio Fabris Editor, Porto Alegre: 2002.

LAZARI, Rafael José Nadim de. *Reserva do possível e mínimo existencial: um necessário estudo dialógico.* 2012. 168 fls. Dissertação de mestrado. Mestrado em Direito – Centro Universitário "Eurípedes" de Marília, Fundação de Ensino "Eurípedes Soares da Rocha", Marília/SP, 2012.

PIRES, José Santo Dal Bem; MOTTA, Walmir Marcelino. *A evolução histórica do orçamento público e sua importância para a sociedade.* 2006. Enfoque: Reflexão contábil. Volume 25, nº2. Disponível em: http://www.periodicos.uem.br/ojs/index.php/Enfoque/article/view/3491/3158.

RIANI, Frederico Augusto d´Avila. *A vinculação do Executivo à lei orçamentária no cumprimento das determinações constitucionais.* 2005. 244 f. Tese (Doutorado em Direito Constitucional). Faculdade de Direito, Pontifícia Universidade Católica, São Paulo, 2005.

Sarlet, Ingo Wolfgang. *Algumas considerações em torno do conteúdo, eficácia e efetividade do direito à saúde na constituição de 1988.* Revista Diálogo Jurídico, Salvador, CAJ – Centro de Atualização Jurídica, nº. 10, janeiro, 2002. Disponível na Internet: http://www.direitopublico.com.br/pdf_10/DIALOGO-JURIDICO-10-JANEIRO-2002-INGO-WOLFGANG-SARLET.pdf. Acesso em 03/06/2014.

_______. *A eficácia dos direitos fundamentais.* 3ª ed. Livraria do advogado, Porto Alegre: 2003.

_______. *Dignidade da pessoa humana e direitos fundamentais.* 9ª ed. Livraria do Advogado, Porto Alegre: 2012.

SCHWARZ, Rodrigo Garcia. *Os direitos sociais e a sindicabilidade judicial das políticas públicas sociais no estado democrático brasileiro.* LTR Editora, São Paulo: 2013.

SILVA, José Afonso da. *Curso de direito constitucional positivo.* 23ª ed. Malheiros, São Paulo: 2004.

SOUZA, Francisco Hélio. *O caráter impositivo da lei orçamentária anual e seus efeitos no sistema de planejamento orçamentário.* Disponível em: http://www3.tesouro.fazenda.gov.br/Premio_TN/XIIIpremio/sistemas/2tosiXIIIPTN/Carater_Impositivo_Lei_Orcamentaria.pdf. Acesso em 23/02/2014.

TORRES, Ricardo Lobo. *Curso de direito financeiro e tributário.* 12ª ed. Renovar, Rio de Janeiro: 2005.

DIREITOS SOCIAIS

Questões Conceituais e Efetividade

Carlo Artur Basilico

RESUMO: É necessário firmar o conceito de *direitos sociais* como *direitos humanos individuais*, de modo que sejam consolidados como categoria jurídica de direitos subjetivos individuais, exigíveis diretamente contra o Estado, antes e além de constituírem um catálogo programático de políticas públicas. Os óbices econômicos e políticos geralmente antepostos pelo Estado à efetivação dos direitos sociais não podem infirmar a sua existência, validade e eficácia plena. No campo da eficácia, a omissão do Estado não se justifica, porque as limitações financeiro--orçamentárias devem ser supridas em prol dos direitos sociais, direitos humanos primários e essenciais e, por isso, situados no topo da hierarquia constitucional, inclusive em relação a outras normas constitucionais. Diante da omissão da Administração Pública, sua efetivação pela via do processo individual legitima-se plenamente, porque se trata de direito de todo e de cada ser humano, assim como o é o direito social constitucional de acesso à justiça, a que também todas as normas processuais devem se submeter. O respeito e a efetivação dos direitos sociais é pressuposto de qualificação do Estado Brasileiro como um Estado Democrático de Direito.

1. INTRODUÇÃO

A afirmação de Norberto Bobbio de que "o problema grave de nosso tempo, com relação aos direitos do homem, não era mais o de fundamentá-los, e sim o de protegê-los"[1] revela uma característica do pensamento jusfilosófico moderno: prestigiar o consenso prático em detrimento da investigação sobre o fundamento dos seus postulados. Tal postura mostrou-se importante em um primeiro momento histórico, como via possível de elaboração de uma Declaração Internacional de Direitos Humanos (1948),

1 BOBBIO, Norberto. *A Era dos Direitos*. 5ª reimp. da 1ª ed. Rio de Janeiro: Campus, 1996, p. 25.

porque contornou as diferenças culturais dos povos em prol de uma pauta mínima de direitos, que assim logrou atingir um caráter universal de legitimidade.[2] De fato, observou-se que os povos, apesar de divergirem acerca dos fundamentos dos direitos humanos, chegaram a um consenso de que seria necessária a sua catalogação e a sua positivação em nível internacional, fenômeno que ocorreu também nas Constituições de cada nação, inclusive a brasileira, onde diversas correntes de pensamento estabeleceram, de acordo com aquele mesmo consenso prático, um catálogo de normas de direitos humanos, especialmente as de cunho social. Contudo, o consenso, que se destinava a ser somente um ponto de partida para a afirmação dos direitos humanos, especialmente os sociais, passou a ser invocado como a própria fundamentação dos direitos, o que ensejou uma certa perda de consistência na sua caracterização e na sua classificação, especialmente quando postos em confronto os direitos humanos com os princípios neoliberais do mundo contemporâneo. Assiste-se, não raro, a uma tentativa das correntes neoliberais de pensamento de relativizar alguns direitos humanos, principalmente os direitos sociais, diante daquilo que usualmente se costuma qualificar como circunstâncias políticas e econômicas aparentemente irrefragáveis de um mundo *globalizado*.

Neste quadrante, setores da Doutrina e da Filosofia do Direito procuram revelar os fundamentos esquecidos dos direitos, de modo a que a teoria jurídica encontre lastro argumentativo suficiente para retomar sua proeminência na definição daquilo que é o direito de cada um. Somente pela reconstrução dos fundamentos dos conceitos jurídicos e, consequentemente, do sistema jurídico dos direitos humanos, será possível a sua afirmação e efetivação. Hoje, em tempos da chamada *globalização*, a proteção dos direitos humanos deve estar ancorada em premissas jurídicas suficientemente fortes para resistir aos contra-argumentos de outras ciências, especialmente a Economia e a Política. Evidentemente que não se pretende isolar o Direito do aporte de conhecimento de outras ciências, mas a definição do que é o direito de cada um (*"quid juris"*) é o objeto específico da ciência do Direito no âmbito da cultura da civilização. Não se preconiza um dogmatismo inconsequente, mas se defende um resgate da primazia do Direito,

---

2 Lembra-se aqui o testemunho de Maritain (MARITAIN, Jacques. *O Homem e o Estado*. Trad. de Alceu de Amoroso Lima. 4ª Ed. Rio de Janeiro: Agir, 1966, p.80) quando, tratando da priorização do consenso para a elaboração da Declaração Universal dos Direitos de Homem, em que participou ativamente, lembrou-se de comunicação que fez à Segunda Conferência Internacional da Unesco onde indagava: "Como [...] é concebível um acordo entre os homens reunidos com o propósito de realizar, em conjunto, uma tarefa intimamente relacionada com o futuro do espírito, homens que vem dos quatro cantos da terra e pertencem não apenas a culturas e civilizações diferentes, mas ainda a diferentes famílias espirituais e a escolas antagônicas de pensamento?" Responde Maritain: "Visto como o objetivo da Unesco é um objetivo prático, poder-se-á alcançar espontaneamente um acordo entre os seus membros, não na base de noções especulativas comuns, mas na de noções práticas comuns; não na afirmação de uma idêntica concepção do mundo, do homem e do conhecimento, mas na afirmação de um mesmo conjunto de convicções que dizem respeito à ação. Isso é, sem dúvida, muito pouco; é o derradeiro refúgio da concordância intelectual entre os homens." Maritain não se alinha entre aqueles que desprezam a fundamentação dos direitos humanos, mas observa, com percuciência, que a elaboração da Declaração deu-se com base em um consenso prático.

e, consequentemente, de seus institutos, como forma de articular a fundamentação teórica necessária à implementação efetiva dos direitos sociais. Se é certo que a Política e a Economia têm larga influência sobre as ações do Estado, estão aquelas ciências vinculadas àquilo que o Direito impõe, por força de normas cogentes, constitucionalmente consagradas, como direitos fundamentais do homem. É a juridicidade que caracteriza o fenômeno dos chamados direitos humanos, como relações jurídicas em que o Estado e a sociedade se sujeitam, por dever, ao império do Direito, perante cada um dos indivíduos. Tal postura também não reduz o campo hermenêutico, onde o jurista pode trazer à consideração elementos informativos externos à Ciência Jurídica, para tecer a melhor solução para os problemas. Só não lhe é dado permitir que tais elementos anulem ou amesquinhem os direitos outorgados! A Política e a Economia podem proporcionar uma compreensão mais ampla dos conceitos jurídicos, nunca, porém, alterar a natureza desses conceitos, que são antes jurídicos que políticos ou econômicos. A consequência mais importante desse entendimento é a de que, devido à natureza jurídica desses conceitos, e sua natural normatividade,[3] eles produzem efeitos vinculantes para as pessoas que participam da relação, principalmente o Estado.

Especialmente no campo dos direitos sociais o embate entre o Direito, a Economia e a Política, mostra-se mais agudo, razão porque, neste ponto, a fundamentação dos direitos, assentada em postulados eminentemente jurídicos, torna-se mais relevante para garantir sua existência, desenvolvimento e efetividade.

Para tanto, é necessário que se retorne ao fundamento dos direitos sociais, investigando sua verdadeira natureza. Isso propiciará uma mudança de paradigma no enfrentamento das questões que se apresentam em meio às vicissitudes que os direitos sociais encontram no curso de sua efetivação, seja no plano geral ou no plano individual. A adesão a essa ideia é o que se pretende neste escorço, como forma de contribuir para o debate da questão.

---

3 A questão da normatividade dos conceitos jurídicos é peculiar, especialmente se comparada a conceitos plasmados em outras áreas do conhecimento. Efetivamente, se os conceitos da Economia e da Ciência Política explicam fenômenos e indicam diretrizes, segundo um prognóstico científico. Os conceitos jurídicos, por sua vez, sem abdicar de sua própria cientificidade, a partir do momento que são efetivados, não só indicam diretrizes, nem se resumem a prognósticos, antes balizam caminhos, imperam. A doutrina acolhida como argumento na prática do Direito torna-se ela mesmo Direito. Daí a responsabilidade do jurista quando conceitua, quando estabelece a natureza do objeto de sua reflexão, porque das definições de rumos que estabelece em seus conceitos, vivificam ou anulam o próprio Direito. Tércio Sampaio Ferraz assinala que "ao contrário de outras ciências, como a Economia, a Sociologia, a Etnologia, a Antropologia, uma separação mais ou menos clara entre o cientista e o agente social é extremamente difícil de ser feita, o que pode ser percebido pela antiga questão de se saber se a doutrina jurídica como tal é, ela própria, uma das *fontes* do próprio Direito [...] A Ciência do Direito, nestes termos, não apenas se debate entre ser compreensivo-valorativa ou axiologicamente neutra mas também, para além disso, uma ciência *normativo-descritiva,* que conhece e/ou estabelece normas para o comportamento." FERRAZ JR., Tercio Sampaio. *A Ciência do Direito*. 2ª ed. São Paulo: Ed. Atlas, 1980, p. 12.

2. OS DIREITOS SOCIAIS SÃO DIREITOS

O primeiro horizonte que se descortina aos olhos de quem trata dos direitos sociais é o de investigar a sua natureza. Parece um paradoxo duvidar da categoria dos direitos sociais como verdadeiros direitos, afinal o próprio nome deveria revelar a natureza do instituto: *direitos* sociais. Não se pode supor que, ao denominá-los direitos, as Constituições os estabeleçam como algo menos do que direitos subjetivos. Vale aqui trazer à baila a noção de direito subjetivo, que segundo Miguel Reale, "é a possibilidade de exigir-se, de maneira garantida, aquilo que as normas de direito atribuem a alguém como próprio".[4] Para exata compreensão do alcance desse conceito importa transcrever a lição do saudoso jusfilósofo:

> Direito subjetivo, no sentido específico e próprio deste termo, só existe quando a situação subjetiva implica a possibilidade de uma pretensão, unida à exigibilidade de uma prestação ou de um ato de outrem. O núcleo do conceito de direito subjetivo é a pretensão *(Anspruch)*, a qual pressupõe que sejam correspectivos aquilo que é pretendido por um sujeito e aquilo que é devido pelo outro (tal como se dá nos contratos) ou que pelo menos entre a pretensão do titular do direito subjetivo e o comportamento exigido de outrem haja certa proporcionalidade compatível com a regra de direito aplicável à espécie.
> [...]
> Parece-nos essencial essa compreensão do direito subjetivo em seu duplo momento, o normativo, ou da previsibilidade tipológica da pretensão e o da realizabilidade da pretensão, em concreto, através da garantia específica. Este segundo momento pontualiza ou verticaliza, por assim dizer, a norma no sentido de um sujeito que converte a pretensão abstrata, enunciada genericamente na regra de direito, numa sua pretensão concreta. Sem a ideia de pertinência não há, pois, que falar em direito subjetivo.[5]

Não é tranquilo – pode-se mesmo dizer que é minoritário – o entendimento doutrinário de que os direitos sociais sejam direitos subjetivos em sua inteireza e pureza conceitual. Sintetizando as diversas correntes do pensamento jurídico que analisam o conceito, a natureza, e a estrutura dos direitos sociais, refere-se o professor Carlos Bernal Pulido a seis concepções: a) direitos sociais como "contradição nos próprios termos", em que se nega aos direitos sociais qualquer força jurídica de exigibilidade e se os qualifica como direitos meramente políticos, sujeitos à deliberação somente nesse campo; b) direitos sociais como disposições programáticas, onde não se nega sua natureza *jurídica*, mas se os insere em uma pauta constitucional genérica, relegando-se-os à discricionariedade legislativa e administrativa; c) direitos sociais como fonte de normas

---

4 REALE, Miguel. *Lições Preliminares de Direito*. 15ª Ed. São Paulo: Saraiva, 1987, p. 258.

5 REALE, Miguel. *Lições Preliminares de Direito*. 15ª Ed. São Paulo: Saraiva, 1987, p. 258.

finalísticas do Estado, mediante as quais os fins do Estado são estabelecidos, mas não os meios de que se deve servir para atingi-los, questão que remanesceria à deliberação do legislador e do administrador público; d) direitos sociais como comandos objetivos, onde se admitem sejam considerados direitos, mas sua concretização dependeria da atividade legislativa e administrativa; e) direitos sociais como direitos definitivos, em que, a partir da situação jurídica de seus titulares, eles consistiriam no poder de exigir uma atividade do legislativo ou do executivo somente no sentido de legislar positivamente ou não legislar em retrocesso em relação à previsão e efetivação daqueles direitos; f) direitos sociais como direitos "prima facie", que também derivariam de uma posição do indivíduo frente ao Estado, e conteriam carga de exigência plena para atendimento das necessidades básicas do indivíduo, inclusive com proibição de um atendimento insuficiente, mas desde que outros princípios constitucionais não prevalecessem segundo um critério de proporcionalidade.[6]

Se é certo que o autor faz uma crítica à primeira corrente, aquela que nega a natureza de verdadeiros direitos aos direitos sociais, alia-se, em grande esforço teórico, à corrente que atribui aos direitos sociais uma natureza especial de direitos que denomina direitos "prima facie", qualificados como direitos subjetivos, mas cuja aplicação estaria sujeita a uma espécie de condição para serem reconhecidos como direitos, vale dizer, estariam sujeitos a um necessário juízo de proporcionalidade perante outros direitos e circunstâncias antes que pudessem ser efetivados (*v.g.* sua aplicabilidade estaria sujeita, em tese, à reserva do possível).

Com a devida vênia, e sem pretender fazer *tabula rasa* de todas as considerações teóricas desenvolvidas pelos estudiosos dos direitos sociais que aderem a essa mesma linha, cujos reflexos apareciam nitidamente nos fundamentos que vinham sendo tradicionalmente invocados pela jurisprudência brasileira (até recente mudança de orientação),[7] não se vislumbra razão para que os direitos sociais não sejam tipificados

6 PULIDO, Carlos Bernal. Fundamento, conceito e estrutura dos direitos sociais. Uma crítica a "Existem direitos sociais?" de Fernando Atria. *In* SOUZA NETO, Cláudio Pereira de; e SARMENTO, Daniel. *Direitos Sociais. Fundamentos, judicialização e direitos sociais em espécie.* Lumen Juris Editora. Rio de Janeiro, 2008 (p. 137/175, *passim*).

7 Na ADPF nº 45, por decisão monocrática (o caso não foi levado a plenário por perda superveniente de objeto) proferida em 29-04-2004, o eminente Min. Celso de Mello, do colendo STF, observou que "não obstante a formulação e a execução de políticas públicas dependam de opções políticas a cargo daqueles que, por delegação popular, receberam investidura em mandato eletivo, cumpre reconhecer que não se revela absoluta, nesse domínio, a liberdade de conformação do legislador, nem a de atuação do Poder Executivo. É que, se tais Poderes do Estado agirem de modo irrazoável ou procederem com a clara intenção de neutralizar, comprometendo-a, a eficácia dos direitos sociais, econômicos e culturais, afetando, como decorrência causal de uma injustificável inércia estatal ou de um abusivo comportamento governamental, aquele núcleo intangível consubstanciador de um conjunto irredutível de condições mínimas necessárias a uma existência digna e essenciais à própria sobrevivência do indivíduo, aí, então, justificar-se-á, como precedentemente já enfatizado – e até mesmo por razões fundadas em um imperativo ético-jurídico – a possibilidade de intervenção do Poder Judiciário, em ordem a viabilizar, a todos, o acesso aos bens cuja fruição lhes haja sido in-

simplesmente como direitos subjetivos no sentido clássico do termo, ou seja, aqueles em que cada indivíduo possa exigir do sujeito passivo (no caso, o Estado) a prestação devida nele contemplada. As condições, as limitações, e todas as demais vicissitudes que possam enfrentar, devem ser tratadas como fatos externos aos próprios direitos, como sói acontecer em relação a todos os demais direitos subjetivos. O que lhes é externo (como as supostas limitações de ordem financeira) não pode contaminar sua essência – a de verdadeiros direitos. As contingências devem situar-se no plano da eficácia, e devem sujeitar-se a tratamento teórico e probatório semelhante a todas as circunstâncias de fato que se apresentam na aplicação dos demais direitos (como, por exemplo, a alegação de insuficiência de recursos, que compete ao Estado provar suficientemente, no curso do processo, porque se trata de fato que em tese poderia ser alegado como óbice à eficácia do direito, não como óbice ao reconhecimento de que se trata de um direito existente e válido).

A intenção de inserir estes problemas na essência dos direitos sociais esconde certa resistência jurídico-filosófica (mais grave do que a resistência ideológica) em admitir a rendição da Política e da Economia ao Direito, o que não se coaduna com o sistema do Estado de Direito. O próprio STF já consagrara a supremacia da Constituição sobre "razões de Estado" ou as "razões de governo" no embate entre tais razões e a defesa dos direitos fundamentais, tendo-se tornado histórica a afirmação do Min. Celso de Mello em Decisão Monocrática proferida no AI 244578/RS (julg. em 23/06/1999, publ. DJ em 18-08-99 p. 00017):

> [...] A possibilidade de intervenção do Estado no domínio econômico não exonera o Poder Público do dever jurídico de respeitar os postulados que emergem do ordenamento constitucional brasileiro, notadamente os princípios – como aquele que tutela a intangibilidade do ato jurídico perfeito – que se revestem de um claro sentido de fundamentalidade.
> Motivos de ordem pública ou razões de Estado – que muitas vezes configuram fundamentos políticos destinados a justificar, pragmaticamente, *ex parte principis*, a inaceitável adoção de medidas que frustram a plena eficácia da

justamente recusada pelo Estado." Mais adiante, traz à lume observações de Andreas Joachim Krell ("Direitos Sociais e Controle Judicial no Brasil e na Alemanha", pp. 22-23, 2002, Fabris), segundo o qual "[...] Muitos autores e juízes não aceitam, até hoje, uma obrigação do Estado de prover diretamente uma prestação a cada pessoa necessitada de alguma atividade de atendimento médico, ensino, de moradia ou alimentação. Nem a doutrina nem a jurisprudência têm percebido o alcance das normas constitucionais programáticas sobre direitos sociais, nem lhes dado aplicação adequada como princípios-condição da justiça social. *A negação de qualquer tipo de obrigação a ser cumprida na base dos Direitos Fundamentais Sociais tem como consequência a renúncia de reconhecê-los como verdadeiros direitos.* (...) Em geral, está crescendo o grupo daqueles que consideram os princípios constitucionais e as normas sobre direitos sociais como fonte de direitos e obrigações e admitem a intervenção do Judiciário em caso de omissões inconstitucionais [...]" (ADPF 45 MC, Relator: Min. CELSO DE MELLO , julgado em 29/04/2004, publicado em DJ 04/05/2004 PP-00012 RTJ VOL-00200-01 PP-00191). *(destaquei em itálico)*

> ordem constitucional, comprometendo-a em sua integridade e desrespeitando-a em sua autoridade – não podem ser invocados para viabilizar o descumprimento da própria Constituição, que, em tema de atuação do Poder Público, impõe-lhe limites inultrapassáveis, como aquele que impede a edição de atos legislativos vulneradores da intangibilidade do ato jurídico perfeito, do direito adquirido e da coisa julgada [...]

Não há grilhões, há deveres do Estado para com os cidadãos, deveres fundamentalmente jurídicos, principalmente aqueles estabelecidos pela própria Constituição. Atendidos esses deveres, somente a partir deles abre-se margem para a discricionariedade do poder político e para a autonomia das relações privadas. Os direitos subjetivos, especialmente os direitos sociais, não devem padecer da *inefetividade* do uso meramente retórico, mas devem ser assegurados como verdadeiros direitos das pessoas diante do Estado e também dos particulares que atuam por delegação do Estado ou exercem atividades de grande interesse social.

3. DIREITOS SOCIAIS COMO DIREITOS HUMANOS FUNDAMENTAIS

É também de Norberto Bobbio a conhecida classificação das chamadas três gerações de direitos: a) os direitos de liberdade, que seriam aqueles de defesa do cidadão diante do poder do Estado; b) os direitos sociais, que consistiriam na possibilidade de exigir uma ação do Estado em prol das necessidades dos indivíduos; c) os direitos coletivos, que se traduziriam em direitos de interesse de toda a sociedade, a serem exigidos de todos indistintamente, inclusive do Estado, em prol do bem comum, como é o caso, por exemplo, do direito ao meio ambiente equilibrado. Essa classificação foi estabelecida somente para fins da análise histórica da positivação desses direitos, mas não traduz qualquer progressão numérica em termos de relevância. Apenas seu reconhecimento legislativo ter-se-ia dado naquela ordem. Sem prejuízo da contribuição didática dessa classificação, é certo que, devido à mencionada resistência política e econômica à afirmação dos direitos sociais, tal distinção sempre é manipulada para embasar evasivas em relação aos pleitos onde os direitos sociais são exigidos, negando-se a eles relevância equivalente àquela dos direitos de liberdade. Veja-se, porém, que na própria Declaração Universal de Direitos Humanos (1948) há previsão expressa dos direitos sociais, podendo-se, apenas como exemplo, citar o teor do artigo XXV, primeira parte, daquele documento internacional:

> Toda pessoa tem direito a um padrão de vida capaz de assegurar a si e a sua família saúde e bem estar, inclusive alimentação, vestuário, habitação, cuidados médicos e os serviços sociais indispensáveis, e direito à segurança em caso de desemprego, doença, invalidez, viuvez, velhice ou outros casos de perda dos meios de subsistência fora de seu controle.

Os direitos sociais, apesar de serem classificados como de "segunda geração" são, em verdade, os direitos mais básicos e elementares do ser humano, porque lhe asseguram a existência física, sem a qual nenhum dos demais direitos, inclusive o de liberdade, pode ser usufruído. Nesse sentido, preconiza Fernando Facury Scaff:[8]

> Deste modo, e paradoxalmente, verifica-se que *quanto mais desigual economicamente for a sociedade, maior a necessidade de assegurar os direitos fundamentais sociais àqueles que não conseguem exercer suas capacidades (ou liberdades reais) a fim de lhes assegurar o direito de exercer suas liberdades jurídicas. Para assegurar o "mínimo existencial" no âmbito positivo* (status positivus libertaris) *é imperioso garantir o* status *de direito fundamental aos direitos sociais. Sem isso, os direitos fundamentais serão letra morta, pois se configurarão em liberdades jurídicas, sem possibilidade fática de exercício por grande parte da sociedade. Grande parte da população será parcialmente excluída da comunidade jurídica, pois não poderá exercer seus direitos, mas será compelida a cumprir seus deveres para com o Estado e as demais parcelas da sociedade.* (destacado no original)

Os direitos sociais são, portanto, pressuposto de todos os demais direitos, podendo-se afirmar que se trata dos mais fundamentais dos direitos humanos, no sentido jurídico-filosófico do termo. Mesmo aqueles que negam qualquer natureza metafísica ao homem, e o vejam somente em sua natureza física, não podem negar, como um princípio de direito natural evidente, que as condições de sobrevivência física do homem merecem ser asseguradas devido à própria fragilidade da natureza humana. Impõe-se assim, à categoria dos direitos sociais, a excelsa classificação de direitos humanos fundamentais, até mesmo do ponto de vista do Direito Natural.

Também no sentido estritamente jurídico, ou seja, naquele onde *fundamental* corresponde simplesmente ao que foi estabelecido como fundamento de uma ordem constitucional positiva, apresentam-se os direitos sociais como uma espécie dos direitos fundamentais. Assim dispostos na Constituição Brasileira, que contempla os Direitos Sociais no Capítulo II do Título II, que trata dos Direitos e Garantias Fundamentais.

Os direitos fundamentais são aqueles que justificam a existência da ordem jurídica, que têm sua razão de existir fundada no bem do homem, na proteção à sua identidade física e metafísica, sua dignidade, considerada em sua individualidade e também em sua alteridade social, como ideia e como concretude. Os direitos fundamentais são como o tecido humano que compõe a própria estrutura jurídica do Estado Democrático de Direito. São a marca mais sensível da humanidade no ordenamento. São o ícone da humanidade, o verdadeiro rosto do homem esculpido na arquitetura do Estado.

Sob a ótica de sua fundamentalidade, devem os direitos sociais ser considerados no momento de sua conceituação e de sua aplicação, sendo inegável que – constituindo

---

8 SCAFF, Fernando Facury. "Reserva do possível, mínimo existencial e direitos humanos", *in Princípios de Direito Financeiro e Tributário, Estudos em Homenagem ao Professor Ricardo Lobo Torres.* Org. Adilson Rodrigues Pires e Heleno Taveira Tôrres. Ed. Renovar: Rio, 1ª Ed. 2006, pp. 115/131.

o núcleo duro da Constituição – conservam evidente proeminência hierárquica sobre normas infraconstitucionais e também sobre outras normas constitucionais.[9] Uma vez contemplados em determinada ordem constitucional, afirmam-se historicamente, impedindo que normas futuras, infraconstitucionais, ou mesmo constitucionais, possam restringir direitos sociais já conquistados.[10] Esse, afinal, é o regime de todo e qualquer direito fundamental, seja ele individual, social, ou coletivo.

---

9 A supremacia das normas constitucionais que consagram os direitos e as garantias individuais está prevista no art. 60, §4º IV da Constituição Federal, que proíbe a deliberação de qualquer proposta de emenda constitucional que tenda a abolir os direitos e garantias individuais. Paulo Gustavo Gonet Branco (*Curso de Direito Constitucional,* Gilmar Ferreira Mendes e Paulo Gustavo Gonet Branco. 6ª ed. Saraiva: São Paulo: 2011, p. 146), observa que há duas correntes, uma pró e outra contra considerar os direitos sociais como cláusulas pétreas. Em relação à segunda, sintetiza os argumentos que lhe favorecem: "No Título I da Constituição *(Dos Princípios Fundamentais)* fala-se na dignidade da pessoa humana como fundamento da República e essa dignidade deve ser compreendida no contexto também das outras normas do mesmo título em que se fala no valor social do trabalho, em sociedade justa e solidária, em erradicação da pobreza e marginalização e em redução de desigualdades sociais. Tudo isso indica que os direitos fundamentais sociais participam da essência da concepção de Estado acolhida pela Lei Maior. Como as cláusulas pétreas servem para preservar os princípios fundamentais que animaram o trabalho do constituinte originário e como este, expressamente em título específico da Constituição, declinou tais princípios fundamentais situando os direitos sociais como centrais para a sua ideia de Estado democrático, os direitos sociais não podem deixar de ser considerados cláusulas pétreas. Na *jurisprudência* do colendo STF, vale à pena relembrar o voto do eminente Ministro Carlos Velloso, quando do julgamento da ADIn 939-07/DF (acerca da inconstitucionalidade da EC nº 3/1993, pela violação do princípio constitucional da anterioridade tributária), proferido em 1993: "Ora, a Constituição, no seu art. 60, §4º, inciso IV, estabelece que "não será objeto de deliberação a proposta de emenda tendente a abolir: IV – os direitos e garantias individuais. "Direitos e garantias individuais não são apenas aqueles que estão inscritos nos incisos do art. 5º. Não. Esses direitos e essas garantias se espalham pela Constituição. O próprio art. 5º, no seu § 2º, estabelece que os direitos e garantias expressos nesta Constituição não excluem outros decorrentes do regime e dos princípios por ela adotados, ou dos tratados internacionais em que a República do Brasil seja parte. É sabido, hoje, que a doutrina dos direitos fundamentais não *compreende, apenas, direitos e garantias individuais, mas, também, direitos e garantias sociais*, direitos atinentes á nacionalidade e direitos políticos. Este quadro todo compõe a teoria dos direitos fundamentais. Hoje não falamos, apenas, em direitos individuais, assim direitos de primeira geração. Já falamos em direitos de primeira, de segunda, de terceira e até de quarta geração. O mundo evoluiu, e assim, também, o Direito". (destaque em itálico).

10 No Julgamento do ARE 639337 AgR/SP, colhe-se na ementa lavrada pelo eminente Min. Celso de Mello (23-08-2011) a seguinte observação: "A PROIBIÇÃO DO RETROCESSO SOCIAL COMO OBSTÁCULO CONSTITUCIONAL À FRUSTRAÇÃO E AO INADIMPLEMENTO, PELO PODER PÚBLICO, DE DIREITOS PRESTACIONAIS. – O princípio da proibição do retrocesso impede, em tema de direitos fundamentais de caráter social, que sejam desconstituídas as conquistas já alcançadas pelo cidadão ou pela formação social em que ele vive. A cláusula que veda o retrocesso em matéria de direitos a prestações positivas do Estado (como o direito à educação, o direito à saúde ou o direito à segurança pública, *v.g.*) traduz, no processo de efetivação desses direitos fundamentais individuais ou coletivos, obstáculo a que os níveis de concretização de tais prerrogativas, uma vez atingidos, venham a ser ulteriormente reduzidos ou suprimidos pelo Estado. Doutrina. Em consequência desse princípio, o Estado, após haver reconhecido os direitos prestacionais, assume o dever não só de torná-los efetivos, mas, também, se obriga, sob pena de transgressão ao texto constitucional, a preservá-los, abstendo-se de frustrar – mediante supressão total ou parcial – os direitos sociais já concretizados."

4. DIREITOS SOCIAIS COMO DIREITOS INDIVIDUAIS

O não reconhecimento da individualidade dos direitos sociais encontra ainda eco na doutrina e na jurisprudência, segundo o entendimento de que esses direitos não comportariam propriamente o poder de exigir do Estado uma atividade concreta de outorga do bem da vida individualizado, mas somente exigir uma atividade legislativa, ou uma ação global (políticas públicas), que beneficiasse a sociedade ou parcela dela, sempre em caráter geral e não individual. Esse é o entendimento, por exemplo, do ilustre Fábio Konder Comparato:[11]

> Tendo em vista a estrutura tradicional das Constituições brasileiras, a introdução do juízo de constitucionalidade de políticas públicas, em nosso direito, exige, indubitavelmente, uma reforma constitucional que precise a forma processual da demanda, a legitimidade das partes e a competência judiciária. A ação deveria, segundo parece mais prudente, ser exclusivamente direta e não incidental. Uma política pública é sempre decidida e executada no nível mais elevado da instância governamental. Ademais, é muito comum o seu espraiamento por toda a Administração Pública e o concurso legislativo para a consecução de seus objetivos. Nestas condições, não faz sentido que o litígio a respeito da constitucionalidade de uma política pública possa ser decidido incidentalmente, no curso de outro processo judicial, tendente à solução de uma lide particular.
>
> Por via de lógica consequência, esse juízo de constitucionalidade, ao contrário do que tem por objeto leis ou outros atos normativos, deveria ser concentrado e não difuso. O órgão judiciário competente para proferi-lo haveria de ser, com exclusividade, aquele colocado na cúpula do sistema, em cada nível da estrutura federativa, admitindo-se que, em se tratando de políticas municipais, a competência de processo e julgamento caberia ao Tribunal de Justiça do Estado onde se encontra o Município em questão.

Tal entendimento, como já assinalado, foi suplantado, especialmente por força de circunstâncias de extrema necessidade humana, que vêm sendo objeto de demandas individuais repetidas em larga escala, com exigência de soluções em variado universo de problemas, soluções também individuais, especialmente concretizadas por outorga judicial de direitos sociais em situações periclitantes para a vida e a dignidade humana. O adjetivo "sociais" não qualifica esses direitos para distingui-los dos direitos "individuais". Apenas omite-se o adjetivo "individuais" para ressaltar a função desses direitos, que é o de realização da justiça *social*, vale dizer, direitos que se colocam a serviço de cada pessoa (individualmente) *como instrumento de sua promoção social* mediante a melhoria de suas condições humanas materiais, educacionais, culturais, elevando-a

---

11 COMPARATO, Fábio Konder. Ensaio sobre o juízo de constitucionalidade das políticas públicas. *In Revista dos Tribunais* vol. 737, p. 21. São Paulo: RT, mar. 1997.

tanto no aspecto biológico quanto psicológico. Pode-se afirmar, com certeza, que os direitos sociais são direitos *individuais* que realizam a *justiça social* em prol dos seres humanos carentes em razão de alguma deficiência física, psíquica, econômica e social. Esse é um ponto fundamental para a exata compreensão de diversos problemas que se apresentam quando de sua aplicação.

Com efeito, observando-se que os direitos sociais são meios de promoção da justiça social, compreende-se que sejam promovidos pelo Estado, primeiramente em prol daqueles que não possam atingir, por seus próprios meios, os benefícios inerentes a um digno nível de vida material e moral, mas que também sejam assegurados, pelo mesmo Estado, sob forma de garantia e manutenção de determinado *status*, àqueles que já gozam esses mesmos direitos, proibindo um retrocesso. Isso porque a justiça social tem por objetivo promover a igualdade entre as pessoas, de modo a lhes assegurar a proteção de dignidade própria de cada um, de acordo com suas condições pessoais. Aqueles que dispõem de meios próprios para alcançar certos bens deverão fazê-lo por si; os que tiverem alguma deficiência, deverão ser auxiliados pela família, se nela inseridos e, sempre, pelo Estado, de modo que todos estejam em uma condição de igualdade, sem a qual não há harmonia social. Note-se: não se pode proporcionar a todos a igualdade absoluta, senão relativa, porque os seres humanos desempenham papéis sociais distintos, no tempo e no espaço, mas deve ser assegurada uma condição de igualdade relativa para todos, conforme suas circunstâncias de vida.

O reconhecimento da igualdade relativa é, portanto, compatível com o princípio de preservação da dignidade humana. Especificamente no projeto de justiça social desenhado pelos direitos sociais, a proteção da dignidade na igualdade relativa realiza-se por meio do respeito ao princípio da *capacidade receptiva.* Constitui tal princípio a contrapartida financeira ao princípio da *capacidade contributiva*, vale dizer, da mesma forma que a imposição tributária deve ser feita segundo um critério de proporcionalidade e razoabilidade em relação ao cidadão, também o gasto público para a implementação dos direitos sociais deve ter em mira esses critérios, especialmente segundo a maior ou menor necessidade de cada pessoa. Como acentua Régis Fernandes de Oliveira,[12] o princípio da capacidade receptiva é o de que:

> [...] os recursos devem ser distribuídos de acordo com a menor capacidade contributiva do indivíduo. Aqueles que têm menos devem ser aquinhoados pelo Estado com maior aplicação de recursos, exatamente para que possam atender aos princípios republicanos inseridos no art. 1º da CF, dentre eles o da dignidade da pessoa humana e com os objetivos fundamentais da República Federativa do Brasil, nos exatos termos do art. 3º.

Portanto, a outorga e a efetivação dos direitos sociais, assegurados a todos, significa dizer que são concedidos a todos que necessitem de um auxílio para atingir um pata-

12 OLIVEIRA, Régis Fernandes. Curso de Direito Financeiro. 4ª ed. RT: São Paulo, 2012, p. 317.

mar de igualdade, que por si só não têm condição de atingir. O direito social concretiza o ideário de construção de uma sociedade solidária (art. 3º I da Constituição Federal), e assim deve ser tratado.

5. OS PARADIGMAS CONCEITUAIS DOS DIREITOS SOCIAIS E SUA EFETIVAÇÃO

Propõe-se, então, um paradigma clássico acerca dos direitos sociais, no seguinte sentido: a) os direitos sociais são direitos humanos fundamentais; b) inserem-se na estrutura do Estado como corolário da realização da justiça social; c) contemplam pretensões individuais, exigíveis diretamente do próprio Estado; d) têm por finalidade realizar um estado de igualdade relativa entre os indivíduos, segundo as capacidades receptivas de cada um.

Sem a consolidação desse paradigma, nenhum avanço doutrinário ou jurisprudencial poderá considerar atendida, em sua plenitude, a força das normas constitucionais que asseguram os direitos sociais.

Já se aludiu ao fato de que as circunstâncias políticas e econômicas têm sido impostas como obstáculos à concretização dos direitos sociais, pretendendo-se com isso desnaturar sua força jurídica. Afastou-se o argumento, confirmando a juridicidade dos direitos sociais. Mas, como todos os direitos que se realizam no mundo fenomênico, encontram eles naturais obstáculos nos limites da realidade, evidentemente. E não só nos limites da realidade física ("ad impossibilia nemo tenetur") mas também nos limites da realidade política e econômica. Se a Política e a Economia não podem suplantar o Direito em termos de força de decidibilidade – porque se assegura ao Direito (objetivo) o primado para definir o que é o direito (subjetivo) de cada um – muitos juristas são seduzidos a utilizarem conceitos econômicos e políticos para impedir a concretização dos direitos sociais, apresentando-os sob forma de conceitos jurídicos indeterminados, dificultando, muitas vezes, a superação desses obstáculos conceituais. Não se censura o uso dessa categoria de conceitos, mesmo porque grassam nos textos normativos da moderna dogmática. Apenas devem ser tomados em consideração "cum grano salis", para que não ser tornem óbice, sem fundamento, à concretização dos direitos sociais.[13] É o que se dá especialmente em relação aos conceitos de reserva do possível e de mínimo existencial.

Portanto, não é suficiente estabelecer os paradigmas positivos que conferem força jurídica aos direitos sociais. É preciso afastar os paradigmas negativos, que procuram criar obstáculos a esses mesmos direitos.

A chamada reserva do possível pretende ser anteposta aos direitos sociais como limitação de receita orçamentária que impediria a realização das despesas necessárias à efetivação daqueles direitos. Essa circunstância, de natureza financeira, constitui-se

13 Os conceitos jurídicos indeterminados prestam relevante serviço à Justiça uma vez que permitem a aplicação de juízos de equidade, variáveis no tempo e no espaço, segundo as circunstâncias. Importa cuidar que todos eles sejam interpretados à luz dos princípios constitucionais, sempre no sentido de que realizem os objetivos da Constituição e não sirvam de embaraço à concretização dos direitos nela proclamados.

em argumento repetido nas contestações que o Poder Público oferece às demandas em que se pede a efetivação de direitos sociais. Contudo, o orçamento público não pode ser instrumento de manobra arbitrária do dinheiro público. Veja-se, a propósito, a lúcida lição de José Marcos Domingues:[14]

> O orçamento não é impeditivo, mas facilitador da gestão das políticas públicas; é meio de transparente combate ao arbítrio, ao clientelismo e à violação dos direitos fundamentais.
> Como temos sustentado, o orçamento nada mais é do que a concretização em cifras das decisões fundamentais que, na forma do direito vigente, devem ser tomadas pelo Legislador de molde a dar consequência a programas de ação previstos em lei, quando não na própria Constituição, que é a lei suprema da Nação, a "Lei das leis". E 'o recurso orçamentário é o principal instrumento de viabilização das políticas públicas'.
> Nesse diapasão, deve-se entender que a lei orçamentária deve ser editada com o propósito sério de dar cumprimento às políticas públicas legisladas, máxime quando posta na Carta Magna, ou seja, o orçamento deve prever recursos suficientes para o respectivo atendimento, sob pena de não realizar a *'dotação equitativa* dos recursos públicos*'* de que fala a Constituição espanhola ou não prover a *'repartição justa dos rendimentos e da riqueza'* com demanda a Constituição portuguesa, nem procederá à distribuição 'equitativa e solidária' dos recursos nacionais, no dizer da Constituição argentina.

Vale transcrever ainda as precisas conclusões de Horacio G. Corti:[15]

> [...] Pues bien, el principio general del derecho dice: la ley de presupuesto debe ser razonable.
> Esto significa que la ley de presupuesto no debe alterar el ejercicio de los derechos fundamentales. O sea, no debe desnaturalizarlos o afectarlos en su sustancia. En otros términos: *las decisiones presupuestarias no pueden tener tal entidad restrictiva en sus efectos que impliquen la alteración de los derechos fundamentales*.

Todo o orçamento público deve ser construído primeiramente para atender às políticas públicas, especialmente aquelas impostas constitucionalmente, com vistas à concretização dos direitos sociais, que são deveres fundamentais do Estado.

---

14 DOMINGUES, José Marcos. Tributação, orçamento e políticas públicas. *Interesse Público – IP.* Belo Horizonte, ano 12, nº 63, p. 157/158, set/out 2010.

15 CORTI, Horacio G. Derechos fundamentales y presupuesto público: una renovada relación en el marco del neoconstitucionalismo periferico. *In* CONTI, José Maurício; e SCAFF, Fernando Facury. *Orçamentos Públicos e Direito Financeiro*. São Paulo: RT, 2011, p. 184.

Caso não haja previsão orçamentária, aponta José Marcos Domingues[16] a precípua solução orçamentária:

> O instituto jurídico próprio ao atendimento de decisões judiciais que impactam o orçamento do ente político condenado a providenciar a satisfação material do direito da parte é o crédito suplementar, crédito adicional destinado a reforço de dotação orçamentária, conforme ensina Carlos Valder do Nascimento e está expresso no art. 40 e art. 41, da Lei nº 4.320, de 17.03.64.
> [...]
> Não fugiria dessa ordem de considerações até mesmo a adoção de *crédito especial*, na ausência de dotação específica (art. 41, II, da Lei nº 4.320/64), tendo em vista a estatura do direito fundamental em perigo, embora, como disse o Ministro Gilmar Mendes, o Judiciário na quase totalidade dos casos determina o efetivo 'cumprimento de políticas públicas já existentes', quando já existe, pois, dotação orçamentária própria.

A solução alvitrada doutrinariamente foi expressamente sufragada judicialmente por decisão monocrática proferida pela Desembargadora Jacqueline Lima Montenegro, da Décima Quinta Câmara Cível do Tribunal de Justiça do Estado do Rio de Janeiro, quando do julgamento da Apelação e Reexame Necessário – Processo nº 0024724-94.2011.8.19.0061. Colhe-se daquela decisão:[17]

---

16 DOMINGUES, José Marcos. Tributação, orçamento e políticas públicas. *Interesse Público – IP*. Belo Horizonte, ano 12, nº 63, p. 166/167, set/out 2010.

17 A Ementa tem o seguinte teor: 0024724-94.2011.8.19.0061 – APELACÃO / REEXAME NECESSARIO. DES. JACQUELINE MONTENEGRO – Julgamento: 26/02/2014 – DECIMA QUINTA CAMARA CIVEL. APELAÇÃO E REEXAME NECESSÁRIO. FAZENDA PÚBLICA. AÇÃO DE OBRIGAÇÃO DE FAZER. "AUXÍLIO-MORADIA". VÍTIMAS DO DESASTRE CLIMÁTICO OCORRIDO EM 12 JANEIRO DE 2011 NO MUNICÍPIO DE TERESÓPOLIS. ILEGITIMIDADE PARA A CAUSA E FALTA DE INTERESSE DE AGIR. INOCORRÊNCIA. PRINCÍPIO DA RESERVA DO ECONOMICAMENTE POSSÍVEL VERSUS PRINCÍPIO DA DIGNIDADE DA PESSOA HUMANA. TAXA JUDICIÁRIA. ISENÇÃO. HONORÁRIOS ADVOCATÍCIOS. CONFIRMAÇÃO. SENTENÇA *ULTRA PETITA*. 1. A parte autora, uma família hipossuficiente (pai, mãe e filha menor) teve a casa interditada permanentemente pela Defesa Civil em razão das fortes chuvas que se abateram sobre a Região Serrana deste Estado na madrugada de 12 de janeiro de 2011. Em razão de fato, ajuizaram a presente ação pleiteando ao Município de Teresópolis, onde mantêm domicílio, o chamado "Aluguel Social" – concedido em decisão antecipatória do mérito e confirmado na sentença. O Município apelou ao argumento de que era parte ilegítima, pois o benefício requerido foi instituído pelo Estado, ao passo que o que criou foi o "Auxílio-Moradia". Também suscitou falta de interesse de agir dos autores, por não terem se cadastrado no programa social que auxilia os munícipes desabrigados; a concessão do benefício ofende o princípio da reserva do possível; a sentença é *extra petita*, pois "exorbitou os limites fixados no pedido inicial". Os honorários de advogado são excessivos e é isento do recolhimento da Taxa Judiciária. 2. Assiste-lhe parcial razão. 3. A questão da ilegitimidade confunde-se com o próprio mérito. Nesse aspecto, é anódina a alegação de que o pedido do aluguel social não pode ser acolhido. Se ambos (aluguel

Quanto à invocação ao princípio da reserva do economicamente possível, sob o argumento de que não estaria *"estruturado física, financeira e orçamentariamente para atender às vítimas de uma tragédia deste porte"*, nenhuma razão lhe assiste, sobretudo quando cotejado com o princípio da dignidade da pessoa humana (art. 1º, III da CF)
Esta Relatora reconhece que nenhum ente federado tem condições econômicas de atender às inúmeras demandas sociais dos cidadãos, frente a sempre presente escassez de recursos financeiros.
Mas como bem ressaltou o douto sentenciante: *"Não pode haver óbice financeiro à realização das políticas públicas de amparo aos necessitados, vítimas*

---

social e auxílio-moradia) têm a mesma natureza e a finalidade é comum: amparar os desabrigados pelas chuvas de 12 de janeiro de 2011 da Região Serrana deste Estado -, não importa o nomen juris que cada ente político dê ao benefício social que instituiu. 4. Tampouco prospera a tese da falta de interesse de agir dos apelados, vez que a prova documental trazida aos autos revela que o imóvel no qual residiam se encontrava "em ÁREA DE RISCO", por isso "INTERDITADO PERMANENTEMENTE pela Secretaria Municipal de Meio Ambiente e Defesa Civil", o que ocorreu em 02 de maio de 2011. Dessa forma, a ausência da prova do cadastro no programa social da Prefeitura não afasta, por si só, o direito ao percebimento do auxílio pecuniário. Presentes, assim, as circunstâncias da utilidade e da necessidade do pronunciamento judicial por eles perseguido. 5. No cotejo entre o princípio da reserva do economicamente possível e o da dignidade da pessoa humana (art. 1º, III, da CF), este deve prevalecer, sobretudo porque o art. 41, inciso III, da Lei nº 4.320/64, que estatui normas gerais de direito financeiro para todos os entes federados, permite a abertura de créditos adicionais destinados a despesas urgentes e imprevistas em caso de calamidade pública, como na espécie, créditos esses que sequer estão sujeitos ao limite de empenho da despesa (art. 59, § 3º, do mesmo diploma). 6. Com relação ao montante da verba de advogado (R$ 500 reais), tenho que não merece reparo, pois embora a causa não seja complexa, as argumentações do patrono dos autores na defesa dos interesses destes revelam o grau de zelo e acuidade com que desempenhou sua função, como se pode notar não apenas na petição inicial, mas sobretudo na réplica de fls. 90/95. 7. Verifico, quanto à Taxa Judiciária, que o apelante concede isenção tributária ao Estado do Rio de Janeiro, suas autarquias e fundações públicas, nos termos do parágrafo único do art. 22 da sua Lei nº 977/79 (Código Tributário do Município de Teresópolis), com a redação que lhe deu a Lei Complementar nº 62/2005, pelo que faz jus ao mesmo benefício fiscal. 8. No que toca ao error in procedendo, forçoso reconhecer que os autores não buscaram imputar ao réu que este fosse obrigado a fornecer o "Auxílio-Moradia" até que fossem contemplados "com moradia definitiva", como sentenciado (fl. 116). Ao contrário, eles mesmos reconhecem que o benefício encontra limite temporal: "doze meses". Mas a decisão, contudo, não é extra, e sim *ultra petita*, pois o juiz analisou não só o pedido como os fatos essenciais debatidos nos autos. No entanto, foi além deles, concedendo um benefício não pleiteado. 9. Recurso parcialmente provido, na forma do art. 557, § 1º-A, do CPC, para isentar o Município de Teresópolis do pagamento da Taxa Judiciária e para desconstituir a sentença na parte em que determinou que "A obrigação persistirá até que a parte autora venha a ser contemplada com moradia definitiva, segundo o programa habitacional próprio", confirmados seus demais termos em reexame necessário (art. 475, I, do mesmo diploma)." Observo que em outros julgados do mesmo Tribunal a extensão da obrigação até a implementação da política pública definitiva de moradia foi expressamente assegurada, entendendo, nesse ponto, que a sentença não seria *ultra petita* (cf. o Acórdão proferido na Apelação Cível 0012355-34.2012.8.19.0061 – Rel. Des. Ademir Pimentel e a Decisão Monocrática proferida na Apelação Cível 0027658-88.2012.8.19.0061 – Rel. Des. Carlos José Martins Gomes).

de catástrofes dessa monta, uma vez que se trata de matéria de alta prioridade, seja para atender às suas carências e também para garantir a ordem pública de modo geral, uma vez que uma ruptura social de tal envergadura pode conduzir a um grave conflito urbano. O orçamento público, mediante abertura de créditos suplementares em um primeiro momento, e previsão orçamentária específica em momentos posteriores, deve ser construído com o objetivo de regularizar a determinação constitucional" (fl. 113 da sentença).

E complementa:

A política pública não é deste ou daquele governo, mas da nação. No âmbito das esferas menores – Estado e Município – hão de ser utilizados os recursos próprios e também aqueles destinados pelo Governo Federal. A questão não é de "reserva do possível", mas de submissão da lei orçamentária à norma constitucional. A respeito do tema, valiosa a lição do ilustre Professor Titular de Direito Financeiro da UERJ e da UCP, José Marcos Domingues de Oliveira, "verbis":
"[...]
A Constituição, ao dispor que o orçamento não conterá dispositivo estranho à previsão da receita e à fixação da despesa, declara que não se inclui nessa proibição *"a autorização para abertura de créditos suplementares"* (§8º do art. 165).
Então, a solução que decorre da supremacia constitucional em conjugação com a principiologia antes apontada da harmônica conjugação do objetivo fundamental de construção de uma sociedade justa e solidária determinante de uma Administração Pública obediente à eficiência e à moralidade (principiologia expressa na Constituição e dada em doutrina como de forte concreção), e, ainda, a natureza aditiva de que se imbuem os provimentos judiciais em tela, é que as decisões jurisdicionais de que se trata estão dotadas de um atributo específico para o seu devido cumprimento: a imposição da realização de despesa orçada, se necessário a abertura ex vi constitucionis *de crédito suplementar (espécie de crédito adicional) para o atendimento de suas determinações.*
Não parece constituir óbice a essa alternativa a exigência de lei para abertura de crédito suplementar com indicação dos recursos correspondentes (art. 167, V, da Constituição). É que conforme o §8º do art. 165 a própria lei orçamentária pode trazer autorização prévia para tal, como de resto, a transposição, o remanejamento ou a transferência de recursos de uma rubrica de programação para outra (art. 167, VI).
Invoque-se neste passo a opinião de Martínez Lago e García de la Mora, para quem em geral quando as obrigações estatais derivam de disposições legais ou são fixadas pelo Judiciário "a relação entre as partidas orçamentárias de gastos e as obrigações a atender com as mesmas se reconduz a uma questão de exigibilidade do pagamento e não de validade ou nulidade das obrigações".

Outro obstáculo que geralmente se antepõem à concretização dos direitos sociais é o chamado "mínimo existencial". Esse, na verdade, trata-se de um obstáculo de ordem jurídico-filosófica, que se assenta sobre o falacioso pressuposto de que a dignidade humana, do ponto de vista material, é aquele que se conforma a um mínimo existencial, sem o que o homem deixaria de sobreviver como homem. Paradoxalmente, o argumento tem sido utilizado para reforçar a defesa da plena aplicabilidade dos direitos sociais. Veja-se, por exemplo, em trecho do RE 639.337, o que afirma o Min. Celso de Mello:

> Cabe ter presente, bem por isso, consideradas as dificuldades que podem derivar da *escassez de recursos* – com resultante necessidade de o Poder Público ter de realizar as denominadas *'escolhas trágicas'* (em virtude das quais alguns direitos, interesses e valores serão priorizados 'com sacrifício' de outros) –, o fato de que, *embora invocável* como parâmetro a ser observado pela decisão judicial, a cláusula *da reserva do possível* encontrará sempre, *insuperável limitação* na exigência constitucional da preservação do *mínimo existencial*, que representa, no contexto de nosso ordenamento positivo, emanação direta do postulado da *essencial dignidade da pessoa humana*, tal como tem sido reconhecido pela *jurisprudência constitucional* dessa Suprema Corte [...]

Contudo, o mínimo traz em si o germe da destruição da dignidade humana, uma vez que não favorece a justiça social, que busca a igualdade sempre com olhos no máximo essencial (sem luxo), esse sim congruente com a noção de dignidade humana e não de miséria sofrível da humanidade. Preciosa a lição de German J. Bidart Campos[18]

> [...] se ha de partir de un principio elemental, cual es el de que los derechos sociales son *derechos humanos* y, como tales, gozan de una *prioridad* imperativa y exigible que implica el deber de asignalarles el máximo *posible* de recursos, no con un tope arbitrariamente cuantificado por el voluntarismo del estado, sino con ele que una escala axiológica señala como necesaria y debida, dentro de lo 'disponible' y posible. Es verdad que no se puede marcar rígidamente con una cifra inamovible el máximo de recursos disponibles. Lo que sí puede y se debe es presuponer que el máximo "disponible" es el máximo que razonablemente surge de una *evaluación objetiva*, con la que al distribuir los ingresos y los gastos de la hacienda pública se prioriza lo más valioso y se escalona, a partir de allí, no menos valioso.

Assumindo, portanto, a posição teórica de que o direito social tem por objetivo concretizar um máximo essencial e não um mínimo existencial, abre-se uma via para

18 BIDART CAMPOS, German J. *El orden socioeconomico en la Constitucion*. Buenos Aires: Ediar, 1999, p. 343.

fundamentar decisões nesse sentido, por exemplo, de que estando uma pessoa à beira da morte faça ela jus a um remédio ou tratamento médico que lhe assegure viver ainda que isso envolva recursos financeiros substanciais, afinal, trata-se da preservação de sua essência, não importando o custo do medicamento ou do tratamento, que pode ser obtido mediante alocação de crédito orçamentário suplementar ou adicional (se não já previsto no orçamento), deixando-se para outra oportunidade, por exemplo, outras despesas, como àquelas usualmente efetuadas com a contratação de propaganda governamental, a subvenção de agremiações particulares, como escolas de samba, ou a compra de carros luxuosos para autoridades dos três poderes, porque, afinal, a divulgação de realizações, a cultura musical e luxo das autoridades não podem ser comparados à essencialidade da vida humana. Não há fundamentação jurídica para o comportamento perdulário, inconstitucional e até criminoso de muitos gestores de recursos públicos. Não se trata, aqui, de um discurso inflamado, senão crítico de uma realidade gravíssima. Valho-me da informação sempre abalizada do ilustre Prof. Diogo de Figueiredo Moreira Neto:[19]

> Com efeito, com relação ao Brasil, os dados mais recentes sobre o desperdício [dados de 2006] são ainda mais estarrecedores, pois dão conta que *"corrupção e ineficiência administrativa consomem um terço da arrecadação"*, ou seja, perde-se a astronômica importância de 234 bilhões de reais por ano, o equivalente a 100 bilhões de dólares norte-americanos: um desvio de 32% da arrecadação de tributos no País.
>
> Para se ter uma ideia do que representa esta fantástica cifra de desperdício, ela seria suficiente para cobrir o déficit, sempre crescente, da previdência social, por quase seis anos seguidos; construir 13 milhões de moradia populares ao custo unitário de R$17.000,00; abrir 19,5 milhões de novas salas de aula, ao custo em média de R$12.000,00 cada uma; ampliar para todas as cidades do País o sistema de água canalizada e esgoto tratado, obra estimada em 220 bilhões de reais [...]

Diante desses números não há como justificar a inexistência de reservas que assegurem a efetivação dos direitos sociais.

6. A CONFIRMAÇÃO DOS PARADIGMAS: A EFETIVAÇÃO DOS DIREITOS SOCIAIS INDIVIDUAIS POR MEIO DO DIREITO SOCIAL DE ACESSO À JUSTIÇA

A coroação dos direitos sociais como direitos humanos individuais revela-se de forma emblemática no campo do processo judicial. Há que se destacar, nesse quadrante, a força que a realidade impõe à efetivação dos direitos no processo moderno especialmente quando o réu é o próprio Estado.

19 MOREIRA NETO, Diogo de Figueiredo. Novos Horizontes para o Direito Administrativo pelo Controle das Políticas Públicas – Ecos de um Congresso: a Próxima Missão. Revista de Direito da Procuradoria Geral do Estado. Rio de Janeiro, 2007, vol. 62, pp. 58/59.

No que se refere ao controle judicial das omissões da Administração Pública, reconhece-se ser extremamente salutar a atuação do Ministério Público e de outros legitimados, que por intermédio de ações coletivas postulam a efetiva outorga de direitos mediante a implementação de tutelas coletivas. Nada obstante, a via do processo coletivo, como conquista irrefragável do estádio atual do sistema de acesso à justiça não afasta a necessidade da tutela mediante o processo individual, podendo-se citar ao menos três motivos que a torna necessária: a) as ações públicas nem sempre são deflagradas; b) quando deflagradas, nem sempre são concluídas em tempo hábil a atender às necessidades urgentes de cada um dos beneficiários; c) quando julgadas e implementadas, os respectivos julgados restam sujeitos aos efeitos deletérios do tempo e da falta de manutenção e desenvolvimento das políticas públicas, e nem sempre há um controle permanente dessa execução. No hiato que se verifica entre o tempo e as circunstâncias de postulação, julgamento, implementação e manutenção das políticas públicas, brotam as necessidades individuais dos cidadãos, que clamam por justiça social em seu caso particular, e necessitam da tutela individualizada, a tempo e a hora, especialmente em matéria de direitos ligados à saúde e à sobrevivência digna (abrigo/moradia, serviços essenciais etc.)

No ponto em que se cruza a omissão do Estado e a necessidade pungente do cidadão – o que é próprio da crise dos direitos sociais – exsurge a prova teórica que afirma a excelência do direito social como direito humano subjetivo de natureza individual. É interessante observar que até mesmo os institutos processuais são plasmados de modo a prestigiar a efetivação dos direitos sociais, no que se poderia qualificar como um grau máximo de instrumentalidade. A força que emana dos direitos sociais é tão expressiva que o próprio processo a ela se rende. Há uma razão para isso: o próprio direito de acesso à justiça é um direito social por excelência. Com efeito, por ele o Estado outorga ao ser humano o direito de obter a atuação do próprio ente público no sentido de lhe restaurar os bens imateriais e materiais inerentes à sua condição humana e próprias de sua cidadania. E o faz por meio de uma prestação positiva, inclusive suplantando direitos de outrem que eventualmente possam obstar a implementação do direito social reclamado e que concretiza o primado da Justiça Social.

Por ser o acesso à justiça ele mesmo um direito social por excelência, radica-se na própria Constituição Federal. Daí porque não admite limitações impostas por normas de hierarquia inferior. Aqui não se pretende aprofundar o estudo dos institutos processuais particularmente conformados à ordem constitucional em casos de concessão de direitos sociais, nem desenvolver o estudo do acesso à justiça como direito social, com as consequências teóricas que essa ótica poderia ensejar (a extensão do tema merece uma análise própria, em outra oportunidade). Mas é importante pontuar o fenômeno em alguns aspectos da dinâmica processual, de modo a confirmar a tese central deste estudo, qual seja, a de que a conceituação do direito social como um direito humano individual seja fundamental para a definir o alcance de sua efetividade.

Dentre outros aspectos das vicissitudes dos direitos sociais no teatro processual, destacam-se aspectos peculiares da concessão de direitos sociais em sede de antecipação de tutela, de execução dos respectivos julgados, e mesmo da caracterização conduta evasiva e omissiva dos entes públicos como atos de má-fé processual e de improbidade por violação a princípios administrativos.

Tome-se o exemplo do instituto da antecipação de tutela. O parágrafo 2º do art. 273 do Código de Processo Civil estabelece que *"não se concederá a antecipação de tutela quando houver perigo de irreversibilidade do provimento antecipado"*. A conceituação de irreversibilidade, como afirma Athos Gusmão Carneiro[20]

> [...] apresenta grande dificuldade teórica e prática. De uma parte, pela existência de "gradações", ante a possibilidade sempre presente, na extrema variedade de situações fáticas, de uma reversão "parcial", de uma reversão "incompleta" quer em termos quantitativos como de conteúdo.
> É conceito eminentemente relativo [...]"

A decisão é sempre reversível, pode ser modificada a qualquer tempo à luz de novos pressupostos. Seus efeitos, contudo, podem ser ou não reversíveis. Portanto, são as circunstâncias de fato que dão o tom da irreversibilidade. Por isso é indispensável tratar o direito social como um direito humano individual, esteja ele inserido em uma demanda singular ou em uma demanda coletiva. Tome-se como exemplo o direito à saúde. Cabe ao Estado prover todos os meios possíveis para assegurar a vida e a saúde às pessoas. E direito à saúde, entendido este também como o direito a cuidados para minorar o sofrimento dos doentes incuráveis, é direito primário todo ser humano e constitui o núcleo principal da sua dignidade. Contudo, geralmente os entes públicos invocam nas defesas que apresentam perante as ações que visam à prestação direta de meios de saúde, o argumento de que a concessão individual dos benefícios (remédios, próteses, custeio de internações em hospitais particulares por falta de leitos públicos, tratamentos experimentais, excepcionais etc.) poderia leva-lo a uma situação de inviabilidade financeira, prejudicando a implementação de políticas públicas, inclusive da própria saúde, em prol de um maior número de pessoas. O argumento é desumano. Não há justificativa para negar a um ser humano o socorro imediato em prol do benefício de outros tantos seres humanos porque todos merecem igual respeito à sua dignidade. Cada vida humana é singular, e como tal deve ser tratada. Essa circunstância se impõe e exige a efetivação do direito, independentemente da segurança de sua irreversibilidade (que ocorre na maioria dos casos, porque os que postulam os benefícios e geralmente não têm meios de restituir os benefícios ou os respectivos valores ao Estado). Isso não impede a concessão das antecipações de tutela aos milhares de caso que chegam ao Judiciário. Tratando dessas hipóteses excepcionais (mas que se multiplicaram ao longo dos anos diante da ineficiência dos entes da Administração Pública), esclarece Teori Albino Zavascki (hoje Ministro do Supremo Tribunal Federal):

---

20 CARNEIRO, Athos Gusmão. *Da Antecipação de Tutela no Processo Civil.* Rio de Janeiro: Forense, 1998, p. 60.

> Casos haverá, e esses certamente são casos extremos, em que o conflito entre segurança e efetividade é tão profundo que apenas um deles poderá sobreviver, já que a manutenção de um importará o sacrifício completo do outro [...] Em casos dessa natureza, um dos direitos fundamentais colidentes será sacrificado, não por vontade do juiz, mas pela própria natureza das coisas. *Ad impossibilia nemo tenetur.* Caberá ao juiz, com redobrada prudência, ponderar adequadamente os bens e valores colidentes e tomar a decisão em favor dos que, em cada caso, puderem ser considerados prevalentes à luz do direito. A decisão que tomar, em tais circunstâncias, é, no plano dos fatos, mais que antecipação provisória: é concessão ou denegação da tutela em caráter definitivo.[21]

O entendimento é sufragado pela jurisprudência, a despeito de o Colendo Supremo Tribunal Federal ter reafirmado a constitucionalidade do art. 1º da lei 9.494/97 (por remissão ao artigo 1º, § 3º, da Lei 8.437/92), que proibiu, dentre outras hipóteses, a concessão de antecipação que esgote no todo ou em parte o objeto da ação (ADC 4). Isso porque, como afirmou o Ministro José Delgado, a manutenção da vida sobrepuja a proibição legal. Eis a ementa do acórdão onde o Ministro alude até mesmo a "princípios cristãos" para justificar a liminar concedida nas instâncias de origem:

> MEDIDA CAUTELAR. MEDICAMENTO ESPECÍFICO. RISCO DE MORTE. NÃO FORNECIMENTO PELO SUS. BLOQUEIO DE VALORES NECESSÁRIOS À AQUISIÇÃO. NÃO-APLICAÇÃO AO CASO DO ARTIGO 1º, § 3º, DA LEI 8.437/92. MEDIDA CAUTELAR PROCEDENTE. 1. Em exame medida cautelar interposta por Karem Patrícia Maia Gomes cujo pedido liminar de bloqueio de valores para compra de medicamentos foi concedido nos seguintes termos: "Saliente-se, que desde agosto de 2005 o Estado não fornece a medicação, descumprindo liminar concedida em antecipação de tutela, posteriormente confirmada por sentença. Não é razoável, pelos princípios de Direito e pela primazia da vida assegurada constitucionalmente, para não falar nos princípios cristãos, que o Estado, não havendo durante todo este tempo fornecido a medicação, se recuse a pagar os valores necessários à compra dos remédios de que a requerente necessita. Portanto, concedo a liminar, *inaudita altera pars*, para determinar que seja feito o bloqueio do valor de R$ 8.725,20 expedindo-se o alvará para sua imediata liberação. Determino, outrossim, o destrancamento do recurso especial." Contestação do Estado do Rio Grande do Sul sustentando a existência de medicamento equivalente ao solicitado pela requerente sendo ilegítima a sua pretensão; a liminar concedida na presente cautelar detém efeito plenamente satisfativo em clara afronta ao artigo 1º, § 3º, da Lei 8.437/92; a norma do

21 ZAVASCKI, Teori Albino. *Antecipação da Tutela.* 2ª ed. rev. e ampl. São Paulo: Saraiva, 1999, p. 97/98.

> artigo 196 da Constituição Federal que assegura o acesso universal e igualitário aos serviços e ações na área da saúde, pretende que se franqueie o ingresso no sistema ao maior número de pessoas possível. 2. Comprovado documentalmente nos autos que não obstante a determinação judicial, o requerido não forneceu os medicamentos determinados em laudo médico e encontrando-se a requerente, desde agosto de 2005, sem receber o tratamento e em sério risco de morte, sem obter do Estado sequer a insulina comum deve ser confirmada liminar que determinou o bloqueio de valores para tal fim. 3. A assertiva do Estado de que o NPH possui efeito equivalente a Novorapid, com Caneta, Novopen e Insulina Cantus além de Glucagen e açúcar líquido não infirma o laudo médico acostado aos autos que afirma que a insulina NPH não produzirá o efeito necessário ao controle da doença da requerente. 4. Ainda que o artigo 1º, § 3º, da Lei 8.437/92 vede a concessão de liminar contra atos do poder público no procedimento cautelar, que esgote, no todo ou em parte, o objeto da ação, há que se considerar que, tratando-se de aquisição de medicamento indispensável à sobrevivência da parte, impõe-se que seja assegurado o direito à vida da requerente. 5. Medida cautelar julgada procedente. (MC 11.120/RS, Rel. Ministro JOSÉ DELGADO, PRIMEIRA TURMA, julgado em 18/05/2006, DJ 08/06/2006, p. 119).

O direito social sobrepuja a proibição legal, declarada constitucional. Evidentemente, porque a ordem constitucional não pode ser contraditória, e qualquer restrição de acesso a Justiça encontra limite na força preponderante da proteção e efetivação dos direitos humanos, dentre eles os direitos sociais. O próprio STF, após prolatar decisão na ADC 4, ressalvou, em enunciado de sua súmula (nº 729), que "a decisão na ADC 4 não se aplica à antecipação da tutela em causa de natureza previdenciária", certamente porque o benefício previdenciário se trata de um direito humano social, de natureza individual.

A recusa ao cumprimento de ordens judiciais para a concessão imediata dos direitos sociais é vista pela jurisprudência também como hipótese de descumprimento de obrigações de fazer, desafiando, portanto, o poder geral de execução de medidas efetivas substitutivas autorizadas pelo art. 461 §5º do Código de Processo Civil. Esse o alcance dado à norma processual nos casos, por exemplo, de negativa de fornecimento de medicamentos, onde também por esse argumento se determina o bloqueio de valores:

> PROCESSUAL CIVIL. ADMINISTRATIVO. RECURSO ESPECIAL. ADOÇÃO DE MEDIDA NECESSÁRIA À EFETIVAÇÃO DA TUTELA ESPECÍFICA OU À OBTENÇÃO DO RESULTADO PRÁTICO EQUIVALENTE. ART. 461, § 5o. DO CPC. BLOQUEIO DE VERBAS PÚBLICAS. POSSIBILIDADE CONFERIDA AO JULGADOR, DE OFÍCIO OU A REQUERIMENTO DA PARTE. RECURSO ESPECIAL PROVIDO. ACÓRDÃO SUBMETIDO AO RITO DO ART. 543-C DO CPC E DA RESOLUÇÃO 08/2008 DO STJ. 1. Tratando-se de fornecimento de

> medicamentos, cabe ao Juiz adotar medidas eficazes à efetivação de suas decisões, podendo, se necessário, determinar até mesmo, o sequestro de valores do devedor (bloqueio), segundo o seu prudente arbítrio, e sempre com adequada fundamentação. 2. Recurso Especial provido. Acórdão submetido ao regime do art. 543-C do CPC e da Resolução 08/2008 do STJ. (REsp 1069810/RS, Rel. Ministro NAPOLEÃO NUNES MAIA FILHO, PRIMEIRA SEÇÃO, julgado em 23/10/2013, DJe 06/11/2013).

Mas mesmo nesse caso, verifica-se que se trata de uma exceção à norma constitucional, que não prevê, para a hipótese, a possibilidade do bloqueio e sequestro de valores do Estado. O fundamento último – para legitimar a excepcionalidade do sequestro judicial – é mesmo a hierarquia superior do direito que se pretende efetivamente outorgar, sem o que não se sustentariam as interpretações da norma processual, e se fragilizariam outros argumentos, inclusive metajurídicos.

A força dos direitos sociais também se revela em sede de execução dos julgados contra o Poder Público, sejam eles provisórios (como é o caso da antecipação de tutela), sejam eles de natureza definitiva (como se dá em relação às sentenças, acórdãos e decisões monocráticas transitadas em julgado). Sabe-se que os pagamentos devidos pelas Fazendas Públicas devem ser feitos exclusivamente na ordem cronológica de apresentação de precatórios ou ofícios requisitórios (estes, para quantias de pequeno valor), observada a ordem especial para créditos de natureza alimentar. Trata-se de disciplina constitucional (art. 100 da Constituição Federal). Contudo, para a concessão de direitos sociais, encontra-se jurisprudência consolidada que autoriza o bloqueio/sequestro de dinheiro público e concessão direta aos beneficiários que não puderam obter a prestação *in natura* por parte do Estado. Os exemplos são frequentes quando se trata de medicamentos, atendimentos médicos, auxílios para habitação etc. O julgado anteriormente transcrito alude a esse bloqueio de valores e pagamento ao beneficiário carente da prestação do Estado. Não há precatório nem ofício requisitório. A execução orçamentária se realiza de imediato. A normas processuais constitucionais densificam-se, e se concretizam em providência prática, pela via de uma interpretação fiel à hierarquia maior dos direitos humanos, diante das necessidades da vida, que acaba por salvar a dignidade humana e elevar suas razões acima das razões de Estado. Mais uma prova de supremacia do homem sobre o Estado, na medida em que esse homem apresenta-se como carente e merecedor de direitos sociais.

A questão foi objeto de exame em Repercussão Geral no RE 607582, no Supremo Tribunal Federal, e ali reafirmada a orientação da corte no sentido de ser constitucional o sequestro de valores nesses casos.[22]

---

22 FORNECIMENTO DE MEDICAMENTOS. POSSIBILIDADE DE BLOQUEIO DE VERBAS PÚBLICAS PARA GARANTIA. RATIFICAÇÃO DA JURISPRUDÊNCIA FIRMADA POR ESTA SUPREMA CORTE. EXISTÊNCIA DE REPERCUSSÃO GERAL. (RE 607582 RG/RS, Rel. Min. ELLEN GRACIE, julgado em 13/08/2010, DJe-159 DIVULG 26-08-2010 PUBLIC 27-08-2010 EMENT VOL-02412-06 PP-01185 LEXSTF v. 32, nº 381, 2010, pp. 275-280).

O caráter individual dos direitos sociais (que podem ser veiculados coletivamente como direitos individuais homogêneos) suscita ainda uma particularidade do ponto de vista processual: o dilema da verdade, que exsurge da dinâmica probatória e traz à lume questões delicadas relacionadas às alegações das partes, à realidade contrastante em que se inserem os litigantes e, a partir daí, revelam as distorções que podem ocorrer na análise do fenômeno jurídico dos direitos sociais.

Mesmo no campo doutrinário, observa-se um descompasso entre o que se afirma sobre a necessidade de efetivação dos direitos sociais e a desconfiança que se tem em relação à sua implementação por meio das ações individuais. Veja-se, por exemplo, que o eminente Professor Fernando Facury Scaff, após afirmar, em escrito já citado anteriormente,[23] que "quanto mais desigual economicamente for a sociedade, maior a necessidade de assegurar os direitos fundamentais sociais àqueles que não conseguem exercer suas capacidades", tece, em outra obra,[24] as seguintes considerações sobre o que analisa ser a prática das ações *individuais* sobre direitos sociais:

> Por ser um direito *que custa* e que deve ser *distribuído desigualmente entre os desiguais, visando a redução de suas desigualdades,* o direito à saúde não consagra direitos individuais, mas direitos difusos, que devem ser obtidos sob a forma da justiça distributiva, mais facilmente alcançável junto ao Poder Legislativo (na formulação de políticas públicas) e ao Poder Executivo (na implementação de políticas públicas) do que pela via judicial individual. Mas isto não quer dizer que o Judiciário deva ser afastado do controle das políticas públicas – muito pelo contrário. A atuação da sociedade deve ser junto ao Poder Judiciário não buscando benefícios "de parte", mas em prol de todos. Ou seja, os *pedidos* da esmagadora maioria das *ações judiciais* que vem sendo propostas estão simplesmente desfocados, pois visam à obtenção de vantagens *para si – os autores –* e não *pro societatis.*
>
> [...]
>
> Este deve ser o foco da atuação da sociedade no que tange às ações de saúde, e não de forma individualizada, fracionada, onde se constata uma verdadeira corrida ao saco de ouro, que é a liminar concedida pelo juiz de 1º grau; esta pode garantia a saúde do indivíduo, mas também servir como economia privada para gastos nas férias escolares, à custa dos recursos públicos – como saber? E, mesmo sabendo, como afastar a função de *paladino da justiça* ser exercida por operadores jurídicos? Ainda está presente no imaginário jurídico brasileiro o entendimento de que dinheiro público brota em árvores e que o Estado é um ser externo à sociedade.

---

23 Vide a nota "8"

24 NUNES, Antônio José Avelãs; SCAFF, Fernando Facury. *Os Tribunais e o Direito à Saúde.* Porto Alegre: Livraria do Advogado Editora, 2011, pp. 132 e 134.

A desconfiança em relação às lides individuais não se justifica. Se os direitos sociais são assegurados como direitos humanos individuais, nos casos em que não são implementados diretamente pelos entes públicos, nem efetivados satisfatoriamente por força de julgados de demandas coletivas, não resta outra via à sua obtenção senão pela ação individual de cada beneficiário, a quem o Estado promete não excluir da apreciação do Poder Judiciário qualquer lesão a direito (art. 5º XXXV da Constituição Federal). Nesses casos, como já salientado, ainda que o ente público eventualmente mantenha-se inerte na prestação que lhe foi imposta, é possível ao Judiciário determinar providências que assegurem o resultado prático equivalente à prestação inadimplida, como se dá, por exemplo, mediante o sequestro de verbas públicas para custeio das ações de saúde (art. 461 §5º do Código de Processo Civil).

É necessário, contudo, refletir sobre a resistência jurídico-filosófica em relação a esse conceito depurado de direito social como direito humano individual, porque ela se estabelece não somente na análise da sua estrutura jurídico-material, mas sofre os influxos de uma distorção derivada de argumentos utilizados nas defesas dos entes públicos em processos judiciais, especialmente quando os direitos são postulados de forma individual.

Entre os argumentos de defesa contra os pedidos de concessão de direitos individuais sociais, sobressai aquele em que o ente público alega insuficiência de recursos orçamentários para atender a todas as demandas. No Estado do Rio de Janeiro, diante da reiterada invocação desse argumento o TJRJ consagrou, na Súmula de sua jurisprudência predominante, o entendimento de que *"cabe ao ente público o ônus de demonstrar o atendimento à reserva do possível nas demandas que versem sobre efetivação de políticas públicas estabelecidas pela Constituição."* [25] Com efeito, somente nessa hipótese – a de efetiva prova da alegada insuficiência de recursos – é que o ente público poderia eximir-se de conceder o direito postulado. Não se tem notícia de que, em qualquer demanda individual o fato tenha sido provado.

Contudo, o argumento defensivo é muitas vezes invocado pela doutrina como uma espécie de antevisão pessimista de que o somatório dos custos pela efetivação de direitos individuais poderia levar ao esgotamento financeiro dos entes públicos ("reserva do possível"). O argumento é falacioso, porque, lembrando que a efetivação de todo direito gera um custo efetivo e/ou potencial, e que esse custo poderia ser proibitivo à concessão dos direitos, não demonstra como a inviabilidade financeira momentânea não poderia ser contornada ou suprida. Tal argumento, trazido para o campo do processo, revela-se como argumento estratégico do ente público, que planeja ou executa mal o seu orçamento, mas não pode ser admitido como argumento "autêntico" [26] fundado

25 Enunciado nº 241. REFERÊNCIA: Processo Administrativo nº 0014104 12.2011.8.19.0000 – Julgamento em 06/06/2011 – Relator: Desembargador José Geraldo Antonio. Votação unânime.

26 A propósito, destaco, na ementa de julgado fluminense adiante transcrito, esse entendimento: "Direito Constitucional. Direito Administrativo. Direito à saúde. Necessidade de internação em UTI Neonatal. Menor, substituída pelo Ministério Público. Processo que trata de interesse individual, não havendo que se falar em "Ação Civil Pública", cuja sistemática aplica-se apenas aos interesses

na verdade dos fatos financeiro-orçamentários. Com efeito, o argumento estratégico aparentemente procura invocar um juízo imparcial (como seria o de que os recursos devem ser destinados a políticas públicas gerais implementadas na medida do possível em favor de todos e não somente de alguns que os postulam judicialmente), mas na verdade contém em si uma motivação parcial, a de evitar que a política pública seja implementada pelo Poder Judiciária contra a omissão dos entes públicos que a deveria realizar diretamente. Sobre distinção entre a argumentação estratégica e a argumentação autêntica, pontua Maria Cristina Redondo:[27]

> La argumentación auténtica supone un sincero compromiso con la verdad o adecuación de lo que se dice. Desde un punto de vista cognitivo, el agente tiene una pretensión de corrección (proposicional y normativa) y, desde un punto de vista volitivo, el agente busca efectivamente la comunicación y la comprensión, apunta al consenso y está dispuesto a hacer aquello que indiquen las mejores razones, dejando de lado sus intereses egoístas [...] Quien argumenta estratégicamente efectivamente ofrece una razón imparcial, sin embargo, carece de una motivación imparcial. Se comporta externamente en modo idéntico al argumentador auténtico pero no lo es, porque no quiere ni cree lo que quiere y cree este último.

A distinção é importante na medida em que explica a posição da doutrina (como no exemplo antes referido),[28] que defende a necessidade de efetivação dos direitos sociais mas se contamina com o argumento defensivo dos entes públicos relativo à possibilidade material financeira de sua realização. A sedução do argumento dá-se no plano abstrato em que os entes públicos o apresentam como um argumento imparcial. Esse o aspecto de argumento, seriamente ponderado pela doutrina, merece crítica pela forma com que é aceito no discurso científico, porque não atenta para a motivação subjacente que os entes públicos utilizam quando o invoca no âmbito do processo judicial, vale

transindividuais. Necessária observância do art. 11 do ECA, que garante às crianças e adolescentes amplo acesso ao Sistema Único de Saúde. A responsabilidade dos entes federativos é solidária. Enunciado nº 65 da Súmula de Jurisprudência do TJ/RJ. **Não demonstração de ofensa ao princípio da reserva do possível. Desarrazoada a alegação de ausência de previsão orçamentária. O ente público não pode se valer de sua omissão ao planejar o orçamento anual para não garantir direito constitucionalmente assegurado.** Preponderância dos direitos fundamentais à vida e à saúde. A verba sucumbencial deve ser equivalente à metade do salário mínimo, na forma do Enunciado nº 182 da Súmula de Jurisprudência Dominante deste Tribunal. Manutenção da multa diária. Comprovação de reciprocidade tributária. Isenção do Município do pagamento da taxa judiciária. Recurso conhecido e parcialmente provido." (Apelação 0019176-22.2012.8.19.0007. Rel. DES. ALEXANDRE CAMARA – Julgamento: 25/09/2014 – SEGUNDA CAMARA CIVEL do TJRJ).

27 REDONDO, Maria Cristina. Argumentación auténtica y argumentación estratégica, *in Revista Brasileira de Filosofia,* vol. 238, p. 37. São Paulo: Marcial Pons, jan-jun 2012.

28 Vide a nota 24 supra.

frisar, sem efetiva prova de sua veracidade. A real motivação do ente público, quando alega sem provar, faz presumir sua ineficiência em planejar, orçar e executar as políticas públicas determinadas constitucionalmente.

A utilização do argumento estratégico de insuficiência de recursos para atender os direitos sociais, desacompanhados do respectivo detalhamento e prova dos fatos financeiro-orçamentários pode ser caracterizada como violação do dever de veracidade, corolário da boa-fé processual (art. 14, I, do Código de Processo Civil).

No plano processual da fase de execução, a omissão do ente público quanto à realização dos direitos sociais já impostos por força dos julgados de acolhimento dos pleitos individuais dos destinatários daqueles direitos, caracteriza a prática de ato de improbidade administrativa por parte dos governantes e servidores públicos a quem competiria o cumprimento das ordens judiciais. A conduta é qualificada como decorrente de dolo genérico pelo descumprimento injustificado de ato que deveria ser praticado de ofício (art. 11, II, da Lei 8.429/92).[29]

---

29 0001494-58.2008.8.19.0051 – Apelação. DES. MAURO MARTINS – Julgamento: 16/10/2013 – SEXTA CAMARA CIVEL. APELAÇÃO CÍVEL. AÇÃO CIVIL PÚBLICA. IMPROBIDADE ADMINISTRATIVA. EX-SECRETÁRIO DE SAÚDE DO MUNICÍPIO DE SÃO FIDELIS. DESCUMPRIMENTO REITERADO DE DECISÃO JUDICIAL. 1. Trata-se de ação civil pública proposta pelo Ministério Público com o escopo de ver condenado o réu, à época Secretário de Saúde do Município de São Fidelis, às penas da Lei de Improbidade Administrativa, por deixar de cumprir reiteradas vezes decisão judicial que determinou o fornecimento de medicamento a menor hipossuficiente, ou atrasar a sua entrega. 2. Preliminar de nulidade da sentença que se afasta. 3. Na fundamentação da sentença apenas se fez alusão ao fato de que a sua conduta também causou dano ao erário, consistente na multa que foi executada em face do Município de São Fidélis em decorrência do descumprimento da decisão judicial. 4. Não se utilizou o Juízo a quo de tal afirmativa para condenar o réu em dispositivo diverso do que fora apontado pelo Ministério Público, em sua petição inicial, qual seja, art. 11, II, da Lei nº 8429/92, tampouco fez uso da mesma para fixar as penalidades previstas no art. 12, III, do mesmo diploma legislativo. 5. No mérito, da análise da documentação acostada aos autos, verifica-se que o réu, de fato, deixou de cumprir a decisão judicial proferida nos autos nº 2004.051.001337-2, na ocasião em que estava à frente da Secretaria Municipal de Saúde, possuindo, portanto, legitimidade para representar o órgão nas relações atinentes à área dos serviços públicos de saúde. 6. Ressalte-se que dentre os documentos que acompanham a inicial, estão vários mandados de intimação para o Município, determinando o fornecimento do medicamento, todos devidamente recebidos e assinados. 7. Réu que diz ter sido intimado da decisão judicial e que sabia que entregou em algum momento quantidade de medicamento menor do que o determinado mensalmente, mas por falta do produto no mercado. 8. Inquestionável, portanto, a má-fé do apelante no sentido de descumprir decisão judicial, chegando até mesmo a ensejar a propositura de execução por quantia certa do valor fixado a título de astreintes; conduta esta que se enquadra nos artigos 10 caput e 11, II, da Lei de Improbidade, afrontando, ainda, o disposto no art. 37, §4º, da Constituição da República. 9. Para fins de imputação da prática de improbidade administrativa, basta a configuração do dolo genérico, o que restou evidenciado pelas provas acostadas. Despicienda a existência de dolo específico, segundo entendimento dominante no E. STJ. 10. Estando ciente o administrador público da existência de ordem judicial, não há como acolher o argumento de que sua conduta, consistente na negativa ou no retardamento da entrega de medicamento a menor hipossuficiente, foi desprovida de vontade livre e consciente, estando, portanto, configurado o requisito do dolo genérico necessário à configuração do ato de improbidade. 11. Recurso a que se nega provimento.

Portanto, além de retomar o conceito de direito social como direito humano individual, é necessário purifica-lo das desconfianças que poderiam minar a pretensão que dele deriva, exercitável diretamente contra o Estado, suficientemente apta a merecer antecipação liminar de tutela e execução imediata.

7. BRASIL – ESTADO DEMOCRÁTICO DE DIREITO?

"Como sabemos, todo Estado é uma sociedade, a esperança de um bem, seu princípio, assim como de toda associação, pois todas as ações dos homens têm por fim aquilo que consideram um bem", já refletia Aristóteles em o início da *Política.*[30]

O art. 1º da Constituição Federal estabelece que o Brasil constitui-se em um Estado Democrático de Direito. Não aparece aí, explicitamente, a afirmação de que se trata de um Estado Democrático *Social* de Direito. Contudo, da leitura do art. 3º, onde constam seus objetivos fundamentais, vê-se nitidamente que todos tendem à realização da justiça social: os previstos nos incisos I, III, IV, de forma direta (construir uma sociedade livre, justa e solidária, erradicar a pobreza e marginalização e reduzir as desigualdades sociais e regionais, promover o bem de todos, sem preconceitos); e de forma indireta, o objetivo previsto no inciso II (garantir o desenvolvimento nacional, que propiciará a elevação do desenvolvimento social). A Constituição impõe, portanto, que o Estado Brasileiro, seja um Estado Social.

Não se pode considerar o Brasil um Estado Democrático de Direito se não desempenhar seus objetivos de ser um Estado Social. Caso contrário, estaria deixando de atender às necessidades de cada um dos cidadãos, que não estariam em igualdade suficiente para deliberarem validamente, fazendo ruir a democracia (real).

Descumprindo a Constituição, especialmente permitindo que suas normas não prevalecessem sobre as deliberações de aplicação de recursos pelo Poder Público, deixaria também o Estado Brasileiro de ser um Estado de Direito.

A realização da justiça social é dever permanente do Estado, e a inércia representa automático retrocesso, uma vez que as forças naturais, sociais e econômicas, ainda que tragam situações de bem estar, não se isentam da geração de situações de desigualdade social. Em decisão prolatada no RE 482.611 (SC), ainda o ilustre Min. Celso de Mello lançou a seguinte advertência:

> As situações configuradoras de omissão inconstitucional – ainda que se cuide de omissão parcial derivada da insuficiente concretização, pelo Poder Público, do conteúdo material da norma impositiva fundada na Carta Política – refletem comportamento estatal que deve ser repelido, pois a inércia do Estado qualifica-se como uma das causas geradoras dos processos informais de mudança da Constituição [...]

---

30 ARISTÓTELES. *Política.* Tradução de Roberto Leal Ferreira. São Paulo: Martins Fontes, 2006, p. 1.

De fato, a estagnação do Estado na realização da justiça social por si só já gera o incremento das situações de injustiça, e propicia a deterioração da força normativa da Constituição.

Portanto, somente por um viés de realização ativa da justiça social, ou seja, na medida em que respeitar e efetivar os direitos sociais, pode o Estado Brasileiro ser considerado um Estado Democrático de Direito, podendo ser qualificado como Estado Democrático Social de Direito.

As políticas públicas, assim como os direitos sociais, não são políticas ou direitos de determinado governo, mas políticas e direitos permanentes de um povo, segundo estabelecidos em sua ordem constitucional.

Importa assim observar que a construção e a efetivação das políticas públicas compete não somente ao Poder Legislativo e ao Poder Executivo dos Entes Federados, mas também ao Poder Judiciário, nas esferas de sua competência, na atribuição que lhe cabe de controle de eventual omissão dos demais Poderes na concessão dos direitos sociais assegurados pela Constituição Federal como direitos humanos de cada pessoa humana. Ao tratar do controle judicial das políticas públicas, concebe o ilustre Desembargador Jessé Torres, do TJRJ (cf. o teor do Acórdão proferido na Apelação Cível 2007. 001.11057), um quadro de circunstâncias no qual essa atuação judicial se legitimaria, quadro esse que sintetiza com precisão a situação comum que se apresenta no cotidiano das causas submetidas à apreciação de todas as instâncias judiciais brasileiras:

> Do escólio jurisprudencial extrai-se que o STF admite o controle judicial das políticas públicas, excepcionalmente, desde que: a) se trate de políticas definidas no texto constitucional, posto ser tal definição vinculante da ação estatal e limitadora da discricionariedade administrativa; b) o Estado se omita, total ou parcialmente, no exercício de seus deveres jurídico-sociais de prestações positivas, com vistas à implementação dessas políticas; c) eventuais carências financeiras ou orçamentárias não escusem a omissão, salvo se comprovado o esgotamento dos meios disponíveis e/ou mobilizáveis para o atendimento às prioridades decorrentes das políticas constitucionais.

A atividade judicial não é incompatível com o princípio da separação de poderes porque não interfere no planejamento e na execução orçamentária própria das atividades legislativas e executivas. As ordens judiciais individuais ou coletivas asseguram a efetivação de direitos. Os aspectos financeiros e orçamentários devem se conformar ao cumprimento da Constituição e das leis que concretizam os direitos humanos sociais, superiores a outros direitos, e não o contrário. Eventual impossibilidade financeira deve ser comprovada, hipótese raríssima, uma vez que ao Estado compete planejar e executar suas ações de modo a cumprir seus deveres constitucionais.

Cabe, assim, ao Poder Judiciário participar (a participação é por si mesmo ativa, e não necessita ser qualificada de ativista) da construção equilibrada da Democracia, e de sua manutenção segundo a Ordem Jurídica que realize a Justiça Social. A Democracia, a preservação da Ordem Jurídica e a Justiça Social são obras que competem a todos os Poderes do Estado, e também o Poder Judiciário, evitando que a omissão dos entes públicos possa comprometer o primado democrático do direito de acesso jurídico efetivo aos direitos sociais, por todos e, especialmente, por *cada ser humano* destinatário das políticas públicas asseguradas na ordem constitucional.

8. BRASIL – ESTADO DE DIREITO? (CONCLUSÃO E INTERPELAÇÃO)

A Constituição Brasileira, assim como os documentos de declaração de direitos internacionais, construiu-se sobre um paralelogramo de forças ideológicas e também jurídico-filosóficas diversas, obtendo-se um consenso quanto à positivação de um rol de direitos, inclusive sociais. A efetivação desses direitos vem sendo realizada pela jurisprudência (em posição de vanguarda perante a própria doutrina majoritária) por força das necessidades sociais dos indivíduos alijados das políticas públicas, especialmente no caso do Estado Brasileiro, onde é fato notório o desvio e a malversação de dinheiro público.

Necessário, contudo, que haja um lastro teórico, ministrado pela doutrina jurídica, de modo a solidificar as conquistas da jurisprudência, e promover outros avanços. Ainda que a moderna Teoria do Direito, bem como a estrutura mais aberta das normas jurídicas propiciem a aplicação construtiva das normas, não pode o jurista prescindir das categorias jurídicas já consagradas, especialmente nas ocasiões onde elas se revelem mais efetivas a concretizar o comando de normas constitucionais. Não importa se o instrumental dogmático é tradicional, desde que ele seja utilizado de modo crítico, apto a desmitificar os argumentos utilizados para obstar a concretização dos direitos sociais.

Somente a partir do reconhecimento dos direitos sociais como efetivos direitos subjetivos, humanos, fundamentais, individuais, com finalidade de realização da justiça social, é que se afirmará sua primazia sobre obstáculos de qualquer natureza, inclusive jurídica, mormente as limitações que se lhes pretende impor pela chamada reserva do possível ou preservação de somente um mínimo existencial. Se a Constituição impõe ao Estado Brasileiro a efetivação dos direitos sociais, e se estabelece como objetivos fundamentais da República a construção de uma sociedade justa e solidária, a erradicação da pobreza e marginalização, a redução das desigualdades sociais e a promoção do bem comum (art. 3º, incisos I, III e IV), este Estado não pode negar a realização desses direitos em sua plenitude, sob pena de, além de não poder ser caracterizado como Estado Social, também não poder ser caracterizado como Estado Democrático de Direito.

A Democracia não se afere somente pelo grau de influência que a vontade popular possa ter sobre a escolha dos governantes, mas também pelo grau de satisfação dos interesses legítimos que os gastos públicos possam proporcionar , em maior e mais profunda escala, em prol das pessoas, na medida de suas necessidades. Trata-se de uma noção de democracia real, concreta, financeira, aquela avaliada pela justiça social não só no recolhimento de tributos, mas também na aplicação dos recursos financeiros em prol dos cidadãos.

Outrossim, não se pode qualificar como "de Direito" um Estado que, sistematicamente, opõe-se ao cumprimento do Direito estabelecido por seus próprios órgãos. No Estado de Direito, o Direito é respeitado e tomado a sério, e não somente proclamado.

É necessário interpelar as consciências jurídicas. O Brasil deve realizar plenamente os seus objetivos de justiça social, sem o que sequer pode ser considerado como Estado Democrático ou mesmo um Estado de Direito. A afirmação não pode causar perplexidade. Qualquer Estado que não assegura os direitos humanos de liberdade, chamados "de primeira geração", é acusado por violação desses mesmos direitos. Há que se encontrar quem respeite e defenda, com igual ardor, os direitos humanos sociais.

9. BIBLIOGRAFIA (CITADA)

ARISTÓTELES. *Política.* Tradução de Roberto Leal Ferreira. São Paulo: Martins Fontes, 2006.

BIDART CAMPOS, German J. *El orden socioeconomico en la Constitucion.* Buenos Aires: Ediar, 1999.

BOBBIO, Norberto. *A Era dos Direitos.* 5ª reimp. da 1ª ed. Rio de Janeiro: Ed. Campus, 1996.

BRANCO, Paulo Gustavo; MENDES, Gilmar Ferreira. *Curso de Direito Constitucional.* 6ª ed. Saraiva: São Paulo, 2011.

COMPARATO, Fábio Konder. Ensaio sobre o juízo de constitucionalidade das políticas públicas, *in Revista dos Tribunais* vol. 737, pp. 11/22. São Paulo: RT, mar. 1997.

CORTI, Horacio G. "Derechos fundamentales y presupuesto público: una renovada relación en el marco del neoconstitucionalismo periferico". *In* CONTI, José Maurício; SCAFF, Fernando Facury. *Orçamentos públicos e direito financeiro.* São Paulo: Revista dos Tribunais, 2011. pp. 127-185.

FERRAZ JR., Tercio Sampaio. *A Ciência do Direito.* 2ª ed. São Paulo: Atlas, 1980.

DOMINGUES, José Marcos. Tributação, orçamento e políticas públicas. *Interesse Público – IP.* Belo Horizonte, ano 12, nº 63, pp. 157/158, set/out 2010.

MARITAIN, Jacques. *O Homem e o Estado.* Trad. de Alceu de Amoroso Lima. 4ª Ed. Rio de Janeiro: Agir, 1966.

MENDES, Gilmar Ferreira; BRANCO, Paulo Gustavo. *Curso de Direito Constitucional.* 6ª ed. Saraiva: São Paulo, 2011.

MOREIRA NETO, Diogo de Figueiredo. Novos Horizontes para o Direito Administrativo pelo Controle das Políticas Públicas – Ecos de um Congresso: a Próxima Missão. *Revista de Direito da Procuradoria Geral do Estado.* Rio de Janeiro, 2007, Vol. 62, pp. 56/63.

OLIVEIRA, Régis Fernandes. *Curso de Direito Financeiro.* 4ª ed. RT: São Paulo, 2012.

PULIDO, Carlos Bernal. Fundamento, conceito e estrutura dos direitos sociais. Uma crítica a "Existem direitos sociais? de Fernando Atria. *In* SOUZA NETO, Cláudio Pereira de; e SARMENTO, Daniel. *Direitos Sociais. Fundamentos, judicialização e direitos sociais em espécie.* Lumen Juris Editora. Rio de Janeiro, 2008, pp. 137/175.

REDONDO, Maria Cristina. Argumentación auténtica y argumentación estratégica, *in Revista Brasileira de Filosofia*, vol. 238, p. 37. São Paulo: Marcial Pons, jan-jun 2012.

REALE, Miguel. *Lições Preliminares de Direito.* 15ª ed. São Paulo: Saraiva, 1987.

SCAFF, Fernando Facury. "Reserva do possível, mínimo existencial e direitos humanos". Princípios de Direito Financeiro e Tributário. *In* PIRES, Adilson Rodrigues, Ed. Renovar: Rio, 2006, pp. 115/131.

_______. NUNES, Antônio José Avelãs. *Os Tribunais e o Direito à Saúde.* Porto Alegre: Livraria do Advogado Editora, 2011.

ZAVASCKI, Teori Albino. *Antecipação da Tutela.* 2ª ed. rev. e ampl. São Paulo: Saraiva, 1999.

DIREITOS FUNDAMENTAIS SOCIAIS

Do Nascedouro à Efetividade

Fernando Fernandes de Assis Araújo

RESUMO: O texto busca apresentar as etapas inerentes ao surgimento e reconhecimento dos direitos fundamentais, abordando sua classificação em dimensões ou gerações e direcionando a análise para a essência dos direitos sociais e a sua respectiva forma de efetivação.

1. PREÂMBULO

1.1. Direitos Fundamentais

1.2.1. Conceito e Características

Os direitos humanos, que, quando estão direcionados à ordem interna são chamados de direitos fundamentais[1], podem ser definidos como aqueles considerados elementares para qualquer ser humano, independente de suas características ou prerrogativas particulares.

Segundo Canotilho,[2] direitos fundamentais são: "(...) direitos do particular perante o Estado, essencialmente direito de autonomia e direito de defesa".

Há posicionamentos conceituais distintos sobre o tema, estes capitaneados por aspectos jusnaturalistas,[3] que entendem tais direitos como de caráter pré-positivo, ou

---

1 SARLET, Ingo Wolfgang. A eficácia dos direitos fundamentais. 11ª ed. Livraria do Advogado. Porto Alegre: 2012, p. 29.

2 CANOTILHO, José Joaquim Gomes. Direito Constitucional. 5ª ed. Editora Livraria Almedina. Lisboa: 2002, p. 1378.

3 ANDRADE, José Carlos Vieira de. Os direitos fundamentais na Constituição Portuguesa de 1976. Coimbra: Almedina, 2007, p. 17: "Foi numa perspectiva filosófica que começaram por existir os direitos fundamentais. Antes de serem um instituto no ordenamento positivo ou na prática jurídica

seja, antecedentes à Constituição e consectários da própria natureza humana; e, ainda, pelos positivistas,[4] que entendem fundamentais os direitos considerados como tais na Constituição, ou seja, positivados; e, ainda, segundo André Ramos Tavares,[5] pelos filiados à corrente denominada *Realismo Jurídico*, os quais consideram fundamentais os direitos conquistados historicamente pela humanidade. Os direitos fundamentais são classificados por dimensões ou gerações[6] que espelham *per se* a realidade de uma determinada época ou evolução histórica em relação a certo grupo de indivíduos ou sociedades.

Em conformidade com a teoria desenvolvida por Klaus Stern, a evolução histórica dos direitos humanos se configura em "três etapas: a) uma fase pré-histórica que se estende até o século XVI; b) uma fase intermediária que corresponde ao período de elaboração da doutrina jusnaturalista e da afirmação dos direitos naturais do homem; e c) a fase da constitucionalização, iniciada em 1776, com as sucessivas declarações de direitos dos novos Estados americanos".[7]

Entretanto, vale ressaltar que a existência de uma quarta fase é defendida por outros autores, inclusive Daniel Lima Ribeiro, que a intitulam como a "fase da internacionalização dos direitos humanos, com início ideológico a partir da Declaração de Direitos da Revolução Francesa e, positivamente, com a Convenção de Genebra de 1864".[8]

Merece destaque a existência de divergências doutrinárias acerca da expressão a ser utilizada para a identificação das etapas de evolução dos direitos humanos, com

---

das sociedades políticas, foram uma idéia no pensamento dos homens." – Idem p. 21 "Os direitos fundamentais começaram por ser obra do pensamento humano e duram como explicitações, condicionadas em cada época, da autonomia ética do Homem, um valor em que se transcende a História e está para além do direito positivado.

---

4 KELSEN, Hans. Teoria Pura do Direito: introdução à problemática científica do direito. Tradução J. Cretella Junior e Agnes Cretella. 2ª. ed. Revista dos Tribunais. São Paulo: 2002, pp. 65-66. "Com a vitória da burguesia liberal no século XIX começa uma pronunciada reação contra a metafísica e a Teoria Natural. De mãos dadas com o progresso das ciências empíricas, com uma dissolução crítica da ideologia religiosa, ocorre a mudança da ciência jurídica burguesa da Teoria Natural para o positivismo."

5 TAVARES, André Ramos. Paradigmas do Judicialismo Constitucional. São Paulo: Ed. Saraiva, 2012, p. 47.

6 Cf. notas 8 e 9 adiante.

7 SARLET, Ingo Wolfgang, A Eficácia dos Direitos Fundamentais: uma teoria geral dos direitos fundamentais na perspectiva constitucional. 11ª ed. Livraria do Advogado. Porto Alegre: 2012, p. 37, fazendo citação à lição de Klaus Stern, que sintetiza o devir histórico dos direitos humanos fundamentais até o seu reconhecimento nas primeiras constituições escritas, da seguinte forma: "a) uma pré-história, que se estende até o século XVI; b) uma fase intermediária, aqui corresponde ao período de elaboração da doutrina jusnaturalista e da afirmação dos direitos naturais do homem; c) a fase da constitucionalização, iniciada em 1776, com as sucessivas declarações de direitos dos novos Estados americanos." (Klaus Stern. Das staatsrecht der bundesrepublik Deustchland. vol. III/1. Munchen: C. H. Beck, 1984, p. 56, *apud* SARLET, Ingo Wolfgang. op. cit. 2012).

8 RIBEIRO, Daniel Lima. "Os Direitos Sociais e o Diálogo Metodológico Multidimensional. A Hipótese da Historicidade". A Efetividade dos Direitos Sociais. Rio de Janeiro: Lumen Juris, 2004, p. 29.

alguns autores, como é o caso de Paulo Bonavides, empregando o termo *geração*[9] e outros, como Ingo Sarlet, se utilizando o vocábulo *dimensão.*[10]

A primeira dimensão ou geração desses direitos surgiu nos séculos XVII e XVIII, com a implementação, dentre outros, dos direitos à vida, à liberdade, à segurança, à propriedade, ou seja, direitos civis e políticos.

A segunda dimensão ou geração – que contempla o assunto objeto de nosso estudo (direitos sociais) – está relacionada com "os direitos sociais, culturais, econômicos, e bem como com os direitos coletivos ou de coletividades."[11] Em resumo, seriam direitos de defesa demarcando uma zona de não-intervenção do Estado e uma esfera de autonomia individual em face de seu poder.[12] Caracterizam-se, ainda hoje, por outorgarem ao indivíduo direito a prestações sociais estatais, como assistência social, saúde, educação, trabalho, etc. revelam uma transição das liberdades formais abstratas para as liberdades materiais concretas, utilizando-se a formulação preferida da doutrina francesa.[13]

Já os direitos fundamentais de terceira dimensão ou geração se mostram vinculados à fraternidade ou solidariedade, são os relacionados ao desenvolvimento, ao progresso, à autodeterminação dos povos, bem como ao direito de propriedade sobre o patrimônio comum da humanidade – aí incluso o direito ao meio ambiente – e o direito de comunicação. Tais direitos se revelam de caráter transindividual, destinados à proteção do gênero humano.[14]

---

9 BONAVIDES, Paulo. Curso de Direito Constitucional. 27ª ed. Editora Malheiros. São Paulo: 2012, p. 581. "os direitos fundamentais passaram na ordem institucional a manifestar-se em três gerações sucessivas que traduzem sem dúvida um processo cumulativo e quantitativo [...]".

10 SARLET, Ingo Wolfgang. A Eficácia dos Direitos Fundamentais. 11ª ed. Livraria do Advogado. Porto Alegre: 2012, p. 46. "Em que pese o dissídio na esfera terminológica, verifica-se crescente convergência de opiniões no que concerne à idéia que norteia a concepção das três (ou quatro, se assim preferirmos) dimensões dos direitos fundamentais, no sentido de que estes, tendo tido sua trajetória existencial inaugurada com o reconhecimento formal nas primeiras Constituições escritas dos clássicos direitos de matriz liberal-burguesa, se encontram em constante processo de transformação, culminando com a recepção, nos catálogos constitucionais e na seara do Direito Internacional, de múltiplas e diferenciadas posições jurídicas, cujo conteúdo é tão variável quanto as transformações ocorridas na realidade social, política, cultural e econômica ao longo dos tempos. Assim sendo, a teoria dimensional dos direitos fundamentais não aponta, tão-somente, para o caráter cumulativo do processo evolutivo e para a natureza complementar de todos os direitos fundamentais, mas afirma, para além disso, sua unidade e indivisibilidade no contexto do direito constitucional interno e, de modo especial, na esfera do moderno 'Direito Internacional dos Direitos Humanos."

11 BONAVIDES, Paulo. Curso de Direito Constitucional. 27ª ed. Malheiros. São Paulo: 2012, p. 582.

12 Cf. SARLET, Ingo Wolfgang, A Eficácia dos Direitos Fundamentais: uma teoria geral dos direitos fundamentais na perspectiva constitucional – 11ª. ed. Livraria do Advogado. Porto Alegre: 2012, pp. 47, 48.

13 SARLET, Ingo Wolfgang, A Eficácia dos Direitos Fundamentais: uma teoria geral dos direitos fundamentais na perspectiva constitucional – 11ª. ed. Livraria do Advogado. Porto Alegre: 2012, p. 47.

14 NOVELINO, Marcelo. Direito Constitucional. 3ª ed. Editora Método. São Paulo: 2009, pp. 362-364.

A quarta geração ou dimensão dos direitos fundamentais, em sua concepção original, contempla a engenharia genética e a biotecnologia,[15] além dos direitos à democracia, à informação, à ética e ao pluralismo.[16] Os direitos dessa natureza são frutos de uma intermitente ampliação tecnológica, que encurtou distâncias e acelerou substancialmente o ritmo de vida, gerando reflexos em relação aos valores e às praticas que servem de base para o convívio em sociedade.

A Paz, que se configura como elemento apto para legitimar o estabelecimento da ordem, da liberdade e do bem comum na convivência dos povos, assumindo, assim, o papel central de supremo direito da humanidade,[17] materializa os direitos fundamentais de quinta geração.

Há, ainda, o entendimento capitaneado por Emmanuel Teófilo Furtado, ainda observado com olhares cautelosos pela doutrina, o qual insere na quarta geração ou dimensão de direitos fundamentais, exclusivamente, a biotecnologia, transportando para uma *sexta* dimensão ou geração os direitos à democracia, à informação correta e ao pluralismo.[18]

1.2. Direitos Sociais em Espécie

1.2.1. Conceito e Características

Na lição de José Afonso da Silva:

> [...] os direitos sociais, como dimensão dos direitos fundamentais do homem, são prestações positivas proporcionadas pelo Estado direta ou indiretamen-

---

15 BOBBIO, Norberto. A Era dos Direitos. Rio de Janeiro: ed. Campus, 1992, p. 6.

16 BONAVIDES, Paulo. Curso de Direito Constitucional. 27ª ed. Editora Malheiros. São Paulo: 2012, p. 590. "A globalização política neoliberal caminha silenciosa, sem nenhuma referência de valores. (...) Há, contudo, outra globalização política, que ora se desenvolve, sobre a qual não tem jurisdição a ideologia neoliberal. Radica-se na teoria dos direitos fundamentais. A única verdadeiramente que interessa aos povos da periferia. Globalizar direitos fundamentais equivale a universalizá-los no campo institucional. (...) A globalização política na esfera da normatividade jurídica introduz os direitos de quarta geração, que, aliás, correspondem à derradeira fase de institucionalização do Estado social. É direito de quarta geração o direito à democracia, o direito à informação e o direito ao pluralismo[...]".

17 BONAVIDES, Paulo. A Quinta Geração de Direitos Fundamentais. Disponível em <http://www.dfj.inf.br/Arquivos/PDF_Livre/3_Doutrina_5.pdf> Acesso em 26 jun. 2014.

18 FURTADO, Emmanuel Teófilo. "Os direitos humanos de 5ª geração enquanto direito a paz e seus reflexos no mundo do trabalho, inércias, avanços e retrocessos na Constituição Federal e na legislação". Direitos Sociais na Constituição de 1988: uma análise crítica vinte anos depois. Organizado por Claudio José Montesso, Marco Antonio de Freitas e Maria de Fátima C. Borges. São Paulo: LTR, 2008. "Os direitos fundamentais decorrentes da globalização, a saber, o direito à democracia, à informação correta e ao pluralismo estão localizados como direitos humanos de 6ª geração[...]." A classificação das gerações/dimensões de direitos humanos decorre da interação doutrinária com a realidade social, evoluindo de acordo com as necessidades humanas concretamente percebidas e até compreendendo anseios quanto ao futuro, o que não deixa de gerar polêmica entre alguns autores, Cf. Cf. SARLET, Ingo Wolfgang (2012, pp. 50-52).

te, enunciadas em normas constitucionais, que possibilitam melhores condições de vida aos mais fracos, diretos que tendem a realizar a igualização de situações sociais desiguais.. São, portanto, direitos que se ligam ao direito de igualdade. Valem como pressupostos do gozo dos direitos individuais na medida em que criam condições materiais mais propícias ao auferimento da igualdade real, o que, por sua vez, proporciona condição mais compatível com o exercício da liberdade.[19]

Uma classificação mais profunda dos direitos sociais, sob o prisma positivista, na lição de Carmem Lucia Antunes Rocha, apresenta divisão em seis classes:

> "(a) direitos sociais relativos ao trabalhador; (b) direitos sociais relativos à seguridade, compreendendo os direitos à saúde, à previdência e a assistência social; (c) direitos sociais relativos à educação e à cultura; (d) direitos sociais relativos à moradia; e) direitos sociais relativos à família, criança, adolescente e idoso; (f) direitos sociais relativos ao meio ambiente."[20]

Em complemento à classificação anterior, tem-se a existência da categoria de direitos sociais do homem produtor, contemplando a liberdade de instituição sindical (instrumento de ação coletiva), o direito de greve, o direito de o trabalhador determinar as condições de seu trabalho (contrato coletivo de trabalho), o direito de cooperar na gestão da empresa (co-gestão ou autogestão) e o direito de obter um emprego.[21]

Os direitos sociais como um todo têm caráter prestacional e pressupõem a atuação positiva do Estado, valendo frisar que os respectivos titulares (credores) desses direitos, ao mesmo tempo podem ser considerados devedores, tendo por base o seu caráter de *contribuintes* pagadores de tributos e, por conseguinte, a manutenção da própria estrutura estatal.

Para a satisfação dos direitos sociais há necessidade de um grande esforço financeiro por parte do Estado, o que nem sempre torna viável a materialização desses direitos, que visam assegurar melhores condições de vida ao ser humano.[22]

Nesse cenário é que se instala o principal problema para a efetividade de tais direitos, dificuldade esta que pode estar relacionada com a escassez de recursos financeiros ou mesmo com a má distribuição desses recursos. Com base na teoria da *reserva do*

---

19 SILVA, José Afonso da. Curso de Direito Constitucional Positivo. 22ª ed. Malheiros. São Paulo: 2003, p. 285.

20 ROCHA, Carmem Lucia Antunes. Princípios constitucionais dos servidores públicos. São Paulo: Saraiva, 1999, p. 48.

21 SILVA, José Afonso da. Op. Cit., p.286, Cf. DUCLOS, Pierre. L'évolution dês rapports politiques depuis 1750. Paris: PUF, 1950, pp. 155,156.

22 Santo Tomás de Aquino definiu a justiça social como a que "consiste em dar a cada um o que lhe é devido" (cf. TOMÁS DE AQUINO, Suma Teológica, II-II, q. 60, a. 3).

possível, oriunda da Alemanha ("Vorbehalt des Möglichen"), tais direitos, na maioria das vezes, só acabam sendo efetivados se existirem verbas públicas disponíveis para tanto. Dessa premissa se extrai que o deve garantir o chamado "mínimo existencial,[23] que permita, ao menos, o respeito à dignidade da pessoa humana.

Aliás, deve ser realçado o fato de que os direitos humanos de segunda geração ou dimensão não constituem uma categoria de todo distinta dos de primeira, estando ambas intimamente interligadas, a ponto de se poder afirmar que a plenitude de gozo dos direitos de segunda dimensão é condição de gozo dos de primeira. Como imaginar usufruir de bons serviços de saúde, cultura e educação, sem que simultaneamente se tenha plenitude de vida? E como usufruir da vida plenamente sem saúde, sem desenvolvimento intelectual e sem o conhecimento do ambiente sócio-antropológico respectivo?

Realmente, embora chamados de *sociais* e tendo sempre sua dimensão coletiva destacada, tais direitos também possuem um núcleo essencial mínimo, o qual quando desrespeitado acarreta violação à dignidade do homem, em especial daqueles economicamente hipossuficientes, e que têm um maior grau de dependência em relação ao Estado.[24]

Os direitos sociais surgiram tendo por base as incessantes lutas travadas pelos mais fracos ao longo dos tempos em busca de melhorias, valendo ressaltar que as primeiras linhas dos direitos humanos (fundamentais) se encontram delineadas em tempos bastante remotos, de onde podemos citar Código de Hamurabi (Século XVIII a.c.), *A Magna Charta* (1215), *Petition of Rights* (1628), *Abolition of stay chamber* (1641), *Habeas Corpus act,*(1679*); Bill of rights*,(1688); Declaração de Independência dos Estados Unidos (1776) e Constituição Norte-americana (1787), Declaração dos direitos do homem e do cidadão (1789); a Constituição Francesa de 1848, a *Rerum Novarum* de Leão XIII (1891), o pensamento marxista e a Declaração dos Direitos do Povo Trabalhador e Explorado (1918) da então República Socialista Soviética da Rússia.

A partir da Declaração de Independência dos Estados Unidos (1776) e da Declaração dos Direitos do Homem e do Cidadão francesa (1789), o indivíduo se desvinculou das *proteções* a que se submetera ao longo da história, estas de cunho familiar, estamental (casta) e religiosa, e se tornou vulnerável às intercorrências da vida social em rápida evolução especialmente após a revolução industrial. Como compensação, o então vigente Estado liberal (surgido como resposta ao poder despótico do absolutismo real) ofereceu ao indivíduo a proteção decorrente do respeito à legalidade, sob a

---

23 KRELL, Andreas. Realização dos direitos fundamentais sociais mediante controle judicial da prestação dos serviços públicos básicos (uma visão comparativa). Revista de Informação Legislativa, Brasília a.36, nº 144 out./dez./1999, p. 246. Explica que a efetividade dos direitos sociais materiais e prestacionais estaria condicionada à reserva do que é possível financeiramente ao Estado, posto que se enquadram como direitos fundamentais dependentes das possibilidades financeiras dos cofres públicos. Assim, caberia aos governantes e aos parlamentares a decisão – uma expressão do poder discricionário – sobre a disponibilidade dos recursos financeiros do Estado.

24 REIS, Carlos Bernardo Alves Aarão. Notas acerca da Efetividade dos Direitos Fundamentais Sociais como Limite à Discricionariedade Administrativa. In: GARCIA, Emerson (Org). A Efetividade dos Direitos Sociais. Rio de Janeiro: Ed. Lumen Juris, 2004, p. 362.

concepção de que todos são iguais perante a lei, isonomia esta que restou configurada como "pomposa inutilidade" para a massa operária.[25]

O advento dos direitos de cunho liberal não se mostrou suficiente para que a dignidade humana fosse assegurada. A industrialização marcada pelo *laissez faire, laissez passer,* acentuou a exploração do homem pelo homem, problema que o Estado liberal de característica absenteísta, não tinha como resolver.[26]

Em um momento onde o *império da lei* já não se mostrava apto para garantir a igualdade entre os indivíduos, os quais, na verdade, possuíam características diferentes entre si – notadamente, patrões e operários; ricos e pobres; jovens e anciãos; homens e mulheres – já na primeira metade do século XIX, houve um avassalador empobrecimento das massas populares.

O grande impacto causado pela industrialização, aliado aos graves problemas sociais e econômicos dela decorrentes, bem como o surgimento das doutrinas socialistas e, ainda, a constatação de que a consagração formal da liberdade e da igualdade não gerava a garantia de que estas seriam efetivamente gozadas, resultaram, ainda no decorrer do século XIX, no surgimento de amplos movimentos reivindicatórios e no conseqüente reconhecimento de direitos que impunham ao Estado um comportamento ativo na busca da realização de justiça social.[27]

Diante de tais circunstâncias, de caráter eminentemente opressivo para os mais fracos, foi identificada a necessidade de se reconhecer uma nova modalidade de direitos, direitos estes com força para garantir condições mais dignas ao indivíduo. Parte daí, então, o embrião ideológico que conduziu, sobretudo por reflexo decorrente dos movimentos socialistas, ao reconhecimento dos direitos econômicos e sociais.[28]

Nesse cenário conturbado e amparado pelo esgotamento do modelo liberal nasce o Estado Social, ancorado na necessidade de uma reformulação do capitalismo. Os direitos de liberdade, considerados como direitos naturais e correlatos à própria condição humana, revelaram-se incapazes de conter conflitos crescentes no âmbito social, sendo necessário que o Estado passasse a positivar direitos de índole "artificial", os direitos econômicos e sociais.[29]

A Constituição francesa de 1848 reconheceu algumas exigências do operariado. Entretanto, a plena afirmação dessa nova dimensão dos direitos fundamentais só

---

25 COMPARATO, Fábio Konder. A afirmação histórica dos direitos humanos. São Paulo: Saraiva, 2007, p. 53.

26 SARMENTO, Daniel. Direitos Fundamentais e relações privadas. Rio de Janeiro: Lúmen Júris, 2006, p. 15.

27 SARLET, Ingo Wolfgang, A Eficácia dos Direitos Fundamentais: uma teoria geral dos direitos fundamentais na perspectiva constitucional – 11ª ed. Livraria do Advogado. Porto Alegre: 2012, p. 47

28 SARMENTO, Daniel. Direitos Fundamentais e Relações Privadas. Rio de Janeiro: Lúmen Júris, 2006, p.15.

29 APPIO, Eduardo. Teoria Geral do Estado e da Constituição. Curitiba: Juruá, 2005, pp. 55,56.

veio a ocorrer no século XX, por intermédio da Constituição do México de 1917 e da Constituição de Weimar de 1919, nas quais os direitos econômicos e sociais foram inicialmente positivados.[30]

Posteriormente, vêm à luz a Declaração Universal dos Direitos do Homem, de 1948, e o Pacto Internacional dos Direitos Econômicos, Sociais e Culturais, de 1966, com entrada em vigor em 1976. Consolidam-se as chamadas liberdades coletivas: liberdades de associação (inclusive sindical), de reunião, e de greve; cabe mencionar que, muito embora tais direitos se mostrem atrelados a grupos, revelam-se, em última análise, direitos do próprio indivíduo exercidos em face do Estado, que assume a responsabilidade de satisfazer tais encargos em nome da coletividade.

2. EFETIVIDADE DOS DIREITOS SOCIAIS EM ÂMBITO INTERNACIONAL

O verdadeiro marco no que concerne à positivação dos direitos sociais, em âmbito internacional, se dá com a proclamação da Declaração Universal os Direitos do Homem, fazendo com que fosse aperfeiçoada a efetivação do Estado Democrático de Direito, onde o Estado não defende e nem assegura apenas o direito de poucos. A sua representatividade está simbolizada pela vontade da maioria, esta que se faz soberana. Foi a partir dela que "o humanismo político da liberdade alcançou seu ponto mais alto do século XX. Trata-se de um documento de convergência e ao mesmo passo uma síntese",[31] aprovada pela Assembléia Geral das Nações Unidas, em 1948, o que para Bobbio[32] foi "a única prova através da qual um sistema de valores pode ser considerado humanamente fundado e, portanto, reconhecido: e essa prova é o consenso geral acerca de sua validade".

A Declaração impôs a premissa pela qual o princípio da igualdade de todos os seres humanos é consagrado, seja em âmbito doméstico ou internacional, o que se dá em duas dimensões. A primeira é a igualdade que os gregos denominavam aritmética ou sinalagmática (contratual), dominante no âmbito das relações interindividuais, que supõe uma paridade de situações de fato. A segunda é uma igualdade de cunho geométrico ou proporcional, consistente em tratar desigualmente os que se achem em situação desigual, na exata medida da desigualdade. Com base nesse fundamento foi desenvolvido o Estado Social, admitindo em vários países as *discriminações positivas* a benefício das classes ou grupos sociais com menores recursos materiais ou culturais. No que tange ao princípio da liberdade, a Declaração o desdobra em direitos políticos e direitos civis, valendo frisar que a liberdade política se encontra declarada no artigo XXI do documento. Os direitos econômicos e sociais se mostram consagrados nos artigos XXII a XXVI.

---

30 COMPARATO, Fábio Konder. A afirmação histórica dos direitos humanos. São Paulo: Saraiva, 2007, p. 54.

31 BONAVIDES. Paulo. Curso de Direito Constitucional. 27ª ed. Malheiros. São Paulo: 2012, p. 592.

32 BOBBIO, Norberto. A Era dos Direitos. Tradução de Carlos Nelson Coutinho. Rio de Janeiro: Elsevier, 2004, p. 50.

O processo de universalização dos direitos humanos permitiu a formação de um sistema internacional de proteção desses direitos. Este sistema é integrado por tratados internacionais que refletem, sobretudo, a consciência ética contemporânea compartilhada pelos Estados, à medida que invocam o consenso internacional acerca de temas centrais aos direitos humanos, na busca da salvaguarda de parâmetros protetivos mínimos – do mínimo ético irredutível.[33]

Para que exista a efetiva implementação dos direitos sociais na ordem internacional são identificadas algumas barreiras que merecem superação.

Em uma arena global não mais marcada apenas pela bipolaridade Leste/Oeste, mas sim, pela bipolaridade Norte/Sul, abrangendo os países desenvolvidos e em desenvolvimento (sobretudo as regiões da América Latina, Ásia e África), há que se demandar uma globalização mais ética e solidária.[34]

Note-se que, em face das assimetrias globais com dados do início da década de 2000, os 15% mais ricos concentram 85% da renda mundial, enquanto que os 85% mais pobres concentram apenas 5% dessa renda.[35]

Entretanto, pesquisa elaborada pelo grupo humanitário britânico Oxafam International, divulgada em 2014, por ocasião do Fórum Econômico de *Davos*, na Suíça, detectou que apenas oitenta e cinco pessoas no mundo detêm 46% da riqueza produzida no planeta e sete em cada dez pessoas vivem em países onde as desigualdades têm aumentado nos últimos trinta anos.[36]

Se, tradicionalmente, a agenda de direitos humanos centrou-se na tutela de direitos civis e políticos, sob forte impacto da *voz do Norte*, testemunha-se, atualmente, a ampliação desta agenda tradicional desse debate, que passa a incorporar novos direitos, com ênfase nos direitos econômicos, sociais, culturais, direito ao desenvolvimento, direito à inclusão social e na pobreza como violação de direitos. Este processo permite ecoar a "voz própria do sul", capaz de revelar as preocupações, demandas e prioridades desta região.[37] Neste contexto, é fundamental consolidar e fortalecer o processo de afirmação dos direitos humanos, indivisível e interdependente.[38]

Na lição de Flávia Piovesan, considerando os graves riscos do processo de desmantelamento das políticas públicas sociais, há que se redefinir o papel do Estado sob o impacto da globalização econômica. Há que se reforçar a responsabilidade do Estado no tocante à implementação dos direitos econômicos, sociais e culturais.[39]

---

33 PIOVESAN, Flávia. Direitos Humanos e o Direito Constitucional Internacional. 5ª. ed. Max Limonad. São Paulo: 2002, p. 19.

34 Idem.

35 Ibidem, p. 26.

36 NIEVA. Ricardo Fuentes. Trabalhando para poucos: Captura Política e Desigualdade Econômica. Disponível em <http://www.oxfam.org/en/policy/working-for-the-few-economic-inequality> Acesso em: 20 jan. 2013.

37 PIOVESAN, Flávia. op, cit., p. 26.

38 Idem.

39 Ibidem, p. 27.

No cenário de globalização econômica, faz-se também necessária a criação e incorporação da agenda de direitos humanos por atores não-estatais, quais sejam: agências financeiras internacionais, blocos regionais econômicos e setor privado.

Com relação às agências financeiras internacionais – que se encontram vinculadas ao sistema das Nações Unidas e assim como o Fundo Monetário Internacional – urge que os direitos humanos passem a permear as políticas de caráter macroeconômico, a fim de que ocorra o envolvimento da política fiscal, da política monetária e da política cambial.

No que tange aos blocos regionais econômicos, também se faz necessária a inclusão das cláusulas democráticas e de direitos humanos nas respectivas agendas do processo de globalização econômica.

Em relação ao setor privado, premente se faz acentuar a responsabilidade social, especialmente das empresas multinacionais, à medida em que se constituem nas grandes beneficiárias do processo de globalização.

Há que se mencionar que, a exemplo do que acontece com a Organização Internacional do Trabalho, outros organismos especializados das Nações Unidas têm suas atividades direcionadas para a implementação e a proteção dos direitos humanos. Nesse particular, merece menção a Organização das Nações Unidas Para a Educação, a Ciência e a Cultura – UNESCO -, cujo tratado constitutivo adotado em 18 de novembro de 1945, logo em seu preâmbulo, preconiza a necessária valorização da dignidade, da igualdade e do respeito mútuo entre os homens.[40]

Também em âmbito regional se verificam múltiplos atos internacionais que buscam estabelecer efetividade aos direitos humanos. Podemos citar, a título de exemplo, a Carta Social Européia, que foi adotada em Turim, em 18 de outubro de 1961. Com base nela, os direitos sociais que impõem obrigações negativas ao Estado, não estritamente correlacionados com dispêndio de recursos públicos para a sua implementação, devem ser imediatamente observados. (v.g.: a liberdade de associação sindical – Parte I, parágrafo nº 5, e Parte II, art. 5º.). Quanto aos direitos cuja implementação pressuponha, como *conditio sine qua non,* a realização de investimentos públicos, sua intensidade e extensão variarão conforme as disponibilidades, assumindo, em regra, a natureza de norma essencialmente programáticas.

Reconhecendo-se que os direitos humanos aglutinam valores verdadeiramente essenciais a qualquer grupamento, daí derivando a sua fundamentalidade e a correlata necessidade de imperativo respeito pelos Estados, tornou-se inevitável e impostergável uma releitura do conceito de soberania.

A partir dessa constatação, também a referida releitura da soberania, diuturnamente proclamada, deve encontrar ressonância no plano da realidade, legitimando a adoção de medidas para salvaguardar aqueles que tenham seus direitos básicos e essenciais violados pelo próprio Estado de que são nacionais.

---

40 GARCIA, Emerson. Proteção Internacional dos Direitos Humanos. Breves Reflexões sobre os Sistemas Convencional e Não-Convencional. 2ª ed. Lúmen Júris. Rio de Janeiro, 2009, p. 33.

Além disso, o dever de respeito aos direitos humanos há muito vem sendo realçado pela doutrina internacionalista e pode ser considerado ínsito de princípios gerais de Direito reconhecidos pelas nações civilizadas. Claramente, a ordem internacional, em harmonia com as referidas fontes de Direito Internacional, contempladas no parágrafo primeiro do art. 38 do estatuto do Tribunal Internacional de Justiça,[41] deve preocupar-se com a sua concretização, atenuando os outrora intangíveis dogmas da soberania e disponibilizando mecanismos verdadeiramente eficazes para a sua proteção.

A proteção internacional dos direitos humanos é um forte indicador da universalidade (tomando-se como paradigma as normas internacionais e a retórica argumentativa) ou pelo menos da tendência à universalização (tendo-se em conta o relativismo cultural, os mecanismos de proteção e a efetiva concretização) desses direitos. À luz dessa universalidade, os Estados teriam o dever de respeitá-los e de promovê-los, com abstração de qualquer particularidade nacional ou regional e das concepções próprias das distintas culturas existentes.[42] Os direitos humanos, assim, se dissociariam da idéia de reciprocidade, impondo-se o seu respeito mesmo em relação aos nacionais dos Estados que ordinariamente os desrespeitem, sendo exigíveis de todos os Estados, independentemente das suas obrigações convencionais na matéria.[43]

Embora pareça incontestável que "a proteção internacional do indivíduo importa numa grave ameaça à soberania do Estado",[44] não se pode negar que a importância desses princípios exige sejam envidados esforços no sentido de assegurar a sua

41 TRIBUNAL INTERNACIONAL DE JUSTIÇA. Estatuto. "Artigo 38 – 1.O Tribunal (*), cuja função é decidir em conformidade com o direito internacional as controvérsias que lhe forem submetidas, aplicará: a.As convenções internacionais, quer gerais, quer especiais, que estabeleçam regras expressamente reconhecidas pelos Estados litigantes; b. O costume internacional, como prova de uma prática geral aceite como direito; c. Os princípios gerais de direito, reconhecidos pelas nações civilizadas; d. Com ressalva das disposições do artigo 59, as decisões judiciais e a doutrina dos publicistas mais qualificados das diferentes nações, como meio auxiliar para a determinação das regras de direito. 2. A presente disposição não prejudicará a faculdade do Tribunal (*) de decidir uma questão ex aequo et Bono, se as partes assim convierem." Disponível em < https://www.unric.org/html/portuguese/charter/Estatutotij.pdf> Acesso em: 03 jul. 2014.

42 Cf. SIMMA, Bruno et al. The Charter of the United Nations, A Commenray vol II, 2ª. ed. Oxford University Press. New York: 2002, p. 923. GONZÁLES CAMPOS, Julio D. et alli. Curso de Derecho Internacional Público. Madrid: Civitas, 2003, p. 751 *apud* GARCIA, Emerson. Proteção Internacional dos Direitos Humanos Breves Reflexões sobre os sistemas Convencional e Não-Convencional. 2ª. ed.. Lumen Juris. Rio de Janeiro: 2009, p. 49.

43 Cf. SINKONDO, Marcel. Droit internacional public. Paris: Ellipses Ed. Marketing, 1999, p. 414 apud GARCIA, Emerson. Proteção Internacional dos Direitos Humanos Breves Reflexões sobre os sistemas Convencional e Não-Convencional. 2ª. ed. Lumen Júris. Rio de Janeiro: 2009, p.49. Cf. Convenção de Viena sobre o Direito dos Tratados, de 1969, art. 60, 5.

44 Cf. DAILLIER, Patrick et al. Droit International Public. 7ª. ed. LGDJ. Paris: 2002, apud GARCIA, Emerson. Proteção Internacional dos Direitos Humanos Breves Reflexões sobre os sistemas Convencional e Não-Convencional . 2ª. ed. Lumen Júris. Rio de Janeiro: 2009, p. 51.

coexistência, evitando que um deles seja diuturnamente invocado para aniquilar o outro.[45]

A propósito, segundo Guilherme Peña de Moraes,[46] as ações afirmativas são definidas como políticas ou programas, públicos ou privados, que objetivam conceder algum tipo de benefício a minorias ou grupos sociais que se encontrem em condições desvantajosas em determinado contexto social, em razão de discriminações, existentes ou passadas, como as pessoas portadoras de deficiência física, idosos, índios, mulheres e negros.

Na África do Sul, implementou-se política oficial de segregação racial[47] e, por tal razão, as ações afirmativas em âmbito africano vieram ter por objetivo o combate e neutralização dos efeitos do "apartheid", procurando garantir a igualdade material entre as pessoas. Nesse contexto, a Corte Suprema Sul-africana tem proferido decisões acerca da viabilidade das ações afirmativas na instituição de relações de emprego, com ênfase na eliminação da iniquidade das discriminações nos estabelecimentos de trabalho.[48]

No Canadá, quando se trata de relações de natureza pública, as políticas afirmativas são lastreadas já na própria Constituição, que assegura a igualdade entre todos[49]. Se a relação for de cunho privado, os programas de ações afirmativas são baseados nas leis provinciais, tal como a "Ontário Humam Rights Code", que, em seu art. 14, prevê a exequibilidade de projetos especiais de atenuação de desequilíbrios ou desvantagens econômicas, auxílio de indivíduos ou grupos em desvantagem e contribuição para a eliminação da violação de direitos civis ou obtenção de iguais oportunidades.[50] A Suprema Corte canadense vem condicionando o exame da constitucionalidade das ações afirmativas à análise do fator de diferenciação e à correspondência entre este e a distinção implantada, o que se dá a partir do conceito que leva em conta os "termos e condições impostos em benefício de grupos que sofrem desvantagens econômicas e sociais, normalmente como resultado de discriminação passada, e destinados a auxiliá-los a alcançar igualdade com outros segmentos da população, são denominados programas de ação afirmativa.[51]

---

45 GARCIA, Emerson. Proteção Internacional dos Direitos Humanos. 2ª. ed. Lúmen Júris. Rio de Janeiro: 2009, p. 51.

46 MORAES, Guilherme Peña de. Ações Afirmativas no Direito Constitucional Comparado. Revista da EMERJ nº 23, v.6, 2003, pp. 300, 301.

47 JAARSVELD, Izelde Louise, Affirmative Action: a Comparison between South Africa and United States in Managerial Law, vol XLII, nº 6, 2000 p. 17 apud MORAES, Guilherme Peña de. In: Ações Afirmativas no Direito Constitucional Comparado.Revista da EMERJ n.23, v.6, 2003, p. 304.

48 ÁFRICA DO SUL. CONSTITUCIONAL COURT OF SOUTH AFRICA. Precedente nos casos Scagell and Others v Attorney-General, Western Cape, and Others CCT42/95, 1996. Disponível em http://www.constitutionalcourt.org.za/uhtbin/cgisirsi/x/0/0/5/0 Acesso em: 03 jul.2014.

49 MORAES, op. Cit., p. 305.

50 JURIANSZ, Russel. Recent Developements in Canadian Law. Anti-Discrimination Law. In: Ottawa Law Review, nº 19, 187, p.p 667-687 *apud* MORAES, *op. cit.*, p. 305.

51 CANADÁ. SUPREME COURT OF CANADA. Precedente nos casos Robert William Latimer v.

Nos Estados Unidos, o vocábulo *ações afirmativas* foi introduzido no *Executive Order* nº 10.925/63, pelo qual, nos contratos celebrados com o governo federal, "o contratante não pode discriminar nenhum funcionário ou candidato a emprego devido à raça, credo, cor ou nacionalidade. O contratante deve adotar ações afirmativas para assegurar que os candidatos sejam empregados, como também tratados durante o emprego, sem consideração de sua raça, credo, cor ou nacionalidade. Essa ação inclui, sem limitação, o seguinte: emprego, promoção, rebaixamento ou transferência, recrutamento ou anúncio de recrutamento, dispensa ou término, índice de pagamento ou outras formas de remuneração e seleção para treinamento, inclusive aprendizado".[52]

Houve entendimento[53] no sentido de que as ações afirmativas são políticas ou programas provenientes da iniciativa privada, assim como dos Poderes Executivo e Judiciário; neste particular, mencionam-se o *Weber case* e o *Fullilove case,* onde houve a implementação do princípio da igualdade de oportunidades na admissão de grupos sociais em instituições de nível superior. Também o *Bakke case,* que se relaciona com o sistema de cotas da Faculdade de Medicina da Universidade da Califórnia em Davis, segundo o qual 16% da vagas do curso de ensino superior seriam destinadas a estudantes pertencentes a minorias, valendo citar, ainda, o *Bollinger case,*[54] este atrelado ao

---

Her Majesty the Queem in Right of Saskatchewan (Criminal, case 26.980) e também Delwin Vriend et alli v. Her Majesty the Queem in Right of Alberta et alli (Civil, case 25.285). Disponível em http://www.scc-csc.gc.ca/case-dossier/info/dock-regi-eng.aspx?cas=26980 e http://www.scc-csc.gc.ca/case-dossier/info/dock-regi-eng.aspx?cas=25285 Acesso em: 03 jul. 2014.

---

52 MENEZES, Paulo Lucena de. A Ação Afirmativa (Affiarmactive Action) no Direito Norte Americano. Revista dos Tribunais. São Paulo: 2001, p. 88 e GOMES, Joaquim Benedito Barbosa. Ação Afirmativa e Princípio Constitucional da Igualdade. O Direito como Instrumento de Transformação Social. A Experiência dos Estados Unidos da América. Rio de Janeiro: Renovar, 2001, p. 58.

53 MORAES, Guilherme Peña de. Ações Afirmativas no Direito Constitucional Comparado. Revista da EMERJ. Rio de Janeiro: EMERJ, nº 23, v. 6, 2003, p. 108.

54 Devido à natureza dinâmica da ação afirmativa, esta é melhor definida através da análise de decisões judiciais sobre o assunto. Os mais importantes são os casos de *Bakke (1978), Weber (1979), Fullilove (1980), Gratz (2003)* e *Gutter (2003).* Vulgarmente conhecida como *Bakke,* UC *Regents v Bakke* foi um dos primeiros processos judiciais sobre ações afirmativas nas instituições de ensino. Bowen, Kurzweil, e Tobin (2005) afirmou que "em 1978, o caso *Bakke,* um desafio formal para preferências raciais citando a Lei dos Direitos Civis de 1964 chegou-a Suprema Corte. Neste caso, os oito juízes se dividiram em dois grupos de quatro; um alegando ser constitucional, enquanto o outro afirmava o contrário. No entanto, com base no entendimento do Juiz Lewis Powell houve a condenação do uso de quotas, mas, também, a conclusão de que era permitido levar em conta raça, como um entre vários fatores na tentativa de garantir os benefícios educacionais da diversidade.O próximo caso sobre ações afirmativas a chegar à análise da Suprema Corte foi *Metalúrgicos v Weber,* em 1979. Este caso não se tratava do acesso de estudantes, mas, do respeito a práticas de acesso de pessoas ao emprego. "Em *Weber,* o Tribunal considerou que o Título VII do Ato dos Direitos Civis permitiu o setor privado voluntariamente aplicar uma preferência racial compensatória no emprego" (Sindler, 1983, p. 2). *Fullilove v Klutznick* foi o terceiro grande caso a ser apreciado pela Suprema Corte. Ao contrário dos dois casos anteriores, este foi um caso atrelado ao setor empresarial,

sistema de pontuação da Faculdade de Direito da Universidade de Michigan, segundo o qual 20 pontos seriam conferidos a determinadas minorias, até o limite de 150 pontos.

Há outros casos de procedência das ações afirmativas em solo americano, e alguns de improcedência, podendo destacar o *Croson case*, no qual foi declarada a inconstitucionalidade de um programa do Município de *Richmond*, que impunha aos contratantes com o Poder Público a obrigação de repassar, nas subcontratações, 30% (trinta por cento) das verbas destinadas para projetos financiados pelo Governo Federal, em favor das *Minoriy Business Enterprises (pequenas empresas).*[55]

3. EFETIVIDADE DOS DIREITOS SOCIAIS EM ÂMBITO INTERNO

3.1. O Problema Jusorçamentário

A implementação dos direitos sociais, por exigir o gasto público que financia as respectivas prestações positivas, escoa obviamente para o leito do direito orçamentário.

Dentro da conhecida dicotomia materializada pelas perspectivas do *ser* e do *dever ser*, na última se identifica como desiderato a confecção de um orçamento público sério e de execução proba e obrigatória[56], pautado pela contemplação de prioridades as quais, em detrimento de interesses particulares dos seus propositores ou elaboradores, representem efetivamente os anseios e necessidades da sociedade.

Sob a ótica do *ser*, parece ter faltado lucidez por parte de legisladores e gestores dos orçamentos públicos na escolha e execução das prioridades de ação pública, as quais, frequentemente não se enquadram no ambiente das verdadeiras necessidades públicas e ainda tendem a sofrer cortes e recortes em razão das diretrizes governamentais ou políticas de momento. Posterga-se, assim, o bem comum decorrente de valores agasalhados pela cidadania e positivados na Constituição e nas leis.

O otimismo superlativo em relação à estimativa da receita, assim como o ato de subestimar a despesa orçamentária são fruto de um "conluio nefando entre Executivo e Legislativo"[57] com finalidades estranhas responsabilidade fiscal.

Em uma aparente troca de favores, o Executivo aquiesce que o Legislativo impregne de emendas o projeto de orçamento, recebendo em contrapartida, pelo que se

especificamente retirada de terras. Retirada de terras, de acordo com as Obras Públicas na Lei do Emprego, "necessário que pelo menos 10 por cento dos fundos concedidos a governos estaduais e municipais para a construção fosse reservada para pequenas empresas. O Tribunal decidiu que o tratamento preferencial das minorias era constitucional neste caso. ROJAS, Mario B. A evolução da ação afirmativa. Tradução minha. Original disponível em < www.kon.org/urc/v11/rojas.html> Acesso em: 26 jun. 2014.

55 Idem.

56 DOMINGUES, José Marcos. Crise global: aspectos de direito financeiro e tributário. Disponível em <http://www.aperj.org.br/arquivos/pdf/Jmd.pdf> Acesso em: 04 set. 2013.

57 Idem.

deduz, a possibilidade de manejar e remanejar, ao seu bel prazer, às vezes, 10%, 20% e até 30% do orçamento, aí sim, aprovado, o que pode ser verificado, a título de exemplo, no orçamento da União para o exercício de 2014 (Lei nº 12.952/2014, que, em seu art. 4º, contempla referida modalidade autorizativa).[58]

Por conta da falta de alocação de dotação orçamentária suficiente para a execução de políticas públicas essenciais, ou mesmo pela equivocada priorização política de certos programas em detrimento de outros, a sociedade vem buscando sistematicamente o balão de oxigênio representado pelo Poder Judiciário, que não tem se omitido em ofertar sobrevida aos necessitados.

A intervenção do Judiciário em assuntos originariamente atrelados à alçada dos outros Poderes constituídos tem se revelado motivadora de grandes debates doutrinários e jurisprudenciais acerca de sua pertinência.

Segundo APPIO:

> Muito embora o princípio da separação de poderes seja um dos pilares do constitucionalismo, o espaço destinado ao Poder Judiciário, no Brasil, foi ampliado, não por obra da doutrina ou de teorizações da ideologia dos juízes, mas sim, por conta de demandas concretas, de natureza social, que surgem como decorrência da redefinição do papel do Estado.[59]

Alguns doutrinadores, tais como Adeodato[60] e Streck,[61] sustentam que – em razão de não ser eleito pelo povo e de acabar agindo como legislador positivo – falta ao Judiciário legitimidade para a acumulação ou superposição de tarefas tradicionalmente da alçada dos demais Poderes, os quais, em uma visão superficial, seriam detentores de lastro democrático.

---

58 BRASIL. Lei 12952/2014, art. 4º, disponível em <http://www.planalto.gov.br/ccivil_03/_Ato2011-2014/2014/Lei/L12952.htm> Acesso em: 20 jan.2014.

59 APPIO, Eduardo. Controle Judicial das Políticas Públicas no Brasil. Curitiba: Juruá Editora, 2007, p 122.

60 ADEODATO, João Mauricio. Jurisdição constitucional à brasileira: situação e limites. Revista do Instituto de Hermenêutica Jurídica, Porto Alegre, vol. 1, nº 2, 2004, p. 179 e 180. "Pelo exposto, vê-se que o Judiciário vem assumindo uma posição extravagante às funções constitucionalmente postas a ele, na qual, neste caso, vem idealizando a concretização da Constituição como panacéia para resolver problemas brasileiros de ordem distinta, praticamente avocando a competência que seria originalmente do Congresso, que através de um "irracionalismo decisionista que despreza inteiramente o texto" constitucional, e, "independentemente de juízos sobre se isso é bom ou mau, o juiz 'faz' o direito".

61 STRECK, Lenio Luiz. O efeito vinculante das súmulas e o mito da efetividade: uma crítica hermenêutica. Revista do Instituto de Hermenêutica Jurídica, Porto Alegre, vol. 1, nº 3, 2005, pp. 89-90 ["quando a partir de redefinições dos textos, a dogmática jurídica, no interior da qual predomina o pensamento positivista de cariz exegético-subsuntivo, tem conseguido – sem gerar maiores traumas ou perplexidades – estabelecer não somente sentidos contra legem e/ou inconstitucionais, como também "novos textos" (grifos do autor), a produção normativa pelo Poder Judiciário deve ser repelida veementemente]".

Ora, é de se perguntar: os mandatários políticos possuem uma *procuração carta em branco* outorgada pelo povo com poderes ilimitados para fazerem o que bem entenderem, inclusive descumprindo a Constituição? E ao assim agirem rotineiramente, ao arrepio das justas expectativas do povo, não desafiam exatamente a legitimidade da atuação do Judiciário para, como guardião da Constituição, dar concretização às políticas públicas constitucionais e legais?

O que se vê na prática, na maioria das vezes, é a busca da concretização de arranjos políticos onde o interesse primordial dos agentes está pautado na garantia da manutenção do poder, cargos e/ou influência. No momento de definição das emendas parlamentares ao orçamento, por exemplo, não é incomum a ausência de compromissos ideológicos ou partidários no direcionamento dos recursos, mas, supostamente a vertente materialização de uma conspiração em torno de interesses presentes e futuros político-eleitorais.

Por isso, então, não se tem uma cultura em prol de programas eficientes e tampouco dotações suficientes para ensejar a transformação das prestações positivas reclamadas pelos destinatários dos direitos fundamentais sociais. É de ressaltar que, segundo Herbert de Souza, o Betinho, quem tem fome tem pressa![62]

Na lição de José Carlos Dias,[63] as políticas públicas são programas de intervenção estatal a partir de "sistematizações de ações do Estado voltadas para a consecução de determinados fins setoriais ou gerais baseadas na articulação entre a sociedade, o próprio Estado e o mercado". E lembrando José Reinaldo Lopes, "as políticas públicas são um conjunto heterogêneo de medidas do ponto de vista jurídico", pois envolvem a discussão de diversos ramos do Direito, tais como as leis que tratam do regime de finanças públicas, leis que regem as concessões de serviços públicos, leis de zoneamento urbano, etc.

O fenômeno da intervenção judicial na matéria ocorre pelo desequilíbrio verificado na regulação entre a oferta e a demanda por políticas públicas.[64]

---

62 Herbert de Souza (1935-1997), sociólogo e criador da Ação da Cidadania contra a Miséria e pela Vida. Foi uma das principais lideranças de uma nova corrente de trabalho solidário: a de instituições que não dependem do Estado e buscam em parcerias com o setor privado recursos para manter suas atividades. Nesse contexto, fazendo analogia em relação a tal pensamento, é que se pode entender a necessidade daquele que busca a efetivação de uma política pública batendo à porta do Judiciário. Dados disponíveis em <http://www1.folha.uol.com.br/fsp/especial/solidar/pag2b.htm> Acesso em 20 jan.2014.

63 DIAS, José Carlos. Políticas Públicas e Questão Ambiental. Revista de Direito Ambiental. São Paulo: Revista dos Tribunais, ano 8, nº 31, p. 15-34.

64 Cf.SANTOS, Boaventura de Sousa. A Judicialização da Política. Disponível em <http://www.ces.uc.pt/opiniao/bss/078.php> Acesso em 20 Jan. 2014 – Centro de Estudos Sociais Laboratório Associado Faculdade de Economia Universidade de Coimbra. Para o autor, "As relações entre o sistema judicial e o sistema político atravessam um momento de tensão sem precedentes cuja natureza se pode resumir numa frase: a judicialização da política conduz à politização da justiça. Há judicialização da política sempre que os tribunais, no desempenho normal das suas funções, afectam de modo significativo as condições da acção política. Tal pode ocorrer por duas vias principais:

Há uma latente escassez de recursos e políticas disponibilizados, enquanto que a demanda possui caráter avassalado não só em razão do histórico crescimento da despesa pública, mas também por culpa de uma persistente desigualdade a reforçar as exigências de mediação estatal através do serviço público para satisfação dos direitos direcionados à mais homogênea distribuição de bens.

A freqüente intervenção jurisdicional na solução de conflitos vem englobando assuntos de absoluta necessidade social, tais como: saúde, educação, habitação, dentre outros.

Essa atuação, quando vinculada a um significado de subsidiariedade em relação à inércia dos Poderes originariamente legitimados, terá o condão do acerto. O que deve ser repelido é o excesso, ou seja, uma atuação jurisdicional sem o caráter de suprimento de uma lacuna aberta pela inação de quem deveria atuar, e que, efetivamente, se materialize por mero exercício de poder, sem justa causa, sem legítima motivação.

No que tange ao direito à saúde, a Constituição de 1988 em seu Art. 196 prevê a saúde como direito de todos e dever do Estado. O Estado para concretizar esse direito, atua através do Sistema Único de Saúde (SUS), que buscar ser integral e universal. Acontece que o SUS ainda não conseguiu concretizar o preceito do atendimento integral previsto na Carta Federal de1988, tendo em vista a limitação de recursos, forçando os seus usuários a recorrerem ao Poder Judiciário para lhes ser garantido o acesso a determinados medicamentos, tratamentos ou procedimentos médicos.

A prática descrita acima começou com demandas de antirretrovirais, para pacientes portadores do vírus HIV, nas décadas de 1980 e 1990 e vem crescendo consistentemente.[65] Este fenômeno pode ser notado em todo o país. Assim, no Distrito Federal, o número de mandados judiciais relacionados a medicamentos aumentou de 281, em 2003, para 682, em 2007.[66] Na Bahia, passou de seis ações, em 2003, para 112, em

uma, de baixa intensidade, quando membros isolados da classe política são investigadores e eventualmente julgados por actividades criminosas que podem ter ou não a ver com o poder ou a função que a sua posição social destacada lhes confere; outra, de alta intensidade, quando parte da classe política, não podendo resolver a luta pelo poder pelos mecanismos habituais do sistema político, transfere para os tribunais os seus conflitos internos através de denúncias cruzadas, quase sempre através da comunicação social, esperando que a exposição judicial do adversário, qualquer que seja o desenlace, o enfraqueça ou mesmo o liquide politicamente. No momento em que ocorre, não é fácil saber se um dado processo de judicialização da política é de baixa ou de alta intensidade."

65 SOUZA, Aline. A judicialização da política e seus impactos na Administração Pública. Disponível em <http://monografias.brasilescola.com/direito/judicializacao-politica-seus-impactos-administracao-publica.htm> Acesso em: 24 jun. 2014.

66 Cf. PIOLA, Sergio Francisco, VIANNA, Solon Magalhães. Rompendo com as amarras no financiamento das políticas públicas de saúde. In: (Orgs) VAZ, Flavio Tonelli, MUSSE, JulianoSander, SANTOS, Rodolfo Fonseca dos. 20 anos da Constituição Cidadã: avaliação e desafios da Seguridade Social. Brasília: Associação nacional dos Auditores Fiscais da Receita Federal do Brasil – AnFiP, pp. 238,239 e PIOLA, Sergio Francisco et al. Saúde no Brasil: algumas questões sobre o Sistema Único de Saúde (SUS). Disponível em: <http://www.cepal.org/brasil/publicaciones/sinsigla/xml/4/35734/LCBRSR200SaudenoBrasil.pdf> Acesso em: 09 jul. 2014.

2007.[67] No Rio Grande do Sul, o número já era alto desde 2002, quando já tinham sido registradas 1.846 ações, e o Estado alcançou, em junho de 2008, o total de 4.550 ações, das quais, cerca de 3.500 eram demandas por medicamentos.[68] No Rio de Janeiro, houve um crescimento de mais de 350% entre 2001 e 2005 – de 713 ações para 2.500. Também nas instâncias judiciais superiores registraram-se um crescimento em proporções significativas: no Superior Tribunal de Justiça (STJ) havia dois processos em 2001, e estes já alcançavam 672 em 2004.[69] O Conselho Nacional de Justiça divulgou dados comprobatórios do alto índice de demandas judiciais para fornecimento de medicamentos. Segundo a notícia, no período entre maio de 2010 e abril de 2011, mais de 240.000 processos na área da saúde estavam em tramitação no Brasil. No Rio Grande do Sul, o Tribunal de Justiça (TJERS) concentra quase metade de todas as demandas do país: 113.953 ações judiciais. Em segundo lugar, São Paulo (TJSP) possui 44.690 ações. E o Rio de Janeiro (TJRJ) possui 25.234 ações em tramitação. Outros destaques em menor escala, são os tribunais de Justiça do Ceará (TJCE) com 8.344 ações, Minas Gerais (TJMG) com 7.915 ações e o Tribunal Regional Federal da 4ª, região (TRF 4), que compreende os Estados de Rio Grande do Sul, Paraná e Santa Catarina em causas federais , tramitam atualmente, 8.152 ações.[70] Somente no ano de 2013, a Defensoria Pública do Distrito Federal ajuizou 1396 ações – uma média de quatro casos por dia – cujos pleitos se relacionavam com atendimento em UTI, medicamentos, cirurgias e exames.[71]

Ora, parece inaceitável que os direitos sociais fiquem à míngua, absolutamente desprestigiados, situação equivalente à violação da Constituição que os tutela e garante. Nas hipóteses em que se demonstrar o inadimplemento dos direitos sociais, na omissão dos Poderes Legislativo e Executivo, poderá o Judiciário, sempre mediante provocação, implementar as prestações necessárias. E, assim, mesmo nos casos em que não existam valores específicos previstos em orçamento, o órgão judicial poderá determinar a concretização desses direitos sociais, o que se dará mediante utilização de recursos públicos previstos em rubrica especial destinada a fazer frente às despesas

---

67 Idem.

68 NAUNDORF, B. Enfrentamento de Ações Judiciais na Assistência Farmacêutica no RS. Rio de Janeiro: FIOCRUZ, 2008 (palestra) apud PIOLA, Sérgio Francisco *et al.* Vinte anos da constituição de 1988: o que significaram para a saúde da população brasileira? Políticas sociais: acompanhamento e análise. Brasília: v. 1, nº 17, p. 152. Disponível em: <http://www.ipea.gov.br/agencia/images/stories/PDFs/politicas_sociais/06_capt03_7e.pdf> Acesso em 09 Jul. 2014.

69 PIOLA, Sérgio Francisco *et al.* Vinte anos da constituição de 1988: o que significaram para a saúde da população brasileira? Políticas sociais: acompanhamento e análise. Brasília: v. 1, nº 17, p. 153. Disponível em: <http://www.ipea.gov.br/agencia/images/stories/PDFs/politicas_sociais/06_capt03_7e.pdf> Acesso em 09 Jul. 2014.

70 BRASIL. Conselho Nacional de Justiça. Disponível em http://www.cnj.jus.br/noticias/cnj/14096-brasil-tem-mais-de-240-mil-processos-na-area-de-saude Acesso em: 21 mai. 2014.

71 SANT'ANNA, Rogério. Defensor Público no DF. Dados fornecidos à repórter Raquel Moarais, divulgados em 18/03/2014. Disponível em <http://g1.globo.com/distrito-federal/noticia/2014/03/saude-descumpre-prazo-de-90-das-acoes-judiciais-no-df-diz-defensoria.html> Acesso em: 26 jun. 2014.

de natureza emergencial, consoante determina a Lei de Responsabilidade Fiscal;[72] o numerário deverá ser buscado na chamada *reserva de contingência*, preordenada na Lei de Diretrizes Orçamentárias, não havendo a necessidade de alteração da lei orçamentária anual no ano de cumprimento da decisão. Admite-se também o seqüestro cautelar de dinheiro em conta bancária da Administração, a teor do que dispõe o art. 461, § 5º, do CPC, que possibilita ao Juiz lançar mão dos mecanismos necessários para a garantia da efetividade do provimento, situação esta que vem sendo amparada pela jurisprudência do Superior Tribunal de Justiça.[73]

Nos casos em que a política social, além de previsão constitucional genérica, se verificar especificada em legislação infraconstitucional, poderá o Judiciário, na omissão do Poder Executivo e mediante provocação, determinar a providência objeto de inadimplemento administrativo.

3.2. Os Direitos Sociais na Jurisprudência

A jurisprudência do Supremo Tribunal Federal em matéria de implementação dos mais variados direitos sociais.

Quanto à educação infantil, entendeu plausível e necessária a intervenção jurisdicional para fins de garantir aos menores o direito de serem matriculados em creche e pré-escola, materializando, assim, o absoluto respeito aos ditames constitucionais,[74]-[75] determinando mesmo a implementação de políticas públicas para a melhoria da qualidade do ensino público, entendendo que o Poder Judiciário, "em situações excepcionais, pode determinar que a Administração Pública adote medidas assecuratórias de direitos constitucionalmente reconhecidos como essenciais sem que isso configure violação do princípio da separação de poderes",[76] sendo que o acesso à escola abrange a garantia de transporte dos alunos, constituindo a negativa uma omissão censurável

---

72 BRASIL. Lei Complementar 101, de 04 de maio de 2000 – Lei de Responsabilidade Fiscal – prevê em seu art. 4º: "A lei de diretrizes orçamentárias atenderá o disposto no § 2o do art. 165 da Constituição e: [...] § 3º A lei de diretrizes orçamentárias conterá Anexo de Riscos Fiscais, onde serão avaliados os passivos contingentes e outros riscos capazes de afetar as contas públicas, informando as providências a serem tomadas, caso se concretizem." Disponível em: <http://www.planalto.gov.br/ccivil_03/leis/lcp/lcp101.htm> Acesso em: 03 jul. 2014.

73 BRASIL. Superior Tribunal de Justiça. REsp 900.458/RS, REsp 840912 / RS, REsp 851760 / RS, REsp 766475 / RS, todos da Relatoria do Ministro Teori Albino Zavascki, Primeira Turma, disponíveis em <http://www.stj.jus.br/SCON/jurisprudencia/toc.jsp#DOC1> Acesso em: 26 jun. 2014.

74 RE 410715 AgR, Relator: Min. Celso de Mello, Segunda Turma, julgado em 22/11/2005, DJ 03-02-2006 PP-00076 Ement Vol-02219-08 PP-01529 RTJ Vol-00199-03 PP-01219 RIP v. 7, nº 35, 2006, pp. 291-300 RMP nº 32, 2009, pp. 279-290).

75 RE 595595 agr, relator: Min. Eros Grau, Segunda Turma, julgado em 28/04/2009, DJe-099 Divulg 28-05-2009 Public 29-05-2009 Ement Vol-02362-09 PP-01651 RTJ Vol-00210-02 PP-00940 LEXSTF v. 31, nº 365, 2009, pp. 296-300).

76 ARE 635679 Agr, Relator: Min. Dias Toffoli, Primeira Turma, julgado em 06/12/2011, Acórdão Eletrônico DJe-025 divulga 03-02-2012 Public 06-02-2012).

da Administração Pública por se tratar de direito fundamental indisponível e "dever do Estado propiciar meios que viabilizem o seu exercício".[77]

Na área da saúde há uma multiplicidade de situações abarcadas pela jurisprudência, que engloba desde o fornecimento de medicamentos e fraldas descartáveis, e garantia de internações e procedimentos cirúrgicos, em que se anota a indispensabilidade[78] ou imprescindibilidade[79] da prestação estatal para o restabelecimento da saúde ou à sua preservação, como no caso de doença oncológica.[80]

Em relação à moradia a jurisprudência também tem provido o direito social face a omissões do Poder Público, amparando os necessitados, por exemplo as vítimas de tragédias, como as grandes chuvas ocorridas na Região Serrana do Estado do Rio de Janeiro, onde pessoas perderam suas moradias e ficaram em situação de absoluto desamparo, malgrado haver política pública legislada de aluguel social ou auxílio moradia, afirmando-se configurar a "moradia um direito social, a teor do artigo 6º da CRFB/88 e, portanto, direito fundamental",[81] cabendo à Administração comprovar a sempre alegada insuficiência de recursos para executar a política pública em questão.[82]

Verifica-se nos acórdãos citados a atuação do Judiciário na garantia do cumprimento do dever de tutela dos direitos fundamentais sociais, primariamente imposto ao Poder Executivo na execução das leis aprovadas pelo Legislativo com lastro na Constituição. A omissão estatal, inclusive a insuficiência orçamentária, legitima o recurso judicial que determine a tomada das providências hábeis à efetivação daqueles que são direitos fundamentais, por definição imediatamente aplicáveis (art. 5º, § 1º, da CF/1988).

4. CONSIDERAÇÕES FINAIS

O ideal de uma plena e espontânea efetivação das políticas públicas, pautadas em uma legítima ordem de prioridades sociais, com o progressivo aumento das demandas, vem se apresentando como *miragem no deserto*, autêntica alucinação incorporada à imaginação dos necessitados, que acorrem cada vez mais ao Judiciário em busca das garantias prometidas pela Constituição.

É de se esperar em relação aos Poderes constituídos, que cada qual exerça com fidelidade e correção as suas respectivas atribuições, em observância ao sistema de

77 RE 603575 Agr, relator: Min. Eros Grau, Segunda Turma, julgado em 20/04/2010, Dje-086 divulg 13-05-2010 public 14-05-2010 ement vol-02401-05 pp-01127 rt v. 99, nº 898, 2010, pp. 146-152).

78 ARe 744170 Agr, relator: Min. Marco Aurélio, Primeira Turma, julgado em 26/11/2013, acórdão eletrônico Dje-022 divulg 31-01-2014 public 03-02-2014).

79 RE 626382 Agr, Relatora: Minª. Rosa Weber, Primeira Turma, julgado em 27/08/2013, acórdão eletrônico Dje-178 divulg 10-09-2013 public 11-09-2013).

80 RE 716777 Agr, relator: Min. Celso de Mello, Segunda Turma, julgado em 09/04/2013, processo eletrônico DJe-091 divulg 15-05-2013 public 16-05-2013.

81 Apelação cível nº 0013513-55.2010.8.19.0042, Relatora: Desª. Elisabete Filizzola, Segunda Câmara Cível do Tribunal de Justiça do Estado do Rio de Janeiro, julgada em 28/01/2014.

82 Apelação Cível nº 0011294-75.2011.8.19.0061, Relator Des. Carlos Jose Martins Gomes, Décima Sexta Câmara Cível do Tribunal de Justiça do Estado do Rio de Janeiro, julgada em 14/01/2014.

ideias preconizado por Montesquieu,[83] que considerava a divisão de poderes no sentido de terem eles funções próprias.

Na verdade, muito embora as atividades e atribuições de cada um dos Poderes sejam divididas, elas se interligam muitas vezes, cada Poder concorrendo dentro de sua esfera para um desiderato comum.

Ao atuarem juntos, cada qual intransigente nas suas funções, resultará politicamente, não por expressa disciplina legal, a harmonia entre eles. É assim que se compreende não agirem os Poderes isolados, em áreas estanques, *mas agirem concorrentemente*, e, no entanto, independentes, dentro da realidade política, naturalmente dinâmica.[84]

O agir dos Poderes em prol de objetivos únicos inclui a prática do bem comum, com a formulação de políticas públicas pelo Legislativo, a execução de tais medidas pelo Executivo e a conseguinte intervenção tópica do Judiciário quando não fluir bem o desempenho das respectivas funções.

Entretanto, por conta do déficit no cumprimento das atribuições originárias de Legislativo e Executivo, o que pressiona a demanda pela satisfação dos direitos sociais é a intervenção do Poder Judiciário vem se intensificando, mas, longe de um criticável excesso judicial, decorrente da provocação processual oriunda da necessidade social e da viabilidade jurídica dos justos pleitos deduzidos em juízo.

Essas intervenções se tornam imperiosas até que os demais Poderes acertem a afinação dos seus instrumentos de cumprimento da Constituição e das políticas públicas dela decorrentes, fazendo soar acordes realmente audíveis e satisfatórios ao povo delas destinatário. Espera-se que o Judiciário continue a não se omitir, aprimorando-se cada vez mais na missão de guarda da Constituição, que lhe impõe o Texto Magno. No desempenho deste mister, estará sempre mais presente o controle jurídico do orçamento, pois é através desse instituto do direito financeiro que se aponta para a concretização ou para o aviltamento dos direitos fundamentais.

BIBLIOGRAFIA

ADEODATO, João Mauricio. Jurisdição constitucional à brasileira: situação e limites. Porto Alegre: Revista do Instituto de Hermenêutica Jurídica, vol. 1, nº 2, 2004.

ÁFRICA DO SUL. Constitucional Court Of South Africa. Precedente nos casos Scagell and Others v Attorney-General, Western Cape, and Others CCT42/95, 1996. Disponível em http://www.constitutionalcourt.org.za/uhtbin/cgisirsi/x/0/0/5/0 Acesso em: 03 jul.2014.

ANDRADE, José Carlos Vieira de. Os direitos fundamentais na Constituição Portuguesa de 1976. Coimbra: Almedina, 2007.

83 MONTESQUIEU, Charles de Secondat. O espírito das leis: as formas de governo, a federação, a divisão dos poderes, presidencialismo versus parlamentarismo. Introdução, tradução e notas de Pedro Vieira Mota. 6ª ed. Saraiva. São Paulo: 1999, pp. 25-26.

84 Idem p. 28.

APPIO, Eduardo. Controle Judicial das Políticas Públicas no Brasil. Curitiba: Juruá Editora, 2007.

BARBOSA, Gustavo Henrique Cisneiros. A encíclica Rerum Novarum e o Direito do Trabalho. Jus Navigandi, Teresina, ano 7, nº 58, 1 ago. 2002. Disponível em HTTP://jus.com.br/artigos/3188. Acesso em 2 set. 2013.

BERTOLIN, Patrícia Tuma Martins. Os Direitos Sociais nos Principais Documentos Internacionais de Proteção aos Direitos Humanos e sua Eficácia no Brasil – disponível em <http://www.mackenzie.br/fileadmin/Graduacao/FDir/Artigos/patricia_tuma.pdfl> Acesso em: 03 set.2013.

BOBBIO, Norberto. A Era dos Direitos, tradução de Carlos Nelson Coutinho. Nova edição. 10ª. reimpressão. Elsevier. Rio de Janeiro: 2004.

BONAVIDES, Paulo. Curso de Direito Constitucional. 27ª ed. Malheiros. São Paulo: 2012.

_______. A Quinta Geração de Direitos Fundamentais. Disponível em <http://www.dfj.inf.br/Arquivos/PDF_Livre/3_Doutrina_5.pdf> Acesso em: 26 jun. 2014.

BRASIL. Conselho Nacional de Justiça. Disponível em http://www.cnj.jus.br/noticias/cnj/14096-brasil-tem-mais-de-240-mil-processos-na-area-de-saude Acesso em: 21 mai. 2014.

BRASIL. Lei Complementar 101, de 04 de maio de 2000 – Lei de Responsabilidade Fiscal – prevê em seu art. 4º: "A lei de diretrizes orçamentárias atenderá o disposto no § 2o do art. 165 da Constituição e: [...] § 3º A lei de diretrizes orçamentárias conterá Anexo de Riscos Fiscais, onde serão avaliados os passivos contingentes e outros riscos capazes de afetar as contas públicas, informando as providências a serem tomadas, caso se concretizem." Disponível em: <http://www.planalto.gov.br/ccivil_03/leis/lcp/lcp101.htm> Acesso em: 03 jul. 2014.

BRASIL. Lei 12952/2014, art. 4º, disponível em <http://www.planalto.gov.br/ccivil_03/_Ato2011-2014/2014/Lei/L12952.htm> Acesso em: 26 jun. 2014.

BRASIL. Superior Tribunal de Justiça. REsp 900.458/RS, REsp 840912 / RS, REsp 851760 / RS, REsp 766475 / RS, todos da Relatoria do Ministro Teori Albino Zavascki. Primeira Turma. Disponíveis em <http://www.stj.jus.br/SCON/jurisprudencia/toc.jsp#DOC1> Acesso em: 26 jun. 2014.

CANADÁ. Supreme Court Of Canadá. Precedente nos casos Robert William Latimer v. Her Majesty the Queem in Right of Saskatchewan (Criminal, case 26.980) e também Delwin Vriend et alli v. Her Majesty the Queem in Right of Alberta et alli (Civil, case 25.285). Disponível em http://www.scc-csc.gc.ca/case-dossier/info/dock-regi-eng.aspx?cas=26980 e http://www.scc-csc.gc.ca/case-dossier/info/dock-regi-eng.aspx?cas=25285 Acesso em: 03 jul. 2014.

CANOTILHO, José Joaquim Gomes. Direito Constitucional. Coimbra: Editora Livraria Almedina, 2002.

CANOTILHO, José Joaquim Gomes, LEITE, José Rubens Morato. Direito Constitucional Ambiental Brasileiro. São Paulo: Saraiva, 2010.

COMPARATO, Fábio Konder. A afirmação histórica dos direitos humanos. São Paulo: Saraiva, 2007.

DIAS, José Carlos. Políticas Públicas e Questão Ambiental. Revista de Direito Ambiental. São Paulo: Revista dos Tribunais, ano 8, nº 31.

DOMINGUES, José Marcos. Crise global: aspectos de direito financeiro e tributário. Disponível em <http://www.aperj.org.br/arquivos/pdf/Jmd.pdf> Acesso em: 04 set. 2013.

FARIA, José Eduardo (Org.). Direitos Humanos, Direitos Sociais e Justiça. São Paulo: Malheiros, 1999.

GARCIA, Emerson. A efetividade dos Direitos Sociais. Rio de Janeiro: Lumen Juris, 2004.

_______. Proteção Internacional dos Direitos Humanos. Breves Reflexões Sobre os Sistemas Convencional e Não-Convencional. 2ª. ed. Lumen Juris. Rio de Janeiro: 2009.

GOMES, Joaquim Benedito Barbosa. Ação Afirmativa e Princípio Constitucional da Igualdade. O Direito como Instrumento de Transformação Social. A Experiência dos Estados Unidos da América. Rio de Janeiro: Renovar, 2001.

KRELL, Andreas. Realização dos direitos fundamentais sociais mediante controle judicial da prestação dos serviços públicos básicos (uma visão comparativa). Revista de Informação Legislativa, Brasília a.36, n.144 out./dez./1999.

MENEZES, Paulo Lucena de. A Ação Afirmativa (Affiarmactive Action) no Direito Norte Americano. 1ª ed. Revista dos Tribunais, São Paulo: 2001.

MONTESQUIEU, Charles de Secondat. O espírito das leis: as formas de governo, a federação, a divisão dos poderes, presidencialismo versus parlamentarismo. Introdução, tradução e notas de Pedro Vieira Mota. 6ª ed. Saraiva. São Paulo: 1999.

MONTESSO, Cláudio Jose (Org.) Direitos Sociais na Constituição de 1988: uma análise crítica vinte anos depois. São Paulo: Ed. LTR, 2008.

MORAES, Guilherme Peña. Ações Afirmativas no Direito Constitucional Comparado.

in Revista da EMERJ, Rio de Janeiro: EMERJ, nº 23, v. 6, 2003.

NIEVA. Ricardo Fuentes. Trabalhando para poucos: Captura Política e Desigualdade Econômica. Disponível em <http://www.oxfam.org/en/policy/working-for-the-few-economic-inequality> Acesso em: 20 jan. 2014.

NOVELINO, Marcelo. *Direito Constitucional.* São Paulo: Editora Método, 2009.

PIOLA, Sérgio Francisco *et al.* Vinte anos da constituição de 1988: o que significaram para a saúde da população brasileira? **Políticas sociais**: acompanhamento e análise. Brasília: v. 1, n. 17. Disponível em: <http://www.ipea.gov.br/agencia/images/stories/PDFs/politicas_sociais/06_capt03_7e.pdf> Acesso em 09 Jul. 2014.

_______. Saúde no Brasil: algumas questões sobre o Sistema Único de Saúde (SUS). Disponível em: <http://www.cepal.org/brasil/publicaciones/sinsigla/xml/4/35734/LCBRSR200SaudenoBrasil.pdf> Acesso em: 09 jul. 2014.

PIOVESAN, Flávia. Direitos Humanos e o Direito Constitucional Internacional. 5ª ed. Max Limonad. São Paulo: 2002.

RIBEIRO, Daniel Lima. Os Direitos Sociais e o Diálogo Metodológico Multidimensional. A Hipótese da Historicidade. A Efetividade dos Direitos Sociais. Rio de Janeiro: Lumen Juris, 2004.

ROCHA, Carmem Lucia Antunes. Princípios constitucionais dos servidores públicos. São Paulo: Saraiva, 1999.

SANT'ANNA, Rogério. Defensor Público no DF. Dados fornecidos em entrevista à repórter Raquel Moarais, divulgados em 18/03/2014. Disponível em < http://g1.globo.com/distrito-federal/noticia/2014/03/saude-descumpre-prazo-de-90-das-acoes-judiciais-no-df-diz-defensoria.html> Acesso em: 26 jun. 2014.

SANTOS, Boaventura de Sousa. A Judicialização da Política. Disponível em <http://www.ces.uc.pt/opiniao/bss/078.php> Acesso em 20 Jan. 2014.

SARLET, Ingo Wolfgang. A Eficácia dos Direitos Fundamentais: uma teoria geral dos direitos fundamentais na perspectiva constitucional – 11ª. ed. revista atualizada, Livraria do Advogado Editora. Porto Alegre: 2012.

______. Dignidade da Pessoa Humana e Direitos Fundamentais na Constituição de 1988, 2ª ed. Livraria do Advogado. Porto Alegre: 2002.

SARMENTO, Daniel. *Direitos fundamentais e relações privadas*. Rio de Janeiro: Lumen Juris, 2006.

SILVA, José Afonso da. Curso de Direito Constitucional Positivo. 22ª. ed. Malheiros. São Paulo: 2003.

SOUZA, Aline. A judicialização da política e seus impactos na Administração Pública. Disponível em http://monografias.brasilescola.com/direito/judicializacao-politica--seus-impactos-administracao-publica.htm Acesso em: 24 jun. 2014.

STRECK, Lenio Luiz. O efeito vinculante das súmulas e o mito da efetividade: uma crítica hermenêutica. Porto Alegre: Revista do Instituto de Hermenêutica Jurídica, vol. 1, nº 3, 2005.

TAVARES, André Ramos, Paradigmas do Judicialismo Constitucional. São Paulo: Saraiva, 2012.

TOMÁS DE AQUINO, Suma Teológica, II-II, q. 60, a. 3. Disponível em < http://www.obrascatolicas.com/livros/Teologia/Compendio%20de%20Teologia%20de%20Santo%20Tomas%20Compendium%20Theologiae.pdf>

TRIBUNAL INTERNACIONAL DE JUSTIÇA. Estatuto artigo 38. Disponível em < https://www.unric.org/html/portuguese/charter/Estatutotij.pdf> Acesso em: 03 jul. 2014.

VAZ, Flavio Tonelli, MUSSE, Juliano Sander, SANTOS, Rodolfo Fonseca dos. (Orgs). 20 anos da Constituição Cidadã: avaliação e desafios da Seguridade Social. Brasília: Associação nacional dos Auditores Fiscais da Receita Federal do Brasil – AnFiP, 2008.

DIREITOS SOCIAIS: VETOR FUNDAMENTAL DO ORÇAMENTO CONTEMPORÂNEO

Karina Brandão Alves de Castro

RESUMO: O presente trabalho busca refletir sobre o papel do orçamento na efetivação dos direitos sociais. Demonstrar que as leis orçamentárias devem ser subordinadas aos direitos fundamentais e não ao contrário. Longe de ser uma carta em branco para o Poder Executivo, o orçamento deve ser visto como instrumento de planejamento e desenvolvimento econômico e social.

1. INTRODUÇÃO

Em um Estado Democrático de Direito é imprescindível a concretização dos direitos sociais reconhecidos pela Constituição Federal e na ordem jurídica internacional. Não é razoável a omissão do Poder Público em efetivar esses direitos que, mesmo quando veiculados por normas programáticas, não demitem o Estado da responsabilidade de adotar medidas eficazes para sua implementação e de atuar de forma a não caracterizar o retrocesso na sua garantia, sobretudo, considerando a superação do liberalismo clássico.

A busca por políticas públicas comprometidas com as prioridades definidas pelo constituinte faz com que sejam aferidos e enfrentados os problemas oriundos da escassez de recursos e das infinidades de possibilidades de gastos.

A política econômica e financeira expressa nas leis orçamentárias permite verificar se a sociedade está ou não caminhando para um futuro melhor. Várias questões surgem nessa observação como a elaboração do orçamento e sua execução discricionária pelo Poder Executivo, participação da sociedade nas escolhas orçamentárias, excesso de contingenciamentos e disputa pelo poder.

A atuação do Poder Judiciário, no campo da tutela dos direitos fundamentais sociais se legitima na medida em que for procurado em razão de litígios referentes a sua violação, especialmente pela omissão da Administração em efetivar políticas públicas constitucionalmente definidas e essenciais para a promoção da dignidade da pessoa humana.

2. OS DIREITOS SOCIAIS DE CUNHO PRESTACIONAL E SUA EFETIVAÇÃO

Segundo Norberto Bobbio, os direitos do homem constituem uma classe variável conforme as condições históricas, ou seja, os interesses, as classes no poder, os meios disponíveis para sua realização, as transformações técnicas.

Direitos declarados como absolutos no final do século XVIII, como a propriedade, foram submetidos a limitações nas proclamações contemporâneas. Os direitos sociais que sequer foram mencionados nas constituições do século XVIII, agora, são proclamados com grande ostentação nas recentes Constituições.

Nesse contexto, deve haver o empenho dos governos para dar efetividade aos direitos do homem. Afirma Norberto Bobbio "*o problema fundamental dos direitos do homem, hoje, não é tanto justificá-los, mas o de criar condições para protegê-los. Trata-se de um problema não filosófico, mas político.*[1]

Uma abordagem muito comum na doutrina é classificar os direitos humanos em gerações, como fases de um processo histórico desses direitos. No final do século XVIII, a Revolução Francesa de 1789 e a Declaração Americana de 1776 consagravam a ótica contratualista liberal pela qual os direitos humanos se referiam aos direitos à liberdade, à segurança e à propriedade, acrescidos da resistência à opressão. Os direitos humanos surgiam como reação e resposta aos excessos do regime absolutista, na busca de impor controle e limites à atuação abusiva do Estado.

Após a Primeira Guerra Mundial, ao lado do discurso liberal da cidadania, foi fortalecido o discurso social da cidadania e sob a influência da concepção marxista é elaborada a Declaração dos Direitos do Povo Trabalhador da República Soviética Russa em 1918. O Estado passa a ser visto como agente de processos transformadores e o direito à abstenção do Estado converte-se em direito à atuação estatal, com a emergência dos direitos à prestação social. A Constituição de Weimar de 1919 e a Constituição Mexicana de 1917 primaram por conter um discurso social da cidadania em que a igualdade era o direito basilar e um extenso elenco de direitos econômicos, sociais e culturais foi previsto.[2]

A consciência de um mundo partido entre nações desenvolvidas e subdesenvolvidas deu lugar no final do século XX a uma outra dimensão de direitos fundamentais assentada na fraternidade. São os referentes à paz, ao meio ambiente, à comunicação e ao patrimônio comum da humanidade.

Para Antônio Augusto Cançado Trindade a utilização da expressão "gerações de direitos humanos" tem prestado um desserviço ao Direito Internacional ao supor que os direitos se substituem, quando na verdade se interagem uns com os outros. Afirma esse autor:

---

1 BOBBIO, Norberto. *A Era dos Direitos*; tradução Carlos Nelson Coutinho. Rio de Janeiro: Elsevier, 2004, p. 16.

2 PIOVESAN, Flávia. *Direitos Humanos e o Direito Constitucional Internacional.* São Paulo: Saraiva, 2008, pp. 138-140.

> "Um exemplo de mal entendido que gradualmente vem se dissipando, diz respeito à fantasia das chamadas "gerações de direitos", a qual corresponde a uma visão atomizada da fragmentação destes últimos no tempo. A noção simplista das chamadas "gerações de direitos" histórica e juridicamente infundada, tem prestado um desserviço ao pensamento mais lúcido a inspirar a evolução do Direito Internacional dos Direitos Humanos. Distintamente do que a infeliz invocação da imagem analógica da "sucessão geracional" pareceria supor os direitos não se "sucedem" ou "substituem" uns aos outros, mas antes se expandem, se acumulam e fortalecem, interagindo os direitos individuais e sociais. O que testemunhamos é o fenômeno não de uma sucessão, mas antes de expansão, cumulação e fortalecimento dos direitos humanos consagrados, a revelar a natureza complementar de todos os direitos humanos. Contra as tentações dos poderosos de fragmentar os direitos humanos em categorias, ou projetá-los em "gerações", postergando sob pretextos diversos a realização de alguns destes (os direitos econômicos, sociais e culturais) para um amanhã indefinido, se insurge o Direito Internacioanal dos Direitos Humanos, afirmando a unidade fundamental de concepção e indivisibilidade de todos os direitos humanos."[3]

De fato, os direitos humanos não se excluem, nem se substituem. Não se trata de uma evolução linear e sucessiva. Ao considerar uma segunda geração não significa que todos os problemas de efetivação dos direitos de primeira geração foram solucionados. A garantia dos direitos civis e políticos é condição para a observância dos direitos sociais, econômicos e culturais e vice-versa. Os direitos humanos compõem assim uma unidade indivisível, interdependente e inter- relacionada, capaz de conjugar os direitos civis e políticos ao catálogo de direitos sociais, econômicos e culturais."[4]

Jurgen Habermas considera que a interação das categorias de direitos está fundamentada na dignidade da pessoa humana e uma política baseada somente na garantia de liberdades econômicas, impede o equilíbrio entre as diversas categorias de direitos fundamentais.

> "Os direitos liberais de liberdade, que se cristalizaram em torno da inviolabilidade e da liberdade de ir e vir da pessoa, da livre relação de mercado e do livre exercício da religião e que servem para impedir a intromissão do Estado na esfera privada, formam, com os direitos de participação democrática, o conjunto dos assim chamados direitos fundamentais clássicos. Mas, de fato,

---

3 TRINDADE, Antônio Augusto Cançado. Tratado de direito internacional de direitos humanos, Porto Alegre: Sergio Fabris, 1997, p. 24.

4 PIOVESAN, Flávia, Proteção Internacional dos Direitos Econômicos, Sociais e Culturais. In: SARLET, Ingo Wolfang (Org), *Direitos Fundamentais Sociais; Estudos de Direito Constitucional, Internacional e Comparado*. Rio de Janeiro: Renovar, 2003, p. 236.

> os cidadãos só conseguem fazer uso desses direitos em igualdade de oportunidades quando ao mesmo tempo é assegurado que os cidadãos sejam suficientemente independentes na sua existência privada e econômica, capazes tanto de formar quanto de estabilizar sua identidade pessoal nos respectivos ambientes culturais que desejarem. Experiências de exclusão, sofrimento e discriminação ensinam que os direitos fundamentais clássicos só adquirem "um valor igual" (Rawls) para todos os cidadãos quando acrescidos de direitos sociais e culturais. As reivindicações por uma participação adequada na prosperidade e na cultura estabelecem limites estreitos a fim de evitar que os custos e os riscos gerados sistemicamente recaiam sobre os destinos individuais. Essas reivindicações se voltam contra o alargamento das grandes diferenças sociais e contra a exclusão de grupos inteiros do circuito integral da cultura e da sociedade. Uma política como a que predominou nas últimas décadas, não apenas nos EUA e na Inglaterra, mas também no continente europeu, e mesmo no mundo inteiro, que pretende ser capaz de assegurar uma vida auto determinada aos cidadãos primariamente por meio de garantias de liberdades econômicas, destrói o equilíbrio entre as diferentes categoriais de direitos fundamentais. A dignidade humana, que é uma e a mesma em todo lugar e para cada um, fundamenta a indivisibilidade dos direitos fundamentais."[5]

Os padrões mínimos requeridos para uma vida digna, inclusive, em países periféricos como o Brasil, tornam exigível a adoção pelo Poder Público de estratégias políticas para tornar efetivos os direitos humanos econômicos, sociais e culturais. Para Antônio Augusto Cançado Trindade algumas diretrizes podem e devem ser implementadas de imediato, tais como:

> "a) a obrigação de adotar medidas após a entrada em vigor desses direitos; b) compromisso de garantir o exercício desses direitos sem discriminações; c) aplicação imediata de determinadas disposições por órgãos judiciais e a institucionalização de mecanismos e institutos no ordenamento jurídico nacional; d) obrigação de realizar os direitos econômicos, sociais e culturais sem retrocessos; c) obrigação de prestar um padrão mínimo de direitos humanos e, em caso de não cumprimento provar que o máximo de recursos foi utilizado de forma absolutamente eficiente; f) obrigação de proteger as partes mais vulneráveis da sociedade por meio de programas específicos de prestação de direitos."[6]

---

5 HABERMAS, Jurgen. *Um ensaio sobre a Constituição da Europa*. Lisboa: Edições 70, 2012, p. 16.

6 TRINDADE, Antônio Cançado. *Tratado de direito internacional de direitos humanos*. Porto Alegre: Sergio Fabris, 1997, p. 364.

Em 1966, a comunidade internacional adotou o Pacto Internacional dos Direitos Econômicos, Sociais e Culturais que, atualmente, conta com a adesão de mais de cento e cinquenta Estados, incluindo o Brasil. Nesse documento, verifica-se a expansão do rol de direitos sociais contidos na Declaração Universal de Direitos Humanos de 1948, atribuindo aos Estados a responsabilidade internacional, no caso de violação dos direitos elencados.

Em seu preâmbulo, o Pacto Internacional de Direitos Econômicos, Sociais e Culturais[7] já reconhece que "*o ideal do ser humano livre, liberto do temor e da miséria, não pode ser realizado a menos que se criem condições que permitam cada um gozar de seus direitos econômicos, sociais e culturais, assim como de seus direitos civis e políticos*". No seu art. 2º, item 1 estabelece uma obrigação de os Estados criarem condições para que sejam efetivadas os direitos econômicos, sociais e culturais ao prever:

> "Cada Estado- parte no presente Pacto compromete-se a adotar medidas, tanto por esforço próprio como pela assistência e cooperação internacionais, principalmente nos planos econômico e técnico até o máximo de seus recursos disponíveis, que visem a assegurar, progressivamente, por todos os meios apropriados, o pleno exercício dos direitos reconhecidos no presente Pacto, incluindo a adoção de medidas legislativas".[8]

A partir destas disposições resta evidente a obrigatoriedade de o Estado – Parte envidar esforços, via orçamento, para realizar a devida alocação de recursos e implantar estrutura técnica para efetivação dos direitos sociais, não sendo admitida a alegação genérica da reserva do financeiramente possível, sobretudo, quando relacionado à efetivação de direitos relacionados à dignidade da pessoa humana.

Registre-se que não somente os sociais, mas também os direitos civis e políticos demandam do Estado a implementação de políticas públicas que contemplam um custo. De fato, cabe indagar qual o custo do aparato de segurança, mediante o qual se assegura direitos à liberdade, à propriedade, ou ainda o custo do aparato eleitoral que viabiliza os direitos políticos, ou ainda o aparato de Justiça que viabilizam o acesso à justiça?

Outro importante instrumento de declaração de direitos sociais foi o Protocolo Adicional à Convenção Americana sobre Direitos Humanos em Matéria de Direitos Econômicos, Sociais e Culturais, denominado Protocolo de *San Salvador* de 1988. Nesse documento foi obtido no Sistema Interamericano de Direitos Humanos, o reconhecimento dos direitos sociais relacionados a à saúde (art. 10), direito à alimentação (art. 12), direito à educação (art. 13), direito à constituição e proteção da família (art. 15). Em seu artigo 1º consta ainda o compromisso de os Estados adotarem medidas,

---

7 http://portal.mj.gov.br/sedh/ct/legis_intern/pacto_dir_economicos.htm

8 http://portal.mj.gov.br/sedh/ct/legis_intern/pacto_dir_economicos.htm

em especial de ordem técnica e econômica, a fim de obter progressivamente a plena efetividade dos direitos dispostos neste instrumento.[9]

O Pacto Internacional de Direitos Econômicos, Sociais e Culturais e o Protocolo Adicional à Convenção Americana sobre Direitos Humanos em Matéria de Direitos Econômicos, Sociais e Culturais apresentam um modelo de monitoramento em que se exige a apresentação aos órgãos competentes de relatórios referentes às medidas adotadas e as dificuldades encontradas em efetivar os direitos sociais previstos.

Atualmente, dado o tempo de reconhecimento internacional desses direitos (mais de 40 anos do Pacto e de mais de 20 anos do Protocolo) não se mostra razoável que o Poder Público deixe de tomar medidas para sua efetivação uma vez que progressividade não significa indefinição destes direitos. Flávia Piovesan, ao tratar do Pacto Internacional dos Direitos Econômicos, Sociais e Culturais ressalta a necessidade de sua concretização ao afirmar que:

> "Contudo, reitera-se, o Pacto dos Direitos Econômicos, Sociais e Culturais estabelece a obrigação dos Estados de reconhecer e progressivamente implementar os direitos nele enunciados. Como afirma o Comitê sobre os Direitos Econômicos, Sociais e Culturais: Se a plena realização de relevantes direitos pode ser alcançada progressivamente, medidas nesta direção devem ser adotadas em um razoavelmente curto período de tempo, após o Pacto entrar em vigor em relação a determinado Estado. Essas medidas devem ser deliberadas e concretamente alcançáveis, de forma mais clara possível, no sentido de conferir cumprimento às obrigações reconhecidas no Pacto. Da obrigação da progressividade na implementação dos direitos econômicos, sociais e culturais decorre a chamada cláusula de proibição do retrocesso social, na medida em que é vedado aos Estados retroceder no campo da implementação desses direitos. Vale dizer, a progressividade dos direitos econômicos, sociais e culturais proíbe o retrocesso ou a redução de políticas públicas voltadas à garantia de tais direitos."[10]

A Constituição Brasileira acolheu os direitos fundamentais sociais no Título II (Dos Direitos e Garantias Fundamentais), concedendo-lhes capítulo próprio e reconhecendo seu *status* de fundamentais, diferentemente da tradição anterior que desde a Constituição de 1934, abrigava uma parte desses direitos no título da ordem econômica e social, dando-lhes reduzida eficácia e efetividade.

Importante salientar que muitos desses direitos fundamentais sociais expressos na Constituição Federal de 1988 não exigem uma prestação, permitindo que sejam reconduzidos ao grupo de direitos de defesa como o direito de greve (art. 9º), o direito

---

9 http://www.cidh.oas.org/basicos/portugues/e.Protocolo_de_San_Salvador.htm

10 PIOVESAN, Flávia. *Direitos Humanos e o Direito Constitucional Internacional*. São Paulo: Saraiva, 2008, p. 178.

à liberdade sindical (art. 8º) e as proibições contra discriminações nas relações trabalhistas (artigo 7º, incisos XXXI e XXXII).

Os direitos sociais a prestações, por sua vez, formam o que se denomina de *status positivas socialis* voltados para a obtenção de prestações fáticas e considerados como fatores de implementação de justiça social ao se vincularem à obrigação comunitária para com o fomento integral da dignidade da pessoa humana. Estão atrelados às tarefas do Estado Social que deve zelar por uma adequada e justa distribuição e redistribuição dos bens existentes."[11] A incorporação no Título "Dos Direitos e Garantias Fundamentais permite ainda vislumbrar a máxima força normativa, aplicabilidade imediata e correspectiva vinculação dos Poderes do Estado. Para Ingo Wolfgang Sarlet:

> "Em que pese a localização topográfica do dispositivo, que poderia sugerir uma exegese restritiva, o fato é que o mesmo sob o ponto de vista da mera literalidade (o preceito referido é claro ao mencionar "as normas definidoras dos direitos e garantias fundamentais") não há como sustentar uma redução do âmbito de aplicação da norma a qualquer das categorias específicas de direitos fundamentais consagradas na nossa Constituição, nem mesmo aos assim equivocadamente denominados direitos individuais e coletivos do artigo 5º, (...). Além disso, há que se dar razão aos que ressaltam o caráter dirigente desta norma, no sentido de que esta, além do objetivo de "assegurar a força vinculante dos direitos e garantias de cunho fundamental, ou seja, objetiva tornar tais direitos prerrogativas diretamente aplicáveis pelos Poderes Legislativo, Executivo e Judiciário (...) investe os poderes públicos na atribuição constitucional de promover as condições para que os direitos e garantias fundamentais sejam reais e efetivas."[12]

Por outro lado, é preciso reconhecer que os direitos sociais são exercidos em razão da entrega de prestações específicas estatais, o que faz com que estejam condicionados à disponibilidade de recursos em conexão com a reserva parlamentar orçamentária.

Robert Alexy, entende que na esfera de direitos sociais há um padrão mínimo, que deve ser satisfeito, como é o caso do direito às condições existenciais mínimas (direito à formação escolar, uma moradia simples, padrão mínimo de atendimento à saúde). Segundo esse autor:

> "O modelo não determina quais direitos fundamentais sociais definitivos o indivíduo tem. Mas ele diz que ele pode ter alguns e o que é relevante para sua existência e seu conteúdo. A resposta detalhada a essa questão é tarefa

---

11 SARLET, Ingo Wolfgang. Os Direitos Fundamentais na Constituição de 1988. In: PIOVESAN, Flávia. GARCIA, Márcia (Org). *Doutrinas Essenciais Direitos Humanos: direitos econômicos, sociais, culturais e ambientais*. São Paulo: RT, 2011, p. 651.

12 Idem, pp. 658-662.

> da dogmática de cada um dos direitos fundamentais sociais. Mesmo assim, é possível dar aqui, uma resposta geral. Uma posição no âmbito dos direitos a prestações tem que ser vista como definitivamente garantida se (1) o princípio da liberdade fática a exigir de forma premente e se (2) o princípio da separação dos poderes e o princípio democrático (que inclui a competência orçamentária do parlamento) bem como (3) os princípios materiais colidentes (especialmente aqueles que dizem respeito à liberdade fática de outrem) forem afetados em medida relativamente pequena pela garantia constitucional da posição prestacional e pelas decisões do tribunal que a levarem em consideração. Essas condições são necessariamente satisfeitas no caso dos direitos fundamentais sociais mínimos, ou seja, por exemplo, pelos direitos a um mínimo existencial, a uma moradia simples, à educação fundamental e média, à educação profissionalizante e a um patamar mínimo de assistência médica ."[13]

A Constituição Brasileira promoveu uma mudança significativa no sistema normativo, ao conformar sua superioridade formal material e axiológica nos diversos ramos do direito para a concreção dos valores que encerra. Trata-se da chamada filtragem constitucional,[14] por meio da qual as normas de direito financeiro obrigam formal e materialmente ao cumprimento dos valores encerrados na Lei Maior, especialmente aquele afetos aos objetivos fundamentais do Estado.[15]

Assim, ordinariamente cabe às leis, e de forma especial às leis de natureza orçamentária, desdobrarem a principiologia constitucional de proteção à dignidade da pessoa humana, devendo resultar daí a prevalência do direito social de cunho prestacional a ensejar pretensões subjetivas. Marcus Orione Gonçalves Correia ao considerar que os direitos sociais mais do que meros programas, geram direitos subjetivos afirma:

> "Não há que se esperar eternamente que um comando constitucional seja implementado, contando apenas com a vontade política. (...) Entendemos que, na verdade, a se considerar a existência de normas programáticas, elas devem ser revestidas, uma vez não cumpridos os programas nela inscritos, da possibilidade de investir o titular de um direito subjetivo à prestação. O primeiro destinatário da norma programática, assim, seria o legislador. O segundo seria o próprio cidadão, a quem se deve viabilizar todas as formas

---

13 ALEXY, Robert. *Teoria dos Direitos Fundamentais*. 2ª ed. Malheiros. São Paulo: 2012, p. 512.

14 BARROSO, Luís Roberto.. *Interpretação e aplicação da constituição: fundamentos de uma dogmática constitucional transformadora*. 4ª ed. Saraiva: 200, p. 161.

15 Constituição Federal 1988 "Art. 3º Constituem objetivos fundamentais da República Federativa do Brasil: I – construir uma sociedade livre, justa e solidária; II – garantir o desenvolvimento nacional; III – erradicar a pobreza e a marginalização e reduzir as desigualdades sociais e regionais; IV – promover o bem de todos, sem preconceitos de origem, raça, sexo, cor, idade e quaisquer outras formas de discriminação.

possíveis de sua implementação – quer no plano político. Aliás toda a norma que encerra em si um direito de natureza social tem como principal destinatário o próprio cidadão."[16]

A previsão de um Estado Democrático de Direito afirmada na Carta Magna resulta em que o poder emana do povo e deve ser exercido em proveito do povo, diretamente ou por seus representantes eleitos (artigo 1º, parágrafo único) e se destina a assegurar o exercício dos direitos sociais e individuais, o desenvolvimento, a igualdade e a justiça como valores supremos de uma sociedade fraterna, pluralista e sem preconceitos.

A democracia como instrumento de redução das desigualdades já foi referida por Aristóteles há mais dois milênios, na sua "Política" ao afirmar ser ela o governo em que o povo domina o povo, mas a alma da democracia consiste na liberdade que pressupõe a igualdade, ou seja, quanto mais se pronuncia a democracia mais se avança na igualdade.[17] J. J. Gomes Canotilho e Vital Moreira chegam a considerar que a própria noção de Estado de Direito pressupõe o seu viés democrático ao comentarem tal princípio presente também na Constituição Portuguesa:

> "Este conceito que é seguramente um dos conceitos-chave da CRP – é bastante complexo, e as suas duas componentes – ou seja, a componente do Estado de direito e a componente do Estado democrático – não podem ser separadas uma da outra. O Estado de direito é democrático e só sendo –o é que é Estado de direito. O Estado democrático é Estado de direito e só sendo-o que é democrático" (...) "Esta ligação material das duas componentes não impede a consideração específica de cada uma delas, mas o sentido de uma não pode deixar de ficar condicionado e de ser qualificado em função do sentido da outra."[18]

No diálogo entre o Estado e a sociedade, a receita pública deve permitir que valores arrecadados em respeito à capacidade contributiva e a possibilidade individual sejam utilizados, não só em atenção à economicidade, mas em respeito aos deveres constitucionais do Estado, quanto à concretização de direitos sociais."[19]

---

16 CORREIA, Marcus Oriene Gonçalves. Os direitos sociais enquanto direitos fundamentais. In: PIOVESAN, Flávia. GARCIA, Márcia (Org). *Doutrinas Essenciais Direitos Humanos: direitos econômicos, sociais, culturais e ambientais*. São Paulo: RT, 2011, p. 934.

17 FERREIRA, Pinto. *Comentário à Constituição Brasileira*. São Paulo: Saraiva, 1989, p. 37.

18 BASTOS, Celso Ribeiro e MARTINS, Ives Gandra. *Comentários à Constituição do Brasil* (promulgada em 05/10/1988). São Paulo: Saraiva, 1989, p. 420.

19 MACHADO, Raquel Cavalcanti Ramos Machado. *A mudança do paradigma orçamentário: do controle do Estado para a implementação de políticas públicas. A função de receita pública no Estado Democrático e Social do Direito*. In: CONTI, José Mauricio; SCAFF, Fernando Facury (Coord.). Orçamentos Públicos e Direito Financeiro. São Paulo: Revista dos Tribunais, 2011, p. 1064.

Ao contrário da maioria dos direitos individuais tradicionais cuja proteção consiste em que o Estado não permita sua violação, os direitos sociais não são simplesmente atribuídos aos cidadãos, uma vez que requerem do Estado um rol de políticas públicas que, dirigidas a segmentos específicos da sociedade, visam a fundamentar esses direitos e atender as expectativas por eles geradas com sua positivação.[20]

3. AS POLÍTICAS PÚBLICAS E O DEVER DE ATENDER AOS DIREITOS SOCIAIS

O ideal de uma política pública, vista pelo direito, não se esgota na validade, isto é, na conformidade do seu texto com o regramento jurídico, nem na sua eficácia que se traduz no cumprimento das normas do programa. E mais: busca atingir os objetivos sociais (mensuráveis) a que propôs, obtendo resultados determinados em certo espaço de tempo. Patrícia Helena Massa –Arzabe ao citar Fábio Konder Comparato em seu artigo *Dimensão das Políticas Públicas* aduz:

> "Segundo Comparato, em todos os países a atividade de governar muda de configuração, pois o *government by policies* veio substituir o *governement by law*, passando a exigir o exercício combinado de várias tarefas em que não se restringe à administração da conjuntura, mas sobretudo, ao planejamento do futuro, por meio do estabelecimento de políticas de médio e longo prazo".[21]

A atuação estatal por políticas públicas se pauta não somente nas chamadas liberdades públicas (função de direitos de defesa), mas também, na efetivação dos direitos de cunho prestacionais (sociais ou individuais), os quais exigem um intenso atuar comissivo dos órgãos públicos, a estruturação de órgãos e procedimentos, dispêndios de recursos ao erário.

Ao invés da via repressiva, pela vedação de determinada atividade ou conduta que consistiria no caminho mais simples, mas de duvidosa efetividade, as políticas públicas permitem interferir nas causas do problema, ensejando aos agentes causadores da ineficiência estatal refletir sobre suas ações e a realidade em seu entorno. A aplicação das normas deixa de ser feita com base no seu próprio texto ou na decisão de tribunais, mas passam também, assumidamente, a incorporar a representação de outras noções, como o senso comum, as regras heurísticas e em especial o enfoque baseado no problema, na finalidade, no efeito perseguido, nos princípios e no jogo de prioridades."[22]

---

20 FARIA, José Eduardo. O Judiciário e os Direitos Humanos e Sociais: notas para uma avaliação da justiça brasileira. In: FARIA, José Eduardo. *Direitos Humanos, Direitos Sociais e Justiça*, São Paulo, Malheiros, 2010, p. 105.

21 MASSA-ARZABE, Patrícia Helena. *Dimensão jurídica das políticas públicas*. In: BUCCI, Maria Paula Dallari. Políticas Públicas: reflexões sobre o conceito jurídico. São Paulo: Saraiva, 2011, p. 53.

22 BUCCI, Maria Paula Dallari. *Direito Administrativo e Políticas Públicas São Paulo*: Saraiva, 2006, p. 254.

Ao estabelecerem caminhos para a consecução de metas, as políticas públicas vinculam os órgãos estatais, os agentes econômicos, organizações da sociedade civil e também os particulares conforme se verifica nas políticas de saúde, educação, trabalho. Afirma Maria Paula Bucci: *"A escolha das diretrizes das políticas, os objetivos de determinado programa não são simples princípios de ação, mas são os vetores para a implementação concreta de certas formas de agir do Poder Públicos, que levarão a resultados desejados."*.[23]

Da Carta Magna, extrai-se que não há mais espaço para o modelo de atuação mínima do Estado Liberal, mas sim para o Estado Social Democrático de direito que interfere de forma intensa na área econômica visando à efetivação dos direitos fundamentais sociais.

De fato, ao tratar de investimentos, a Constituição Federal preceitua que são de prioridade os relacionados a (o): a) habitação, saneamento básico e transportes (art. 21, XX), nos termos das diretrizes definidas no art. 182; b) política agrícola e fundiária, para a consecução da reforma agrária (art. 184 e seguintes), c) seguridade social constituindo um conjunto integrado de ações de iniciativa dos Poderes Públicos e da sociedade, destinadas a assegurar os direitos relativos à saúde, à previdência e à assistência social. Dispõe também que as políticas públicas devem atender aos princípios gerais da ordem econômica, fundada na valorização do trabalho humano e destinada a assegurar a todos existência digna, conforme os ditames da justiça social (art. 170, *caput)*.

Porém, sem os planos, sem os orçamentos, não há viabilidade de implementação de políticas públicas. Assim, para sua compreensão faz-se necessária a compreensão do regime das finanças públicas que estão inseridas no direito que o Estado recebeu de planejar, não somente sua contas, mas o desenvolvimento nacional que inclui e exige a efetivação do gozo dos direitos sociais pelos cidadãos.

4. ORÇAMENTO E FINANÇAS PÚBLICAS

Um breve olhar sobre os dispositivos constitucionais relacionados às finanças públicas revela que o orçamento constitui um instrumento de poder. As escolhas, de caráter eminentemente políticas, são o modo pelo qual os cidadãos de forma indireta, decidem a melhor forma, em um determinado período, de satisfazer o interesse público.

Ao Poder Executivo cabe a iniciativa das escolhas de quais os destinos a serem conferidos aos recursos públicos por meio da elaboração dos projetos das três leis orçamentárias previstas constitucionalmente (plano plurianual, as diretrizes orçamentárias e os orçamentos anuais, artigo 165, I, II e III). Neles, estão o diagnóstico dos principais problemas do Estado e como devem ser enfrentados pela alocação de recursos públicos. Ao Poder Legislativo é reservado o papel de chancelar as propostas iniciais feitas pelo Poder Executivo, adequar as propostas que lhe forem apresentadas ou até mesmo rechaçá-las.

23 BUCCI, op. cit. p. 254

A programação financeira reflete as prioridades econômicas e as diretrizes de investimentos ao definir as áreas de atuação que receberam recursos. Nesse sentido, as decisões postas no orçamento devem ser legitimadas pelos valores constitucionalmente protegidos e convencerem que estão levando a sociedade para um futuro melhor.

Do plano plurianual já se extrai a tônica do planejamento que permeia o orçamento. São consignados, de forma regionalizada, os objetivos e metas relativas a programas de duração continuada, ou seja, ações governamentais que se desenvolvam por mais de um exercício financeiro, fazendo uma previsão para os próximos três anos, de forma a evitar que tais ações sejam interrompidas por falta de recursos orçamentários.

A Lei de Diretrizes Orçamentárias estabelece as prioridades que condicionam a elaboração do projeto de lei orçamentária anual e deve ser votada pelo Poder Legislativo até o até o encerramento do primeiro período da sessão legislativa[24](art. 35, § 2º, II da ADCT), para que o Executivo possa, de acordo com ela, preparar e apresentar no segundo semestre, o projeto de lei orçamentária para o exercício seguinte (art. 35, § 2º, III da ADCT).

O Chefe do Executivo, apresenta ao Poder Legislativo, com observância do disposto na Lei de Diretrizes Orçamentárias, o projeto de lei orçamentária anual, cujos quantitativos devem resultar dos projetos e programas a serem executados a curto prazo no exercício seguinte.

Ao possuir caráter fundamentalmente político a decisão de gastar exige a disponibilização de instrumentos destinados a ouvir a população, de forma que as leis orçamentárias sejam o reflexo daquilo que a sociedade espera. As decisões devem refletir, ainda, a conscientização da população daquilo que foi e o que será feito com o dinheiro público. Gustavo Amaral ao tratar dos aspectos da democracia no processo de elaboração do orçamento aduz que:

> "Como atos administrativos, as escolhas políticas relativas ao orçamento também deveriam ser realizadas conforme este processo de modo a garantir transparência e democratização ao sistema. Não obstante, a modificação trazida pela Emenda Constitucional n. 19, de 1998, ao *caput* do art. 37 da Constituição parece estar longe de ter sido compreendida e aproveitada em sua plenitude, pois o que se vê são decisões tomadas à distancia e com total desconhecimento do jurisdicionado.
>
> O Min Lewandowski, em prefácio à obra de Sabbag (2007, p. XII), afirma mostrar-se urgente que a sociedade participe das escolhas orçamentarias e protagonize o processo de planejamento, pois a extraordinária concentração de poder no Executivo soma-se à subalternidade do parlamento e am-

---

24 A sessão legislativa ordinária é o período de atividade normal do Congresso a cada ano, de 2 de fevereiro a 17 de julho e de 1º de agosto a 22 de dezembro. Cada quatro sessões legislativas, a contar do ano seguinte ao das eleições parlamentares, compõem uma legislatura. Já a sessão legislativa extraordinária compreende o trabalho realizado durante o recesso (ver verbete) parlamentar, mediante convocação. Cada período de convocação constitui uma sessão legislativa extraordinária

> bas produzem, no meio de formas e aparências, déficit democrático sem precedentes."[25]

Exige-se também observância ao princípio da transparência que não se confunde com o da publicidade. Esse consiste na obrigação de que a peça orçamentária seja devidamente publicada nos meios oficiais a fim de que qualquer cidadão tenha acesso ao seu conteúdo. Aquele se relaciona ao seu conteúdo visando a evitar previsões obscuras, despesas camufladas, renúncias fiscais duvidosas, que possam ensejar manobras pelos executores para atender a interesses diversos.[26]

Na busca por um orçamento legítimo e que atenda ao princípio democrático, a atuação parlamentar deve ser efetiva e independente, ou seja, o processo legislativo não pode ser visto como um instrumento ratificador dos projetos executivos e nem tampouco um local de negociação das emendas parlamentares. Nesse sentido afirma Cesar de Moraes Sabbag:

> "O Parlamento deve controlar a qualidade e a pertinência das propostas, alterando-as no que for necessário, com altivez, responsabilidade e integridade. Sem manobras regimentais, sem rebeliões, sem brigas pelas "migalhas orçamentárias", sem comandos do "General SIAFI". Também é preciso que a coletividade particípe, de alguma forma, de todas as fases do orçamento, intervindo na definição da política econômico-financeira e de desenvolvimento."[27]

Ocorre que, frequentemente nos pequenos Municípios brasileiros, os parlamentares, premidos pelas pautas se limitam a ratificar as propostas do Executivo, concentrando seus esforços aos interesses *paroquiais* de aprovação de suas emendas. Esta atitude faz com que se demitam do papel de influir para que o orçamento seja instrumento de planejamento e desenvolvimento econômico e social. José Maurício Conti ao tratar do papel do vereador no planejamento municipal afirma:

> "Têm os vereadores hoje, na esmagadora maioria dos municípios, uma ínfima participação na elaboração e execução da lei orçamentária, em função das práticas costumeiras arraigadas que praticamente anulam a participação e influência dos vereadores naquilo que é a sua mais relevante função.

---

25 AMARAL. Gustavo; MELLO, Danielle. *Há direitos acima dos orçamentos?*. In:. SARLET, Ingo Wolgang. TIMM, Luciano Benetti (Org). *Direitos Fundamentais: orçamento e reserva do possível.* 2ª ed. Porto Alegre: Livraria do Advogado, 2010, p. 93.

26 ABRAHAM, Marcus. *Curso de Direito Financeiro Brasileiro*. 2ª ed. Rio de Janeiro: Elsevier, 2013, p. 251.

27 SABBAG, Cesar. *Orçamento e Desenvolvimento: Recurso público e dignidade humana: o desafio das políticas desenvolvimentistas*. Campinas: Millennium, 2007, p. 168.

> (...) Vê se a concessão de pequenas verbas a título de dotação para atender emendas parlamentares, transformando o poder de decidir sobre as despesas públicas em uma disputa por verdadeiras migalhas, e anulando qualquer iniciativa de interferir nas políticas públicas municipais. Sem contar os municípios em que não há dotação alguma para as emendas parlamentares, reduzindo a participação dos vereadores em mera homologação em proposta orçamentária."[28]

O controle parlamentar sobre as finanças ínsito ao processo legislativo orçamentário não é só preocupação brasileira. Diego Fernandes ao comentar a obra de Horario Corti denominada *Derecho Constitucional Pressupoestario* destaca a necessidade de que o orçamento não seja uma carta em branco para o Poder Executivo ao afirmar que:

> "El autor se encarga de precisar el principio de reserva de ley dándole un contenido al exigir ciertos requisitos a la Ley de Presupuesto: que sea única (unicidad), contenga separadamente todos los recursos y los gastos (universalidad y generalidad) y especifique sus finalidades y cantidades (especificación cuantitativa y cualitativa). Lo que procura Corti es evitar que se vacie de contenido al principio y passe a ser uma mera formalidad, por la cual el Poder Ejecutivo de la Nación remita um proyecto de ley sin suficientes detalles, previendo uma suma general o gastos parciales y estimados ligeiramente, obteniendo luego em cheque em blanco para disponer de los recursos públicos".[29]

No que tange à fase da execução orçamentária, não há na Constituição Federal dispositivo que impeça o Poder Executivo de não executar toda a dotação constante na Lei Orçamentária Anual, que, por sua vez, apenas apresenta o limite de gasto do governo federal, não obrigando aquele Poder a executar o orçamento.

Como o orçamento no Brasil é considerado meramente autorizativo, o Poder Executivo tem feito uso desse entendimento para o pretenso atendimento de metas de ajuste fiscal, alegando necessidade de compatibilizar os gastos do governo com a arrecadação tributária ao longo do ano. De fato, vem se tornando cada vez mais comum os governos retardarem a execução do orçamento alegando que há frustração da receita em função de ter sido superestimada pelos parlamentares.

---

28 CONTI, José Maurício. *Planejamento municipal precisa ser levado a sério*, Consultor Jurídico, 24 set, 2013.

29 FREEDMAN, Diego. Un análisis del presupuesto desde la perspectiva de los derechos humanos. Lecciones y Ensayos, nro 89, 2009. Os 301-309, p. 304.

O governo constrangido a produzir crescentes superávits primários[30] tem realizado contingenciamentos preventivos, logo após a liberação do orçamento, ignorando dispositivos da Lei de Responsabilidade Fiscal e obrigando os órgãos públicos a executarem apenas parte das despesas aprovadas no orçamento.

Registre-se que a Lei de Responsabilidade Fiscal (LC 101/200) dispõe que o contingenciamento das despesas deveria ocorrer apenas em caso de ameaça às metas de resultado primário ou nominal (art. 5º, I), por eventual insuficiência de receitas apuradas bimestralmente (art. 9º), considerando a programação financeira e o cronograma de execução mensal de desembolso, a cargo do Executivo. Ao tratar do excesso de contingenciamentos feitos no orçamento Cesar de Moraes Sabbag afirma:

> "Os contingenciamentos podem ser definidos como restrições à liberação de recursos, baseadas em razões de política fiscal.
> (...)
> De toda sorte, o sistema constitucional impõe que a limitação atinja apenas os montantes devidos, pelo prazo estritamente necessário, e as decisões sejam tomadas com transparência e integridade.
> Não obstante, a discricionariedade do executor é imensa, já que as variáveis e indicadores econômicos sujeitam-se ao pleno domínio de áreas técnicas do executivo e parecem influenciados por exigências dos credores internacionais do país. Não é impossível, portanto, que a metodologia de apuração do resultado primário adote critérios mais ou menos favoráveis a determinado ponto de vista sobre o endividamento global, o pagamento dos juros, a contabilização dos investimentos e das despesas com pessoal etc".[31]

A título de ilustração convém destacar o Relatório do TCU sobre as Contas do Governo – 2012 em que são descritos grandes contingenciamentos feitos na área social, *verbis:*

> "Conforme demonstrado no quadro acima, ao final do exercício de 2012, a base sujeita a programação financeira alcançou o montante de R$ 256,0 bilhões, com uma restrição orçamentária final de R$ 35,2 bilhões, ou seja, foram disponibilizados ao longo do exercício R$ 220,8 bilhões para movimentação e empenho.
> Constata-se também que não existem critérios legais que norteiem a política de contingenciamento orçamentário em nível de órgão, apenas por Poderes e, excepcionalmente, para o Ministério Público da União e para o Conselho Nacional do Ministério Público (CNMP).

30 Superavit primário: resultado positivo de todas as receitas e despesas do governo, excetuando gastos com pagamento de juros. Nas contas do governo, o chamado déficit primário ocorre quando esse resultado é negativo.

31 SABBAG, op. cit, p. 170.

> Assim, em 2012, os órgãos que sofreram maior contingenciamento de recursos em relação à base sujeita a programação financeira foram: o Ministério do Esporte, com 62,4% da base contingenciada; o Ministério do Turismo, com 53,9%; o Ministério da Agricultura, Pecuária e Abastecimento, com 36,4% de restrição orçamentária; e o Ministério das Comunicações, com 34,6% de contingenciamento da base sujeita a programação financeira. Já os órgãos com menor restrição orçamentária foram: a Advocacia-Geral da União, com 0,3%, o Ministério do Desenvolvimento Social e Combate à Fome, com 3,5%, e o Ministério da Previdência Social, com apenas 7,2% de restrição orçamentária.
>
> Em termos absolutos, por sua vez, verificou-se que o Ministério da Saúde, o Ministério da Educação e o Ministério dos Transportes foram os órgãos com maior volume de recursos contingenciados: R$ 6,9 bilhões, R$ 4,5 bilhões e R$ 2,5 bilhões, respectivamente".[32]

Na tentativa de limitar os excessos oriundos do contingenciamento unilateral de verbas, vem ganhando força no cenário brasileiro a ideia do caráter impositivo do orçamento que atrairia, inclusive, seu controle jurídico. Nesse sentido afirma José Marcos Domingues:

> "O orçamento é uma lei plena que determina (e não apenas autoriza) o gasto público. O Legislativo não pode fugir ao dever de votar tempestivamente um orçamento sério. Nesse sentido, o orçamento seria impositivo e não meramente autorizativo. O contingenciamento unilateral de verbas pelo governo funciona como desvio de gasto e atrai a legitimidade do Judiciário para seu controle jurídico, garantindo respeito ao Legislativo e mediando a justiça da tributação e a garantia do cumprimento da finalidade constitucional da despesa, que é servir à população, máxime quando se vê o estado de nossas escolas, estradas e hospitais, para não falar do risco habitacional e de mobilidade da maioria dos brasileiros, que pagam a conta."[33]

Se por um lado essa noção poderia retirar a flexibilidade de que o administrador público possui para controlar sua atividade, principalmente porque não pode prever com exatidão todo o volume e o momento de realização das receitas e despesas públicas, por outro lado resgata o credibilidade do orçamento como instrumento de planejamento de governo. Ou seja, deixaria de ser uma mera peça de ficção em que o Poder Executivo adquire uma carta em branco para realização de seus intentos.

---

32 htttp://portal2.tcu.gov.br/portal/page/portal/TCU/comunidades/contas/contas_governo/Contas2012/docs/RELATORIO-MIN-JJ-2013-5-23.pdfTC 006.617/2013-1.. Acesso 06 maio 2014.

33 DOMINGUES, José Marcos. *Orçamento e Incerteza jurídica*, Valor Econômico, 10 jan. 2013.

5. O ORÇAMENTO COMO INSTRUMENTO DE PROMOÇÃO DOS DIREITOS SOCIAIS

O orçamento, tal como identificado hoje não era conhecido na antiguidade.

Na Inglaterra do século XIII, no ano de 1215 foi outorgada a Magna Carta que em seu artigo 12 previa:

> "Não lançaremos taxas ou tributos, sem o consentimento do conselho geral do reino *(commune concillium regni)*, a não ser para resgaste da nossa pessoa, para armar cavaleiro o nosso filho mais velho e para celebrar, mais uma única vez, o casamento da nossa filha mais velha; e esses tributos não excederão limites razoáveis. De igual maneira se procederá quanto aos impostos da cidade de Londres."[34]

O implemento deste dispositivo foi decorrente da pressão dos barões feudais que desejavam escapar do poder discricionário do rei com relação à matéria tributária. Mesmo não envolvendo "despesa pública", é considerado pelos tratadistas como uma espécie de semente do orçamento público. Afirma Héctor Belisario Villegas:

> "Puede observasse que el presupuesto há sido el resultado politico de las luchas por la supremacia libradas entre el soberano y los representantes del pueblo. Estos últimos consiguieron, primero, hacer admitir al rey q e ningún impuesto podia ser estabelecido sin el consitimiento de los representantes del Pueblo y, segundo, controlar el empleo de los fondos que habían votado, o sea, los gastos públicos."[35]

Aos poucos, os governantes começaram a identificar a necessidade de um controle de gastos e das receitas passando de um Estado Absoluto para o Estado Liberal que, mediado pela responsabilidade do Estado e dos seus governantes, o orçamento é visto como instrumento de controle dos gastos públicos. Autores como René Storm e Maurice Duverger, definiam-no originariamente como "ato contendo a aprovação prévia das receitas e das despesas públicas."[36]

No Brasil, o processo de organização das finanças se iniciou com a vinda do rei D. João VI em 1808. Depois, a Constituição Imperial de 1824 estabeleceria ser o Ministério da Fazenda responsável pela elaboração e encaminhamento à Assembléia Geral para aprovação de "todas as despesas" e "rendas públicas."[37]

---

34 http://www2.senado.leg.br/bdsf/bitstream/handle/id/182020/000113791.pdf?sequence=1

35 VILLEGAS, Hector Belisario. Cursoo de finanzas, derecho financiero y tributario. Buenos Aires: Astrea, 2009, p. 126.

36 OLIVEIRA, Régis Fernandes. *Curso de Direito Financeiro.* São Paulo: RT, 2010, P. 344.

37 Art. 172. O Ministro de Estado da Fazenda, havendo recebido dos outros Ministros os orçamentos relativos ás despezas das suas Repartições, apresentará na Camara dos Deputados annualmente,

A Constituição de 1891, influenciada pelos republicanos e federalistas, atribuiu privativamente ao Congresso Nacional orçar a receita, fixar a despesa federal, tomar as contas de cada exercício financeiro e legislar sobre a divida pública e estabelecer os meios para o seu pagamento.[38] A Constituição de 1934 fez retornar a competência para elaboração do orçamento ao Poder Executivo, deixando a aprovação e o julgamento de contas para o Poder Legislativo.[39]

A Constituição de 1937 estabeleceu um Departamento Administrativo, integrado por membros nomeados pelo Presidente da República, responsável por aprovar os projetos de orçamento do Estado e dos Municípios e fiscalizar sua execução. Embora tivesse previsto que cabia à Câmara dos Deputados pronunciar-se sobre as verbas globais das propostas de governo, tal prerrogativa não chegou a ser exercida uma vez que as Câmaras Legislativas não foram instaladas e os orçamentos foram elaborados e executados pelo Poder Executivo.[40]

Com a redemocratização do país, o orçamento na Constituição de 1946 retornou à concepção mista em que o Executivo elaborava o projeto de lei de orçamento e o encaminhava para discussão e votação nas Casas Legislativas que tinham o poder de emenda-lo.[41]

A partir de 1964, o pais volta a sofrer novo período de autoritarismo. A Constituição outorgada de 1967 e a Emenda Constitucional nº 1/69 introduziram modificações no

logo que esta estiver reunida, um Balanço geral da receita e despeza do Thesouro Nacional do anno antecedente, e igualmente o orçamento geral de todas as despezas publicas do anno futuro, e da importancia de todas as contribuições, e rendas publicas.

38 Art.34 – Compete privativamente ao Congresso Nacional: (Redação dada pela Emenda Constitucional de 3 de setembro de 1926) 1º orçar, annualmente, a Receita e fixar, annualmente, a Despeza e tomar as contas de ambas, relativas a cada exercicio financeiro, prorogado o orçamento anterior, quando até 15 de janeiro não estiver o novo em vigor; (Incluído dada pela Emenda Constitucional de 3 de setembro de 1926) 2º autorizar o Poder Executivo a contrahir emprestimos, e a fazer outras operações de credito; (Incluído dada pela Emenda Constitucional de 3 de setembro de 1926) 3º legislar sobre a divida publica, e estabelecer os meios para o seu pagamento; (Incluído dada pela Emenda Constitucional de 3 de setembro de 1926) 4º regular a arrecadação e a distribuição das rendas federaes; (Incluído dada pela Emenda Constitucional de 3 de setembro de 1926) (...)"

39 SEÇÃO IV Da Elaboração do Orçamento Art 50 – O orçamento será uno, incorporando-se obrigatoriamente à receita todos os tributos, rendas e suprimentos dos fundos e incluindo-se discriminadamente na despesa todas as dotações necessárias ao custeio dos serviços públicos.§ 1º – O Presidente da República enviará à Câmara dos Deputados, dentro do primeiro mês da sessão legislativa ordinária, a proposta de orçamento (…).

40 DA ELABORAÇAO ORÇAMENTÁRIA Art 67 – Haverá junto à Presidência da República, organizado por decreto do Presidente, um Departamento Administrativo com as seguintes atribuições: (...)do pormenorizado das b) organizar anualmente, de acordo com as instruções do Presidente da República, a proposta orçamentária a ser enviada por este à Câmara dos Deputados; c) fiscalizar, por delegação do Presidente da República e na conformidade das suas instruções, a execução orçamentária.

41 SEÇÃO VI Das Atribuições do Poder Legislativo Art 65 – Compete ao Congresso Nacional, com a sanção do Presidente da República: I – votar o orçamento (...).

regime orçamentário. A atividade legislativa de discussão e alteração do orçamento foi reduzida a aspectos formais das peças idealizadas pelo Executivo. Os parlamentares estavam proibidos, formalmente de deliberar sobre emendas das quais decorresse aumento da despesa global ou de cada órgão, projeto ou programa.[42]

Na Constituição de 1988, o Poder Legislativo não apenas recuperou as atribuições em matéria orçamentária que tinha no período anterior à ditadura, mas adquiriu novas competências como a de aprovar as diretrizes para a elaboração do orçamento de cada ano com o advento da Lei de Diretrizes Orçamentárias.

No texto constitucional vigente foram estabelecidas as três leis orçamentárias (plano plurianual, as diretrizes orçamentárias e os orçamentos anuais), as quais devem guardar fina sintonia. A ampla previsão na primeira das leis limita a segunda e esta amarra a terceira, tornando o orçamento publico como instrumento de notável relevância administrativa e institucional.

O orçamento é visto não mais como uma simples peça financeira, mas como um produto de planejamento no qual são formuladas grandes diretrizes das politicas públicas e identificados os recursos para implementá-las. Não se permite um orçamento sem compromissos em que as previsões são estabelecidas apenas para cumprir um preceito constitucional e desvinculadas da responsabilidade governamental de implementá-las. Em seu aspecto político, o orçamento segundo Carlos Walder do Nascimento

> "revela assim preocupação com os problemas sociais, direcionando suas ações no sentido de assegurar a todos uma existência digna. E em seu aspecto jurídico "delimitado seu contorno formal, torna-se de observância obrigatória, se aprovado conforme as regras constitucionais que disciplinam sua elaboração".[43]

A atividade discricionária que ensejava opções políticas na escolha e destinação das verbas passa a exigir a observância das prioridades eleitas pelo constituinte. Ao ser estabelecido no artigo 3º da Constituição Federal a justiça como um objetivo a ser alcançado pelo Estado, a preocupação não deve ser o enxugamento da máquina estatal ou dos gastos, mas a busca pela melhor distribuição da receita.

Horacio Corti em seu artigo "Critica y defensa de la supremacia de la Constitucion" adverte que o orçamento deve estar submetido aos direitos fundamentais e não ao contrário:

---

42 Art 67 – É da competência do Poder Executivo a iniciativa das leis orçamentárias e das que abram créditos, fixem vencimentos e vantagens dos servidores públicos, concedam subvenção ou auxilio, ou de qualquer modo autorizem, criem ou aumentem a despesa pública. § 1º – Não serão objeto de deliberação emendas de que decorra aumento da despesa global ou de cada órgão, projeto ou programa, ou as que visem, a modificar o seu montante, natureza e objetivo.

43 NASCIMENTO, Carlos Walder. *Finanças Públicas e Sistema Constitucional Orçamentário*. Rio de Janeiro: Forense, 1995, pp. 52-53.

> "La Hacienda Pública no está sujeita a unos hipotéticos critérios singulares, sino que se encuentra encastrada y subordinada a la logica constitucional. Son las leys recaudatorias (donde las tributarias ocupan um lugar preeminente) y la ley pressupuestaria las que deben sujeitarse a Constitucion. Y no ésta a aquéllas.
> Em consequencia: el Poder Judicial no puede ni debe consentir uma mutación em la jerarquia del orden jurídico, haciendo pasar alguna ley em particular por una inédita categoria de ley supraconstitucional. La ley de pressuposto es ley de leyes, no hay duda. Pero no a causa de una supuesta supremacia última em cuanto a su excepcional rango normativo, sino a sus ramificadas consecuencias y a su indudable importancia instrumental como médio de realización de las finalidades constitucionales."[44]

Um estudo divulgado pelo sítio eletrônico da associação, Auditoria Cidadão da Dívida com base nas informações do Senado Federal (Sistema SIGA BRASIL) indica que 40,30% (R$ 718 bilhões) do orçamento executado no ano de 2013 se destinou a pagamentos de juros e amortizações de dívida, enquanto que áreas sociais como previdência social (24,11%), educação (3,70%), trabalho (3,58%) e saúde (4,29%) somados, não atingiram sequer os 40% da execução orçamentária.[45]

Mostra-se urgente, portanto, que a execução orçamentária seja pautada pela satisfação dos direitos sociais, pois, caso contrário, caberá atuação do Poder Judiciário no intuito de garantir a proteção dos direitos dotados de jusfundamentalidade.

Diferentemente do que se possa imaginar, a revisão de escolhas orçamentárias através do próprio orçamento não é um procedimento estranho aos tribunais brasileiros. Digna de destaque é a decisão proferida no âmbito do Tribunal Regional Federal da 5ª Região no Agravo de Instrumento nº 109303. O mencionado recurso teve origem em ação civil pública movida pelo Ministério Público do Estado de Pernambuco contra o Município de Recife, objetivando compelir essa Prefeitura a desocupar área de manguezal, mediante remoção de todo o entulho e lixo depositados no local.

Ao decidir o caso, o Tribunal, sensível à situação de desamparo a que estariam sujeitas as famílias desabrigadas por força da medida pleiteada, determinou ao Município de Recife que promovesse a inclusão, no exercício financeiro de 2011, de verba para inserção das famílias em programas habitacionais ou custeio das despesas com aluguel de moradias provisórias visando à efetiva desocupação da área.

A decisão não acatou o argumento municipal de que haveria falta de verbas, considerando que, sendo do interesse do Poder Público a desocupação de área de proteção ambiental invadida, deve ele arcar com o ônus da desocupação que dependerá de verbas públicas a serem incluídas em sua proposta orçamentária. A proteção do meio

---

44 CORTI, Horacio G. *Critica y defensa de la supremacia de la Constitución*. LA LEY 1997-F, 133.

45 http://www.auditoriacidada.org.br/e-por-direitos-auditoria-da-divida-ja-confira-o-grafico-do-orcamento-de-2012/

ambiente, no caso em concreto, deve respeitar os demais direitos sociais que, inclusive, gozam da mesma hierarquia constitucional.

A intervenção judicial no processo de efetivação dos direitos sociais através do orçamento se justifica na existência de razões para considerar que as alocações efetuadas pelo Poder Legislativo e pelo Executivo não se voltam ao atendimento da proteção aos direitos dotados de jusfundamentalidade.

Assim, quando provocado a julgar um pedido de tutela que obrigue o Poder Público a fornecer alguma prestação positiva (bem ou serviço) individual ou coletiva, cabe ao Poder Judiciário analisar as escolhas alocativas, consignadas nas dotações orçamentárias e nas despesas efetivamente realizadas pelo Poder Público, as quais podem revelar em quais caos a efetividade da proteção de um direito restou prejudicada por escassez ou inexistência dos recursos necessários e em quais a causa foi uma decisão política sobre a destinação dos meios disponíveis a outros fins.

Caso haja prejuízo da realização de um direito por uma decisão de alocar os meios disponíveis para outros fins, impõe-se investigar se essa escolha está ou não, em consonância com a Constituição, adentrando o Judiciário na sindicalização de uma política pública.[46] Nesse sentido, afirma Alceu Maurício Júnior:

> "O raciocínio desenvolvido até esse ponto nos leva a entender que a intervenção judicial sobre as decisões relativas à alocação de recursos – ou seja, sobre as escolhas orçamentárias – deve ser feita através do orçamento. Em outras palavras, havendo razões para considerar que as alocações efetuadas pelo Legislativo e pelo Executivo não atendem razoavelmente às exigências constitucionais, o Judiciário deve, conforme o caso, determinar a realocação dos recursos previstos no orçamento ou a inclusão, na lei orçamentária do exercício seguinte, da previsão ou extensão do programa/projeto destinado à implementação do direito constitucionalmente protegido."[47]

A necessidade de uma maior atenção aos direitos sociais pode ser extraída de pesquisa realizada no sítio eletrônico do Sistema Integrado de Planejamento e Orçamento (SIOP), em junho de 2014, a qual revelou que os gastos, no ano de 2013, com publicidade do Gabinete da Presidência da República foram quase que a metade dos gastos com moradia.

De fato, da dotação orçamentária de R$ 260.276.000,00 prevista para o Programa de Gestão e Manutenção da Presidência da República, R$ 243.276.000,00 foram destinados para a Ação de Publicidade Institucional. Por outro lado, do Projeto de Lei Orçamentáriaque previa R$ 1.070.800.000,00 para o Programa Moradia Digna somen-

46 SERRANO JÚNIOR, Odono. O direito humano fundamental à moradia digna: Exigibilidade, Universalização e Políticas Públicas para o Orçamento e Desenvolvimento. Juruá, 2012, p. 193.

47 MAURÍCIO JR., Alceu. A revisão judicial das escolhas orçamentárias: a intervenção judicial em políticas públicas. Belo Horizonte: Editora Fórum, 2009, p. 258.

te R$ 570.000.000,00 foram de fatoincluídos na respectivadotação orçamentária e destinados a Ação de Subvenção Econômica Destinada à Habitação de Interesse Social em Cidades com menos de 50.000 habitantes (Lei nº 11.977, de 2009).[48]

Garantias para o desenvolvimento nacional devem priorizar políticas públicas que destinem recursos suficientes às áreas sociais. O Pacto Internacional de Direitos Econômicos, Sociais e Culturais ao tratar da obrigatoriedade de cada Estado- parte de criarem condições para o gozo dos direitos econômicos, sociais e cultura exige que haja a máxima disponibilização de seus recursos. José Marcos Domingues em seu artigo Orçamento, políticas públicas e direitos humanos afirma que:

> "O trato dos recursos públicos deve obedecer ao princípio da capacidade contributiva, quer na sua dimensão de potencial requisitório, quer no seu aspecto distributivo, ademais a tributação completa sua conformação como processo financeiro justo na medida que serve a propósitos de desenvolvimento socioeconômico através de políticas públicas dirigidas em última análise a tutelar os direitos humanos".[49]

De fato, o constitucionalismo hodierno não se contenta somente com uma ordem financeira equilibrada, mas preza também que seja buscada a defesa dos direitos humanos e a procura da justiça material. Exige também que os direitos sociais sejam interpretados na ótica dos direitos fundamentais da pessoa humana que impede que incertezas econômicas e financeiras alterem o pacto direitos humanos originalmente firmado em prol da efetivação dos direitos sociais.

Os esforços da economia e de seus agentes devem se voltar, sob a coordenação do Estado para a construção de uma sociedade justa, livre e solidária e menos desigual possível. "Não há segredos, enfim: o caminho para o desenvolvimento está na Constituição, depende do projeto democrático para mudanças estruturais, exige integridade das políticas públicas e requer solidariedade entre as pessoas".[50]

O não atendimento de um direito social fundamental reivindicado se mostrará presente, se e quando a administração demonstrar que está trabalhando em sintonia com os demais poderes, com uso de técnicas de gestão que evitem desperdícios de recursos públicos.

A título de exemplo convém citar a decisão do Tribunal de Justiça do Rio de Janeiro proferida no âmbito da Apelação 000640-39.2011.8.19.0037 em que restou consignado que a existência de uma política pública socialmente ativa referente ao aluguel social demonstra que não há inércia do Poder Público em dar efetividade ao direito à moradia.

---

48 https://www1.siop.planejamento.gov.br/acessopublico/?pp=acessopublico&rvn=1

49 DOMINGUES, José Marcos. *Orçamento, políticas públicas e direitos humanos*, Monitor Mercantil, 09 nov. 2011.

50 SABBAG, Cesar. Orçamento e Desenvolvimento: *Recurso público e dignidade humana: o desafio das políticas desenvolvimentistas*. Campinas: Millenium, 2007, p. 272.

A Apelação Cível teve origem em ação individual movida contra o Município de Nova Friburgo, objetivando competir o ente municipal a adotar medidas para alocar sua família em moradia definitiva em relação ao desastre natural ocorrido em janeiro de 2011.

Ao julgar o caso, o Tribunal de Justiça do Estado do Rio de Janeiro considerou que o direito à moradia não significa direito à casa própria e que a Lei Municipal nº 3.894/11 criou benefícios a serem pagos às famílias atingidas pelo desastre natural ocorrido no Município, dentre eles, o auxílio Novo Lar cujo escopo é viabilizar a compra de bens essenciais perdidos em razão da tragédia. Afirmou também que o pagamento deste benefício não poderia ser condicionado ao advento de verbas oriundas de outros entes federativos e que poderia haver liberação de créditos adicionais, extraordinários para despesas urgentes e imprevistas ante o teor do artigo 41, inciso III da Lei nº 4.320/20.

Não se trata de exigir, sem qualquer fundamento a imediata concretização de direitos econômicos e sociais, mas de verificar através do orçamento passados e presentes e do planejamento futuro como esses direitos estão sendo financiados com vistas à concretização dos direitos humanos.

Eventual intervenção judicial no processo de efetivação dos direitos sociais, através do controle jurídico do orçamento se justifica na presença de razões para considerar que as alocações efetuadas pelo Poder Legislativo e pelo Executivo não se voltam ao atendimento da proteção aos direitos dotados de jusfundamentalidade. Não se trata de exigir, sem qualquer fundamento a imediata concretização de direitos econômicos e sociais, mas de verificar através de orçamento passados e presentes e do planejamento futuro como esses direitos estão sendo financiados com vistas à concretização dos direitos humanos.

6. À GUISA DE CONCLUSÃO

A Constituição Federal se preocupou em positivar direitos sociais e dotando-os de máxima força normativa, aplicação imediata e vinculação face aos Poderes do Estado.

Contudo, ao dependerem de ações positivas do Estado, geram despesas para o ente público o que demanda sua concretização de forma gradual e de acordo com a conjuntura econômica de cada país.

A adoção de um orçamento sério e comprometido com as prioridades eleitas pelo Constituinte é o caminho de organização de Estado que mais oferece certeza de implementação dos direitos sociais .

As decisões materializadas no orçamento devem se alinhar aos reclamos da sociedade e aos rumos traçados pelo Parlamento, o qual, ademais, está muita vez vinculado a políticas públicas constitucionalizadas. Nesse contexto, não se admite que seja visto como uma peça de ficção ou considerado um carta em branco para que o Poder Executivo realize seus intentos.

Urge que o orçamento seja concebido e executado como um instrumento de planejamento, tradutor de uma justa e melhor distribuição da receita, em que as escolhas nele quantificadas originem-se de sua submissão aos direitos fundamentais e não o contrário.

São essas as razões jurídicas que legitimam a intervenção do Poder Judiciário para a efetivação dos direitos sociais caso seja verificada a omissão ou a indigência orçamentária na proteção dos direitos dotados de jusfundamentalidade.

BIBLIOGRAFIA

ABRAHAM, Marcus. *Curso de Direito Financeiro Brasileiro*. 2.ed. Elsevier, Rio de Janeiro: 2013.

ALEXY, Robert. *Teoria dos Direitos Fundamentais*. 2 ed. Malheiros, São Paulo: 2012.

AMARAL. Gustavo; MELLO, Danielle. Há direitos acima dos orçamentos?. In:. SARLET, Ingo Wolgang. TIMM, Luciano Benetti (Org). *Direitos Fundamentais: orçamento e reserva do possível*. 2. ed. Livraria do Advogado, Porto Alegre: 2010.

BASTOS, Celso Ribeiro. MARTINS, Ives Gandra. Comentários à Constituição do Brasil. São Paulo: Saraiva, 1988.

BOBBIO, Norberto. A Era dos Direitos; tradução Carlos Nelson Coutinho. Rio de Janeiro: Elsevier, 2004.

BUCCI, Maria Paula Dallari. *Direito Administrativo e Políticas Públicas*. São Paulo: Saraiva, 2006.

CONTI, José Maurício. *Planejamento municipal precisa ser levado a sério*, Consultor Jurídico, 24 set, 2013.

CORREIA, Marcus Oriene Gonçalves. Os direitos sociais enquanto direitos fundamentais. In: PIOVESAN, Flávia. GARCIA, Márcia (Org). *Doutrinas Essenciais Direitos Humanos: direitos econômicos, sociais, culturais e ambientais*. São Paulo: RT, 2011.

CORTI, Horacio G. *Critica y defensa de la supremacia de la Constitución*. Buenos Aires: LA LEY, 1997-F, 1033.

DOMINGUES, José Marcos. Orçamento, políticas públicas e direitos humanos, *Monitor Mercantil*, 09 nov. 2011.

_______. Orçamento e Incerteza jurídica, *Valor Econômico*, 10 jan. 2013.

DWORKIN, Ronald. *Levando os Direitos a sério*. São Paulo: Martins Fontes, 2007.

FARIA, José Eduardo. O Judiciário e os Direitos Humanos e Sociais: notas para uma avaliação da justiça brasileira. In: FARIA, José Eduardo. Direitos Humanos, *Direitos Sociais e Justiça*, São Paulo, Malheiros, 2010.

FERREIRA, Pinto. *Comentários à Constituição Brasileira*. São Paulo: Saraiva, 1989.

FREEDMAN, Diego. *Un análisis del presupuesto desde la perspectiva de los derechos humanos*. Lecciones y Ensayos, nº 89, 2009. Os 301-309.

HABERMAS, Jurgen. *Um ensaio sobre a Constituição da Europa*. Lisboa: Edições 70, 2012.

MASSA-ARZABE, Patrícia Helena. Dimensão jurídica das políticas públicas. *In*: BUCCI, Maria Paula Dallari. *Políticas Públicas: reflexões sobre o conceito jurídico*. São Paulo: Saraiva, 2011.

MAURÍCIO JR., Alceu. *A revisão judicial das escolhas orçamentárias: a intervenção judicial em políticas públicas*. Belo Horizonte: Editora Fórum, 2009.

NASCIMENTO, Carlos Walder. *Finanças Públicas e Sistema Constitucional Orçamentário*. Rio de Janeiro: Forense, 1995.

OLIVEIRA, Regis Fernandes. *Curso de Direito Financeiro*. São Paulo: RT, 2010.

PIOVESAN, Flávia. *Direitos Humanos e o Direito Constitucional Internacional*. São Paulo: Saraiva, 2008.

_______. Proteção Internacional dos Direitos Econômicos, Sociais e Culturais. In: SARLET, Ingo Wolfang (Org), *Direitos Fundamentais Sociais; Estudos de Direito Constitucional, Internacional e Comparado*. Rio de Janeiro: Renovar, 2003.

SABBAG, Cesar. *Orçamento e Desenvolvimento: Recurso público e dignidade humana: o desafio das políticas desenvolvimentistas*. Campinas: Millennium, 2007.

SARLET, Ingo Wolfgang. Os Direitos Fundamentais na Constituição de 1988. In: PIOVESAN, Flávia. GARCIA, Márcia (Org). Doutrinas Essenciais Direitos Humanos: direitos econômicos, sociais, culturais e ambientais. São Paulo: RT, 2011.

TRINDADE, Antônio Cançado. *Tratado de direito internacional de direitos humanos*. Porto Alegre: Sergio Fabris, 1997.

VILLEGAS, Hector Belisario. *Curso de finanzas, derecho financiero y tributario*. Buenos Aires: Astrea, 2009.

UMA REFLEXÃO SOBRE JUSTIÇA SOCIAL, POLÍTICAS PÚBLICAS E ORÇAMENTO SOB A ÓTICA PROCESSUAL DO PODER JUDICIÁRIO: FISCALIZAÇÃO E CONTROLE

Maria Helena Couto Fortes

RESUMO: Este estudo busca expor a inafastabilidade de efetivação dos direitos sociais fundamentais, que, em razão de sua natureza, necessitam ser consolidados através de políticas públicas, cujos custos devem estar previstos no orçamento público. Discute, ainda, o papel do Poder Judiciário no controle, fiscalização e efetivação desses direitos, no caso de omissão ou desvio dos demais poderes. Lança, também, um olhar sobre os escopos do processo, e este como instrumento de atuação da jurisdição estatal e sua concepção como método de pacificação social e efetivação dos direitos fundamentais, a partir de um contraditório pleno e participativo, para o alcance da chamada Justiça Social.

Palavras-chave: Justiça Social. Políticas Públicas. Orçamento. Controle. Fiscalização. Poder Judiciário. Processo.

I. INTRODUÇÃO

Certas questões são especialmente tormentosas no cenário do Direito, porque suas respostas exigem que se deixem certas zonas de conforto, obrigando à ruptura de alguns dogmas, ou, pelo menos, impondo uma flexibilização destes, com a percepção de certos problemas sob uma perspectiva diferente daquela que se diz corrente.

Uma dessas questões é a exata compreensão de como devem atuar os Poderes do Estado, ou seja, o Executivo, o Legislativo e o Judiciário, e se a esfera de atuação de cada um é absolutamente distinta da do outro, ou se, na verdade, estão entrelaçadas, umas com as outras. Partes que, isoladas, nada significam; mas, juntas, compõe um todo satisfatório.

No caso deste estudo, procurou-se indagar da possibilidade de o Poder Judiciário interferir na atividade dos Poderes Executivo e Legislativo, quanto ao planejamento, elaboração e implementação dos direitos sociais, no orçamento público, nas políticas públicas, partindo da expressa previsão desses direitos no texto constitucional. A interferência aqui mencionada não diz respeito, contudo, a uma superposição de comandos, mas de cooperação e interação de procedimentos para a consecução do fim constitucionalmente previsto.

A discussão desta questão não é nova, nem recente. Mas o que se pretende é visualizar o problema levando em conta, além das funções de cada Poder, o processo, sua finalidade e sua concepção de método/instrumento de atuação de um dos Poderes da na persecução da Justiça Social, objetivo que deveria pautar a atividade do Estado na realização do bem comum.

Se a ninguém é dado descumprir a norma constitucional não se pode admitir que a regra exclua de sua seara de imposição qualquer dos atos dos Poderes do Estado, o que, corriqueiramente, acaba por acontecer, ao argumento de incapacidade financeira ou econômica, sem fundamentos mais relevantes e atuais do que a teoria da reserva do possível e do mínimo existencial. É preciso pensar e refletir sobre esta atuação.

II. JUSTIÇA SOCIAL: AS POLÍTICAS PÚBLICAS

A definição ou concepção do que é a Justiça varia conforme a maior ou menor importância que se dê a um ou outro elemento integrativo do conceito ao qual se vai aderir, embora a questão da igualdade ou do tratamento igualitário entre as pessoas seja sempre um elemento integrativo inafastável. Não se pode falar em justiça partindo da premissa de que as desigualdades entre as pessoas ou membros de uma comunidade não podem ser superadas. Para BOBBIO[1]

> Enquanto liberdade e igualdade são termos muito diferentes tanto conceitual como axiologicamente, embora apareçam com frequência ideologicamente articulados, o conceito, e também o valor da igualdade, mal se distinguem do conceito e do valor da justiça na maioria de suas acepções, tanto que a expressão liberdade e justiça é frequentemente utilizada como equivalente da expressão liberdade e igualdade.

Portanto, a busca pela justiça deve sempre pautar-se pela busca da igualdade, pois

> Uma relação de igualdade é uma meta desejável na medida em que é considerada justa, onde por justa se entenda que tal relação tenha a ver, de algum modo, com a ordem a instituir ou a restituir (uma vez abalada), isto é, com um ideal de harmonia das partes de um todo, entre outras coisas, porque se considera que somente um todo ordenado tem a possibilidade de durar.[2]

---

1 BOBBIO, Norberto. Igualdade e Liberdade. Disponível em: <http://www.visionvox.com.br/biblioteca/n/Norberto-Bobbio-Igualdade-e-Liberdade.txt>. Acesso em 15/06/2014.

2 *Idem.*

Além deste aspecto da igualdade, a questão da Justiça sempre pode ser discutida e analisada tomando por base distintas relações, quais sejam: (1) entre os indivíduos, (2) entre a comunidade e o indivíduo e, (3) entre o indivíduo e a comunidade. Esta terceira via é a que se costuma chamar de Justiça Social, que privilegia a coletividade, ou seja, a realização da igualdade entre os indivíduos através contribuição de cada indivíduo em prol da coletividade. Afirma BARZOTTO[3]

> A Justiça Social, por sua vez, trata as relações do indivíduo com a comunidade (...). Não faz nada além de determinar quais são os deveres em relação a todos os membros da comunidade. Assim, os deveres de proteção ao meio ambiente, dizem respeito, diretamente, àquilo que o individuo deve à comunidade como um todo, mas indiretamente, a todos os membros (...).
> Assim, a justiça social ao regular as relações do indivíduo com a comunidade, não faz mais do que regular as relações do individuo com outros indivíduos, considerados apenas a sua condição de membros da comunidade.

Fica evidente, então, que para pensar em Justiça Social é preciso pensar que a sua finalidade repousa nos direitos humanos e na dignidade da pessoa humana, pois que a sua essência não trata de dar a cada um o que lhe é devido segundo seus méritos, mas sim de garantir ao ser humano aquilo que lhe é devido enquanto ser humano. Logo, Justiça Social é aquela que consiste em dar a cada membro da sociedade a possibilidade de exercício pleno dos direitos fundamentais inseridos na legislação em vigor, especialmente aqueles garantidos em sede constitucional.

Portanto, quando se fala em Estado e Justiça Social (o chamado Estado Social) o enfoque há de ser naquilo a que o Estado está obrigado em relação aos indivíduos a fim de garantir-lhes o gozo dos direitos que permitam a todos alcançar o status de iguais entre si, direitos estes que podem estar positivados de forma direta (lei) ou sob o manto dos princípios reguladores da organização estatal. Um cuidado é necessário: afastar o pensamento de que o Estado Social seja sinônimo de Estado Socialista.

No Estado Socialista a intervenção busca eliminar as diferenças entre as classes sociais[4], enquanto que no Estado Social a busca é pela satisfação de certos direitos fundamentais através da atuação estatal na garantia destes. Segundo DANTAS,[5]

---

3 BARZOTTO, Luis Fernando. Justiça Social – Gênese, estrutura e aplicação de um conceito. Disponível em : <http://www.planalto.gov.br/ccivil_03/revista/Rev_48/artigos/ART_LUIS.htm>. Acesso em 17/04/2013.

4 Do ponto de vista sociológico, socialismo é a "doutrina que preconiza a propriedade coletiva dos meios de produção (a terra e o capital), e a organização de uma sociedade sem classes." (Socialismo. *In* MICHAELIS. Moderno Dicionário da Língua Portuguesa. Melhoramentos: São Paulo: 1998, p. 1961).

5 DANTAS, Ivo. Constituição e Processo. 2ª ed. Juruá. Curitiba: 2007, p. 56.

> A Política Econômica do denominado Estado Social – como já notara Bonavides – assume, assim, conteúdo diferente daquele constitucionalizado pelos modelos do Liberalismo e do Socialismo. Ao invés da omissão do Estado ou de sua presença total na vida econômica e social, temos liberdade individual condicionada à ação do Poder Público objetivando satisfazer às necessidades da sociedade como um todo.

No caso brasileiro, as questões desta natureza – ordem social – estão tratadas na Constituição Federal de 1988[6] que estabeleceu, em várias de suas disposições, quais seriam os direitos sociais, a quem competiria sua defesa, como seriam ou poderiam ser realizados, etc. Esta foi, portanto, a opção do Constituinte: deixar inequívoca a ideia de que, em se tratando de direitos sociais,[7] a conclusão inafastável seria a de que há o dever (e a obrigação) de o Estado agir em sua garantia (contraprestação estatal), de modo que aquele que se sentir lesado pode exigir do Estado uma conduta positiva (ação e concretização) ou negativa (vedação ou cessação de violação).

Todavia, não é possível descuidar de outra verdade, qual seja a de que o agir estatal para a satisfação das necessidades do todo social, mesmo para a eliminação das desigualdades, está jungido às condições concretas de que disponha para o alcance deste desiderato, e ao desenvolvimento de um procedimento pensado e direcionado para o alcance dessas ações, o que se costuma denominar de políticas públicas, que podem ser entendidas como[8]

> A totalidade de ações, metas e planos que os governos (nacionais, estaduais ou municipais) traçam para alcançar o bem-estar da sociedade e o interesse público (...).

---

6 Na verdade, já existiram disposições constitucionais anteriores que tratavam dos direitos sociais, podendo-se citar, apenas à guisa de exemplo, e tomando por base a anterior Constituição de 1967 (EC nº 1/69), a disposição contida no artigo 160 de que a "ordem econômica e social tem por fim realizar o desenvolvimento nacional e a justiça social", ou a gratuidade nos estabelecimentos oficiais de ensino primário (art. 176, II). Portanto, a visão de justiça social não é algo tão recente em nosso ordenamento, mas, com toda certeza a diferença reside na conscientização ou percepção da sociedade a respeito destes direitos.

7 Não é possível deixar de mencionar, é certo, as gerações dos direitos humanos, relativamente à sua implementação e garantia. É cediço que os direitos humanos desenvolveram-se em gerações ou dimensões, podendo-se designar como de primeira geração os chamados direitos civis e políticos, que impõem um não agir ao Estado; os de segunda geração, chamados de direitos econômicos, sociais e culturais, que exigem prestações do Estado na sua implementação; os de terceira geração, quais sejam os direitos de fraternidade e solidariedade, caracterizando-se como difusos e coletivos e os de quarta geração (ainda sem consenso doutrinário) englobando os direitos relativos aos avanços tecnológicos, como o biodireito.

8 SERVIÇO DE APOIO ÀS PEQUENAS E MÉDIAS EMPRESAS – SEBRAE. Manual de Políticas Públicas. Políticas Públicas: conceitos e práticas. Série Políticas Públicas, vol. 7. Supervisão Brener Lopes e Jeferson Ney Amaral. Coordenação Ricardo Wahrendorff Caldas. Belo Horizonte: Sebrae/MG, 2008. pp. 5-6. O manual em questão foi obtida por meio eletrônico, encontrando-se disponível em: <http://pt.scribd.com/doc/202942394/MANUAL-DE-POLITICAS-PUBLICAS>. Acesso em 12/07/2014.

> Ou seja, o bem-estar da sociedade é sempre definido pelo governo e não pela sociedade. Isto ocorre porque a sociedade não consegue se expressar de forma integral. Ela faz solicitações (pedidos ou demandas) para os seus representantes (deputados, senadores e vereadores) e estes mobilizam os membros do Poder Executivo, que também foram eleitos (tais como prefeitos, governadores e inclusive o próprio Presidente da República) para que atendam as demandas da população.[9]

Num governo de ideologia liberal, que prega ou ressalta o individualismo, de modo que cada um progrida apenas por seus próprios méritos, sem que o Estado imiscua-se na realização destas vitórias, as políticas públicas nem sempre se preocupam com a implementação da igualdade entre os indivíduos, nem tampouco em suprir as necessidades dos menos favorecidos, limitando-se ao fornecimento de um mínimo necessário à mera sobrevivência (ou pouco mais que isso), sem preocuparem-se em implementar condições para que todos possam alcançar um efetivo bem-estar.

Porém, em um Estado Social, a atividade deve desenvolver-se através de ações que permitam alcançar uma igualdade material, dando a todos as mesmas oportunidades e permitindo o desenvolvimento coletivo. Estas ações não podem limitar-se à adoção de algumas providências aparentemente eficazes, sem a implementação de outras que permitam ou proporcionem aquela eficácia primeira. Não basta, por exemplo, construir uma escola, se as crianças (ou parte delas) não têm meios de chegar até ela ou se não podem frequentá-la porque trabalham para sustentar-se; não basta garantir um trabalho, mas garantir que esse trabalho tenha uma remuneração justa; não basta prender o criminoso, mas permitir sua ressocialização.

Por isto é que na seara constitucional foram estabelecidas políticas públicas que, independente das ideologias partidárias ou da vontade do governante num dado momento, devem ser obrigatoriamente desenvolvidas, pois tratam da efetivação das condições de pleno desenvolvimento dos membros da sociedade, citando-se como exemplos os artigos 196 (garantia de políticas sociais para a saúde); 201, parágrafo 12 (sistema especial de inclusão previdenciária para trabalhadores de baixa renda); 203, V (a garantia de um salário mínimo de benefício mensal à pessoa portadora de deficiência e ao idoso que comprovem não possuir meios de prover à própria manutenção) e 208 (garantia de educação básica gratuita).

Todavia, é preciso compreender que tais ações exigem um potencial econômico que as sustentem por força dos dispêndios que geram, potencial este que vai ser extraído dos recursos captados pela administração pública através, por exemplo, dos

9 O grande problema, que foge dos limites deste estudo, é a validade do sistema eleitoral vigente e se o mesmo permite que os eleitores conheçam a doutrina econômica e social que orienta este ou aquele partido ou se o sistema eleitoral é apenas uma *formalidade*, um arremedo de participação popular nos destinos do País. Há, talvez, uma crise de representatividade no País, que torna desacreditada a classe política que integra os Poderes Executivo e Legislativo, embora não se adote nenhuma medida concreta para alterar ou modificar o quadro político de descrença e desinteresse.

impostos pagos pelos próprios membros da sociedade (justiça social exige a contribuição de todos, para todos). E aqui começam os entraves e obstáculos que dificultam o pleno exercício e gozo dos direitos sociais ou, em outras palavras, a efetivação da Justiça Social: a necessidade das medidas de efetivação e a carência de meios para a sua implementação.

1. As políticas públicas, os direitos sociais e o orçamento público

Partindo do que se disse antes, isto é, que os direitos sociais devem ser garantidos a todos, agiu corretamente o legislador constitucional quando fez inserir no texto não apenas os direitos em si, mas também a obrigatoriedade de estabelecimento de políticas públicas para a sua implementação (ao menos para alguns), bem como prioridades em relação a certas classes sociais e a imposição de sua inafastabilidade. A respeito de algumas dessas políticas públicas cabe dizer que estão desde logo constitucionalizadas, pois encontram na Carta Magna sua finalidade e os meios financeiros correspondentes.

É isso que acaba por consagrar um Estado voltado para o social, que é capaz de intervir nas esferas econômicas, sociais e políticas para tentar equilibrar as oportunidades de todos, e, ainda, para fazer atuar os direitos fundamentais previstos na ordem constitucional. Como o Estado, ou o seu poder de atuação, depende dos recursos financeiros de que dispõe (que são em essência limitados, enquanto que as necessidades são ilimitadas), é preciso estabelecer como serão aplicados os recursos disponíveis (ou a serem recolhidos), o que é feito através do orçamento público, que, segundo BALEEIRO,[10]

> É o ato pelo qual o poder legislativo prevê e autoriza ao Poder executivo, por certo período e em pormenor, as despesas destinadas a funcionamento dos serviços públicos e outros fins adotados pela política econômica ou geral do país, assim como arrecadação das receitas criadas por lei.

Ressalte-se que a definição acima fala em previsão e autorização (como comandos de atuação), bem como em política econômica ou geral do País, o que comprova sua finalidade precípua de comando. Mas não é admissível ficar limitado a esta concepção, devendo a interpretação do conceito ir além, abrangendo a percepção de que as previsões de crédito e débito exigem consonância com as demais disposições constitucionais a respeito da efetivação dos direitos sociais nela previstos. Segundo GADELHA,[11]

---

10 BALEEIRO, Aliomar. Uma Introdução à Ciências das Finanças. 14ª ed. Forense. Rio de Janeiro: 2005, p. 387.

11 GADELHA, Ana Lucia Lima. O orçamento público participativo como instrumento de efetivação da cidadania (Avaliando a Experiência de Fortaleza). Fortaleza, 2010. Dissertação de Mestrado. Universidade Federal do Ceará, p. 59.

> Atualmente o orçamento público é tanto um instrumento de programação da ação de governo, considerado também os seus órgãos em particular, como um mecanismo de controle sobre as finanças públicas. Com efeito, o orçamento público possibilita o detalhamento dos objetivos e metas da Administração Pública, bem como o custo desses serviços para a sociedade.

E, no mesmo sentido, LOBO TORRES:[12]

> Já não se pode admitir um orçamento sem compromissos, apenas para cumprir determinação legal. Já não se aceita o governante irresponsável. Já vai longe o tempo em que se cuidava de mera peça financeira, descompromissada com os interesses públicos. Já é passado o momento em que as previsões frustravam a esperança da sociedade. (...) À evidência das respostas às questões formuladas leva-nos à conclusão de que o orçamento não pode ser mera peça financeira, nem apenas simples plano de governo, mas representa o compromisso político de cumprimento de promessas sérias levadas ao povo. A previsão desperta esperança, expectativa de satisfação dos compromissos, certeza de que os desejos serão atendidos.

Em assim sendo, é preciso abandonar a teoria de que o orçamento é mero ato administrativo (cujo expoente foi Paul Laband),[13] para entendê-lo como lei em sentido material, na vertente defendida por Sáinz de Bujanda,[14] ou seja, o orçamento tem natureza de lei material, criadora de direitos e inovadora da ordem jurídica, ou seja, lei em sentido pleno, de conteúdo normativo, com eficácia material constitutiva.

A compreensão do orçamento como lei material permite acatar a possibilidade de exigir-se que o mesmo seja efetivado e implementado pelos governantes, cumprindo a destinação das verbas consignadas, pois, se assim não for, ficaríamos sem mecanismos

---

12 *Apud* Francisco Gilney Bezerra de Carvalho Ferreira, in "Das controvérsias doutrinárias quanto à natureza das leis orçamentárias e suas implicações jurídicas na discussão acerca do modelo impositivo de orçamento." Disponível em: <http://jus.com.br/artigos/21318/das-controversias-doutrinarias-quanto-a-natureza-as-leis-orcamentarias-e-suas-implicacoes-juridicas-na-discussao-acerca-do-modelo-impositivo-de-orcamento>. Acesso em 14/06/2013.

13 Paul Laband foi um jurista alemão que viveu nos séculos XIX e XX (1838-1918), considerado um expoente em Direito Constitucional, mas que pregava que os atos da administração pública não poderiam ser, de forma alguma, questionados, ignorando a base política do Direito Constitucional, o que o tornou alvo de muitas críticas. Segundo MARCUS ABRAHAM (Curso de Direito Financeiro. 2ª.ed. Elsevier. Rio de Janeiro: 2013, p.276. Disponível em: < https://play.google.com/books/reader?id=YRcGAAAAQBAJ&printsec=frontcover&output=reader&hl=pt_BR&pg=GBS.PP1>, em versão e-book), referindo o ensinamento de José Marcos Domingues, a teoria do orçamento como ato administrativo buscava, apenas, "legitimar a superioridade do Executivo sobre o Parlamento, cuja palavra seria apenas uma formalidade, e a ideia de que o descumprimento do orçamento não teria o caráter de infração jurídica".

14 *Idem,* obra citada na nota 13.

de ação quando o orçamento não fosse cumprido, isto é, quando as políticas públicas acolhidas em suas rubricas não fossem implementadas, ou, então, quando, mais grave ainda, não fossem nele contempladas as políticas públicas estabelecidas na própria Constituição Federal.

A admissão da fiscalização e controle do orçamento e das políticas públicas deve partir de duas premissas, obrigatoriamente: a) a de que as normas constitucionais obrigam ao seu cumprimento e que aquelas que estabelecem certas políticas públicas não são meramente programáticas, no sentido de que apenas obrigam à criação de um programa, mas sim de que obrigam a cumprir o que nelas esteja indicado, estabelecido, determinado, e, b) a de que, uma vez elaborado o orçamento pelo Executivo, e aprovado pelo Legislativo, passa ele a ser lei, com a previsão de direitos, deveres e obrigações para todos e tal qual qualquer outra pode ser invocada em favor de seu beneficiário, de forma autônoma ou através de um substituto processual.[15]

III. DA INTERVENÇÃO DO PODER JUDICIÁRIO: CONTROLE POSSÍVEL OU INAFASTÁVEL?

Segundo o artigo 2º da Carta Constitucional, os poderes do Estado – Executivo, Legislativo e o Judiciário – são independentes e harmônicos entre si, o que poderia levar a uma ideia preliminar de que nenhum pode intervir no campo de atuação do outro. Neste raciocínio, administrar seria algo privativo do Executivo e criar normas legais, do Legislativo. Ao Judiciário caberia aplicar a lei, o que já é, essencialmente, uma função de impor uma certa conduta a outrem; subordinação, portanto.[16]

Mas, se a atuação dos Poderes Executivo e Legislativo (competência, formas de atuação, finalidades, etc.) estão, essencialmente, previstas na Lei Maior que estabelece como cada um deve atuar, a pergunta a ser feita, então, é: e se o Legislativo e o Executivo não agirem conforme determinado na lei, deve o Judiciário impor a prática da conduta prevista em lei? Parece que a resposta deve ser positiva.

Partindo da premissa de que o orçamento e as políticas públicas devem (não só podem) ser cumpridas pelo Governo, em virtude do caráter de lei material que o primeiro ostenta e da impositividade da norma constitucional, é preciso pensar no papel do Poder Judiciário como o poder encarregado de efetivar os direitos previstos na lei, no caso de inércia ou desídia, até porque é esta a sua função precípua: fazer cumprir a lei.

A discussão a respeito dos limites deste agir judiciário parece ter ficado refém de algumas premissas que, na verdade, não são o centro do problema. A principal a tratar é a que diz respeito ao desvio das funções inerentes a cada um dos Poderes. É corriqueiro

---

15 A substituição processual é uma das espécies de legitimação extraordinária, permitindo que outrem, que não o titular o direito pretendido, venha, em nome próprio, defendê-lo.

16 Refere-se aqui às funções precípuas e típicas de cada um dos poderes, embora não se desconheça que existem funções atípicas desenvolvidas por cada um, como, por exemplo, o poder do Judiciário de organizar-se administrativamente ou do Executivo de editar normas legais.

deparar-se com afirmações no sentido de que o Judiciário extrapola os limites de suas funções quando determina que o Executivo promova esta ou aquela política pública ou conceda individualmente algum direito reconhecido constitucional ou legalmente contra o Estado.[17]

Há quem veja neste tipo de atuação do Poder Judiciário uma ausência de legitimidade por conta da não representatividade de seus membros, que não são eleitos pelo povo. Penso que a afirmação é falaciosa, e busca dar credibilidade a um conveniente (para a administração pública) desvio do foco central do problema, que é a obrigatoriedade de implementação do direito através do cumprimento da norma. Ora, quem dá legitimidade ao agente público é o povo, que o faz não apenas, e tão somente, através do voto, mas também quando busca seus direitos junto a quem pode satisfazê-los.

> Nesta perspectiva o Judiciário está em fraca vantagem para a implementação desta democracia participativa, porquanto é o mais legitimado das três funções do Estado para realizar as promessas da modernidade. Como, se o povo ativo escolhe seus governantes: Legislativo e Executivo? Donde estaria a legitimidade democrática do Judiciário que não é eleito nem escolhido por esse ator decisivo que é o povo? Sua legitimação decorre não do sufrágio universal como nas outras esferas de poder, mas de uma legitimação procedimental que encontra no irrestrito acesso ao Judiciário, no contraditório, na publicidade e na fundamentação os mais altos desígnios da legitimidade democrática, pois é através do processo, como garantia constitucional do Estado Democrático de Direito que o direito é realmente criado e não a lei.[18]

Isto significa que o Poder Judiciário também é legitimado a agir em favor dos membros da sociedade se, e quando, os seus representantes políticos assim não fazem. Pode-se até alegar tratar-se de uma legitimidade subsidiária, mas não se pode negar a validade da legitimação. Afasta-se, assim, a ideia de que o povo não concedeu ao Poder Judiciário o *direito* de agir na implementação das políticas públicas.

Embora seja verdadeira esta ideia de que o Poder Judiciário pode agir como legitimado em favor do direito do povo, ela não esgota a validade e legalidade do agir judicial, nem é seu único fundamento. É que os antagonistas da ideia acabam por menosprezar um outro problema que se apresenta quando se defende a inércia do Poder Judiciário: a atuação dos Poderes deve ser feita em conjunto com vistas à consecução

17 Outra seria a incapacidade técnica dos membros do Judiciário para analisar e deliberar a respeito de certas questões, e, uma terceira, a de que o Judiciário não gozaria da chancela da representação política dada pelo voto, uma vez que seus integrantes não são eleitos pelo povo (e para o povo). Mas, lembre-se: a legitimação da sua atuação é dada pela Constituição Federal que foi fruto do poder constituinte, exercido por aqueles regularmente investidos na função pela sociedade.

18 RIBEIRO, Darci Guimarães. SCALABRINI, Felipe. O papel do processo na construção da democracia: para uma nova definição da democracia participativa. Disponível em: < http://online.unisc.br/seer/index.php/direito/article/viewFile/561/1001>. Acesso em 05/06/2014.

de um bem maior – a Justiça Social. Por isto é que a Constituição Federal estabelece, em seu artigo 3º, como objetivos principais da República Federativa do Brasil: a) a construção de uma sociedade livre, justa e solidária; b) a garantia do desenvolvimento social; e c) a erradicação da pobreza e da marginalização e a redução das desigualdades sociais e regionais. E isto se faz com atuação cúmplice e conjunta.

No entanto, parece que hoje, quando alguns se referem aos Poderes, supervalorizam a qualificadora *independência* em detrimento da qualificadora *harmonia*. Certamente que cada um deve operar na sua esfera autônoma de atuação, precipuamente; mas é preciso que os atos de cada um convirjam para alcançar aqueles objetivos principais acima citados, de forma equilibrada.[19]

A necessidade de distribuição dos poderes é feita não para resguardar esferas ou searas de poder, mas para permitir a efetiva busca do bem-estar da sociedade, razão pela qual não é só aceitável, mas indispensável, algum tipo de coparticipação ou colaboração dos Poderes, em maior ou menor grau, de modo a evitar que desvios de conduta possam macular ou prejudicar o desenvolvimento social. Esta possibilidade de atuação conjunta para o alcance dos objetivos do Estado, contudo, deve ser desenvolvida e fixada nos termos em que estabelecida na própria Constituição do Estado, a qual, por outro lado, preconiza o controle de um poder por outro, que no sistema constitucional norte-americano se denominou "checks and balances". Tanto é assim que, no caso de situações de relevância e urgência, o Poder Executivo pode "adotar medidas provisórias, com força de lei" (artigo 62), enquanto que o Poder Legislativo pode "autorizar o presidente da república a declarar guerra", "aprovar estado de defesa e intervenção federal" (artigo 49). E, da mesma forma, ao Poder Judiciário cabe a "declaração de

---

19 A teoria da tripartição de Poderes, apresentada por Charles-Louis de Secondat, Barão de Brède e de Montesquieu, mais conhecido como Montesquieu, surgiu em sua obra "O Espírito das leis" (Livro 11º, Capítulo VI), é sempre invocada para justificar a impossibilidade de invasão das esferas de atuação de cada um dos Poderes da União, entre si. Todavia, a leitura mais atenta deixa evidente que a divisão apregoada não tratava de competência, apenas; a necessidade da divisão era (e é, ainda) para evitar a concentração do poder por uma única pessoa, em razão dos males que isto poderia acarretar. Afirma ele "Existem em cada Estado três tipos de poder: o poder legislativo, o poder executivo das coisas que emendem do direito das gentes e o poder executivo daquelas que dependem do direito civil. Com o primeiro, o príncipe ou o magistrado cria leis por um tempo ou para sempre e corrige ou anula aquelas que foram feitas. Com o segundo, ele faz a paz ou a guerra, envia ou recebe embaixadas, instaura a segurança, previne invasões. Com o terceiro, ele castiga os crimes, ou julga as querelas entre os particulares. Chamaremos a este último poder de julgar e ao outro simplesmente poder executivo do Estado. (...) Quando, na mesma pessoa ou no mesmo corpo de magistratura, o poder legislativo está reunido ao poder executivo, não existe liberdade; porque se pode temer que o mesmo monarca ou o mesmo senado crie leis tirânicas para executá-las tiranicamente. Tampouco existe liberdade se o poder de julgar não for separado do poder legislativo e do executivo. Se estivesse unido ao poder legislativo, o poder sobre a vida e a liberdade dos cidadãos seria arbitrário, pois o juiz seria legislador. Se estivesse unido ao poder executivo, o juiz poderia ter a força de um opressor." (o livro em questão foi baixado, gratuitamente, via internet, em formato PDF). Disponível em: <http://portugues.free-ebooks.net/ebook/O-espirito-das-Leis/pdf/view>. Acesso em 05/06/2014.

inconstitucionalidade de lei ou ato normativo do Poder Público" (artigo 97), e a guarda da Constituição (artigo 102).

E esta última disposição citada – a guarda da Constituição como função do Supremo Tribunal Federal – é o permissivo jurídico-constitucional que justifica e exige a atuação do Poder Judiciário na implementação e efetivação de certos direitos sociais que, previstos na Constituição Federal, estão igualmente por esta autorizados a serem regulados, disciplinados, implementados e satisfeitos pelos Poderes Executivo e Legislativo. Em razão do tema do presente estudo, ou seja, a intervenção do Poder Judiciário no controle do orçamento e da gestão das políticas públicas, invoca-se o ensinamento de DOMINGUES:[20]

> Cabe ao Legislativo e ao Executivo a tarefa de orçar e depois gerir os recursos do povo com eficiência (artigo 37) de acordo com as prioridades deste de forma a atender os anseios dele. Para isso a Constituição exige orçamento e prestação de contas anuais. E ela própria estabeleceu políticas públicas para educação (artigo 205), saúde (artigo 196), infância e adolescência (artigo 203, I), por exemplo. O Legislador não pode se demitir do dever de legislar sobre elas e de prover-lhes recursos; não pode deixar ao Executivo margem de manipulação do orçamento que a este cabe apenas cumprir.

Portanto, é aí que o Poder Judiciário pode e deve atuar, pois, quando os Poderes Executivo e Legislativo deixam de contemplar políticas públicas e de suprir as necessidades sociais da comunidade violam a Constituição Federal. E o Poder Judiciário não pode demitir-se da sua função de guarda da Carta Magna quando provocado, deixando de exigir o cumprimento destas políticas públicas ao argumento de interferência ou violação da independência dos poderes. Norma constitucional é superior e suprema. E esta supremacia e superioridade não decorrem, pura e simplesmente, do poder de império nela contido, senão do próprio direito que ela busca regular. O mais importante é, sem dúvida, realizar o direito social contido na norma fundamental e que está sendo objeto de reclamo por parte de que se diz dele titular.

Não se trata, portanto, de pretender ou afirmar que o Poder Judiciário passa a ser um suprapoder, que subjuga os demais, ou de que se deve reverência à vontade dos juízes. Estes, tanto quanto aqueles, são servos das leis, e se não cuidassem de fazer estas atuarem, não estariam realizando o direito. Deixariam, pois, de cumprir o seu papel precípuo. DANTAS[21] afirma:

20 DOMINGUES, José Marcos. É necessário orçamento sério e prestação de contas. Disponível em: < http://www.conjur.com.br/2013-jun-21/jose-domingues-necessario-orcamento-serio-prestacao-contas>. Acesso em 15/4/2014.

21 *Op.cit.*, p. 204.

> Um ponto deve ser ressaltado: se as Declarações de Direitos Individuais enumeram, positivando, aqueles que são próprios do homem, isto tudo seria em vão se, em última análise, não estivessem constitucionalmente consagrados os meios de fazê-los respeitados, pelo que podemos recordar que o atual sistema constitucional brasileiro, com tal finalidade, consagra os Remédios Constitucionais do Mandado de Segurança Individual, Plúrimo ou Coletivo; do Habeas Data e Habeas Corpus; do Mandado de Injunção, Ação Civil Pública (...)

Daí a importância da atividade do Poder Judiciário no sentido de dar vida e movimento à norma constitucional. A questão poderia ser tratada como de hermenêutica,[22] pois é preciso estabelecer um processo de determinação do sentido das disposições legais, mas talvez esteja mais afeta ao processo de interpretação e aplicação do sentido da norma constitucional. SLAIBI FILHO[23], em artigo sobre hermenêutica constitucional, afirma que "interpretação é o ato de apreensão da expressão jurídica, enquanto a aplicação da norma é fazê-la incidir no fato concreto nela subsumido", e, prosseguindo, ao tratar da interpretação constitucional, faz interessantes e relevantes considerações:

> A Constituição tem caráter próprio, sui generis, em face de sua supremacia sobre as demais fontes normativas, por sua natureza (...) de que é uma transição entre o ato político e o ato jurídico, levando a sua interpretação a peculiaridades especiais (...)
>
> Note-se que a Constituição, embora se qualificando pela supremacia sobre os demais atos, é também ato jurídico e que, por si só, pelo fato de representar a manifestação de vontade do poder constituinte, intentando transformar a sociedade e o Estado, produz alteração no mundo jurídico e fático.(...)
>
> A Constituição (...) não é "neutra" a respeito de suas consequências jurídicas, pois o simples fato de o legislador constituinte considerar determinada matéria importante o suficiente para adentrar no texto constitucional significa que uma determinada consequência é esperada, por isso.
>
> Como ato político de decisão sobre o modo de existência e organização da sociedade, também não é a Constituição nenhuma esfinge a demonstrar imperturbável imparcialidade na regência dos fatos sociais: na realidade, a Constituição quer que a sociedade, o Estado, todos e cada indivíduo tenham uma conduta específica, de acordo com a situação abstrata que prevê; coloca objetivos expressos e implícitos que devem nortear toda a atuação da sociedade e do Estado, como se vê no artigo 3º. E no art. 5º., XLIV.(...)

---

22 Segundo De Plácido e Silva (Vocabulário Jurídico. vol. II. 3ª ed. Forense, Rio de Janeiro: 1973, p. 761) hermenêutica é "o meio ou o modo por que se devem interpretar as leis, a fim de que se tenha delas o exato sentido ou o fiel pensamento do legislador".

23 SLAIBI FILHO, Nagib. Hermenêutica Constitucional. Doutrina, vol.12, 2ª ed. Coordenação James Tubenlachlak. Instituto de Direito. Rio de Janeiro: 2001, pp. 91-116.

> A Constituição não é imparcial nem desinteressada porque é ato de decisão, e nenhum ato de decisão é desinteressado, pois intenta uma determinada consequência.

Logo, é preciso ler a Constituição Federal tomando por base o "interesse" que orientava a vontade do legislador, o que será de vital importância quando da "interpretação e aplicação" da norma constitucional ao caso concreto, de modo que a "conduta específica" e a "determinada consequência" (referidas acima) possam ser implementada, sob pena de ineficácia constitucional.

Por outro lado, existem carências econômicas que se refletem nas previsões orçamentárias, as quais não podem ser desconsideradas e cujas causas exigiriam estudos específicos, de natureza financeira principalmente. A grande questão, então, é fazer que a atividade judicial atue em conjunto com os demais Poderes de modo a viabilizar o cumprimento das políticas públicas constitucionalmente previstas (aplicação da Constituição, pois), seja exigindo a realocação de recursos constantes do orçamento, seja exigindo a reapreciação destes, ou, então, exigindo o cumprimento do que nele está contido. Mas sempre dialogando com os demais poderes, perquirindo o que foi feito, o que pode ser feito, sem sobreposição de vontades ou desmandos.

Ou seja, se provocado, o Poder Judiciário, que não deve posicionar-se como intérprete exclusivo e único da Constituição (embora o seja em última e irrecorrível instância), deve ponderar sobre a razoabilidade da eventual defesa do Poder levado a juízo por um alegado descumprimento de uma norma ou disposição constitucional. Se inconsistente esta, não só pode o juiz, como deve, adotar as medidas necessárias à máxima satisfação do direito atribuído ao jurisdicionado, buscando auxílio de peritos e técnicos no assunto, recorrendo a audiências públicas, etc., mas, é certo, não pode quedar-se inerte e deixar o direito sem proteção.[24]

Uma vez que o orçamento traduz ou concretiza várias políticas públicas, seria realmente inusitado admitir que, para implementar uma, outras fossem deixadas de lado, sendo este um dos principais argumentos dos que defendem a tese contrária ao controle jurisdicional. Mas, por outro lado, não se pode admitir que certa categoria social, ou certo direito social posto na Constituição Federal, fique sujeito, indefinidamente, ao ar-

24 A modificação deste pensamento passou a vir à tona a partir da década passada, quando começaram a surgir as principais decisões de nossa Corte Suprema a respeito do tema (ADIn 2.925-8/DF, j. 19.12.1993; MI 708, DJE de 31-10-2008; RE-AgR 410.715/SP, DJ 03.02.2006, entre outras), demonstrando que a inércia judicial não poderia mais estar presente diante da ação insuficiente (e ineficiente) do Legislativo e do Executivo. Em sede internacional, os estudos desenvolvidos por Horácio G. Corti a respeito do tema podem ser consideradas emblemáticas, e alteradores de paradigmas, o que pode ser percebido quando ele afirma que: " La Hacienda Pública, el régimen financiero de recursos y gastos, debe sujetarse a la Constitución. Es por ende ilegítimo cualquier intento de invertir el orden jerárquico de las disposiciones, subordinando los derechos constitucionales a las decisiones presupuestarias (In Crítica y defensa de la supremacía de la Constitución. Publicado em La LEY 1997-F, 1033. Disponível em: <http://www.derechoshumanos.unlp.edu.ar/assets/files/documentos/critica-y-defensa-de-la-supremacia-de-la-constitucion-2.pdf>. Acesso em 10/8/2014.

bítrio do administrador ou do legislador. Algumas soluções para este impasse existem, mas são, muitas vezes, deliberadamente ignoradas. Por isso, segundo DOMINGUES[25] este precário argumento não tem razão de ser, porque a solução encontra-se no próprio direito orçamentário que regula o crédito suplementar:

> Ora, é precisamente da vicissitude apontada que padece o atendimento dos direitos fundamentais quando a lei orçamentária, descumprindo a Constituição, aloca recursos insuficiente à satisfação das obrigações de fazer, providências materializadoras das políticas públicas constitucionalizadas ou determinadas em lei com amparo constitucional. O instituto jurídico próprio ao atendimento de decisões judiciais que impactam o orçamento do ente público condenado a providenciar a satisfação material do direito da parte é o crédito suplementar, crédito adicional destinado a reforço de dotação orçamentária, conforme ensina Carlos Valder do Nascimento e está expresso nos arts. 41, I, da Lei 4.320, de 17.03.1964.

Aliás, o Poder Judiciário pode agir de duas formas: a primeira, reconhecendo a eventual inconstitucionalidade de determinada disposição legal (orçamentária) que conflite com as disposições constitucionais a respeito dos direitos ali garantidos e, a segunda, mais positiva, determinando a implementação direta desta espécie de direito.

Esta última faceta de atuação do Judiciário, no qual ele adota postura de suprir omissão no agir estatal, é relativamente nova, nominadas tais decisões como *sentenças aditivas*, que podem ser definidas como aquelas que modelam a norma pela adição de uma norma ou princípio constitucional já existente no ordenamento jurídico, ou seja, sentenças que tentam suprir eventual falta de implementação de um direito de alguém (ou de uma coletividade), a fim de dar efetividade à norma.

Aponte-se, por fim, que o instrumento de atuação do Poder Judiciário, ou seja, o meio através do qual se desenvolve a sua atividade é, em última análise, o processo, que hoje exige uma conceituação muito mais precisa daquela que sempre teve, como via de satisfação dos direitos.

1. O processo e seus objetivos precípuos: legitimação da atuação judicial

O processo, que numa definição mais corriqueira, é entendido como o conjunto de atos destinados à formação de um imperativo jurídico, não se esgota nesta visão objetiva e simplista de um aglomerado de atos. É preciso que se perceba que ele é um instrumento de efetivação dos direitos, de qualquer espécie ou natureza, tanto que pode ser percebido como um método ou sistema de atuação[26] e composição da lide do

25 DOMINGUES. José Marcos. Tributação, Orçamento e Políticas Públicas. Revista Tributária e de Finanças Públicas. São Paulo: Ed. Revista dos Tribunais, Ano 19. Vol. 99, jul-ago/2011, p. 208.

26 THEODORO JR, Humberto. Curso de Direito Processual Civil. Vol. I. 39ª ed. Forense. Rio de Janeiro: 2003, p. 40.

qual não pode prescindir um Estado Democrático de Direito. Um dos mais renomados processualistas do século passado, MAURO CAPPELLETTI[27], reconhece que em todo processo existe sempre uma ideologia que nele é tratada e desenvolvida, uma vez que

> Uma das primeiras e mais elementares noções, pelas quais costumamos iniciar o ensino do direito processual, é a relativa a seu caráter instrumental: a 'instrumentalidade' do processo em geral, e do processo civil em espécie. O direito processual não é, realmente, um fim em si mesmo, porém instrumento volvido ao objetivo da tutela do direito substancial, público e privado; está, por assim dizer, 'ao serviço' do direito substancial, do qual tende a garantir a efetividade, ou melhor, a observância e, para o caso de inobservância, a reintegração.
> A instrumentalidade do direito processual e, portanto, da técnica do processo, impõe, todavia, uma conseqüência de grande alcance. Como qualquer instrumento, também aquele direito e aquela técnica devem realmente adequar-se, adaptar-se, conformar-se o mais estreitamente possível à particular natureza de seu objeto e de sua finalidade, ou seja, à natureza particular do direito substancial e à finalidade de tutelar os institutos do mencionado direito. Tanto mais um sistema processual será perfeito e eficaz, quanto mais for capaz de adaptar-se sem incoerências, sem discrepâncias, àquela natureza e àquela finalidade.

Isto, em outras palavras, equivale a compreender que o processo não pode mesmo ser visto como uma mera sequência de atos e formalidades que são praticados e observados sem maiores reflexões, porque a instrumentalidade que dele é elemento integrador não pode deixar em segundo plano a finalidade para o qual aquele processo foi deflagrado. DINAMARCO[28] traduziu esta instrumentalidade em termos diretos, através do que ele chamou de "escopos do processo", afirmando que o processo tem 1) escopo social, que é a eliminação de conflitos e pacificação com justiça em cada caso concreto, educando as pessoas a respeitar o direitos do outros, sendo esta razão pela qual ele existe e se legitima na sociedade; 2) escopo político: permitir a estabilidade das instituições estatais, através da atribuição de força à lei, reforçando e consolidando a noção de poder estatal (executivo, legislativo e judiciário), realçando a participação política dos cidadãos na vida e nos destinos do Estado, e, 3) escopo jurídico: atuação da vontade concreta do direito (da lei.), regulando as relações entre as pessoas, e viabilizando e concretizando a garantia constitucional de acesso à jurisdição.

---

27 CAPPELLETTI, Mauro. A ideologia no Processo Civil. Revista da AJURIS. Ano VIII. 1981, pp. 16-33. Porto Alegre. Disponível em: <http://livepublish.iob.com.br/ntzajuris/lpext.dll?f=templates&fn=main-j.htm&2.0>. Acesso em 27/05/2014.

28 DINAMARCO, Cândido Rangel. Instituições de Direito Processual Civil. vol. I. 6ª ed. Edit. Malheiros. Rio de Janeiro: 2005, pp. 131-139.

Diferente não é a lição de GRECO[29]

> No Estado Democrático Contemporâneo, a eficácia concreta dos direitos constitucional e legalmente assegurados depende da garantia da tutela jurisdicional efetiva, porque sem ela o titular do direito não dispõe da proteção necessária do Estado ao seu pleno gozo.
> A tutela jurisdicional efetiva é, portanto, não apenas uma garantia, mas, ela própria, também um direito fundamental, cuja eficácia irrestrita é preciso assegurar, em respeito à própria dignidade humana.
> O Direito Processual procura disciplinar o exercício da jurisdição através de princípios e regras que confiram ao processo a mais ampla efetividade, ou seja, o maior alcance prático e o menor custo possíveis na proteção concreta dos direitos dos cidadãos.

É também o ensinamento de GONÇALVES,[30] que vê no processo uma situação jurídica, assim descrita

> O processo, em primeiro momento, sobressai como uma situação jurídica abstrata acumpliciado com o dever de garantia e o dever de segurança jurídica do Estado frente ao cidadão. Está, pois, em uma relação potencial abstrata entre homem e Estado. A afirmação dessa situação jurídica assegura ao cidadão a certeza de que, violado direito seu no plano material (constitucional, civil, penal, comercial, administrativo, tributário, militar, marítimo, eleitoral, a par de outros), o Estado, por sua função jurisdicional (jurisdição é poder, dever, função, abstração), e desde que provocado através do processo, atuará com o fim de afastar a reclamada violação, restabelecendo assim a ordem, a paz, individual e social e a segurança jurídica. (...) Então, ontologicamente, processo é situação jurídica complexa, pluri subjetiva, com sujeitos de posições jurídicas definidas, de natureza essencialmente garantística que, materializando e restringindo a jurisdição por seus atos documentados, a faz efetiva com o fim determinado de fazê-la eficaz.

Se a jurisdição é poder, dever e função (e assim o é), não há dúvida que o Poder Judiciário não poderia, por força da própria concepção do processo, deixar de agir quando provocado, nos casos de omissão dos demais Poderes no que se refere às políticas públicas e a implementação daquelas concretizadas no orçamento ou na

---

29 GRECO, Leonardo. Garantias Fundamentais do Processo: O processo justo. Disponível em:< http://www.redp.com.br/arquivos/redp_1a_edicao_rj.pdf >. Acesso em 19/08/2013.

30 GONÇALVES, Willian Couto. Filosofia do Direito Processual – Estudos sobre a Jurisdição e o Processo fundamentando uma compreensão histórica, ontológica e teleológica. Lúmen Juris. Rio de Janeiro: 2005, p. 171.

Constituição Federal, determinando a satisfação de certos direitos, relegados por quem deveria acatá-los. O processo, pois, legitima a atuação do Poder Judiciário de intervenção e determinação de cumprimento e garantia dos direitos fundamentais previstos na Constituição Federal, sendo indiscutível que ele, tal qual deve ser entendido hoje, permite que o cidadão possa interferir no destino da sociedade em que está inserido, lutando e buscando o tratamento igualitário (no sentido material e não puramente formal) com os seus pares.

> A verdadeira práxis democrática, configuradora de um autêntico Estado de Direito, reside principalmente na efetiva concretização dos direitos e garantias fundamentais e não em meras abstrações legais contidas em um texto normativo. Esses direitos e garantias fundamentais, por sua vez, somente ganham vida através do mais afinado instrumento democrático: o processo. Ele, o processo, se constitui no mais valoroso elemento vivificador das aspirações de uma sociedade reprimida de justiça social, pois encontra no irrestrito acesso ao Judiciário, no contraditório, na publicidade e na fundamentação os mais altos desígnios da verdadeira democracia.[31]

O novo papel do processo está vinculado ao desenvolvimento de um contraditório participativo, que, indo além dos limites da possibilidade de manifestação sobre todos os atos processuais, permite que as partes alcancem, juntamente com o julgador, a solução que se afigurar mais justa no caso concreto. Se assim já o é em se tratando de demandas entre particulares, nas quais os interesses limitam-se às partes, mais necessário é que isto se repita nas demandas nas quais se exige a atuação do Estado na efetivação dos direitos sociais (fundamentais). É neste desenrolar dinâmico e produtivo, que o juiz poderá exercer o papel eu dele se esperar, tornando concreto o que, há anos, nos ensina GRECO:[32]

> Os juízes precisam com frequência renovar a sua têmpera, avaliar o desempenho do Judiciário e de si próprios e aferir se estão com eficiência atendendo à demanda social por Justiça, inserindo nesse processo necessariamente mecanismos de consulta pública e de participação democrática que contribuam para o constante aprimoramento da sua atividade. Os cidadãos precisam confiar no Judiciário como garantia da eficácia dos seus direitos e de uma convivência social pacífica e justa. Essa confiança resulta menos do valor intelectual dos juízes e da erudição das suas decisões, e mais da consciência dos cidadãos de que o Judiciário de fato assume a responsabilidade de buscar com todo o empenho a realização daqueles objetivos, enfrentando e superando todos os obstáculos que se antepõem e colocando-se efetivamente à disposição de todos que dele necessitam.

---

31 *Idem*, obra citada na nota 19.

32 GRECO, Leonardo. O acesso ao Direito e à Justiça. Disponível em: < http://www.mundojuridico.adv.br/sis_artigos/artigos.asp?codigo=420>. Acesso em 18/8/2013.

O devido processo legal, no caso de demandas nas quais se objetiva a efetivação dos direitos fundamentais com fundamento na inação, omissão ou desídia dos Poderes Executivo e Legislativo, vai mostrar sua faceta mais democrática, exigindo que o juiz somente decida quando estiver convicto de que sua atuação não é um simples ato de autoridade, mas uma solução que foi buscada depois de ouvidos todos os interessados e esgotadas as vias conciliatórias possíveis.

2. Do papel do Poder Judiciário na efetivação das políticas públicas: possibilidades

Não se olvide que a Constituição Federal, inovadora e cidadã, não poderia compor um Poder Judiciário acovardado e omisso na imposição dos direitos que, a duras penas, foram conquistados e constitucionalizados. Os artigos 165 e seguintes da Magna Carta tratam do orçamento e têm cristalina redação no que exigem que a previsão do Executivo – chancelada pelo Legislativo, no plano plurianual, das "diretrizes, objetivos e metas da administração pública federal para as despesas de capital e outras delas decorrentes e para as relativas aos programas de duração continuada", e que a lei de diretrizes e bases deverá compreender "as metas e prioridades da administração pública federal"; ela é mais específica, ainda, ao afirmar que a lei orçamentária anual terá que incluir "o orçamento da seguridade social, abrangendo todas as entidades e órgãos a ela vinculados, da administração direta ou indireta, bem como os fundos e fundações instituídos e mantidos pelo Poder Público", que os orçamentos "terão entre suas funções a de reduzir desigualdades inter-regionais, segundo critério populacional".

Diversas políticas públicas previstas na Constituição Federal têm o intuito de mostrar que a Administração tem, obrigatoriamente, que agir da forma programada. Porém, pela limitação do estudo, o exemplo utilizado será o modelo do tratamento dado aos menores e adolescentes na norma constitucional, que comprova a impositividade e imperatividade do comando e que exige uma interpretação estrita, impositiva de conduta. Assim, o artigo 227 da CF prevê:

> Art. 227 – É dever da família, da sociedade e do Estado assegurar à criança, ao adolescente e ao jovem, com absoluta prioridade, o direito à vida, à saúde, à alimentação, à educação, ao lazer, à profissionalização, à cultura, à dignidade, ao respeito, à liberdade e à convivência familiar e comunitária, além de colocá-los a salvo de toda negligência, discriminação, exploração, violência, crueldade e opressão.
>
> (...)
>
> § 3º – O direito a proteção especial abrangerá os seguintes aspectos:
>
> (...)
>
> IV – garantia de pleno e formal conhecimento da atribuição de ato infracional, igualdade na relação processual e defesa técnica por profissional habilitado, segundo dispuser a legislação tutelar específica.

Diante disto, para cumprir o comando constitucional, foi editado o Estatuto da Criança e do Adolescente (ECA) – Lei nº 8.069, de 13 de julho de 1990[33] 35, que determina, em seu artigo 4º:

> Art. 4º. É dever da família, da comunidade, da sociedade em geral e do poder público assegurar, com absoluta prioridade, a efetivação dos direitos referentes à vida, à saúde, à alimentação, à educação, ao esporte, ao lazer, à profissionalização, à cultura, à dignidade, ao respeito, à liberdade e à convivência familiar e comunitária.
> Parágrafo único. A garantia de prioridade compreende:
> a) primazia de receber proteção e socorro em quaisquer circunstâncias;
> b) precedência de atendimento nos serviços públicos ou de relevância pública;
> c) preferência na formulação e na execução das políticas sociais públicas;
> d) destinação privilegiada de recursos públicos nas áreas relacionadas com a proteção à infância e à juventude.

Ora, a Carta Magna fala em "absoluta prioridade" e em "garantia" desta, razão pela qual, partindo-se de uma interpretação séria, não é admissível priorizar outros setores (que até podem precisar de cuidados também) em detrimento deste. Porém, não é o que se vê, corriqueiramente. A Administração Pública por vezes descuida da proteção ao menor e ao adolescente sob o argumento da incapacidade econômica, razão pela qual o Poder Judiciário, quando provocado, não pode permitir que a violação se perpetue.

Certamente é preciso reconhecer que, como dito acima, as necessidades são infinitas e os recursos finitos. Mas é preciso exigir que o administrador (e/ou o legislador) não postergue, indefinidamente, a proteção que a lei lhes impõe na garantia dos direitos sociais previstos constitucionalmente, e que façam inserir nos orçamentos públicos valores que permitam a efetivação da tutela de que se trata.

O Poder Judiciário, através de um processo desenvolvido de forma justa, com contraditório participativo e com juízes cientes da função que exercem, pode e deve adotar medidas que levem o Poder Executivo ou o Legislativo a implementar determinada política pública e incluir nos sucessivos orçamentos dotações orçamentárias bastantes. E o que seria um *contraditório participativo*? Nada mais do que a consagração de um princípio basilar do processo, revestido de uma nova concepção, como diz DESTEFENNI[34]

---

33 A previsão constitucional sobre o estatuto encontra-se no artigo 227, parágrafo 8º, inciso I, sendo certo, também que o artigo 228 da C.F. fala que os menores de dezoito anos são inimputáveis e que deverão sujeitar-se à legislação específica, no caso o ECA. E, se por forma desta legislação, a prioridade a ser dada aos menores é absoluta, também o é no que se refere ao menor infrator.

34 DESTEFENNI, Marcos. Manual de Processo Civil Individual e Coletivo. São Paulo: Saraiva, 2012, p. 45.

> Na clássica definição de Canuto Mendes de Almeida, o contraditório exige a ciência bilateral dos atos e termos processuais e possibilidade de contrariá-los. Na atualidade, o contraditório compreende a garantia de ser cientificado da existência da lide, o direito de integrá-la e de participar e influir no resultado final da prestação jurisdicional. Ou seja, há um trinômio que compõe a garantia do contraditório: integração, ciência e participação.

Em outras palavras, o juiz busca junto às partes uma solução que possa ser viável para ambas e, assim, sem deixar de conceder o direito buscado, o faz ouvindo as possibilidades concretas daquele que é devedor da prestação, sem prejudicar ou impedir o direito de outrem. O ente demandado expõe suas possibilidades e o julgador, ponderando a defesa e os argumentos, determina ou impõe uma solução que não se mostre, ao final, impossível de ser implementada concretamente por falta de recursos. Exige o que for possível diante das limitações orçamentárias da lei em vigor, mas cobra e determina a satisfação plena a médio ou longo prazo. Aqui está a percepção necessária: não estagnar naquilo que é agora possível, mas projetar o que pode e deve ser possível amanhã ou depois.

Um exemplo disto é o que ocorreu no feito de Suspensão de Liminar nº 235, que tramitou no Supremo Tribunal Federal através do qual o Estado do Tocantins pretendia a suspensão de decisão proferida nos autos da Ação Civil Pública n. 20070000258-0/0,[35] proposta pelo Ministério Público Estadual do Tocantins, objetivando a adoção de medidas para afastar as violações dos direitos fundamentais dos adolescentes infratores daquele estado, que eram mantidos em cadeias públicas, distantes de sua família.

O pedido, de forma resumida, buscava exigir do Estado a construção de local adequado para a internação destes menores infratores. Liminarmente, o Ministro Gilmar Mendes determinou que o estado do Tocantins, num prazo de 12 meses, adotasse medidas para afastar tais violações, ressaltando da decisão o seguinte dispositivo:

> Concedo a liminar e determino ao Estado de Tocantins que implante na cidade de Araguaína/TO, no prazo de 12 meses, unidade especializada para cumprimento das medidas sócio-educativas de internação e semiliberdade aplicadas a adolescentes infratores, a fim de propiciar o atendimento do disposto nos artigos 94, 120, §2º e 124 do Estatuto da Criança e do Adolescente. Determino ainda que o requerido se abstenha de manter adolescentes apreendidos, após o decurso do prazo de doze meses, em outra unidade que não a acima referida.
>
> Fixo multa diária no valor de R$ 3.000,00 (três mil reais), a ser paga pelo requerido, em caso de descumprimento ou de atraso no cumprimento da pre-

35 O processo, em razão da natureza da demanda, corre em segredo de justiça, o que impediu se pudesse verificar, através da internet, todo o conteúdo sentencial. Porém, de forma resumida, a sentença condenou o estado a implementar as políticas públicas constitucionais de proteção aos menores infratores, em especial no que se refere às condições de cumprimento das medidas punitivas por atos infracionais.

> sente decisão, a qual deverá ser revertida em favor do Fundo Municipal dos Direitos da Criança e do Adolescente, nos termos dos artigos 213 e 214 da lei nº 8.069/90.

O Poder Judiciário compreendeu a necessidade de atuar e impor a adoção de políticas públicas pelo Estado, mas, por outro lado, compreendeu a necessidade de fixar um prazo razoável para tanto, de modo a permitir a organização estatal, do ponto de vista orçamentário, para atendimento às exigências da norma constitucional e da legislação específica. Em outras palavras, a providência não foi de mera intromissão abusiva, compreendendo, ainda, que se tratava de medida que não poderia ser efetivada em poucos meses, mas que poderia (e deveria), perfeitamente, ser implementada ao longo de certo tempo, num futuro próximo.[36]

O caso mostra que é perfeitamente possível que o Poder Judiciário atue de forma a exigir que o Poder Executivo faça inserir no orçamento os gastos necessários ao cumprimento de políticas públicas previstas constitucionalmente, o que, em última análise, não é nada além do exercício da função para o qual ele foi constituído, mas sem comprometer todos os outros dispêndios necessários à gestão pública.

A tese contrária a este "modus operandi", que advoga que é preciso respeitar a reserva do possível e o mínimo existencial (cujos conceitos convergem para engessar e impedir o atuar do Judiciário), deve ser revista a fim de que incorpore, em definitivo, os preceitos constitucionais, num pensar que SIMÕES[37] afirma ser um "exercício desconstrutivo" sobre as mesmas, as quais hoje são interpretadas com ênfase nas palavras "mínimo" e "possível", quando deveriam sê-lo no "existencial" e "reserva", ensinando que

> Na concepção contemporânea de mínimo existencial, o vetor dominante, ou seja, a hierarquia violenta, é exercida pelo termo "mínimo" e não pelo "existencial", de forma inteiramente dicotômica à sua concepção originária, que tratava de garantir – e não limitar – o "mínimo indispensável para uma existência digna", ainda que tal definição seja carregada de uma carga razoável de subjetividade.

---

36 No caso acima citado, cuja análise mais acurada mereceria um estudo por si mesmo, a atuação do Poder Judiciário culminou na assinatura de um Termo de Ajustamento de Conduta, entre o Ministério Público Estadual e o Governo do Tocantins, no qual este obrigou-se, entre outras coisas, a efetuar o remanejamento de recursos do orçamento, na ordem de R$ 10.000.000,00 para a construção de locais adequados, alocação de pessoas e materiais para realizar a política pública de proteção ao menor. Fica evidente que, mesmo tendo de esperar por mais alguns anos, o Poder Judiciário, via processo SL 235, conseguiu fazer atuar a vontade da lei e afastou a violação. O administrador, para evitar outras medidas coercitivas contra a sua administra e contra si mesmo, acabou por agir como deveria ter feito antes.

37 SIMÕES, Alexandre Maciel. Estudos para uma abordagem desconstrutivista do mínimo existencial e da reserva do possível. *Interesse Público – IP*, Belo Horizonte, ano 15, n. 77, jan./fev. 2013. Disponível em: <http://www.bidforum.com.br/bid/PDI0006.aspx?pdiCntd=86957>. Acesso em: 13 mar. 2013.

Já na teoria da "reserva do possível", a dominância é exercida pelo termo "possível" e, mais uma vez, observa-se a clara divergência em relação à concepção originária alemã, construída no Tribunal Constitucional Alemão, que centralizou a análise do mérito da questão no princípio da razoabilidade, decidindo, assim, pela impossibilidade de concederem-se recursos do Estado, mesmo que existentes, para conceder privilégios a poucos em detrimento das demais demandas da sociedade.

Em outras palavras, é preciso sim vedar privilégios e impedir que o Estado atue em favor dos já favorecidos, mas invocar tais teorias para afastar a atuação estatal quando exigida e imposta por lei, soa a sofisma que não pode prosperar. No dizer de DOMINGUES,[38]

> Portanto, não cabe brandir o cobertor curto após desdenhar da importância dos debates e das votações dos orçamentos públicos (artigo 165 da Constituição); é necessário projetar orçamento sério e exigir prestações de contas legítimas, sem maquiagens ou contabilidades criativas. Esta não é uma escolha trágica, mas o caminho que a ordem jurídica indica no regime democrático.

CORTI,[39] analisando outra decisão proferida pelo Supremo Tribunal Federal, no julgamento da ADPF 45,[40] cujo relator foi o Min. Celso de Melo, ressaltou que a decisão do relator foi muito acertada na interpretação da chamada "cláusula da reserva do possível", ao afirmar que, quando a atuação dos Poderes Legislativo e Executivo se desenvolve de "modo irrazonable", com a clara intenção de "neutralizar, comprometiendo la eficacia de los derechos sociales, económicos y culturales, afectando, como resultado causal de una injustificable inercia estatal o de un abusivo comportamiento gubernamental", deixando de proporcionar condições mínimas para uma existência digna, então a intervenção do Poder Judiciário é inafastável a fim de permitir o gozo dos direitos que foram negados.

Continuando, o mesmo autor[41] afirma que da decisão proferida da ADPF 45 se podem extrair as seguintes premissas que autorizam o agir judiciário

38 DOMINGUES, José Marcos. É necessário orçamento sério e prestação de contas. Disponível em: < http://www.conjur.com.br/2013-jun-21/jose-domingues-necessario-orcamento-serio-prestacao-contas>. Acesso em 5/07/2013.

39 CORTI, Horácio G. Ley de presupuesto y Derechos Fundamentales: Los fundamentos de um nuevo Paradigma Jurídico-Financiero. Revista Jurídica de Buenos Aires Faculdad de Derecho – Universidade de Buenos Aires. Buenos Aires: 2010, pp. 639-690.

40 A íntegra da decisão e outras informações a respeito do processo podem ser obtidas no endereço < http://www.stf.jus.br/portal/diarioJustica/listarDiarioJustica.asp?tipoPesquisaDJ=AP&numero=45&classe=ADPF>.

41 *Idem* obra citada na nota 41.

> a) la clausula de la reserva de lo posible no puede ser articulada para justificar el incumplimiento de obligaciones constitucionales vinculadas a los derechos fundamentales que protegen las condiciones materiales mínimas para una existencia digna;
> b) los derechos económicos, sociales y culturales de rango constitucional imponen prioridades presupuestarias a los gastos públicos;
> c) en este ámbito, la libertad de configuración del legislador se encuentra acotada por la Constitución;
> d) la invocación de la cláusula de la reserva de lo posible, en las restantes situaciones, requiere una comprobación objetiva de las incapacidades financieras del Estado;
> e) la comprobada limitación presupuestaria solo justifica, para esos casos, que la efectivización del derecho no sea inmediata;
> f) el legislador actúa de manera irrazonable cuando por omisión (inercia) u acción afecta el núcleo intangible que hace a la substancia del conjunto irreductible de condiciones mínimas necesarias para una existencia digna;
> g) todos estos elementos son los que lo permite decir a la sentencia que el mínimo existencial, asociado a unas respectivas prioridades presupuestarias, puede convivir con la cláusula de la reserva de lo posible.

Quer dizer, então, que a situação de descumprimento de direito fundamental não pode ser protelada indefinidamente pelo legislador e pelo administrador ao argumento de incapacidade ou falta de recursos. Se a falta de recursos é verdadeira, no primeiro momento em que é alegada, o Poder Judiciário poderá exigir uma realocação de recursos – crédito suplementar – ou exigir que, num próximo orçamento, ou quando ocorrer um aporte extraordinário de recursos, estes sejam direcionados à satisfação do direito questionado.

Volta-se, assim, ao contraditório pleno, participativo e eficaz, que não vai ser esgotado numa mera equação de *pedido e defesa*, mas de *pedido-contestação/ réplica-tréplica* e quanto mais for necessário. Não é uma perpetuação indefinida do processo, mas um caminho alongado, que permite uma solução eficaz. Se o Poder Executivo alegar carência no orçamento em vigor, deverá provar e, mais ainda, incluir a verba necessária no próximo orçamento, por exemplo. É o se entende quer ensinar CORTI quando fala em "comprobación objetiva de las incapacidades financieras del Estado" para justificar que " la efectivización del derecho no sea inmediata".

IV. CONSIDERAÇÕES FINAIS

Diante do que foi apresentado, fica evidente que o Poder Judiciário não poderia, nem mesmo se quisesse, deixar de atuar quando omissos os demais Poderes, na satisfação dos direitos sociais fundamentais previstos na Constituição Federal. As teorias da reserva do possível e do mínimo existencial mostram-se, hoje, insuficientes para vetar ou impedir esta atuação, pois que implicariam em supressão dos direitos sociais fundamentais.

É que a reserva do possível não pode ser encarada como limitação aos direitos prestacionais (ou a qualquer outro), mas sim como um garantidor destes mesmos direitos – máximo existencial, os quais exigem do administrador (Estado) uma conduta que sopese eventuais direitos em conflito (do ponto de vista a possibilidade de implementação) e leve a uma programação para atendimento, ainda que a longo prazo, de tais necessidades, sob pena de sofrer os meios de coerção que a lei coloca à disposição do julgador. Numa Administração séria, quanto maior a escassez, maior deve ser a dedicação e cuidado na deliberação sobre a alocação dos recursos disponíveis.

Se esta seriedade for percebida, a decisão do administrador sobre a necessidade/possibilidade é mais facilmente compreendida e acatada, e induzirá a uma resposta do Poder Judiciário que leve isso em conta. No entanto, quando se mostra presente a falta de seriedade nas decisões sobre orçamento e distribuição de recursos, ou quando seja perceptível o descaso do Executivo ou Legislativo, a única saída é a intervenção do Poder Judiciário com o intuito de promover a pacificação social e a eliminação (ou pelo menos a diminuição) das desigualdades sociais, pois, como se disse no início do estudo, o ideal de justiça deve pautar-se pela igualdade dos membros da comunidade, de forma que ninguém possa ser considerado inferior a outrem, porque todos estão sob a proteção do Estado. Essa é a nova função do processo.

Esse processo justo, com contraditório participativo, é o método de realização desta atividade estatal, que permite o desenvolvimento de um trabalho conjunto e interativo entre os Poderes, que impõe a necessidade de reorganização do orçamento em vigor (através dos créditos suplementares) ou de adoção de condutas a serem obrigatoriamente inseridas em orçamento futuro, sob pena de responsabilização, inclusive dos gestores públicos. Sem isso, perde razão de ser a concepção de harmonia entre o agir de cada um dos Poderes da União, na consecução de um fim único e conjunto: a Justiça Social concretizada.

BIBLIOGRAFIA

ABRAHAM, Marcus. Curso de Direito Financeiro. 2ª ed. Elsevier. Rio de Janeiro: 2013. Disponível em: < https://play.google.com/books/reader?id=YRcGAAAAQBAJ&printsec=frontcover&output=reader&hl=pt_BR&pg=GBS.PP1>, em versão e-book.

BALEEIRO, Aliomar. Uma Introdução à Ciência das Finanças. 14ª ed. Forense. Rio de Janeiro: 2005.

BARZOTTO, Luis Fernando. Justiça Social – Gênese, estrutura e aplicação de um conceito. Disponível em: <http://www.planalto.gov.br/ccivil_03/revista/Rev_48/artigos/ART_LUIS.htm>. Acesso em 17/4/13.

BOBBIO, Norberto. Igualdade e Liberdade. Disponível em: <http://www.visionvox.com.br/biblioteca/n/Norberto-Bobbio-Igualdade-e-Liberdade.txt>. Acesso em 15/06/2014.

CAPPELLETTI, Mauro. A ideologia no Processo Civil. Revista da AJURIS. Ano VIII. 1981, pp. 16-33. Porto Alegre. Disponível em: < http://livepublish.iob.com.br/ntzajuris/lpext.dll?f=templates&fn=main-j.htm&2.0>. Acesso 27/05/2014.

CORTI, Horácio G. Ley de presupuesto y Derechos Fundamentales: Los fundamentos de um nuevo Paradigma Jurídico-Financiero. Revista Jurídica de Buenos Aires Faculdad de Derecho – Universidade de Buenos Aires. Buenos Aires: 2010, pp. 639-690.

_______. Crítica y defensa de la supremacia de la Constitución. Publicado em La LEY 1997-F, 1033. Disponível em: <http://www.derechoshumanos.unlp.edu.ar/assets/files/documentos/critica-y-defensa-de-la-supremacia-de-la-constitucion-2.pdf>. Acesso em 10/8/2014.

DANTAS, Ivo. Constituição e Processo. 2ª ed. Juruá. Curitiba: 2007.

DE PLÁCIDO E SILVA, Oscar Joseph. Vocabulário Jurídico. vol. II – 3ª ed. Edit. Forense. Rio de Janeiro: 1976.

DESTEFENNI, Marcos. Manual de Processo Civil Individual e Coletivo. São Paulo: Saraiva, 2012.

DINAMARCO, Cândido Rangel. Instituições de Direito Processual Civil. vol. I. 6ª Ed. Edit. Malheiros. Rio de Janeiro: 2005.

DOMINGUES. José Marcos. Tributação, Orçamento e Políticas Públicas. Revista Tributária e de Finanças Públicas. São Paulo: Ed. Revista dos Tribunais, Ano 19. Vol. 99, jul-ago/2011, pp. 187-210.

_______. É necessário orçamento sério e prestação de contas. Disponível em:<http://www.conjur.com.br/2013-jun-21/jose-domingues-necessario-orcamento-serio-prestacao-contas>. Acesso em 5/07/2013.

FERREIRA, Francisco Gilney Bezerra de Carvalho. Das controvérsias doutrinárias quanto à natureza das leis orçamentárias e suas implicações jurídicas na discussão acerca do modelo impositivo de orçamento. Disponível em: < http://jus.com.br/artigos/21318/das-controversias-doutrinarias-quanto-a-natureza-as-leis-orcamentarias-e-suas-implicacoes-juridicas-na-discussao-acerca-do-modelo-impositivo-de-orcamento>. Acesso em 21/4/2013.

GADELHA, Ana Lucia Lima. O orçamento público participativo como instrumento de efetivação da cidadania (Avaliando a Experiência de Fortaleza). Fortaleza: 2010. Dissertação de Mestrado. Universidade Federal do Ceará.

GONÇALVES, Willian Couto. Filosofia do Direito Processual – Estudos sobre a Jurisdição e o Processo fundamentando uma compreensão histórica, otológica e teleológica. Lumen Iuris. Rio de Janeiro: 2005.

GRECO, Leonardo. Garantias Fundamentais do Processo: O processo justo. Disponível em: <http://www.redp.com.br/arquivos/redp_1a_edicao_rj.pdf>. Acesso em 19/08/2013.

_______. O acesso ao Direito e à Justiça. Disponível em: <http://www.mundojuridico.adv.br/sis_artigos/artigos.asp?codigo=420>. Acesso em 18/8/2013.

IHERING, Rudolf Von. A luta pelo Direito. Tradução de João Vasconcelos. Forense. Rio de Janeiro: 2000.

MONTESQUIEU (SECONDAT, Charles-Louis de). O espírito das leis. Disponível em <http://portugues.free-ebooks.net/ebook/O-espirito-das-Leis/pdf/view>. Acesso em 21/3/2014.

RIBEIRO, Darci Guimarães. SCALABRINI, Felipe. O papel do processo na construção da democracia: para uma nova definição da democracia participativa. Disponível em : <http://online.unisc.br/seer/index.php/direito/article/viewFile/561/1001>. Acesso em 12/07/2014.

SERVIÇO DE APOIO ÀS PEQUENAS E MÉDIAS EMPRESAS – SEBRAE. Manual de Políticas Públicas. Políticas Públicas: conceitos e práticas. Série Políticas Públicas. Vol 7. Supervisão Brener Lopes e Jeferson Ney Amaral. Coordenação Ricardo Wahrendorff Caldas. Sebrae/MG. Belo Horizonte: 2008.

SIMÕES, Alexandre Maciel. Estudos para uma abordagem desconstrutivista do mínimo existencial e da reserva do possível. Revista Interesse Público. Ano 15. n. 77. jan/fev 2013. Biblioteca Digital Fórum de Direito Público. Versão digital. Editora Fórum: Belo Horizonte: 2013.

SLAIBI FILHO, Nagib. Hermenêutica Constitucional. Doutrina. Coordenação James Tubenlachlak. Instituto de Direito. Rio de Janeiro: 2001, pp.91-116.

THEODORO JR, Humberto. Curso de Direito Processual Civil. Vol. I. 39ª ed. Forense. Rio de Janeiro: 2003.